DIEDERICHS GELBE REIHE

herausgegeben von Michael Günther

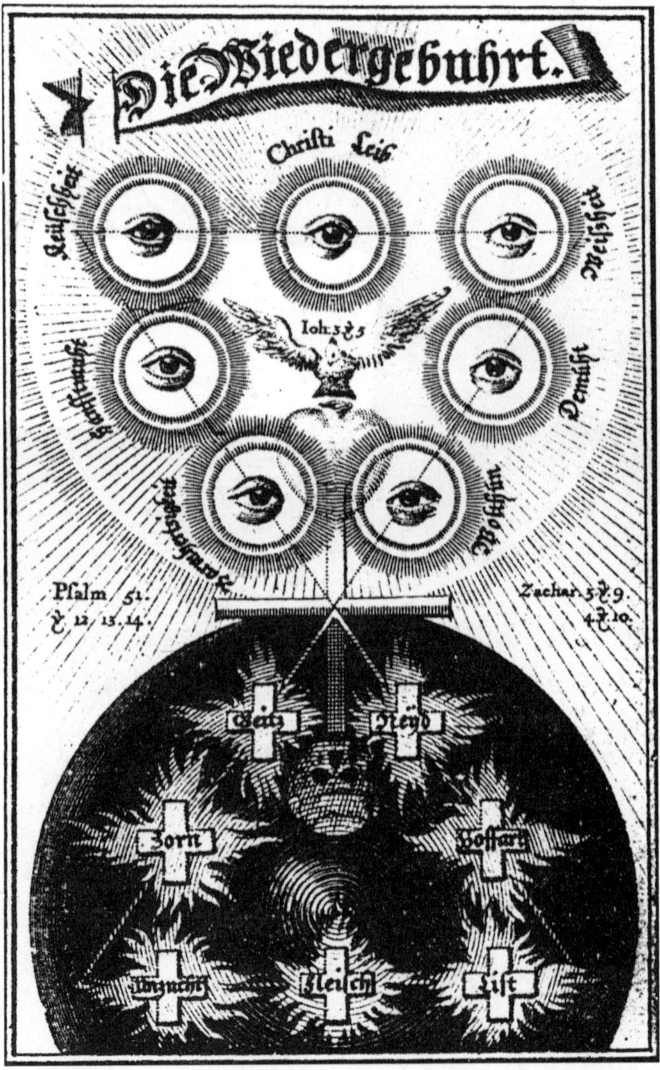

Titelkupfer zu Böhmes »Aurora oder Morgenröte im Aufgang« (1682)

Jakob Böhme

Im Zeichen der Lilie

Aus den Werken
des christlichen Mystikers

Ausgewählt und erläutert
von Gerhard Wehr

Eugen Diederichs Verlag

Die Deutsche Bibliothek – CIP-Einheitsaufnahme
Böhme, Jakob:
Im Zeichen der Lilie : aus den Werken des christlichen Mystikers / Jakob Böhme. Ausgew. und erläutert von Gerhard Wehr. - München : Diederichs, 1998
(Diederichs Gelbe Reihe ; 144 : Deutsche Mystik)
ISBN: 3-424-01394-3

Neuausgabe 1998

Umschlaggestaltung: Zembsch' Werkstatt, München
Produktion: Tillmann Roeder, München
Satz: SatzTeam Berger, Ellenberg
Druck und Bindung: Pressedruck Augsburg
Printed in Germany

ISBN 3-424-01394-3

Inhalt

Vorwort

Angesichts der Morgenröte eines neuen Bewußtseins

»Es wird eine Zeit kommen, die ist wunderlich. Weil sie aber in der Nacht anfängt, werden (vor Schlaf) viele sie nicht sehen... Der Fiedler hat seine Saiten schon aufgezogen. Der Bräutigam kommt. Schau zu, daß du nicht die höllische Gicht in deinen Füßen hast, wenn der Reigen anfängt... Darum soll sich keiner selbst stockblind machen, denn die Zeit der Wiederbringung, was der Mensch verloren hat, ist nunmehr vorhanden. Die Morgenröte bricht an. Es ist Zeit, vom Schlafe aufzuwachen... Es warte nur niemand des äußern Propheten. Er (er)scheinet *innerlich im Geiste*... Wer den begehret zu sehen, der suche ihn *in sich* und lasse Babel fahren. Er wird ihn finden...«

Diese von Bildern und Gleichnissen durchzogenen Sätze aus dem Schrifttum Jakob Böhmes sind unmittelbar vor dem Dreißigjährigen Krieg niedergeschrieben worden. Als ein spiritueller Weckruf waren sie gemeint. Und auf Jahrhunderte hin sind sie auch so gehört und verstanden worden, obwohl Zeiten der Geistvergessenheit das Vermächtnis des Görlitzer Meisters verdeckt haben. Mancherlei spricht dafür, daß Jakob Böhme heute von Menschen wiederentdeckt wird, die sich nach der geistig-geistlichen Überlieferung Mitteleuropas erkundigen. Es geht um eine Spurensuche besonderer Art.

Denn merkwürdig ist es schon: Da machen sich Menschen auf, die verlorene Ganzheit ihres Lebens zu finden. Sie scheuen weder Kosten noch Risiken, um etwa irgendwo im fernen Osten oder Westen ihr Glück oder gar ihr Heil zu erhaschen. Merkwürdig deshalb, weil die wenigsten dieser Sucher eine klare Vorstellung oder Ahnung von den spirituellen Traditionen besitzen, denen sie letztlich entstammen. Die sollten sie kennen, um daran anknüpfen zu können. Aber der Leitfaden fehlt ihnen. Die Hüter des geistigen wie des religiösen Lebens (Schule und Kirche) haben es offensichtlich versäumt, ihnen den zu vermitteln.

Auf der anderen Seite ist Jakob Böhme nicht nur ein Autor des deutschen Sprachraums, den etwa nur »Experten« hierzulande zur Kenntnis nehmen. Das Interesse an der Mystik und der Spiritualität hat nicht allein in der westlichen Hemisphäre beträchtlich zugenommen. Neben Meister Eckhart, den Zen-Buddhisten als einen Geistesverwandten seit langem hoch einschätzen, wird insbesondere Jakob Böhme in Asien beachtet. So kommt z. B. aus Japan die Kunde, daß dort vor einigen Jahren mit der Übersetzung der Hauptschriften dieses (laut Hegel) »echt deutschen Philosophen« ins Japanische begonnen worden ist. Dies beruht zweifellos auf der Tatsache, daß Böhme eine sehr viel wichtigere Schlüsselstellung innerhalb der mitteleuropäischen Geistesgeschichte einnimmt, als allgemein bekannt sein dürfte. Von daher ergibt sich seine Bedeutung, die ihm im geistigen Leben jenseits der weltanschaulichen und religiösen Überzeugungen in West und Ost zugewiesen werden muß. Diese Bedeutung dürfte eher noch zunehmen.

Dazu kommt ein anderer aktueller Gesichtspunkt: Das Bewußtsein, am Anfang eines neuen Zeitalters zu stehen, das – einst wie heute – zum Umdenken und Umschwenken auffordert, hat die Menschheit immer wieder heimgesucht. Damit verbindet sich beispielsweise die Hoffnung auf den Anbruch einer »Generalreformation der ganzen weiten Welt«, wie man im frühen 17. Jahrhundert sagte. Dessen Zeitgenosse ist Jakob Böhme. So fehlt es nicht an Anknüpfungspunkten, wenn man bedenkt, daß Böhme als Mystiker und als Theosoph bzw. als universalistisch denkender Pansoph seinen Blick nicht nur nach innen gerichtet hat. Ihm ging es um eine Ganzheit, die Geist und Materie, äußere Wahrnehmung und innere Erfahrung in eins zu fassen vermag. Daß seine im besten Sinne des Wortes kosmische Religiosität die engen Grenzen des konventionellen Kirchentums überschreitet, das hat den als Schuhmacher, dann als fahrenden Garnhändler bei der lutherisch-orthodoxen Pfarrerschaft in Görlitz und in der Lausitz bzw. in Schlesien verdächtig gemacht. Es spricht jedoch für das erstaunliche Selbstbewußtsein des autodidaktisch hochgebildeten schlichten Mannes, der keine »hohe Schule« von innen gesehen hat, daß er dem

Standesdünkel gewisser Akademiker Widerpart leisten konnte. Andererseits gehörten zu seinen ersten Gesprächspartnern und Lesern natur- wie geisteswissenschaftlich versierte Ärzte, Chemiker, Landedelleute. Sie stellten ihm bereits das Prädikat »Philosophus teutonicus«, deutscher Philosoph, aus. Wobei Philosophie hier in dem ursprünglichen und sehr wörtlich zu nehmenden Sinn als »Liebe zur Weisheit« verstanden sein will.

Als dieser Philosophus teutonicus steht Jakob Böhme nicht allein. Seine Zeitgenossen sind u. a. der wenig jüngere schwäbische Theologe Johann Valentin Andreae, bekannt als der Autor der berühmten und weithin wirksamen rosenkreuzerischen Manifeste[1]. Die innere Verwandtschaft mit dem ursprünglichen Rosenkreuzertum ist mit Händen zu greifen, auch wenn sich eine äußere Beziehung zwischen Böhme und Andreae schwerlich nachweisen lassen dürfte. Es war die Zeit jenes geistig-seelischen Auf- und Umbruchs, die von sehr verschiedenen, jedoch letztlich gleichgerichteten Individualitäten mitgetragen worden ist: von den Denkern, den Okkultisten und Kabbalisten der Renaissance; am Hofe Kaiser Rudolfs II. in Prag waren solche Gelehrte neben Johannes Kepler und Tycho de Brahe versammelt; Giordano Bruno wurde im selben Jahr 1600 in Rom als Ketzer bzw. Magier verbrannt, als der noch jugendliche Görlitzer Schuster von jenem Erleuchtungserlebnis überrascht wurde, das in seiner berühmten *Aurora (Die Morgenröte im Aufgang)* seinen literarischen Niederschlag finden sollte. So fehlt es nicht an wichtigen historischen Bezügen, die das geistige Umfeld Böhmes illustrieren.

Während der von den Idealen eines neuen Zeitalters faszinierte junge Andreae seine Manifeste unter das Zeichen von *Kreuz und Rose* stellte, wählte Böhme das Symbol der *Lilie*, wenn er von der Herankunft der Lilienzeit sprach: »Denn eine Lilie blühet über Berg und Tal in allen Enden der Erden. Wer da suchet, der findet.« So der Görlitzer Philosophus in seiner markanten Schrift *De signatura rerum*.

Dabei wußte Böhme, daß die von ihm gemeinte Lilie kein äußeres Gewächs ist. Sie muß »in menschlicher Essenz«, will sagen: in der

[1] Die vollständigen Texte sind enthalten in: *Die Bruderschaft der Rosenkreuzer,* hrsg. von Gerhard Wehr. Eugen Diederichs Verlag München [5]1995 (Gelbe Reihe Band 53).

menschlichen Existenz der Lebensmitte erblühen. Ihren Ausdruck muß sie finden in einer Wesenswandlung, die Sein und Bewußtsein umschließt. Mit einer bloßen Veränderung der äußeren Zustände kann es nicht getan sein. Wer Jakob Böhme in den an Dunkelheiten und an jähen Erleuchtungen reichen Schriften begegnet, der mag überrascht sein, auf welch eine Fülle an Einsicht und Erfahrung er hier stößt. Auf Einblicke in die Tiefe der Gottheit, die das geläufige Katechismus- und Lehrbuchwissen weit hinter sich läßt. Auf Einblicke in den Abgrund des Universums und in den Weg des Menschen, der durch einen tragischen »Fall« seine ursprüngliche Wesensgestalt, seine Urbildlichkeit verloren hat, für den es aber ein neues Leben gibt, eine Wiedergeburt. Gemeint ist jedoch nicht etwa die Reinkarnation, sondern die spirituelle Transformation – jetzt und hier.

In seinen zahlreichen Schriften und Briefen, den *Theosophischen Sendbriefen*, steht vor uns ein Mensch, der seinen unmittelbaren Zeitgenossen, aber auch den Nachgeborenen ein spiritueller Meister und Seelenführer geworden ist. Dabei steht er als lutherischer Christ abseits der Lehrhäuser und der theologischen Schulen; ein Mann aus dem Volk, unscheinbar.

Es ist wahr: Selten hat ein Mann aus der Stille und aus der Enge seiner kleinbürgerlichen Verhältnisse heraus so nachhaltig auf seine Zeit und auf seine Nachwelt eingewirkt wie Jakob Böhme. Wie erwähnt erblickte in ihm kein Geringerer als Hegel den »ersten deutschen Philosophen«, obwohl er Bilder, Gleichnisse und Symbole verwendet, wo der Denker Begriffe bildet. Jedenfalls gehört Jakob Böhme zu den ersten, die am Vorabend des Dreißigjährigen Krieges das lutherische Bibeldeutsch mit einer Vollkommenheit angewandt haben, wie es nachmals etwa Goethe oder Nietzsche vermochten. Deutsch besagt hier: Es ist die Sprache eines tiefen Empfindens, eines unmittelbaren Anschauens und Erlebens, und nicht etwa die in der Begrifflichkeit steckenbleibende Gedankensprache der »Verkopften«. Darüber sei nicht verschwiegen, welche unendliche Mühe der zunächst ungeübte Autor aufzuwenden hatte, um das in sich überstürzenden inneren Bildern Aufblühende so in Sprache umzusetzen, daß etwas von der Dynamik und von der Farbigkeit, ja Sinnlichkeit dieser »übersinnlichen« Erfahrung mitteilbar wird. Der Leser der Böhmeschen Bücher nimmt an diesem Ringen mit der Sprache teil. Aber nur so kann er Anteil gewinnen an dem, was sich je und je begibt. Nur dem innerlich Mitgehenden erschließen sich die Texte.

Wie lauten nun die Urteile jener, die bei ihm, der auf keiner »hohen Schule« gewesen ist, in die Schule gegangen sind? – Beginnen wir mit Schelling. In seinem Spätwerk, der *Philosophie der Offenbarung*, findet sich der rühmende Satz:

»Man kann nicht umhin, von Jakob Böhme zu sagen, er sei eine Wundererscheinung in der Geschichte des deutschen Geistes. Könnte man je vergessen, welcher Schatz von natürlicher Geistes- und Herzenstiefe in der deutschen Nation liegt, so dürfte man sich nur an ihn erinnern ... Jakob Böhme ist wirklich eine theogonische Natur.«

Schellings bekannte Freiheitsschrift (1809) atmet Abschnitt für Abschnitt Böhmeschen Geist, auch wenn der Gewährsmann nicht namentlich genannt wird. Eine nicht weniger hohe Einschätzung erleben wir bei dem großen Münchner Denker des frühen 19. Jahrhunderts Franz Xaver von Baader, der sich ausdrücklich als Schüler des Görlitzer Meisters bekennt. Und Friedrich Schlegel, wie Schelling und Baader der romantischen Schule zugehörig, urteilt bestätigend:

»Jakob Böhmes Stil ist auf ewige Zeiten der eigentlich deutsche; biblisch und magisch. In Jakob Böhme ist der Kern der christlichen Poesie und Mythologie.«

Schlegels Freund, der früh vollendete Dichter der »blauen Blume«, Friedrich von Hardenberg-Novalis, berichtet, welchen starken Eindruck die von tiefsinnigen Zeichen und Symbolen gesättigten Schriften des geheimnisvollen Weisen aus Görlitz auf ihn gemacht haben. Hierfür nur ein Votum:

»Man sieht durchaus in ihm den gewaltigen Frühling mit seinen quellenden, treibenden, bildenden und mischenden Kräften, die von innen heraus die Welt gebären ... einen wahren, auseinandergehenden Mikrokosmos.«

Nicht zu unterschätzen ist Böhmes Wirkung auf Goethe, den Dichter des *Faust* nicht minder als auf den Naturforscher und Schöpfer einer eigenständigen, am Qualitativen ausgerichteten Farbenlehre. Daß der große Görlitzer dem Weimarer wichtige Einsichten vermittelt haben müsse, ahnten die Böhme-Kenner schon lange. Heute kann die Goethe-Forschung die erforderlichen Nachweise liefern. Sie dürften die Freunde des Dichters nicht weniger überraschen als sie die Freunde des Philosophus teutonicus mit Genugtuung erfüllen.

Diese wenigen Beispiele aus der weitläufigen, an dieser Stelle nur anzudeutenden Wirkungsgeschichte müssen – ebenfalls wenigstens andeutend – ergänzt werden. Denn der Same des Böhmeschen Schauens und Denkens fand früh in Europa und von da im englischsprachigen Westen Ausbreitung. Zunächst bildeten sich regelrechte Böhme-Gemeinden in den Niederlanden. Hier sammelte man seine Originalmanuskripte, so daß 1682 die erste Gesamtausgabe seiner Werke herausgegeben werden konnte, der weitere gefolgt sind, neben einer Fülle von Einzelausgaben. In den Niederlanden lernte der »Angelus Silesius« Johannes Scheffler das Gedankengut seines schlesischen Landsmannes kennen. Sein *Cherubinischer Wandersmann* ist von Böhmescher Spiritualität durchtränkt.

Früh wurden Böhme-Schriften ins Englische übertragen. Heute wissen wir, wie stark Isaak Newton als sorgfältiger Böhme-Leser durch sie beeinflußt worden sein wird, auch wenn die Tragweite dieser Beeinflussung nicht unumstritten ist. In Frankreich waren es Männer von der theosophischen Geistesart eines L. C. de Saint-Martin, die hier für die Übersetzung ins Französische sorgten. Über freimaurerische und ähnliche Zusammenhänge gelangte der Görlitzer im 18. und vor allem im 19. Jahrhundert nach Rußland. Die Philosophen Wladimir Solowjow und in der ersten Hälfte des 20. Jahrhunderts Nikolai Berdjajew beziehen sich immer wieder auf Jakob Böhme. Selbst die angloindischen Theosophen und die an Rudolf Steiner orientierten Anthroposophen wissen sich in der Nachfolge Böhmes. Das gilt – unter ganz anderem Aspekt – für C. G. Jung, der aus der hohen Einschätzung der Böhmeschen Symbolsprache ebenso wenig ein Hehl gemacht hat wie der Marxist Ernst Bloch.

Schon Marx und Engels hatten sich in Ausformung ihres dialektischen Materie-Begriffs ähnlich wie vor ihnen Ludwig Feuerbach Jakob Böhmes erinnert. An dieser Stelle muß als Beleg jene lapidare Feststellung genügen, die Bloch in *Prinzip Hoffnung* im Blick auf Böhme getroffen hat, als er den gewichtigen Satz niederschrieb, der zweieinhalb Jahrtausende europäischer Geistesgeschichte umspannt:

»Dergleichen ward seit Heraklit nicht mehr gehört!«

Oder um dem amerikanischen Historiker William Bossenbrock zusammenfassend das Wort zu geben:

»Böhme ist das wichtigste Bindeglied in der Reihe der Denker, die sich von Meister Eckhart bis Hegel erstreckt; er verband die Ideen von Eckhart und Nikolaus von Kues, Paracelsus und Luther und formte sie zu einer Theosophie um, die im Laufe der Säkularisierung, der sie von Leibniz bis Hegel unterzogen wurde, jene Merkmale annahm, die im allgemeinen als der spezifisch deutsche Beitrag zur Philosophie angesehen werden.«

In einem Augenblick, in dem die moderne Naturwissenschaft im Begriff war, die meßbare, wägbare, zählbare und schließlich technisch manipulierbare Welt zu erobern, erkannte der schlesische Philosophus, daß es neben dieser berechtigten quantitativen Sichtweise auch ein *qualitative* Betrachtung und Einschätzung der Welt geben müsse. Allein sie ermöglicht – wie wir heute aus leidvoller Erfahrung wissen – eine angemessene und verantwortbare Einstellung zur gefährdeten Natur. Allein sie ermöglicht ferner, die »Tiefe des Seins« (Paul Tillich) als zu der *einen* Wirklichkeit gehörig wahrzunehmen. In der Sprache Böhmes heißt das lapidar: die »Ewigkeit in der Zeit« zu erkennen. Eine Handvoll Erde, ein Baum, eine blühende Wiese, sie konnten ihm als Objekte der Besinnung wie der Meditation genügen, um dieser Ganzheit der geistdurchpulsten Materie inne zu werden.

Wesentlich ist sodann das auf Totalität angelegte Gottes- und Menschenbild. Es muß als erstaunlich angesehen werden, daß der schlichte Schuster zwar an der traditionellen Trinität, d. h. an der Dreieinigkeit Gottes, festhielt und »drei Prinzipien« allem Sein zugrundegelegt sah, daß er aber auch die »Sophia« als einen weiblichen Wesensanteil in seinem Gottesbild erblickte; – heute nicht allein in der feministischen Theologie ein vieldiskutiertes Theorem. Denn von daher ist der Mensch für Böhme seinem Urbild nach erst als Mann *und* Frau vollständig. Erst wo diese durch den tragischen »Fall« verlorene Ganzheit (Androgynität) wiederhergestellt ist, erst wo der weibliche Wesensanteil in den Mann, der männliche in die Frau integriert ist, hat der Mensch seine volle Identität gefunden. Auf dem Weg der spirituellen Verbindung mit dem Christus als dem reintegrierten »zweiten Adam« sieht Böhme die eigentliche Selbstwerdung des Menschen verwirklicht. Es steht außer Frage, daß etwa C. G. Jungs Vorstellungen von der Integration der Anima bzw. des Animus im Selbst hier vorweggenommen erscheint. Im Menschen selbst hat die »Heilige Hochzeit« als Symbolausdruck für den Prozeß der Ganzwerdung zu geschehen, – ein zentrales Thema von Böhmes Menschenkunde.[1]

Insofern bezeichnet der Name Jakob Böhmes die Richtung eines spirituellen Erkenntniswegs, der zwischen der Skylla eines mystizistisch verschwommenen, erdflüchtigen Spiritualismus und der Charybdis eines die Realität des Spirituellen verleugnenden Materialismus verläuft. Es ist immer wieder erstaunlich, mit welcher Klarheit Böhme diese seine Position vertritt und bis in die Gegenwart herein anregend zu wirken vermag.

Fertige Rezepte dafür, was der einzelne in seiner jeweiligen Situation zu tun habe, gibt Böhme freilich nicht. Immerhin sind in seinen christosophischen Schriften meditative Anregungen enthalten. Aber über den Wert selbst der von ihm hochgeschätzten Bibel und der spirituellen Literatur gibt er sich keiner Illusion hin, wenn er einmal beiläufig sagt:

»Es ist auch nicht genug, daß du alle Bücher auswendig lernest. Und wenn du Jahr und Tag stündest und läsest alle Schriften und könntest gleich die Bibel auswendig, so bist du damit nichts besser vor Gott als ein Säuhirte, der diese Zeit die Säue gehütet hat, oder ein armer Gefangener in der Finsternis, der des Tages Licht dieser Zeit nicht gesehen hat...«

Das will besagen: Wichtiger als eine im Äußeren, Buchstäblichen steckenbleibende Beschäftigung mit den heiligen Büchern ist jene innere Umwendung, jenes Aufwachen, vom dem eingangs die Rede war: »Es ist Zeit, vom Schlafe aufzuwachen...« Gemeint ist der Akt einer inneren Umkehr und einer geistig-seelischen Umorientierung. Dieser Prozeß, der von jedem einzelnen in individueller Weise zu durchlaufen ist, geschieht *im Zeichen der Linie:* »Es wächst eine Lilie in menschlicher Essenz.« So ist die Lilie – wie die Morgenröte – eines der maßgeblichen Symbole des Görlitzer Geisteslehrers und Seelenführers. Denn, so liest man auch in Böhmes »De signatura rerum«:

[1] Vgl. Gerhard Wehr, *Tiefenpsychologie und Christentum – C. G. Jung*. Pattloch Verlag, Augsburg 1990; ders. *Heilige Hochzeit – Symbol und Erfahrung menschlicher Reifung*. Neuaufl. in Vorbereitung.

Eine Lilie blühet über Berg und Tal in allen Enden der Erden. Wer da suchet, der findet.«

Seine naturgemäß zeitbedingten Anschauungen, mancherlei vorwissenschaftlich Naives und daher nur symbolisch Interpretierbares können nicht die Fülle der Wahrheitsmomente schmälern, die das Werk Jakob Böhmes birgt. Dadurch ist er einst wie heute allen jenen Denkern voraus, die sich lediglich mit Teilaspekten der Wirklichkeit meinen begnügen zu können. Sicher gibt es kein Zurück zu den Positionen des frühen 17. Jahrhunderts, aber das geistig-geistliche Erbe des Philosophus teutonicus bleibt verpflichtend. Als ein christlicher Theosoph und als ein im Goetheschen Sinne anschauender Denker hat er seinen Freunden – in seiner wie in unserer Zeit – ins Stammbuch geschrieben:

Wem die Zeit ist wie die Ewigkeit
und Ewigkeit wie die Zeit,
der ist befreit
von allem Streit.

Titelkupfer zu Jakob Böhmes »Theosophische Sendschriften«

Einführung

Jakob Böhme und sein Erstlingswerk

Jakob Böhme (1575–1624) ist wohl der bedeutendste nachreformatorische Mystiker und Theosoph. Er, der schlichte Schuster, gehört in die Schar der großen Erleuchteten, die einen tiefen Einblick in den Geheimniszusammenhang von Gott, Welt und Mensch gewonnen haben.[1]

In seinem Werk *Morgenröte im Aufgang* – später *Aurora* betitelt – hat Böhme zum ersten Mal die Fülle seiner Gesichte ausgebreitet. Hier legt er auch von dem einzigartigen geistigen Durchbruchserlebnis Rechenschaft ab, dem er sein Schauen und Gestalten verdankt. Selten hat ein Werk der mitteleuropäischen Geistesgeschichte eine so tiefgehende und nachhaltige Wirkung ausgeübt wie Böhmes *Aurora*. Sie verdankt ihre Entstehung weder bloßer philosophischer Reflexion noch der zu Böhmes Lebzeiten aufblühenden modernen naturwissenschaftlichen Forschung. Ebensowenig ist das Buch samt dem darauf aufbauenden literarischen Schaffen seines Autors als eine theologische Besinnung zu verstehen. Daß er ein kenntnisreicher Bibelleser ist, beweisen nicht nur die zahlreichen Bibelstellen in seinen Texten, sondern die noch zahlreicheren Anspielungen, Bilder, Vergleiche, die der alt- und neutestamentlichen Überlieferung entnommen sind. Schon deshalb ist es wünschenswert, wenigstens die wichtigsten biblischen Bezüge bei Böhme dem heutigen Leser anzuzeigen.

So gesehen stellt die Bibel zweifellos eine wichtige Quelle dar. Sie tritt ganz offen zutage. Wesentlich schwieriger ist es, wenn man an die Bestimmung anderer Einflüsse auf Böhme herangeht. Er selbst

[1] Zur Einführung in Leben und Werk vgl. Gerhard Wehr, *Jakob Böhme in Selbstzeugnissen und Bilddokumenten*. Reinbek 1971, ^{6}1991 (Rowohlt Bildmonographie 179).

gibt zu, daß er schon vor der Niederschrift seines Erstlings »viel hoher Meister Schriften« (10, 27) gelesen hat. Auch bedient er sich deren Sprache. Grundvorstellungen der Naturphilosophie, wie sie zu Beginn der Neuzeit bekannt waren, sind auch dem Verfasser der Aurora geläufig. Wir haben im besonderen an das Werk des Paracelsus und seiner Schule zu denken. Es ist nachgewiesen, daß auch in Schlesien paracelsische Studien getrieben, Paracelsus-Texte kopiert worden sind und daß Böhme mit naturphilosophisch Gebildeten zusammenkam. Den Ehrentitel »Philosophus teutonicus« (deutscher Philosoph) verdankt der Görlitzer Schuster einem seiner gebildeten Freunde, Dr. Balthasar Walther. Zweifellos ist Böhme sodann mit dem spiritualistischen Gedankengut seiner schlesischen Landsleute, Kaspar Schwenckfeld und Valentin Weigel, in Berührung gekommen. Beide haben aus religiöser Innenerfahrung geschöpft. Schwenckfeldianer gehörten zu den ersten Empfängern der »Aurora«-Handschrift. So ist es zumindest sehr wahrscheinlich, daß Böhme schon vor deren Abfassung mit derartigen Vertretern in Verbindung gestanden hat. Zu den Grundvorstellungen spätmittelalterlicher Naturphilosophie und Theosophie gehörten nicht zuletzt solche der Alchymie und der jüdischen Kabbala, wobei Alchymie nicht einfach mit fragwürdiger Goldmacherei verwechselt werden darf. Sie stellt so etwas wie einen Erkenntnisweg dar, auf dem neben mystischen Zielsetzungen auch versucht wurde, in die Geheimnisse der Stoffeswelt einzudringen. Wir haben es demnach mit einer spirituellen Naturforschung zu tun, die sich an Qualitäten orientiert und die im Kosmos tiefsinnige Entsprechungen zwischen Unten und Oben, zwischen dem Mikrokosmos Mensch und dem Makrokosmos Welt aufzudecken weiß.

So steht Jakob Böhme zweifellos in einer großen Tradition, wenngleich stichhaltige Einzelnachweise literarischer Abhängigkeit bisher kaum gelungen sind. Solche Nachweise wären gewiß interessant. Von ausschlaggebender Wichtigkeit sind sie jedoch nicht. Es ist keineswegs so, daß der Autor der *Aurora* lediglich eine Summe von biblischer, mystisch-theosophischer und naturphilosophischer Überlieferung mehr oder weniger geschickt zusammenfügt. Seine »Quelle« ist ganz anderer Art. Sie verleiht ihm eine Originalität, die ihn letztlich unabhängig macht von den Autoritäten an den Hohen Schulen. Sein eigentlicher Lehrmeister ist der ihn ergreifende, erleuchtende, schließlich auch zum literarischen Zeugnis drängende Geist. Darüber läßt er auch seine heutigen Leser nicht im Zweifel. Deshalb wird er nicht müde, sich auf die ihm zuteil gewordene Schau zu berufen. Seine eigentümliche Erkenntnis wurde ihm nicht auf dem Wege einer allmählichen Entwicklung geschenkt. Sie ist vielmehr ein unvermitteltes, geradezu blitzartiges Ereignis von überwältigender, die Fundamente der Existenz erschütternder Wucht. Letztlich läßt sich das Erlebte dieser Art nicht beschreiben. Es entzieht sich der Schilderung. Und doch verspürt der Seher den »starken Trieb«, das Erfahrene aufzuschreiben, das innen Geschaute zumindest im Gleichnis und mit den Mitteln der Analogie anzudeuten.

Ob es gelingt – bei Böhme oder bei anderen, die einer echten Geistberührung gewürdigt worden sind –, das hängt gar nicht so sehr von dem literarischen Geschick des jeweiligen Verfassers ab, sondern in einem nicht zu unterschätzenden Maße von der spirituellen Empfänglichkeit des Lesers. Das hat nichts mit einem doch an der Oberfläche bleibenden »Einfühlungsvermögen« zu tun, wohl aber damit, daß der Empfänger eines solchen Zeugnisses selbst die dafür nötigen Voraussetzungen mitbringt: geistig religiöse Eigenerfahrung, jedenfalls aber die Bereitschaft und die Fähigkeit, das Mitgeteilte unvoreingenommen, vorurteilsfrei entgegenzunehmen und auf sich wirken zu lassen.

Dem Bedürfnis nach einer die menschliche Ratio in jeder Hinsicht zufriedenstellenden »Erklärung« wird zwar kaum zu entsprechen sein. Es besteht jedoch eine Aussicht, daß sich da und dort eine Tür des Verständnisses öffnet, eine Tür, die einen Zugang zur Dimension des Spirituellen gestattet.

Und letztlich hat Böhme dies im Sinn. Er will nicht allein geheimes Wissen mitteilen; es genügt ihm nicht, seine Leser lediglich mit der ihm geschenkten Einsicht bekannt zu machen. Er will vor allem suchende Menschen auf die Spur setzen und ihnen als ein spiritueller Lehrer Führung und Geleit gewähren. Diese Absicht wird in der *Aurora* noch weniger deutlich ausgesprochen als in jenen meditativen Schriften aus späterer Zeit, in denen Böhme einen »Weg zu Christo«, also einen christlichen Initiationsweg beschreibt.[1]

[1] In diesen Zusammenhang gehört die Schrift *De Regeneratione – Von der neuen Wiedergeburt*, S. 214.

Er hat selbst darauf aufmerksam gemacht, daß in jenen Wortlauten sein eigener »Prozeß« dargestellt werde.

Was nun die *Aurora* selbst anlangt, so kann ein Leseratschlag von Nutzen sein. Böhme, der niemals den Anspruch erhoben hat, ein Schriftsteller zu sein, der sich vielmehr an verschiedenen Stellen von bestimmten »Skribenten« distanziert, mutet seinen heutigen Lesern einiges zu. Wer Böhme verstehen will, der muß sich mit eben jenem Durchbruchserlebnis vertraut machen, durch das er zum Schauenden und Erkennenden geworden ist. Das bedeutsame, auch sprachlich eindrucksvolle 19. Kapitel (dort vor allem die Abschnitte 5–15) ist die Schilderung seiner geistigen Geburt. Und was Böhmes Erkenntnisart im Gegenüber zur zeitgenössischen Naturbetrachtung betrifft, von der ebenfalls an verschiedenen Stellen die Rede ist, so legt er in Kapitel 25, 43 ff. Rechenschaft darüber ab, wenn es u. a. heißt: »Denn ich habe meine Wissenschaft nicht vom Studio. Zwar der sieben Planeten Ordnung und Innestehen habe ich in der Astrologorum Büchern gelesen, befinde sie auch ganz recht, aber die Wurzel, wie sie worden und herkommen sind, kann ich nicht von Menschen lernen, denn sie wissens nicht... Solche Erkenntnis sehe ich nicht mit fleischlichen Augen, sondern mit denen Augen, wo sich das Leben in mir gebäret...« (25, 45 und 48).

Die große Schau, die der Görlitzer Meister als 25jähriger im Jahre 1600 empfangen hat, deren ersten literarischen Ertrag, die »Morgenröte im Aufgang«, er jedoch erst zwölf Jahre später in der uns vorliegenden Gestalt niederzuschreiben vermochte, hat sein Selbstbewußtsein gestärkt. Er wurde seiner Sendung gewiß, das bis dahin Verborgene an den Tag zu bringen. So ist der Titel seines Bucherstlings zugleich ein Programm, das unter einem Doppelaspekt zu sehen ist: Einmal ist mit den Strahlen der Morgenröte jenes Erleuchtungsereignis gemeint, das von jedem einzelnen Menschen empfangen werden soll; zum anderen deutet Morgenröte auf ein Zeitalter-Ereignis hin, von Böhme auch »neue Reformation« genannt. Und wenn man die biographisch aufschlußreichen *Theosophischen Sendbriefe* an Freunde und Geistesschüler liest, dann wird deutlich, welche hochgespannten Erwartungen Böhme zu Beginn des Dreißigjährigen Krieges gehegt hat. Es war bekanntlich die Zeit, in der auch die Rosenkreuzer-Manifeste in ganz Mitteleuropa ihre Wirkung taten. Von daher ergibt sich auch die zeitliche wie geistige Nachbarschaft zwischen Böhme und den Trägern rosenkreuzerischen Strebens.[1]

Die »Reformatio generalis«, Generalreformation der ganzen Welt, wie die Parole an der Wende vom 16. zum 17. Jahrhundert lautete, blieb ein Traum, freilich ein ungemein wirksamer, zu immer neuen Anläufen, zu Imaginationen und Aktionen ermutigender Traum. Denn schaut man in die vielgestaltige Wirkungsgeschichte der *Aurora* und der anderen Böhme-Schriften hinein, dann zeigt sich, wie viele Dichter und Denker, religiös Entflammte, Theologen, psychologisch und geistig Forschende durch das Licht der Böhmeschen *Aurora* getroffen worden sind. In einigen Gedichten besingt Friedrich von Hardenberg-Novalis den Künder der Morgenröte als einen Herold eines »neuen Reiches«. Ludwig Tieck, seinem Dichterfreund, widmet er Strophen, in denen Gedanken und Metapher der »Morgenröte im Aufgang« anklingen. Sie sind nicht allein als Erinnerung an Jakob Böhme gemeint. Sie rufen Gegenwartsaufgaben ins Bewußtsein und lüften den Schleier vor dem Zukünftigen. Das Gedicht endet:

Die Zeit ist da, und nicht verborgen
Soll das Mysterium mehr sein.
In diesem Buche bricht der Morgen
Gewaltig in die Zeit hinein.

Verkündiger der Morgenröte,
Des Friedens Bote sollst du sein,
Sanft wie die Luft in Harf' und Flöte
Hauch' ich dir meinen Atem ein.

Du wirst das Reich verkünden,
Das tausend Jahre soll bestehen;
Wirst überschwenglich Wesen finden
Und Jakob Böhmen wiedersehn.

[1] Darüber ausführlicher in: Gerhard Wehr, *Esoterisches Christentum. Von der Antike bis zur Gegenwart*, Klett-Cotta Verlag, Stuttgart 1995.

Böhmes Theosophische Sendbriefe als Dokumente religiöser Erfahrung und spiritueller Wegweisung

Den *Theosophischen Sendbriefen* kommt in dem rund viertausend Druckseiten umfassenden literarischen Werk des Görlitzer Meisters eine besondere Bedeutung zu. Es handelt sich dabei um Böhmes Korrespondenz, wie sie uns aus der Zeit zwischen dem 18. Januar 1619 und dem 13. Juni 1624 – fünf Monate vor seinem Tod – erhalten geblieben ist. Das heißt, es handelt sich um den für sein Schaffen wesentlichen Zeitraum.

Hinter ihm liegen die Jahres eines von seinen kirchlich-orthodoxen Gegnern erzwungenen Schweigens und des Verzichts auf jegliche Publikation. Innerhalb weniger Monate hatte der 37jährige Görlitzer Schuhmachermeister seine berühmte Erstlingsschrift *Aurora oder Morgenröte im Aufgang* niedergeschrieben. Das Fragment gebliebene Werk hatte ohne sein Wissen handschriftliche Verbreitung gefunden und war zum Gegenstand einer schonungslosen Kritik geworden. Das kirchenfromme lutherische Gemeindeglied hatte rücksichtslose Schmähungen durch den Görlitzer Oberpfarrer Gregor Richter zu erdulden. Fünf Jahre lang hielt sich Böhme an das Publikationsverbot, während die öffentliche Beschimpfung anhielt.

Endlich entsprach Böhme dem Drängen jener Freunde, die ihn ermutigten, in weiteren Schriften sein »Talent« zu offenbaren. So entstand ein zweites, zunächst nur als Manuskript verbreitetes Werk, *Die Beschreibung der drei Prinzipien* (De tribus principiis). Das war im Jahre 1619, ein Jahr nach Ausbruch des Dreißigjährigen Krieges. In rascher Folge schrieb Böhme während der ihm verbliebenen fünf Lebensjahre mehrere Werke neben zahlreichen kleineren Schriften und Traktaten. Böhme legte in ihnen die Grundzüge seines universalen Gottes-, Welt- und Menschenbildes nieder.

Gleichzeitig bildete sich ein Kreis von spirituellen Schülern und religiös Suchenden. Sie ahnten, daß der Autor dieser Schriften nicht nur die Inhalte seines Schauens zu berichten habe, sondern daß er darüber hinaus in der Lage sei, einen inneren Entwicklungsweg, den Weg einer christlichen Einweihung, zu zeigen und ihnen auf diesem Weg als ein Erfahrener beratend, helfend, ermutigend beizustehen. Dank der Tatsache, daß uns die Texte von rund achtzig Sendbriefen – unter ihnen ausführliche Episteln und traktatartige Ausführungen – überliefert sind, sind wir in der Lage, uns ein Bild von dem Kreis um Jakob Böhme und seiner »theosophischen Schule«, wie er sie einmal nennt, zu verschaffen. Abgesehen davon vermitteln uns diese autobiographischen Zeugnisse manche bemerkenswerte Einzelheit seines außerordentlichen Lebens.

Äußerlich gesehen ist Jakob Böhme der kleinbürgerliche Handwerksmeister, der Familienvater und Görlitzer Bürger, der Angehörige seiner Zunft, das Glied der evangelisch-lutherischen Kirchengemeinde. Als solcher hat er seinen unverrückbaren Platz in der Gesellschaft seiner Zeit. Damit sind ihm aber auch eng gesteckte Grenzen gezogen: Grenzen der Mobilität, Bildungsschranken, Standesgrenzen, nicht zuletzt eine religiöse Fixierung, die im Zeitalter der protestantischen Orthodoxie nicht ungestraft verändert werden darf. Das ist das eine.

Auf der anderen Seite aber hat eben dieser Jakob Böhme schon in jungen Jahren einen religiösen Aufbruch erlebt, der seine bürgerliche Existenz in den Fundamenten erschütterte. Er empfing nicht einen Impuls zu einer gesellschaftlichen Revolution oder Empörung, auch nicht das, was man einen offenen Protest gegen die kirchliche Lehre und Ordnung nennen könnte. Trotz eines starken prophetisch ausgerichteten Selbstbewußtseins hat Böhme niemals den Anspruch erhoben, die bestehende Ordnung aufheben zu wollen.

Und doch war das, was Böhme nur so verarbeiten konnte, daß er seine Gesichte – »mir selbst zum Memorial!« – niederschrieb, geeignet, die Zeitgenossen der »oberen« Stände, namentlich die orthodoxe lutherische Geistlichkeit zu beunruhigen. Denn dieses Buch *Aurora oder Morgenröte im Aufgang* wurde publik. Einer, der nach Meinung der studierten Theologen buchstäblich »bei seinem Leisten« zu bleiben hätte, wagte es, dem von innen und von oben empfangenen »feurigen Trieb« zu folgen. Er hatte es gewagt, die Anrede seines Gottes ernster zu nehmen als das Wort des kirchlichen Lehramts.

Damit sind nicht nur die Ursachen für einen das ganze weitere Leben Böhmes anhaltenden Konflikt gelegt. Es ist der Konflikt des Charismatikers und des Amtsträgers, wie er sich in der Geschichte der Kirche, im besonderen in der Geschichte des esoterischen Christentums immer wieder abzeichnet[1].

Damit ist aber auch der Anstoß gegeben, den ohne sein Zutun sich vergrößernden Zirkel von Freunden, Schülern, Suchern, Lesern seiner Bücher zu begleiten. Das, was zunächst die individuelle religiöse Erfahrung des Görlitzer Meisters zu sein scheint – die Theologie spricht nicht ohne Geringschätzung von »Privatoffenbarung« – zieht weitere Kreise: Böhmes Schriften, die zunächst, das heißt zu seinen Lebzeiten, nur als Manuskripte seine Werkstatt verlassen, sind vielerorts begehrt: bei schlesischen Landadligen, in den Amtsstuben von Zolleinnehmern, bei Ärzten, bei Leuten, die sich zutiefst angesprochen fühlen. Es ist sicher ein Zeichen dafür, daß auch viele andere das Bedürfnis nach einem ursprünglichen geistig-religiösen Erleben hegen und hierfür weitere Anregung erwarten.

Das Charisma, die spirituelle Strahlkraft des schlichten Handwerkers, erweist sich stärker, als die Hüter von Zunft- und Standesgrenzen vermuten. Wieder einmal zeigt sich, daß der Geist nicht an die Schule oder an die Institution oder an eine kirchliche Amtsautorität gebunden ist. Im Gegenteil: Das Charisma muß geradezu deshalb einen Außenseiter wie Jakob Böhme ergreifen, weil Kirche und Schule nicht in der Lage sind, den Hunger und den Durst nach spiritueller Unmittelbarkeit zu stillen. Der Geist weht, wo *er* will!

Das Zutrauen, das Böhme findet, ist groß. Zwar hält die gegen den Autor der *Aurora* und der anderen theosophischen Schriften gerichtete kirchliche Verleumdungskampagne an, aber auch die Zahl derer, die mit ihm in Beziehung treten, nimmt zu. Die Kunde dringt über Schlesien hinaus. Das kommt nicht von ungefähr. Böhme erkennt darin »Gottes Weg«, zumal er beobachten kann, »daß es nicht allein in Schlesien, sondern auch in anderen Ländern ist bekannt worden ohne Vorwissen des Autors...« (10, 26).

[1] Dazu ausführlicher Gerhard Wehr, *Esoterisches Christentum.* Klett-Cotta Verlag, Stuttgart, 2., erweiterte Aufl. 1995; ders., *Auf den Spuren urchristlicher Ketzer.* Novalis Verlag, Schaffhausen 1983.

Um den zahlreichen Anforderungen zu entsprechen, ist der mit der Niederschrift immer neuer Werke vollauf Beschäftigte dankbar, daß sorgfältige Abschriften hergestellt werden. Unter den »Skribenten« ist vor allem der Saganer Zolleinnehmer Christian Bernhard zu nennen (vgl. die Briefe 4, 9 usw.).

Um seinen Schülern nahe zu sein und sie mit einer gewissen Regelmäßigkeit besuchen zu können, gibt er seine Schuhmacherei in der Stadt auf und betreibt zusammen mit seiner Frau Katharina einen Garnhandel, der ihn nun auch von Berufs wegen über Land führt. Auf diese Weise wird es ihm möglich, sich mit den Lesern seiner Manuskripte zu unterreden. Wir hören von verschiedenen Fahrten durch Schlesien und von mannigfachen Besuchen und Begegnungen.

Diese Unterredungen sind dem Verfasser der *Theosophischen Sendbriefe* deshalb so wichtig, weil er nicht alles dem geschriebenen Wort anvertrauen zu können meint: »Lieber Herr Doktor, der Feder ist nicht zu trauen«, lesen wir einmal (15, 17). Ein andermal läßt er seinem Freund Christian Bernhard wissen, er wünschte mit ihm »in geheim zu sein auf ein kurzes Gespräche, so euch dasselbe gefällig wäre. So werdet ihr ohne Zweifel Mittel dazu wissen, wollet euch in meiner Gegenwart meines Namens und Person geschweigen, es wäre denn Sache, daß er den Euren zuvor bekannt wäre und sie des(sen) begehrten.«

Kein Zweifel, hier waltet Arkandisziplin, ein selbstauferlegtes Gebot der Geheimhaltung. Das geschieht nicht etwa um einer mysteriösen Geheimnistuerei willen oder weil namentlich nach der Publikation der rosenkreuzerischen Manifeste – die *Chymische Hochzeit Christiani Rosenkreuz* war 1616 erschienen[1] – Geheimgesellschaften aller Art von sich reden machten. Böhmes Arkandisziplin hat einen anderen Grund: Längst ist der Verfasser der theosophischen Manuskripte zu einem christlichen Guru, zu einem Seelenführer geworden, dessen Ziel darin besteht, andere auf die Bahn der spirituellen Entwicklung zu bringen. Wo es um nichts Geringeres geht als um die Initiierung eines inneren Prozesses der Wandlung und der Reifung aus dem Geiste Christi, da ist – sofern

[1] Der vollständige Text der drei Manifeste ist enthalten in: *Die Bruderschaft der Rosenkreuzer.* Eugen Diederichs Verlag, München [5]1995 (Gelbe Reihe Band 53).

möglich – der intime Dialog zwischen dem Erfahrenen und dem am Anfang des Weges Befindlichen geboten. Das unmittelbare Gegenübersein spricht seine eigene Sprache. Das weiß jeder, der Menschenführung, die seelsorgerlich-spirituelle oder die tiefenpsychologisch-therapeutische, das initiatische Geschehen aus eigenem Erleben kennt. Dennoch sind die *Theosophischen Sendbriefe* Böhmes an den entscheidenden Punkten selbst Dokumente von und für Menschen, die sich auf dem Innenweg der Christusnachfolge befinden und die der »Morgenröte im Aufgang« oder dem Prozeß des »Ausgrünens« entgegenwarten.

Deshalb ist der eigentliche Anlaß und Grund vieler Briefe Böhmes dieser: »So habe ich nicht unterlassen wollen, denen zu schreiben und sie zu erinnern und in solchem eiferigen Suchen mehr Ursache zu geben und darzutun, wie das Perllein zu suchen und endlich zu finden sei. Sintemal ich auch einer unter den Suchern bin und mir am höchsten anlieget, dasjenige, was mir von Gott vertrauet ist, nicht zu vergraben, sondern darzutun, auf daß Gottes Wille in uns möchte erkannt werden und sein Reich in unser Suchen und Begehren kommen ...« (17, 1). Es besteht kein Zweifel: Böhme befindet sich auf großer Mission, und er ist sich auch der Größe seiner Verantwortung voll bewußt.

Dabei sei nicht übersehen, daß dieses Briefwerk, sein seherisch-literarisches Lebenswerk als solches, während des Dreißigjährigen Krieges entstanden ist. Die unheilvollen, Angst erzeugenden, neue Schrecken ankündigenden Ereignisse werfen ihre gespenstischen Schatten auf dieses Werk. Böhme ist also schon von daher gesehen nicht einer von denen, die ruhevoll in ihrer weltabgeschiedenen Mystiker-Klause meditieren und in einer solchen, von keiner Unbill getrübten Konzentration ihre Traktate, Lehrreden und Sendschreiben hinausgehen lassen können. Er steht vielmehr mitten in einem von Sorgen und Kümmernissen in Spannung gehaltenen Leben, gewillt, allem Kommenden standzuhalten. Er sucht die Zeichen der Zeit in größeren und größten Zusammenhängen zu sehen, innere Erfahrung mit den äußeren Phänomenen in Zusammenhang zu bringen. Dergleichen geht, wie die Geschichtserfahrung zeigt, nicht ohne ein kurzschlüssiges Vermuten ab, auch nicht bei Jakob Böhme. Doch darum geht es nicht.

Daneben will die lebenslange wirtschaftliche Abhängigkeit beachtet sein, der der Görlitzer Meister vor allem von jenem

Zeitpunkt ab unterworfen ist, als er als fahrender Händler und als (ungedruckter) Schriftsteller sich und seine Familie zu ernähren hat. Diese Abhängigkeit muß er auf sich nehmen, weil ihn der Geist treibt und weil er seinen Brüdern – so nennt er die Freunde und Sucher – das anvertraute Talent nicht vorenthalten darf. Von 1619/1620 an ist es namentlich die Abhängigkeit von Adeligen, denen er mit seinem Werk dient und die ihn mit dem Allernötigsten versorgen. Auch davon legen die Briefe ein beredtes Zeugnis ab (z. B. 5, 2; 6, 1; 21, 4; 32, 2; 33, 6; 37; 65, 3; 66, 10; 67, 1; 69, 6; 73, 3; 74).

Anhand dieser und ähnlicher Gesichtspunkte wird deutlich, daß Böhmes religiöse Erfahrung, sodann auch die von ihm erwartete und geleistete spirituelle Wegweisung nicht etwa abseits des gelebten Lebens empfangen und vollzogen wurde. Vielmehr belegen gerade die *Theosophischen Sendbriefe* auf vielfältige Weise, wie der Lebensalltag und die esoterische Vertiefung dieses Lebens, Zeitgeschichte und die göttliche Führung des einzelnen wie der Menschheit aufs engste miteinander verwoben und aufeinander bezogen sind.

Für den heutigen Leser dieser Texte ergeben sich daraus gewisse Konsequenzen. Er wird sich dieses Zusammenhangs bewußt bleiben müssen und keine Theosophie oder christliche Esoterik suchen dürfen, die ihn von seinem eigenen, ganz individuellen Schicksal entfernt. Er wird sodann nicht jedes Wort, nicht jede Deutung, schon gar nicht zeitbedingte Vorstellungen nur deshalb übernehmen dürfen, weil sie von einem so geisterfüllten Menschen wie Jakob Böhme stammen. Vielmehr obliegt es jedem einzelnen, gleichsam durch diese mehr als dreihundertjährigen Wortlaute *hindurch*zusehen und *hindurch*zuhören auf das Überzeitlich-Spirituelle, das sich hier eingetragen hat. Und deutlich genug spricht es Böhme auch den ersten Empfängern seiner Briefe gegenüber aus, worauf es eigentlich ankommt, sind doch die Schriften und Briefe nur irdische Gefäße eines letztlich unausschöpflichen Inhalts oder Hinweisschilder auf dem Weg, den der einzelne selbst gehen muß:

»Denn das Buch, da alle Heimlichkeit innen lieget, ist der Mensch selbst... Das große Arcanum lieget in ihm, allein das Offenbaren gehöret dem Geiste Gottes« (20, 3).

Jakob Böhme als Pansoph

Die großen Gestalten der Weltgeschichte, nicht am wenigsten die der Religions- und Geistesgeschichte, sind meist recht unterschiedlicher Deutung zugänglich. Das rührt nicht zuletzt von dem Standort her, den ihre Betrachter einnehmen, mit welchen Fragen und Erwartungen sie an den Betreffenden herantreten. Diese Mehrdeutigkeit entspricht aber primär der Vielschichtigkeit und Mehrdimensionalität, durch die ihr Schaffen und Leben geprägt ist.

So läßt sich auch Jakob Böhme aufgrund seines Werks, aufgrund der Eigenart seines Schauens und Sinnens, seines Denkens und Schilderns auf sehr verschiedene Weise charakterisieren. Daraus ergibt sich wiederum eine Vielfalt an Möglichkeiten, ihn bestimmten Ideenzusammenhängen zuzuordnen. So hat Schelling den Görlitzer Schuster als eine »theogonische Natur« gerühmt. Hegel bemerkt von seiner Philosophie, sie sei »echt deutsch«. Aber ist Böhme ein *Philosoph*, noch dazu einer, der von einem Denker aus der Kategorie Hegels als solcher akzeptiert werden kann? – Hegels Urteil ist verbürgt.

Die älteste Titulatur, die dem Autor der berühmten Erstlingsschrift *Aurora oder Morgenröte im Aufgang* beigelegt worden ist und die der so Geehrte nicht ohne Stolz und Selbstbewußtsein entgegengenommen hat, stammt – wie erwähnt – von dem welterfahrenen Görlitzer Arzt Balthasar Walther.

Der intime Böhme-Kenner hat den Titel »Philosophus teutonicus«, deutscher Philosoph, geprägt. Nicht zu übersehen sind sodann die zahlreichen prophetischen Elemente in den Schriften Jakob Böhmes. Es ist nicht zu leugnen, daß Böhme als *Prophet* anzusprechen ist, und zwar nicht allein deshalb, weil er mehr oder weniger treffende Voraussagen gemacht hat, sondern vor allem, weil er im Stile eines alttestamentlichen Propheten mit seinen Zeitgenossen ringt. Dieses Prophetische manifestiert sich bei ihm auf mannigfache Weise, zum Beispiel mit dem Ernst und der Eindringlichkeit, mit der er die Nähe der »Morgenröte« und den Anbruch einer Zeit des Gerichts, aber auch der großen Reformation Gottes verkündet. In seiner Studie über den Typus nachreformatorischen Prophetentums hat Ernst Benz gerade diesen Zug Böhmes *sichtbar gemacht.*[1]

Eine andere wichtige Kennzeichnung des Görlitzer Meisters ist die eines *Mystikers.* Wer beispielsweise das 19. Kapitel seiner *Aurora*, seine christosophischen Schriften (u. a. enthalten in *Christosophia – Ein christlicher Einweihungsweg*) oder auch die diversen autobiographisch gehaltenen Kapitel in seinen *Theosophischen Sendbriefen* aufmerksam liest, der muß zugeben, daß hier nicht nur referiert wird, was Böhme aus der mystischen Tradition empfing. Vielmehr ist Böhmes gesamtes literarisches Werk ein einziger Hinweis auf die Innenerfahrungen eines Mystikers. Er kennt die Stadien der Geburt aus Gott, des Sterbens in Christus und des Erwecktwerdens bzw. der Wiedergeburt durch den Heiligen Geist aus eigenem Erleben heraus. Diese mystische Teilhabe und dieses Innewerden muß der Verfasser der vielen Werke, Traktate und Briefe bezeugen, um auch andere anzuleiten, die diesen Innenweg betreten wollen.

Dieses Zeugnis nimmt bei Böhme eine besondere Gestalt an. Seine Geisteserfahrung ist zu einer Weisheit verdichtet, die sich von bloßem Bescheidwissen deutlich abhebt, denn Böhme ist *Theosoph.* Ihn *durchdringt* die Überzeugung: Alle Weisheit ist von Gott.[2] Als Schriftsteller ist es sein Bestreben, in immer neuen Anläufen in die Geheimnisgründe der Gottheit einzudringen und selbst über das Unsagbare Aussagen zu machen, in Spruch und Widerspruch, im Bild und im Gleichnis.

Diese Gottesweisheit oder Theosophie erhält bei Böhme noch eine weitere Ausformung. Sein Schauen richtet sich nicht allein auf die Tiefen der Gottheit, sondern immer ist die Schöpfung Gottes, der Kosmos, das All des Sichtbaren und Unsichtbaren mitbedacht. Deshalb der richtungweisende Satz im 1. Kapitel der *Aurora:* »So man aber will von Gott reden, was Gott sei, so muß man fleißig erwägen die Kräfte in der Natur, dazu die ganze Schöpfung,

[1] Ernst Benz, »Der Prophet Jakob Böhme. Eine Studie über den Typus nachreformatorischen Prophetentums, in: *Abhandlungen der geistes- und sozialwissenschaftlichen Klasse der Akademie der Wissenschaften und der Literatur*, Jg. 1959, Nr. 3; Wiesbaden 1959.

[2] Vgl. Gerhard Wehr, *Die deutsche Mystik. Mystische Erfahrung und theosophische Weltsicht.* O.W. Barth Verlag, München 1988.

Himmel und Erden, sowohl Sternen und Elementen und die Kreaturen, so aus denselben sind herkommen, sowohl auch die heiligen Engel, Teufel und Menschen, auch Himmel und Hölle.«

Böhme läßt keine Wesenheit aus, um vom Konkreten zum Mysterium vorzustoßen. Eben diese ganzheitliche Betrachtungsart rechtfertigt es, den Propheten, Mystiker und Theosophen als *Pansophen* zu respektieren. Und es unterliegt keinem Zweifel: Jakob Böhme gehört in die erste Reihe der Pansophen des 16. und 17. Jahrhunderts. Ihm leuchten »beide Sonnen«. Paracelsus und sodann Valentin Weigel sprechen vor ihm von den beiden Lichtern, dem »Licht der Natur« und von dem »Licht des Geistes« (bzw. der Gnade). So ist es sicher kein Zufall, daß die seit 1609 im Druck erscheinenden Schriften des lutherischen Pfarrherrn von Zschopau, Valentin Weigel, in die Hand Böhmes gelangt sind, wenn er nicht schon zuvor die im Schlesischen und in der Lausitz kursierenden Weigelschen Manuskripte zu Gesicht bekommen hat, gibt es doch selbst zu bedenken, »etlicher Meister« Bücher gelesen zu haben.[1]

Pansophen sind schließlich auch profilierte Zeitgenossen, so der als Theologe und Polyhistor brillierende Johann Valentin Andreae, Autor der geheimnisträchtigen Rosenkreuzer-Schriften; sodann der große Pädagoge, Christ und Humanist Johannes Amos Comenius. Beide Männer zeichnen sich dadurch aus, daß sie nicht bei einer theorielastigen »Allweisheit« (Pansophie) stehen bleiben, sondern bis ins kulturelle und gesellschaftliche Leben hinein weiterführende Impulse geben, und dies angesichts des Dreißigjährigen Kriegs!

Was Jakob Böhme als Pansophen ausweist und für seine Nachwelt wichtig macht, ist die Tatsache seiner konsequenten Weltzuwendung. Er kann und will nicht in dem Sinne »Mystiker« sein, daß er sich gegenüber den Realitäten dieses Lebens »abschließt« (Mystik, von griech. ›myein‹, schließen). Von der augustinischen Devise »Gott und die Seele« leitet der Görlitzer Meister jedenfalls keine weltflüchtige Frömmigkeit ab. Es ist vielmehr die Schöpfung in ihrer Totalität und Fülle, die ihn fasziniert. Sie ist Gottes »ausgesprochenes Wort«, weil »Leiblichkeit das Ende der Werke (bzw. Wege) Gottes« (Oetinger) darstellt. Und dieses leibhafte

[1] Jakob Böhme, *Theosophische Sendbriefe* (it 1786) Insel Verlag, Frankfurt 1996; Gerhard Wehr, *Europäische Mystik*, Junius Verlag, Hamburg 1995.

Wort teilt sich durch die Geheimschrift der Signaturen mit, die allen Elementen vom Stein bis zum Stern aufgeprägt sind (vgl. Böhmes Werk *De signatura rerum)*.

Dem Menschen, eben dem pansophisch orientierten, die Fülle der Weisheit aufgeschlossenen Menschen ist es aufgetragen, dem »ausgesprochenen Wort« zu antworten. Es heißt, Verantwortung tragen für die Erde. Das kann nur einer, der den neuen Himmel und die neue Erde bereits ins Auge faßt, daß diese vergängliche Erde noch das Signum des tragischen Falles trägt. Pansophie, wie Böhme sie versteht und praktiziert, hat daher eine unablösbare ethische Komponente. Die Sorge um das Seelenheil allein genügt nicht. Heute ist die »Treue zur Erde« (Nietzsche) mehr gefragt denn je: »die Heiligen von heute müssen die Erde liebhaben« (Michael Bauer). So ist es wahr: Als Pansoph hat Jakob Böhme Zeichen gesetzt, die heute mehr denn je beachtet und beantwortet werden müssen.

Titelkupfer aus der ersten Gesamtausgabe der Werke Jakob Böhmes (Amsterdam 1682)

Texte und Kommentare

Aurora oder Morgenröte im Aufgang

Vorrede des Autors

Günstiger Leser!

Ich vergleiche die ganze Philosophiam, Astrologiam und Theologiam samt ihrer Mutter einem köstlichen Baum, der in einem schönen Lustgarten wächst.

2. Nun gibt die Erde, da der Baum inne stehet, dem Baum immer Saft, davon der Baum seine lebendige Qualität hat; der Baum aber in sich selbst wächst von dem Saft der Erden und wird groß und breitet sich aus mit seinen Ästen.

3. Nun, gleichwie die Erde mit ihrer Kraft an dem Baum arbeitet, daß derselbe wachse und zunehme, also arbeitet der Baum stets mit seinen Ästen aus ganzem Vermögen, daß er möchte immer viel guter Früchte bringen.

4. Wenn aber der Baum wenig Früchte bringet, dazu ganz klein, madig und wurmstichig, so ist die Schuld nicht an des Baumes Willen, daß derselbe vorsätzlich begehre, böse Früchte zu tragen, dieweil er ein köstlicher Baum guter Qualität ist, sondern die Schuld ist, daß oft große Kälte, Hitze, Mehltau, Rauben und Ungeziefer auf ihn fällt; denn die Qualität in der Tiefe, von den Sternen ausgeworfen, verderbet ihn, daß er wenig guter Früchte bringet.

5. Nun hat aber der Baum diese Art an sich, daß je größer und älter der Baum wird, je süßere Frucht träget er. In seiner Jugend träget er wenig Früchte, denn das macht die rauhe und wilde Art des Erdbodens und überlei Feuchte in dem Baum. Und ob er gleich

schön blühet, so fallen doch im Gewächse seine Äpfel meistens ab, es sei denn Sache, daß er gar in einem guten Acker[1] stehet.

6. Nun hat der Baum auch eine gute, süße Qualität an sich, dagegen auch drei andere dem zuwider, als bitter, sauer und herbe. Nun, wie der Baum ist, also werden auch seine Früchte, bis sie die Sonne wirket und süße machet, daß sie einen lieblichen Geschmack bekommen, und müssen seine Früchte bestehen im Regen, Wind und Ungewitter.

7. Wenn aber der Baum alt wird, daß seine Äste verdorren, daß der Saft nicht mehr in die Höhe kann, so wachsen unten um den Stamm viel grüne Zweiglein aus, letztlich auch auf der Wurzel, und verklären den alten Baum, wie er auch ein schönes grünes Zweiglein und Bäumlein gewesen ist und nun gar alt worden. Denn die Natur oder der Saft wehret sich, bis der Stamm gar dürre wird. Dann wird er abgehauen und im Feuer verbrannt.

8. Nun merke, was ich mit diesem Gleichnis angedeutet habe: Der Garten dieses Baums bedeutet die Welt, der Acker die Natur, der Stamm des Baumes die Sterne, die Äste die Elementa, die Früchte, so auf diesem Baume wachsen, bedeuten die Menschen, der Saft in dem Baume bedeutet die klare Gottheit. Nun sind die Menschen aus der Natur, Sternen und Elementen gemacht worden. Gott der Schöpfer aber herrschet in allen, gleichwie der Saft in dem ganzen Baume.

9. Die Natur aber hat zwo Qualitäten in sich bis in das Gerichte Gottes, eine liebliche, himmlische und heilige, und eine grimmige, höllische und durstige.

10. Nun qualifizieret und arbeitet die gute immer mit ganzem Fleiß, daß sie gute Früchte bringe. Darinnen herrschet der Hl. Geist und gibt dazu Saft und Leben. Die böse quillet und treibet auch mit ganzem Fleiße, daß sie immer böse Früchte bringt. Dazu gibt ihr der Teufel Saft und höllische Loh.[2]

---

[1] Anspielung auf das Sämannsgleichnis Jesu von Mark. 4, 8
[2] Feuer.

11. Nun dieses beides ist in dem Baum der Natur, und die Menschen sind aus dem Baum gemacht und leben in dieser Welt, in diesem Garten zwischen beiden in großer Gefahr[1], und fällt auf sie bald Sonnenschein, bald Regen, Wind und Schnee.

12. Das ist, so der Mensch seinen Geist erhebt in die Gottheit, so quillet und qualifizieret in ihm der Heilige Geist und der höllische Saft.

13. Gleichwie der Apfel auf dem Baum madig und wurmstichig wird, wenn Frost, Hitze und Mehltau auf ihn fällt, und leicht abfällt und verdirbet, also auch der Mensch, wenn er läßt den Teufel mit seinem Gift in ihm herrschen.

14. Nun gleichwie in der Natur Gutes und Böses quillet, herrschet und ist, also auch im Menschen. Der Mensch aber ist Gottes Kind, den er aus dem besten Kern der Natur gemacht hat, zu herrschen in dem Guten und zu überwinden das Böse. Ob ihm gleich das Böse anhanget, gleichwie in der Natur das Böse am Guten hanget, so kann er doch das Böse überwinden. So er seinen Geist in Gott erhebet, so quillet in ihm der Heilige Geist und hilft ihm siegen.

15. Gleichwie die gute Qualität in der Natur mächtig ist zu siegen über die böse, denn sie ist und kommt aus Gott und der Heilige Geist ist Herrscher darinnen, also auch ist die grimme Qualität mächtig zu siegen in der boshaftigen Seelen; denn der Teufel ist ein mächtiger Herrscher in der Grimmigkeit und ist ein ewiger Fürst derselben.

16. Der Mensch aber hat sich selbst in die Grimmigkeit geworfen durch den Fall Adams und Evas, daß ihm das Böse anhänget, sonst wäre sein Quell und Trieb allein in dem Guten. Nun aber ists in beiden und heißet nun, wie St. Paulus saget: ›Wisset ihr nicht, welchem ihr euch begebet zu Knechten in Gehorsam, des Knechte seid ihr, dem ihr gehorsam seid, entweder der Sünde zum Tode oder dem Gehorsam Gottes zur Gerechtigkeit‹ (Röm. 6, 16).

17. Weil aber der Mensch in beiden den Trieb hat, so mag er greifen, zu welchem er will; denn er lebet in dieser Welt zwischen beiden und sind beide Qualitäten Bös und Gut in ihm, in welches der

[1] Anspielung auf die beiden Paradiesesbäume, I. Mose 2, 9

Mensch wallet, damit wird er angetan in heilige oder höllische Kraft.

18. Denn Christus spricht: ›Mein Vater will den Heiligen Geist geben denen, die ihn darum bitten‹ (Luk. 11, 13). Auch so hat Gott dem Menschen das Gute befohlen und das Böse verboten und lässet noch täglich predigen, rufen und schreien und den Menschen vermahnen zum Guten. Dabei man ja wohl erkennet, daß Gott das Böse nicht will, sondern will, daß sein Reich zukomme und sein Wallen[1] geschehe, wie im Himmel als auch auf Erden.[2]

19. Weil aber der Mensch durch die Sünde vergiftet, daß die grimme Qualität sowohl als die gute in ihm herrschet und nun halb tot und mit großem Unverstand Gott seinen Schöpfer sowohl auch die Natur und ihre Wirkung nicht mehr erkennen kann, so hat die Natur ihren höchsten Fleiß vom Anfang bis auf heute angeleget, dazu hat Gott seinen Heiligen Geist gegeben, daß sie je und allewege hat weise, heilige und verständige Menschen geboren und zugerichtet, welche die Natur sowohl Gott, ihren Schöpfer haben lernen erkennen, welche allezeit mit ihrem Schreiben und Lehren der Welt Licht sind gewesen. Damit hat Gott seine Kirche auf Erden zugerichtet zu seinem ewigen Lobe. Dagegen hat der Teufel gewütet und getobet und manchen edlen Zweig verderbet durch die Grimmigkeit in der Natur, welches Fürst und Gott er ist.

20. Wenn die Natur hat oft einen gelehrten, verständigen Menschen zugerichtet mit schönen Gaben, so hat der Teufel seinen höchsten Fleiß daran geleget, daß er denselben verführet in fleischliche Lüste, in Hoffart, in Begierde reich zu sein und Gewalt zu haben. Damit hat der Teufel in ihm geherrschet und hat die grimmige Qualität die gute überwunden und ist aus seinem Verstande und aus seiner Kunst und Weisheit Ketzerei und Irrtum gewachsen, welcher der Wahrheit gespottet und große(n) Irrtum auf Erden angerichtet hat und ist dem Teufel ein guter Heerführer gewesen.

21. Denn die böse Qualität in der Natur hat vom Anfang und noch immer mit der guten gerungen und sich emporgehoben und manche edle Frucht im Mutterleibe verderbet, wie solches klar zu sehen ist

---

[1] Wille

[2] Matth. 6, 10; Luk. 11, 2.

erstlich bei Kain und Abel, die aus einer Mutter Leibe kamen. Kain war von Mutterleibe ein Verächter Gottes und hoffärtig, dagegen Abel ein demütiger Gott-fürchtiger Mensch. So siehet mans auch bei den Söhnen Noae[1] sowohl auch beim Abraham mit Isaak und Ismael[2], sonderlich aber beim Isaak mit Esau und Jakob[3], welche sich im Mutterleibe gestoßen und gerungen, darum auch Gott saget: ›Jakob habe ich geliebet und Esau gehasset‹ (Gen. 25, 23). Ist anders nichts, denn daß beide Qualitäten in der Natur haben heftig miteinander gerungen.

22. Denn als Gott in der Natur zur selben Zeit wallete und wollte sich der Welt offenbaren durch den frommen Abraham, Isaak und Jakob und wollte ihm eine Kirche auf Erden zurichten zu seiner Glorie und Herrlichkeit, so wallete in der Natur auch mit die Bosheit und derselben Fürst Luzifer. Weil denn in dem Menschen Böses und Gutes war, so konnten beide Qualitäten in ihm regieren. Derowegen ward ein böser und ein guter Mensch in einer Mutter auf einmal geboren.

23. Auch so ist es bei der ersten Welt, sowohl auch an der anderen bis ans Ende unserer Zeit klar zu sehen, wie das himmlische und höllische Reich in der Natur hat je und allewege miteinander gerungen und in großer Arbeit gestanden, als ein Weib in der Geburt.

24. Bei Adam und Eva ist es am lautersten zu sehen; denn da wuchs ein Baum im Paradies auf von beider Qualität, Böses und Gutes. Da sollten Adam und Eva versucht werden, ob sie könnten in der guten Qualität, in englischer[4] Art und Form bestehen. Denn der Schöpfer verbot Adam und Eva, von der Frucht zu essen. Aber die böse Qualität in der Natur rang mit der guten und brachte Adam und Eva in Lust, von beiden zu essen. Darum bekamen sie auch bald zur Stunde tierische Art und Form und aßen von Bös und Gut und mußten sich auf tierische Art mehren und leben, und verdarb mancher edler Zweig, von ihnen geboren.

[1] 1. Mose 9, 20ff.
[2] 1. Mose 16 und 21
[3] 1. Mose 27
[4] Englisch = engelhaft.

25. Hernach sieht man, wie Gott in der Natur gewirket, als die heiligen Väter in der ersten Welt geboren, als Abel, Seth, Enos, Kenan, Mahalalel, Jared, Henoch, Methusalem, Lamech und der heilige Noah. Die haben der Welt des Herren Namen verkündiget und Buße geprediget, denn der Hl. Geist hat in ihnen gewirket.

26. Dagegen hat der höllische Gott auch gewirket in der Natur und Spötter und Verächter geboren, erstlich Kain und seine Nachkommen, und ist mit der ersten Welt gegangen wie mit einem jungen Baume; der wächset, grünet und blühet schön, bringet aber wenig guter Früchte von wegen seiner linden Art. Also brachte die Natur in der ersten Welt wenig guter Früchte, ob sie gleich schön blühete in weltlicher Kunst und Üppigkeit; denn das konnte der Hl. Geist nicht ergreifen, der auch diesmal in der Natur sowohl als jetzt hat gewirket.

27. Darum sprach Gott: ›Es reuet mich, daß ich die Menschen gemacht habe‹ (Gen. 6, 6), und erregte die Natur, daß alles Fleisch starb, was im Trocknen lebet bis auf die Wurzel und Stamm, der blieb stehn, und hat hiemit den wilden Baum gedünget und angerichtet, daß derselbe sollte bessere Früchte tragen. Aber als derselbe wieder grünete, brachte er bald wieder gute und böse Früchte bei den Söhnen Noah(s). Da fanden sich bald wieder Spötter und Verächter Gottes und wuchs kaum ein guter Ast in dem Baum, der heilige, gute Früchte brachte; die andern Äste trugen und brachten die wilden Heiden.

28. Als aber Gott sah, daß der Mensch also in seiner Erkenntnis erstorben war, bewegete er die Natur abermal und zeigete den Menschen, wie in derselben wäre Böses und Gutes, damit sie das Böse fliehen und in dem Guten leben sollten, und ließ Feuer aus der Natur fallen und zündete an Sodom und Gomorrah zum schrecklichen Exempel der Welt.

29. Als aber der Menschen Blindheit überhand nahm und (sie) sich Gottes Geist nicht wollten lehren lassen, gab er ihnen Gesetze und Lehre, wie sie sich halten sollten, und bestätigte die mit Wunder(n) und Zeichen, damit nicht erlösche die Erkenntnis des rechten Gottes.

30. Aber das Licht wollte hiemit auch nicht an den Tag kommen, denn die Finsternis und Grimmigkeit in der Natur wehrete sich und derselben Fürst regierete gewaltiglich.

31. Als aber der Baum der Natur in sein Mittelalter kam, da hub er an und trug etliche milde, süße Früchte, anzuzeigen, daß er hinfort würde liebliche Früchte tragen. Denn da wurden die heiligen Propheten geboren aus dem süßen Ast des Baumes. Die lehreten und predigten von dem Licht, welches künftig die Grimmigkeit in der Natur überwinden würde.

32. Auch so ging unter den Heiden ein Licht in der Natur auf, daß sie erkenneten die Natur und ihre Wirkung, wiewohl dieses nur ein Licht in der wilden Natur war, und noch nicht das heilige Licht; denn die wilde Natur war noch nicht überwunden und rang Licht und Finsternis so lange miteinander, bis die Sonne aufging und zwang diesen Baum mit ihrer Hitze, daß er liebliche, süße Früchte trug.

33. Das ist, bis da kam der Fürst des Lichts aus dem Herzen Gottes, und ward ein Mensch in der Natur und rang in seinem menschlichen Leibe in Kraft des göttlichen Lichts in der wilden Natur.

34. Derselbe Fürsten- und königliche Zweig wuchs auf in der Natur und wurde ein Baum in der Natur und breitete seine Äste aus von Orient bis in Occident und umfassete die ganze Natur, rang und kämpfte mit der Grimmigkeit, die in der Natur war, und mit derselben Fürsten, bis daß er überwand und triumphierte als ein König der Natur und nahm den Fürsten der Grimmigkeit gefangen in seinem eigenen Hause (Ps. 68, 19).

35. Als dieses geschah, da wuchsen aus dem königlichen Baume, der in der Natur gewachsen war, viel tausend Legionen köstlicher süßer Zweiglein, die hatten alle den Geruch und Geschmack des köstlichen Baums. Und ob gleich auf sie fiel Regen, Schnee, Hagel und Ungewitter, daß manches Zweiglein vom Baum gerissen und geschlagen ward, noch wuchsen immer andere Zweiglein. Denn die Grimmigkeit in der Natur und derselben Fürst erregete groß Ungewitter mit Hageln, Donnern, Blitzen und Regen, daß ja oft viel herrlicher Zweiglein von dem süßen und guten Baum abgerissen wurden. Aber dieselben Zweiglein schmeckten also holdselig, süß

und freudenreich, daß keines Menschen noch Engels Zunge aussprechen kann; denn sie hatten große Kraft und Tugend in sich. Sie dieneten zur Gesundheit der wilden Heiden. Welcher Heide von den Zweiglein dieses Baumes aß, der ward entlediget von der wilden Art der Natur, darinnen er geboren war, und ward ein süßer Zweig in dem köstlichen Baum und grünete in dem Baum und trug köstliche Früchte wie der königliche Baum.

36. Darum liefen viele Heiden zu dem köstlichen Baum, da die köstlichen Zweiglein lagen, welche der Fürst der Finsternis hatte mit seinen Sturmwinden abgerissen, und welcher Heide an diese abgerissene Zweiglein roch, der ward gesund von der wilden Grimmigkeit, die ihm von seiner Mutter geboren war.

37. Als aber der Fürst der Finsternis sah, daß sich die Heiden um die Zweiglein rissen und nicht um den Baum und sah seinen großen Verlust und Schaden, so ließ er ab vom Sturm gegen Aufgang und Mittag und stellete einen Kaufmann unter den Baum, der las die Zweiglein auf, die von dem köstlichen Baume waren gefallen.

38. Und wann denn die Heiden kamen und frageten nach den guten und kräftigen Zweiglein, so bot der Kaufmann dieselben an, ums Geld zu verkaufen, damit er Wucher von dem köstlichen Baum hätte. Denn solches forderte der Fürst der Grimmigkeit von seinem Kaufmanne, darum weil ihm der Baum in seinem Lande gewachsen war und verderbete seinen Acker.

39. Als nun die Heiden sahen, daß die Frucht von dem köstlichen Baume ums Geld zu verkaufen feil war, liefen sie haufenweise zu dem Krämer und kauften von der Frucht des Baumes und kamen auch von fernen Inseln dahin zu kaufen, ja von der Welt Ende.

40. Als nun der Krämer sah, daß seine Ware so viel galt, auch so angenehm war, erdachte er ihm eine List, damit er seinem Herrn möchte einen großen Schatz sammeln und schickte Kaufleute aus in alle Lande und ließ seine Ware feilbieten und hochloben. Aber er verfälschte die Ware und verkaufte andere Frucht für die gute, die nicht auf dem guten Baum gewachsen war, darum daß seines Herrn Schatz nur groß würde.

41. Die Heiden aber und alle Inseln und Völker, die auf Erden wohneten, waren alle aus dem wilden Baume gewachsen, der da gut

und böse war. Darum waren sie halb blind und sahen den guten Baum nicht, der doch seine Äste ausstreckte vom Aufgang bis zum Niedergang, sonst hätten sie die falschen Waren nicht gekauft.

42. Weil sie aber den köstlichen Baum nicht kannten, der doch seine Äste über sie alle ausstreckte, so liefen sie allen den Krämern nach und kauften vermengte falsche Ware für gute und vermeineten, sie dienete zur Gesundheit. Weil sie aber alle so hart nach dem guten Baum lüsterten, der doch über ihnen allen schwebete, machte sie gesund von ihrer Grimmigkeit und wilden Geburt und nicht des Krämers falsche Ware. Das währete eine lange Zeit.

43. Als nun der Fürst in der Finsternis, der da ist der Quell der Grimmigkeit, Bosheit und Verderbens sah, daß die Menschen gesund wurden von seinem Gift und wilden Art, von dem Geruch des köstlichen Baums, ward er zornig und pflanzete einen wilden Baum gegen Mitternacht, der wuchs aus der Grimmigkeit in der Natur, und ließ ausrufen: Das ist der Baum des Lebens; wer davon isset, der wird gesund und lebet ewiglich! Denn an dem Orte, da der wilde Baum wuchs, war eine wilde Stätte; und die Völker daselbst hatten das rechte Licht aus Gott von Anfang bis zur selben Zeit, und auch noch heute nicht erkannt; und der Baum wuchs am Berge Hagar[1], in dem Hause Ismaels, des Spötters.

44. Da aber ausgerufen war von dem Baum: Siehe, das ist der Baum des Lebens, da liefen die wilden Völker zu dem Baum, die nicht waren aus Gott geboren, sondern aus der wilden Natur, und liebeten den wilden Baum, und aßen von seiner Frucht. Und der Baum wuchs und ward groß von dem Saft der Grimmigkeit in der Natur, und breitete seine Äste aus von Mitternacht gegen Morgen und Abend. Der Baum aber hatte seinen Quell und Wurzel aus der wilden Natur, die da bös und gut war; und wie der Baum war, also war auch seine Frucht.

45. Weil aber die Menschen dieses Orts alle aus der wilden Natur waren gewachsen, so wuchs der Baum über sie alle, und ward also groß, daß er mit seinen Ästen reichete bis in das werte Land unter den heiligen Baum.

---

[1] 1. Mose 16, 1.3.8.15; Paulus interpretiert Gal. 4, 25 Hagar als den Berg Sinai.

46. Das war aber die Ursache, daß der wilde Baum so groß ward: Die Völker unter dem guten Baum liefen alle den Krämern nach, die die falsche Ware verkauften, und aßen von der falschen Frucht, die auch bös und gut war, und vermeineten, sie würden dadurch gesund werden; und ließen den heiligen guten, kräftigen Baum immer stehen. Indes wurden sie immer blinder, matter und schwächer und konnten dem wilden Baum gegen Mitternacht nicht wehren, daß er nicht wuchs. Denn sie waren viel zu matt und schwach. Sie sahen wohl, daß es ein wilder, böser Baum war, aber sie waren zu matt und schwach und konnten ihm sein Gewächse[1] nicht wehren. So sie aber nicht wären den Krämern mit der falschen Ware nachgelaufen und hätten von der falschen Frucht (ge)gessen, sondern hätten von dem köstlichen Baum (ge)gessen, so wären sie kräftig worden, dem wilden Baum Widerstand zu tun.

47. Weil sie aber der wilden Natur im Menschentand[2] nachhureten in ihres Herzens Gelüste, in Heuchelei, so herrschete auch die wilde Natur über sie und wuchs der wilde Baum hoch und weit über sie, und verderbte sie mit seiner wilden Kraft.

48. Denn der Fürst der Grimmigkeit in der Natur gab dem Baum seine Kraft, zu verderben die Menschen, die von des Krämers wilder Frucht aßen. Dieweil sie verließen den Baum des Lebens und suchten eigene Klugheit wie Mutter Eva im Paradies; so herrschte ihre angeborne eigne Qualität über sie und gerieten in solchen kräftigen Irrtum, wie St. Paulus saget (II. Thess. 2, 11).

49. Und der Fürst der Grimmigkeit erregte Krieg und Sturmwinde von dem wilden Baum gegen Mitternacht über die Völker, die nicht aus dem wilden Baum geboren waren; und sie fielen in ihrer Mattigkeit und Schwachheit für Ungewitter, das aus dem wilden Baum ging.

50. Und der Kaufmann unter dem guten Baum heuchelte mit den Völkern gegen Mittag und Abend und gegen Mitternacht und lobete seine Ware hoch und betrog die Einfältigen mit List. Und die Klugen machte er zu seinen Kaufleuten und Krämern, daß sie ihren Gewinn auch davon hatten, bis daß ers dahin brachte, daß niemand

[1] Wachstum
[2] unnützes Machwerk

den heiligen Baum mehr recht sah und erkannte, und er das Land zum Eigentum kriegte.

51. Da ließ er ausrufen: Ich bin der Stamm des guten Baums und stehe auf der Wurzel des guten Baums und bin eingepfropft in den Baum des Lebens. Kaufet meine Ware, die ich euch verkaufe, so werdet ihr gesund werden von eurer wilden Geburt und ewig leben. Ich bin aus der Wurzel des guten Baums gewachsen und habe die Frucht des Hl. Baums in meiner Gewalt und sitze auf dem Stuhl der göttlichen Kraft und habe Gewalt im Himmel und auf Erden; kommet zu mir und kaufet euch ums Geld von der Frucht des Lebens!

52. Da liefen alle Völker zu und kauften und aßen, bis sie verschmachteten. Alle Könige von Mittag, Abend und gegen Mitternacht aßen von des Krämers Frucht und lebeten in großer Ohnmacht; denn der wilde Baum von Mitternacht wuchs je länger je sehrer über sie und vertilgete sie eine lange Zeit. Und er war eine elende Zeit auf Erden, als nicht gewesen war, weil[1] die Welt gestanden. Aber die Menschen meineten, es wäre gute Zeit, so hart hatte sie der Kaufmann unter dem guten Baum verblendet.

53. Am Abend aber jammerte die Barmherzigkeit Gottes der Menschen Elend und Blindheit und bewegte abermal(s) den guten Baum, den herrlichen göttlichen Baum, der die Frucht des Lebens trug. Da wuchs ein Zweig nahe bei der Wurzel aus dem köstlichen Baume und grünete, und ihm ward gegeben des Baums Saft und Geist, und redete mit Menschenzungen und zeigete jedermann den köstlichen Baum und seine Stimme erscholl weit in viel(e) Länder.

54. Da liefen die Menschen, zu sehen und (zu) hören, was da wäre. Da ward ihnen gezeiget der köstliche und tugendreiche Baum des Lebens, davon die Menschen im Anfang (ge)gessen hatten, und waren entlediget worden von ihrer wilden Geburt.

55. Und sie wurden hoch erfreuet und aßen von dem Baum des Lebens mit großer Freude und Erquickung, und kriegten neue Kraft von dem Baum des Lebens, und sungen ein neu(es) Lied von dem wahrhaftigen Baum des Lebens, und wurden entlediget von der

[1] während, solange

wilden Geburt und hasseten den Kaufmann mit seinen Krämern und falscher Ware.

56. Es kamen aber alle, die da hungerte und dürstete nach dem Baum des Lebens, und die im Staube saßen, und aßen von dem heil(igen) Baum, und wurden gesund von ihrer unreinen Geburt und von der Natur Grimmigkeit, darinnen sie lebeten, und wurden eingepfropft in den Baum des Lebens.

57. Allein die Krämer des Kaufmanns und ihre Heuchler und die ihren Wucher hatten mit der falschen Ware getrieben und ihre Schätze gesammelt, kamen nicht; denn sie waren im Wucher der Hurerei des Kaufmanns ersoffen und im Tode erstorben und lebeten in der wilden Natur; und die Angst und Schande, die da aufgedeckt ward, hielt sie zurück, daß sie hatten mit dem Kaufmann so lange gehuret und die Seelen der Menschen verführet; da sie doch rühmeten, sie wären in den Baum des Lebens eingepfropft und lebeten in göttlicher Kraft, in Heiligkeit, und trügen die Frucht des Lebens feil.

58. Weil nun offenbar ward ihre Schande, Betrug, Geiz und Schalkheit, verstummeten sie und blieben zurück und schämeten sich, daß sie hätten Buße getan für ihre Greuel und Abgötterei und wären mit den Hungerigen und Durstigen zu dem Brunnquell des ewigen Lebens gegangen. Darum verschmachteten sie auch in ihrem Durste, und ihre Qual steiget auf von Ewigkeit zu Ewigkeit und ihr Gewissen naget sie.

59. Da nun der Kaufmann sah mit der falschen Ware, daß sein Betrug war offenbar worden, ward er sehr zornig und verzagt und richtete seinen Bogen wider das heilige Volk, das seine Ware nicht mehr kaufen wollte, und tötete viel(e) des heiligen Volks und lästerte wider den grünen Zweig, der aus dem Baum des Lebens war gewachsen. Aber der Großfürst Michael, der vor Gott stehet, kam und stritt für das heilige Volk und siegete.

60. Als aber der Fürst aus der Finsternis sah, daß sein Kaufmann war gefallen und sein Betrug (war) offenbar worden, erregte er das Sturmwetter von Mitternacht aus dem großen und wilden Baum gegen das heilige Volk, und der Kaufmann von Mittage stürmete

auch wider sie. Da wuchs das heilige Volk sehr und hoch im Blute.[1] Gleichwie es war im Anfang, da der heilige und köstliche Baum wuchs, der überwand die Grimmigkeit in der Natur und ihren Fürsten, also war es auch zu der Zeit.

61. Als nun der edle und heilige Baum allem Volk war offenbar worden, daß sie sahen, wie er über ihnen allen schwebte und seinen Schmack[2] über alle Völker ausstreckte und mochte davon essen, wer da wollte; da ward das Volk überdrüssig zu essen von seiner Frucht, die auf dem Baum wuchs, und (sie) lüsterten nach der Wurzel des Baumes zu essen, und die Klugen und Weisen suchten die Wurzel und zanketen um dieselbe. Und der Streit um die Wurzel des Baumes ward groß, also daß sie vergaßen, von der Frucht des Baums zu essen, von wegen des Zanks um die Wurzel des Baums.

62. Es war ihnen aber nicht um die Wurzel noch um den Baum zu tun, sondern der Fürst in der Finsternis hatte ein anders im Sinne, weil er sah, daß sie nicht mehr von dem guten Baum essen wollten, sondern zankten um die Wurzel, sah wohl, daß sie gar matt und schwach worden und daß die wilde Natur wieder in ihnen herrschete. Darum bewegte er sie nun zur Hoffart, daß ein jeder meinete, er hätte die Wurzel beim Stiele, man sollte auf ihn sehen und hören und ihn ehren. Damit baueten sie ihre Palast-Häuser und dieneten heimlich dem Abgott Mammon. Dadurch wurde der Laienstand geärgert, und lebeten in ihres Fleisches Lust, in Begierde der wilden Natur und dieneten dem Bauch in Üppigkeit, verließen sich auf die Frucht des Baumes, die über ihnen allen schwebete, ob sie gleich in Verderben gerieten, daß sie dadurch möchten wieder gesund werden. Und dieneten unterdessen dem Fürsten der Finsternis nach der wilden Natur Trieb. Und der köstliche Baum mußte ihnen nur zum Schauspiegel dastehen, und ihrer viel(e) lebeten gleich den wilden Tieren und führeten ein böses Leben in Hoffart, Pracht und Üppigkeit; und der Reiche verzehrte dem Armen seinen Schweiß und Arbeit und (be)drängte ihn noch dazu.

63. Alle bösen Taten wurden durch Geschenke gut. Die Rechte flossen aus der bösen Qualität in der Natur; ein jeder trachtete nach

[1] Tertullian: »Das Blut der Märtyrer ist der Same der Kirche« (Apol. 50).
[2] Geschmack; Duft.

viel Geld und Gut, nach Hoffart, Prassen und Prangen. Der Elende hatte keine Errettung. Schelten, Fluchen, Schwören wurde für kein Laster gehalten, und (sie) fühleten sich in der grimmen Qualität wie eine Sau im Kote. Solches taten die Hirten mit den Schafen und behielten nicht mehr den Namen von dem edlen Baume. Seine Frucht, Kraft und Leben mußte ihrer Sünden Deckel sein.

64. Also lebete die Welt zur selben Zeit bis auf ein kleines Häuflein. Das ward geboren mitten unter den Dornen, in großer Trübsal und Verachtung, aus allem Volk auf Erden, von Orient bis in Occident. Da war kein Unterschied; sie lebten alle im Trieb der wilden Natur in Ohnmacht bis auf ein kleines Häuflein, das ward errettet aus allen Völkern. Wie es war vor der Sintflut und vor Aufgang des edlen Baums in die Natur und in der Natur, also auch zu der Zeit.

65. Daß aber die Menschen am Ende also hart nach des Baums Wurzel lüsterten, ist ein Geheimnis, Mysterium, und den Klugen und Weisen bisher verborgen gewesen, wird auch nicht in der Höhe aufgehen, sondern in der Tiefe in großer Einfalt, gleichwie der edle Baum mit seinem Kern und Herzen allezeit ist den Weltklugen verborgen gewesen, ob sie gleich gemeinet haben, sie stünden auf des Baums Wurzel und Spitze, so ist es doch nicht mehr als ein lichter Dunst vor ihren Augen gewesen.

66. Es hat aber der edle Baum vom Anfang bis auf heute mit höchstem Fleiß in der Natur gearbeitet, daß er möchte offenbar werden allen Völkern, Zungen und Sprachen. Dawider hat der Teufel in der wilden Natur gewütet und getobet und sich gewehret als ein grimmiger Löwe. Aber der edle Baum brachte je länger je süßere Früchte und offenbarte sich je länger je sehrer wider alles Wüten und Toben des Teufels, bis ans Ende; da ward es lichte.

67. Denn es wuchs ein grünes Zweiglein auf der Wurzel des edlen Baums und kriegte der Wurzel Saft und Leben, und ihm ward gegeben des Baums Geist, und verklärete den edlen Baum in seiner Kraft und Macht, dazu die Natur, darinne er gewachsen war.

68. Als nun dieses geschah, da gingen in der Natur beide Türen auf: die Erkenntnis beider Qualitäten, Böses und Gutes, und ward offenbar das himmlische Jersualem, sowohl der Höllen Reich, allen Menschen auf Erden. Und das Licht und die Stimme erscholl in die

vier Winde, und der falsche Kaufmann vom Mittage ward ganz offenbar und die Seinen hasseten ihn und rotteten ihn aus von der Erden.

69. Als nun dieses geschah, da verdorrete auch der wilde Baum gegen Mitternacht, und alles Volk sah den heiligen Baum auch in fernen Inseln mit Verwundern. Und der Fürst in der Finsternis ward offenbar und seine Geheimnisse wurden aufgedeckt und seine Schande und Spott und Verderben sahen und erkenneten die Menschen auf Erden, denn es war lichte worden. Aber das währete eine kleine Zeit, so ließen die Menschen das Licht und lebeten in ihres Fleisches Lust zum Verderben; denn gleichwie sich die Tür des Lichts hatte aufgetan, also auch die Tür der Finsternis, und gingen aus beiden allerlei Kräfte und Künste, was darinne war.

70. Gleichwie die Menschen vom Anfang her hatten gelebet im Gewächse der wilden Natur, und nur nach irdischen Dingen getrachtet, also wollte es auch am Ende nicht besser, sondern nur ärger werden.

71. Im Mittel dieser Zeit wurden viel(e) große Sturmwetter erreget vom Abend gegen Morgen und Mitternacht, von Mitternacht aber ging ein großer Wasserstrom aus gegen den heiligen Baum und verderbete viel(e) Zweige an dem heiligen Baume, und mitten im Strom ward es lichte, und (es) verdorrete der wilde Baum gegen Mitternacht.

72. Und der Fürst in der Finsternis ward ergrimmet in der großen Beweglichkeit der Natur; denn der heilige Baum wallete in der Natur, als er sich jetzt bald erheben und in Glorifizierung der heiligen, göttlichen Majestät anzünden wollte und den Grimm von sich gebären, der ihm so lange war entgegengestanden und mit ihm gerungen hatte.

73. Desgleichen wallete der Baum der Finsternis, Grimmigkeit und (des) Verderbens auch grausam, als der jetzt bald sollte angezündet werden und darinnen der Fürst mit seinen Legionen ausging, zu verderben die edle Frucht von dem guten Baume.

74. Und es stund in der Natur schrecklich in der grimmen Qualität, in der Qualität, darinnen der Fürst der Finsternis wohnet, menschlich zu reden: gleich als wenn man siehet ein grausam schrecklich

Wetter aufziehen, das sich greulich und schrecklich erzeiget, mit vielen Wetterleuchten und Sturmwinden, da man sich entsetzet.

75. Dagegen stund es in der guten Qualität, in welcher der heilige Baum des Lebens stund, gar lieblich, süße und wonnereich, gleich der himmlischen Freuden-Reich. Dieses beides wallete heftig widereinander, also hart, bis da angezündet wurde die ganze Natur, beide Qualitäten in einem Augenblick.

76. Und der Baum des Lebens ward angezündet in seiner eigenen Qualität mit dem Feuer des Hl. Geistes, und seine Qualität brannte im Feuer der himmlischen Freuden-Reich, die in der guten Qualität waren von Ewigkeit gewesen; und das Licht der heiligen Trinität leuchtete in dem Baum des Lebens und erfüllete die ganze Qualität, darinnen er stund.

77. Und der Baum der grimmen Qualität, welches ist das ander(e) Teil in der Natur, ward auch angezündet, und brannte im Feuer des Zorns Gottes mit höllischer Lohe; und der grimme Quell stieg auf in Ewigkeit, und der Fürst der Finsternis mit seinen Legionen blieb in der grimmen Qualität, als in seinem eigenen Reiche. In diesem Feuer verging die Erde, die Sterne und Elementa; denn es brannte alles zugleich, ein jedes in dem Feuer seiner eigenen Qualität, und wurde alles schiedlich.

78. Denn der Alte bewegte sich, in dem da ist alle Kraft und alle Kreaturen und alles, was genannt mag werden. Und die Kräfte von dem Himmel, von den Sternen und Elementen wurden wieder dünne und in die Gestalt formieret, wie sie vorm Anfang der Schöpfung waren. Allein die zwei Qualitäten bös und gut, die in der Natur waren ineinander gewesen, die wurden voneinander geschieden, und war die böse dem Fürsten der Bosheit und Grimmigkeit zur ewigen Behausung gegeben, und das heißt die Hölle oder Verwerfung, welche die gute Qualität in Ewigkeit nicht mehr ergreift oder berühret, eine Vergessung alles Guten, und das in seine Ewigkeit.

79. In der andern Qualität stund der Baum des ewigen Lebens, und ihr Quell rühret her aus der Hl. Trinität und der Hl. Geist leuchtet darinnen. Und es gingen herfür alle Menschen, die von Adams des ersten Menschen Lenden kommen waren, ein jeder in seiner Kraft

und in der Qualität, darinnen er auf Erden gewachsen war. Die da hatten auf Erden von dem guten Baum gessen, der da heißt Jesus Christus, in denen war die Barmherzigkeit Gottes gequollen zur ewigen Freude, die hatten die Kraft der guten Qualität in sich; die wurden aufgenommen in die gute und heilige Qualität und sungen das Lied ihres Bräutigams, ein jeder in seiner Stimme nach seiner Heiligkeit.

80. Die aber im Licht der Natur und des Geistes waren geboren und auf Erden den Baum des Lebens nie recht erkannt hatten, waren aber in seiner Kraft gewachsen, der über alle Menschen auf Erden hatte geschattet, als da sind viel(e) Heiden und Völker und Unmündige; die wurden auch aufgenommen in derselben Kraft, darinnen sie gewachsen waren und damit ihr Geist bekleidet war, und sungen das Lied ihrer Kraft von dem edlen Baum des ewigen Lebens; denn ein jeder wurde nach seiner Kraft glorifizieret.

81. Und die heilige Natur gebar freudenreiche, himmlische Früchte, gleichwie sie auf Erden hatte in beider Qualität irdische geboren, die da bös und gut waren. Also gebar sie jetzt himmlische, freudenreiche. Und die Menschen, die jetzt den Engeln gleich waren, aßen ein jeglicher von der Frucht seiner Qualität und sungen das Lied Gottes und das Lied von dem Baum des ewigen Lebens. Und das war in dem Vater wie ein heiliges Spiel, eine triumphierende Freude; denn dazu waren alle Dinge im Anfang aus dem Vater gemacht und bleibet nun in seine Ewigkeit also.

82. Die aber auf Erden waren in Kraft des Zorn-Baums gewachsen, das ist, die die grimme Qualtität hatte überwunden und waren verdorret in der Bosheit ihres Geistes in ihren Sünden, die gingen auch alle herfür, ein jeder in seiner Kraft, und wurden aufgenommen in das Reich der Finsternis. Und ein jeder ward angetan in der Kraft, darinnen er gewachsen war, und ihr König heißt Luzifer, ein Verstoßener aus dem Licht.

83. Und die höllische Qualität brachte auch Früchte herfür, wie sie auf Erden hatte getan; allein das Gute war von ihr geschieden, darum brachte sie jetzt Früchte in ihrer eigenen Qualität. Und die Menschen, welche jetzt auch den Geistern gleich waren, aßen ein jeglicher von der Frucht seiner Qualität, sowohl auch der Teufel; denn gleichwie ein Unterschied ist in den Menschen auf Erden in

den Qualitäten und nicht alle einer Qualität sind, also auch bei den verstoßenen Geistern, also auch in der himmlischen Pomp[1], in Engeln und Menschen, und das währet in seine Ewigkeit. Amen. Günstiger Leser, dieses ist ein kurzer Bericht von den zwei Qualitäten in der Natur, vom Anfang zum Ende, wie daraus zwei Reiche entstanden sind, ein himmlisches und ein höllisches, und wie sie in dieser Zeit gegeneinander wallen und streiten und wie es zukünftig mit ihnen ergehen wird.

84. Nun habe ich aber diesem Buch den Namen gegeben: Die Mutter oder Wurzel der *Philosophia*, *Astrologia* und *Theologia*. Damit du aber wissest, wovon dies Buch handelt, so verstehe: (1) Durch die *Philosophia* wird gehandelt von der göttlichen Kraft, was Gott sei und wie im Wesen Gottes die Natur, Sterne und Elementa beschaffen sind und woher alles Ding seinen Ursprung hat, wie Himmel und Erden beschaffen sind, auch Engel, Menschen und Teufel, dazu Himmel und Hölle und alles, was kreaturlich ist; auch was da sind beide Qualitäten in der Natur; aus rechtem Grunde in Erkenntnis des Geistes, im Trieb und Wallen Gottes.

85. (2) Durch die *Astrologia* wird gehandelt von den Kräften der Natur, der Sterne und Elemente, wie daraus alle Kreaturen sind herkommen und wie dieselben alles treiben, regieren und in allem wirken, und wie Böses und Gutes durch sie gewirket wird in Menschen und Tieren, daraus herkommt, daß Böses und Gutes in dieser Welt herrschet und ist, auch wie der Höllen und Himmel Reich darinnen bestehet.

86. Nicht ist das mein Fürnehmen, daß ich wollte aller Sterne Lauf, Ort oder Namen beschreiben oder wie sie jährlich ihre Conjunction oder Gegenschein oder Quadrat und dergleichen haben, was sie jährlich und stündlich wirken.

87. Welches durch die lange Verjährung ist erfahren worden von hochweisen und klugen, geistreichen Menschen, durch fleißiges Anschauen und Aufmerken und tiefen Sinn und Rechnen. Ich habe dasselbe auch nicht studieret und gelernet und lasse dasselbe die Gelehrten handeln, sondern mein Fürnehmen ist, nach dem Geist und Sinne zu schreiben, und nicht nach dem Anschauen.

---

[1] Herrlichkeit

88. (3) Durch die *Theologia* wird gehandelt von dem Reich Christi, wie dasselbe sei beschaffen, wie es der Höllen Reich sei entgegengesetzt, auch wie es in der Natur mit der Höllen Reich kämpfet und streitet und wie die Menschen durch den Glauben und Geist können der Höllen Reich überwinden und triumphieren in göttlicher Kraft und die ewige Seligkeit erlangen und als einen Sieg im Streit davonbringen. Auch wie sich der Mensch durch die Wirkung der höllischen Qualität selbst in die Verderbung wirft und endlich, wie es einen Ausgang mit beiden nehmen wird.

89. Der oberste Titul ›Morgenröte im Aufgang‹ ist ein Geheimnis, Mysterium, den Klugen und Weisen in dieser Welt verborgen, welches sie selbst werden in kurzem müssen erfahren. Denen aber, so dieses Buch in Einfalt lesen, mit Begierde des Hl. Geistes, die ihre Hoffnung allein in Gott stellen, wird es nicht ein Geheimnis sein, sondern eine öffentliche Erkenntnis.

90. Ich will diesen Titul nicht erklären, sondern dem unparteiischen Leser, der da in dieser Welt in der guten Qualität ringet, zu (be)urteilen geben.

91. Wenn nun Meister Klügling[1], der da in der grimmen Qualität qualifizieret, über dies Buch kommen wird, der wird Widerpart halten, gleichwie das Himmel- und Höllenreich widereinander wallet und ist. Erstlich wird er sagen, ich sei viel zu hoch in die Gottheit gestiegen, mir gezieme solches nicht. Danach wird er sagen, ich rühme mich des Hl. Geistes, ich müsse auch also leben und solches mit Wunderwerken beweisen. Zum dritten wird er sagen, ich tue solches aus Begierde des Ruhms. Zum vierten wird er sagen, ich sei nicht gelehrt genug dazu. Zum fünften wird ihn die große Einfalt des Autoris sehr ärgern, wie (es) denn der Welt Brauch ist, nur auf das Hohe zu sehen und sich an der Einfalt zu ärgern.

92. Denen parteiischen Klüglingen will ich entgegensetzen: die Altväter in der ersten Welt, die waren auch nur geringe verachtete Leute, wider welche die Welt und der Teufel wütete und tobete, als zur Zeit Henochs, da die heiligen Väter haben erstlich gewaltig von des Herrn Namen geprediget; die sind auch nicht mit dem Leibe in (den) Himmel gestiegen und haben alles mit Augen gesehen; allein

[1] der rationalistisch Voreingenommene

der Hl. Geist hat sich in ihrem Geiste offenbaret. Hernach sieht mans in der andern Welt auch bei denen heiligen Altvätern, Patriarchen und Propheten, die waren allesamt nur einfältige Leute und ein Teil nur Viehhirten.

93. Auch als Messias Christus, der Held im Streit, in der Natur ein Mensch ward, ob er gleich ein Fürst und König der Menschen war, so hielt er sich doch in dieser Welt in großer Einfalt und war nur der Welt Hausgenoss; sowohl auch seine Apostel waren allesamt nur arme, verachtete Fischerknechte und Leutlein. Ja, Christus selbst danket seinem himmlischen Vater, daß ers den Klugen und Weisen in dieser Welt hatte verborgen gehalten und den Unmündigen offenbaret (Matth. 11, 25).

94. Dazu sieht man, wie sie auch in gleicher Weise sind arme Sünder gewesen und haben beide Triebe, bös und gut, in der Natur an sich gehabt; daß sie aber gleich wider die Sünde der Welt, ja wider ihre eigene Sünde haben geprediget und die gestraft, die haben sie durch den Trieb des Hl. Geistes getan und nicht aus Ruhmsucht. Auch so haben sie aus eigenen Kräften und Vermögen nichts gehabt oder in den Geheimnissen Gottes lehren können, sondern es ist alles im Trieb Gottes geschehen.

95. Also auch kann ich von mir selbst nichts sagen, rühmen oder schreiben, als das, daß ich bin ein einfältiger Mann, dazu ein armer Sünder und muß alle Tage bitten: Herr, vergib uns unser(e) Schuld! auch mit den Aposteln sagen: O Herr, du hast uns durch dein Blut erlöset (Kor. 1, 14). Ich bin auch nicht in Himmel gestiegen und habe alle Werke und Geschöpfe Gottes (nicht) gesehen, sondern derselbe Himmel ist in meinem Geiste offenbaret, daß ich im Geist erkenne die Werke und Geschöpfe Gottes; auch so ist der Wille dazu nicht mein natürlicher Wille, sondern es ist des Geistes Trieb. Ich habe auch manchen Sturz des Teufels[1] müssen hiermit erleiden.

96. Es ist aber der Geist des Menschen nicht allein aus den Sternen und Elementen herkommen, sondern es ist auch ein Funke aus dem Licht und (der) Kraft Gottes darinnen verborgen. Es ist nicht ein leer(es) Wort, das in Genesis (Kap. 1, 21) stehet, Gott schuf den Menschen ihm zum Bilde, ja zum Bilde Gottes schuf er ihn; denn es

[1] Kap. 19,9

hat eben den Verstand[1], daß er aus dem ganzen Wesen der Gottheit ist gemacht worden.

97. Der Leib ist aus den Elementen, darum muß er auch elementische Speise haben. Die Seele hat ihren Ursprung nicht allein vom Leibe. Und ob sie gleich in dem Leibe entstehet und ihr erster Anfang der Leib ist, so hat sie doch ihren Quell auch von außen in sich durch die Luft; auch so herrschet darinnen der Hl. Geist nach Art und Weise wie er alles erfüllet und wie in Gott alles ist und Gott selber alles ist.

98. Darum, weil der Hl. Geist in der Seelen kreatürlich ist als der Seelen Eigentum, so forschet sie bis in die Gottheit auch in der Natur; denn sie hat aus dem Wesen der ganzen Gottheit ihren Quell und Herkommen. Wenn sie vom Hl. Geist angezündet wird, so siehet sie, was Gott ihr Vater machet, gleichwie ein Sohn im Hause wohl siehet, was der Vater machet. Sie ist ein Glied oder Kind in des himmlischen Vaters Hause.

99. Gleichwie das Auge des Menschen siehet bis in das Gestirne, daraus es seinen anfänglichen Ursprung hat, also auch die Seele siehet bis in das göttliche Wesen, darinnen sie lebet.

100. Weil aber die Seele auch aus der Natur ihren Quell hat und in der Natur Böses und Gutes ist und (weil) sich der Mensch auch hat durch die Sünde in die Grimmigkeit der Natur geworfen, daß also die Seele täglich und stündlich mit Sünden befleckt wird, so ist ihre Erkenntnis nur stückweise; denn die Grimmigkeit in der Natur herrschet nun auch in der Seelen.

101. Der Hl. Geist aber gehet nicht in die Grimmigkeit, sondern herrschet in dem Quell der Seelen, der in dem Licht Gottes ist, uns streitet wider die Grimmigkeit in der Seelen.

102. Darum kann die Seele zu keiner vollkommenen Erkenntnis in diesem Leben kommen bis ans Ende, da sich Licht und Finsternis scheidet, und wird die Grimmigkeit mit dem Leibe verzehret in der Erden, dann siehet die Seele hell und vollkommlich in Gott ihren Vater. Wenn aber die Seele vom Hl. Geist angezündet wird, so triumphieret sie in dem Leibe, wie ein groß Feuer aufgeht, daß also

1 das soll bedeuten

Herz und Nieren für Freuden zittern. Es ist aber nicht bald große und tiefe Erkenntnis da in Gott ihrem Vater, sondern die Liebe gegen Gott ihren Vater triumphieret also in dem Feuer des Hl. Geistes.

103. Die Erkenntnis Gottes aber wird in dem Feuer des Hl. Geistes gesäet und ist erstlich klein wie ein Senfkorn, wie es Christus vergleichet (Matth. 13, 31). Hernach so wächst sie groß wie ein Baum und breitet sich aus in Gott ihrem Schöpfer, gleichwie ein Tröpflein Wasser in dem großen Meer nicht kann sehr wallen, so aber ein großer Strom darein gehet, der kann etwas mehr tun.

104. Es ist aber das Geschehene, Gegenwärtige und Zukünftige, sowohl die Weite, Tiefe und Höhe, nahe und weit in Gott als ein Ding, eine Begreiflichkeit. Und die heilige Seele des Menschen sieht solches auch, aber in dieser Welt nur stückweise. Es entfällt ihr auch oft, daß sie nichts siehet, denn der Teufel setzet ihr heftig zu in dem grimmen Quell, der in der Seelen ist und verdeckt oft das edle Senfkörnlein, darum muß der Mensch immer im Streit sein.

105. Auf eine solche Weise, in solcher Erkenntnis des Geistes will ich in diesem Buch von Gott unserem Vater schreiben, in dem alles ist und der selber alles ist, will ich handeln, wie alles schiedlich und kreatürlich ist worden und wie sich alles treibet und beweget in dem ganzen Baum des Lebens.

106. Allhie wirst du den rechten Grund der Gottheit sehen und wie es ein Wesen gewesen ist vor den Zeiten der Welt, auch wie die heiligen Engel sind erschaffen worden und woraus; auch von dem schrecklichen Fall Luzifers samt seinen Legionen, auch wo aus Himmel, Erde, Sternen und Elementa sind worden, sowohl in der Erden, Metallen und Steinen und alle Kreaturen; wie da sei die Geburt des Lebens und die Leiblichkeit aller Dinge, auch was da sei der rechte Himmel, da Gott und seine Heiligen inne wohnen, und was da sei der Zorn Gottes und das höllische Feuer und wie alles anzündlich worden sei: in Summa, was oder wie da sei das Wesen aller Wesen.

107. Die ersten sieben Kapitel handeln ganz schlicht und begreiflich vom Wesen Gottes und Engeln mit Gleichnissen, damit der Leser möchte von einer Stufe zur andern endlich in tiefen Sinn und

rechten Grund kommen. Im achten Kapitel fähet sich an die Tiefe im göttlichen Wesen, und so fort je weiter je tiefer. Es wird manche Specie oft wiederholet und immer tiefer beschrieben, um des Lesers, auch meiner selbst zähen Begreiflichkeit willen.

108. Was du aber in diesem Buch nicht genug erkläret findest, das wirst du im zweiten und dritten hell und klar finden; denn von wegen unserer Verderbnis ist unsere Erkenntnis Stückwerk und nicht auf einmal ganz vollkommen, wiewohl dieses Buch ein Wunder der Welt ist, welches die heilige Seele wohl verstehen wird.

109. Hiemit tue ich den Leser in die sanfte und heilige Liebe Gottes empfehlen.

1. Kapitel

Von Erforschung des göttlichen Wesens in der Natur
Von beiden Qualitäten

Wiewohl Fleisch und Blut das göttliche Wesen nicht ergreifen kann, sondern der Geist, wenn er von Gott erleuchtet und angezündet wird, so man aber will von Gott reden, was Gott sei, so muß man fleißig erwägen die Kräfte in der Natur, dazu die ganze Schöpfung, Himmel und Erden, sowohl Sternen und Elementa und die Kreaturen, so aus denselben sind herkommen, sowohl auch die heiligen Engel, Teufel und Menschen, auch Himmel und Hölle.

2. In solcher Betrachtung findet man zwo Qualitäten, eine gute und eine böse, die in dieser Welt in allen Kräften, in Sternen und Elementen, sowohl in allen Kreaturen ineinander sind wie ein Ding, und bestehet auch keine Kreatur im Fleische in dem natürlichen Leben, sie habe denn beide Qualitäten in sich.

3. Allhier muß man nun betrachten, was das Wort Qualität heißt oder ist. Qualität ist die Beweglichkeit, Quallen oder Treiben eines Dinges, als da ist die Hitze, die brennet, verzehret und treibet alles, das in sie kommt, das nicht ihrer Eigenschaft ist. Hinwiederum erleuchtet und erwärmet sie alles, was da ist kalt, naß und finster und machet das Weiche hart. Sie hat aber noch zwo Species in sich, als nämlich das Licht und die Grimmigkeit, davon zu merken ist.

4. Das Licht oder das Herze der Hitze ist an ihm selber ein lieblich, freudenreicher Anblick, eine Kraft des Lebens, eine Erleuchtung und Anblick eines Dinges, das da ferne ist, und ist ein Stück oder Quell der himmlischen Freudenreich. Denn es machet in dieser Welt alles lebendig und beweglich, alles Fleisch, sowohl Bäume, Laub und Gras wächset in dieser Welt in Kraft des Lichts und hat sein Leben darinnen als in dem Guten.

5. Hinwiederum hat sie in sich die Grimmigkeit, daß sie brennet, verzehret und verderbet; dieselbe Grimmigkeit quellet, treibet und erhebet sich in dem Licht und machet das Licht beweglich, ringet und kämpfet miteinander in seinem zweifachen Quell als ein Ding. Es ist auch ein Ding, aber es hat einen zweifachen Quell.

6. Das Licht bestehet in Gott ohne Hitze, aber in der Natur bestehet es nicht; denn in der Natur sind alle Qualitäten ineinander wie eine Qualität nach Art und Weise, wie Gott alles ist und wie von ihm alles herkommt und ausgehet: Gott ist das Herze oder (der) Quellbrunn der Natur, aus ihm alles herrühret.

7. Nun herrschet die Hitze in allen Kräften in der Natur und erwärmet alles und ist ein Quell in allem; sonst wo das nicht wäre, so wäre das Wasser viel zu kalt und die Erde erstarrete, auch so wäre keine Luft nicht.

8. Die Hitze herrschet in allem, in Bäumen, Kraut und Gras. Darum heißt sie eine Qualität, daß sie in allem quillet und alles erhebet.

9. Das Licht aber in der Hitze gibt allen Qualitäten die Kraft, daß alles lieblich und wonnereich wird. Die Hitze ohne das Licht ist den anderen Qualitäten kein Nutz, sondern ist eine Verderbung des Guten, ein böser Quell; denn es verdirbet alles in der Hitze Grimmigkeit. Also ist das Licht in der Hitze ein lebendiger Quellbrunn, darein der Hl. Geist gehet, aber in die Grimmigkeit der Hitze nicht. Die Hitze aber macht das Licht beweglich, daß es quallet und treibet, als man siehet im Winter. Da ist das Licht der Sonnen gleichwohl auf Erden, aber der Sonnenhitze Strahlen kann den Erdboden nicht erreichen, darum wächset auch keine Frucht.

Von der Kälte Qualifizierung

10. Die Kälte ist auch eine Qualität wie die Hitze. Sie qualifiziert in allen Kreaturen, was aus der Natur worden ist, und in allem, was sich darinnen beweget: in Menschen, Tieren, Vögeln, Fischen, Würme(r)n, Laub und Gras, und ist der Hitze entgegengesetzt und qualifizieret in derselben, als wäre es ein Ding. Sie wehret aber der Hitze Grimmigkeit und stillet die Hitze.

11. Sie hat aber auch zwo Species in sich, davon zu merken ist, als nämlich daß sie die Hitze besänftiget und alles fein lieblich machet, und ist in allen Kreaturen eine Qualität des Lebens; denn es kann keine Kreatur außer der Kälte bestehen; denn sie ist eine quallende, treibende Beweglichkeit in allen Dingen.

12. Die andere Species ist die Grimmigkeit; denn so sie Gewalt kriegt, so druckt sie alles nieder und verderbet alles wie die Hitze. Es kann kein Leben in ihr bestehen, so ihr die Hitze nicht wehret. Die Grimmigkeit der Kälte ist eine Verderbung alles Lebens und ein Haus des Todes, gleichwie der Hitze Grimmigkeit auch ist.

Von der Luft und des Wassers Qualifizierung

13. Die Luft hat ihren Ursprung von der Hitze und Kälte; denn die Hitze und Kälte treiben gewaltig von sich und erfüllen alles; davon wird eine lebende und webende Bewegung. Wenn aber die Kälte die Hitze besänftiget, so wird beider Qualität dünne und die bittere Qualität zeucht es zusammen, daß es tröpflich wird. Die Luft aber hat ihren Ursprung und größte Bewegung aus der Hitze, und das Wasser von der Kälte.

14. Nun ringen die zwo Qualitäten stets miteinander. Die Hitze verzehret das Wasser und die Kälte zwinget die Luft. Nun ist aber die Luft eine Ursache und Geist alles Lebens und aller Bewegung in dieser Welt, es sei gleich dem Fleische oder in allem dem, was aus der Erden wächset, so hat es alles sein Leben von der Luft und kann nichts außer der Luft bestehen, das in dieser Welt ist, das sich beweget.

15. Das Wasser quellet auch in allen lebendigen und webenden Dingen in dieser Welt. In dem Wasser bestehet der Leib aller Dinge

und in der Luft der Geist, es sei gleich im Fleische oder in den Gewächsen aus der Erden, und dieses beides kommt aus der Hitze und Kälte und qualifizieret untereinander wie ein Ding.

16. Nun aber sind in diesen beiden Qualitäten auch zwo sonderliche Species zu merken, als nämlich die lebendige und tödliche Wirkung. Die Luft ist eine lebendige Qualität, so sie sänftig in einem Dinge ist, und der Hl. Geist herrschet in der Sanftmut der Luft, und alle Kreaturen sind fröhlich darinnen. Sie hat aber auch die Grimmigkeit in sich, daß sie tötet und verderbet durch ihre grausame Erhebung. Die Qualifizierung nimmt aber von der grimmen Erhebung ihren Ursprung, daß es in allem quellet und treibet, davon das Leben Ursprung hat und stehet, darum muß es beides in diesem Leben sein.

17. Das Wasser hat auch einen grimmen, tödlichen Quell in sich, denn es tötet und verzehret; dazu muß alles Lebende und Webende in dem Wasser verfaulen und verderben.

18. Also ist die Hitze und die Kälte eine Ursache und Ursprung des Wassers und der Luft, darinnen alles wirket und stehet. Alles Leben und Beweglichkeit stehet darinnen, davon ich von Erschöpfung[1] der Sternen klärlich schreiben will.

Von den Einflüssen der andern Qualitäten in die drei Elementa: Feuer, Luft und Wasser – Von der bittern Qualität

19. Die bittere Qualität ist das Herze in allem Leben, gleichwie sie in der Luft das Wasser zusammenzeucht und auch zertreibet, daß es scheidlich wird, also auch in allen Kreaturen, sowohl auch in Gewächsen der Erden; denn Laub und Gras hat seine grüne Farbe von der bittern Qualität. So nun die bittere Qualität in einer Kreatur sänftig wohnet, so ist sie ein Herze oder Freude in derselben; denn sie zerschneidet alle anderen bösen Einflüsse und ist ein Anfang oder Ursache der Freuden oder des Lachens.

20. Denn so sie beweget wird, machet sie eine Kreatur zittern und freudenreich und erhebet dieselbe mit ganzem Leibe; denn es ist

[1] Erschaffung

gleich ein Anblick der himmlischen Freudenreich, eine Erhebung des Geistes, ein Geist und Kraft in allen Gewächsen aus der Erden, eine Mutter des Lebens.

21. Der Hl. Geist wallet und treibet mächtig in dieser Qualität, denn sie ist ein Stück der himmlischen Freudenreich, wie ich hernach beweisen will. Sie hat aber auch noch eine Species in sich, als nämlich die Grimmigkeit, die ist ein wahrhaftig Haus des Todes, eine Verderbung alles Guten, eine Verderbnis und Verzehrung des Lebens im Fleische. Denn so sie sich in einer Kreatur zu sehr erhebet und entzündet sich in der Hitze, so scheidet sie Fleisch und Geist und muß die Kreatur des Todes sterben; denn sie quallet und zündet an das Element Feuer, darinnen kann kein Fleisch bestehen in der großen Hitze und Bitterkeit. So sie sich aber in dem Element Wasser entzündet und darinnen quellend wird, so bringt sie das Fleisch in Siechtage und Krankheit und endlich in Tod.

Von der süßen Qualität

22. Die süße Qualität ist der bittern entgegengesetzet und ist eine holdselige liebliche Qualität, eine Erquickung des Lebens, eine Sänftigung der Grimmigkeit; sie machet alles lieblich und freundlich in allen Kreaturen. Die Gewächse aus der Erden machet sie wohlriechend und schmeckend mit schönen gelben, weißen und rötlichen Farben. Sie ist ein Anblick und Quell der Sanftmut, eine Wonne der himmlischen Freudenreich, ein Haus des Hl. Geistes, eine Qualifizierung der Liebe und Barmherzigkeit, eine Freude des Lebens. Hinwieder hat sie auch einen grimmen Quell des Todes und des Verderbens in sich; denn so sie in der bittern Qualität entzündet wird in dem Element Wasser, so gebäret sie Krankheit und aufgeschwollene Pestilenz und Verderbung des Fleisches. So sie aber in der Hitze und Bitterkeit entzündet wird, so infizieret sie das Element Luft, davon gebäret sich die geschwinde, fliegende Pestilenz und jählinger Tod.

Von der sauren Qualität

23. Die saure Qualität ist der bittern und süßen entgegengesetzt und temperieret alles fein, eine Erquickung und Löschung, so sich die

bittere und süße Qualität zu sehr erhebet. Eine Begierde in dem Geschmack, eine Lust des Lebens, eine quellende Freude in allen Dingen, eine Begierde, Sehnen und Lust der Freudenreich, eine stille Wonne des Geistes, solches temperiert sie in allen lebendigen und quellenden Dingen. Sie hat aber auch in ihr einen Quell des Bösen und Verderbens; denn so sie sich zu sehr erhebet oder in einem Dinge zu sehr quellet, daß sie sich entzündet, so gebäret sie Traurigkeit, Melancholie, in dem Wasser einen Gestank, rührig und brüchig, eine Vergessung alles Guten, eine Traurigkeit des Lebens, ein Haus des Todes, ein Anfang der Traurigkeit und ein Ende der Freuden.

Von der herben oder gesalzenen Qualität

24. Die gesalzene Qualität ist eine gute Temperanz[1] in der bittern, süßen und sauren und machet alles fein lieblich, wehret dem Aufsteigen der bittern Qualität, sowohl auch der süßen und sauren, daß sie sich nicht entzünden. Sie ist eine scharfe Qualität, eine Lust des Geschmackes, ein Quell des Lebens und der Freuden. Hinwider hat sie auch in ihr die Grimmigkeit und Verderben. Wenn sie in dem Feuer entzündet wird, so gebäret sie eine harte, reißende, steinernde Art, eine grimmige Quall, eine Verderbung des Lebens. Davon wächset in dem Fleische der Stein, davon das Fleisch große Marter leidet. So sie aber in dem Wasser entzündet wird, so gebäret sie in dem Fleische böse Rauden[2], Geschwüre, Franzosen[3], Krätze und Aussatz und ein Trauerhaus des Todes, ein Elend und Vergessung alles Guten.

2. Kapitel

Anleitung, wie man das göttliche und natürliche Wesen betrachten soll

Dieses alles, wie oben erzählet, heißt darum Qualität, daß es alles in der Tiefe über der Erden, auf der Erden und in der Erden ineinander

[1] Ausgleich
[2] Hauterkrankungen
[3] Geschlechtskrankheiten

qualifizieret wie ein Ding, und hat doch mancherlei Kraft und Wirkung, aber nur eine Mutter, daraus alles Ding herkommt und quillet. Und alle Kreaturen sind aus diesen Qualitäten gemacht und herkommen und leben darinne als in ihrer Mutter. Auch so hat die Erde und Steine daraus sein Herkommen und alles, was aus der Erden wächset, das lebet und quillet aus der Kraft dieser Qualitäten. Das kann kein vernünftiger Mensch verneinen.

2. Dieser zweifache Quell, bös und gut in allen Dingen, rühret alles aus den Sternen her; denn wie die Kreaturen auf Erden sind in ihrer Qualität, also auch die Sterne. Denn durch seinen zweifachen Quell hat alles seine große Beweglichkeit, Laufen, Rennen, Quellen, Treiben und Wachsen.

3. Denn die Sanftmut in der Natur ist eine stille Ruhe, aber die Grimmigkeit in allen Kräften machet alles beweglich, laufend und rennend, dazu gebärend. Denn die treibenden Qualitäten bringen Lust in alle Kreaturen zum Bösen und zum Guten, daß sich alles untereinander begehret, vermischet, zunimmt, abnimmt, schön wird, verdirbet, liebet, feindet.

4. Es ist in allen Kreaturen in dieser Welt ein guter und böser Wille und Quell, in Menschen, Tieren, Vögeln, Fischen, Würme(r)n, sowohl auch in allem dem, was da ist, in Gold, in Silber, Zinn, Kupfer, Eisen, Stahl, Holz, Kraut, Laub und Gras, sowohl in der Erden, in Steinen, im Wasser und in allem, was man forschen kann.

5. Es ist nichts in der Natur, da nicht Gutes und Böses innen ist; es wallet und lebet alles in diesem zweifachen Trieb, es sei, was es wolle, ausgenommen die heiligen Engel und die grimmigen Teufel nicht, denn dieselben sind entschieden, und lebet, qualifizieret und herrschet ein jeglicher in seiner eignen Qualität. Die heiligen Engel leben und qualifizieren in dem Licht in der guten Qualität, darinnen der Hl. Geist herrschet; die Teufel leben und herrschen in der grimmen Qualität, in der Qualität des Grimmes und Zornes oder Verderbens.

6. Sie sind aber beides, böse und gute Engel aus den Qualitäten der Natur gemacht worden, daraus alle Dinge worden sind; allein die Qualifizierung ist in ihnen ungleich.

7. Die heiligen Engel leben in Kraft der Sanftmut des Lichtes und der Freudenreich; und die Teufel leben in Kraft der aufsteigenden oder erhebenden Quall der Grimmigkeit, Erschrecken und Finsternis und können das Licht nicht ergreifen, darein sie sich denn selber gestoßen haben durch ihre Erhebung, wie ich hernach von der Schöpfung schreiben will.

8. So du aber nicht glauben willst, daß in dieser Welt alles von den Sternen herrühre, so will ich dirs beweisen, so du aber nicht ein Klotz bist und ein wenig Vernunft hast, so merke wie nachfolget:

9. Erstlich schaue an die Sonne, die ist das Herze oder der König aller Sterne und gibt allen Sternen Licht vom Aufgang zum Niedergang und erleuchtet alles und erwärmet alles, alles (was) lebet und wächset in ihrer Kraft, dazu so stehet die Freude aller Kreaturen in ihrer Kraft.

10. So nun dieselbe würde weggenommen, so würde es ganz finster und kalt, auch so wüchse keine Frucht, auch so würde sich weder Mensch noch Tier können mehren, denn die Hitze verlöscht und der Same würde in allen kalt und erstarret.

Von der Sonnen Qualität

11. Will(s)t du ein Philosophus und Naturkündiger sein und Gottes Wesen in der Natur erforschen, wie dies alles beschaffen sei, so bitte Gott um seinen Hl. Geist, daß er dich mit demselben wolle erleuchten.

12. Denn in deinem Fleisch und Blute kannst du solches nicht ergreifen, ob du es gleich siehest, so ists nur ein Dunst oder Dünkel vor reinen Augen. Allein in dem Hl. Geiste, der in Gott ist und auch in der ganzen Natur, daraus alle Dinge worden sind, kannst du forschen bis in den ganzen Leib Gottes, welcher ist die Natur, sowohl auch bis in die heilige Trinität; denn der Hl. Geist gehet von der heiligen Trinität aus und herrschet in dem ganzen Leibe Gottes, das ist in der ganzen Natur.

13. Gleichwie der Geist eines Menschen in dem ganzen Leibe, in allen Adern herrschet und erfüllet den ganzen Menschen, also auch der Hl. Geist erfüllet die ganze Natur und ist das Herze der Natur

und herrschet in den guten Qualitäten in allen Dingen. So du nun denselben in dir hast, daß derselbe deinen Geist erleuchtet und erfüllet, so wirst du verstehen, was hie nachfolgend beschrieben ist; wo aber nicht, so wird dirs gehen wie den weisen Heiden, die sich in der Schöpfung vergaffeten und wolltens aus eigener Vernunft erforschen, und kamen in ihrem Dichten bis vor Gottes Antlitz und konnten dasselbe doch nicht sehen und waren in der Erkenntnis Gottes stockblind. Wie auch die Kinder Israel in der Wüste das Angesicht Moses nicht konnten sehen, darum mußte er eine Decke vor sein Angesicht machen, wenn er zu dem Volk trat. Das machte es, daß sie den rechten Gott und seinen Willen nicht verstanden noch kannten, der doch unter ihnen wandelte. Darum war die Decke ein Zeichen und Vorbild ihrer Blindheit und Unverstandes. So wenig ein Werk kann seinen Meister ergreifen, so wenig kann auch ein Mensch Gott, seinen Schöpfer, ergreifen und erkennen, es sei denn, daß ihn der Hl. Geist erleuchte. Welches allein denen geschieht, die sich auf sich selbst nicht vertrauen, sondern setzen ihre Hoffnung und Willen allein in Gott und wallen in dem Hl. Geiste, die sind ein Geist mit Gott.

14. So man nun will die Sonne und Sterne recht betrachten mit ihrem Corpus, Wirkungen und Qualitäten, so findet man darinnen das göttliche Wesen, als das der Sterne Kräfte sind die Natur.

15. So man das ganze Curriculum oder den ganzen Umzirk der Sterne betrachtet, so findet sichs bald, daß dasselbe sei die Mutter aller Dinge oder die Natur, daraus alle Dinge worden sind und darinnen alle Dinge stehen und leben, und dadurch sich alles beweget, und alle Dinge sind aus denselben Kräften gemacht und bleiben darinnen ewiglich. Und ob sie gleich am Ende dieser Zeit werden verwandelt werden, indem sich das Gute und Böse scheiden wird, so werden gleichwohl Engel und Menschen in der Kraft der Natur, daraus sie ihren ersten Anfang haben genommen, in Gott ewiglich bestehen.

16. Du mußt aber deinen Sinn allhie im Geist erheben und betrachten, wie die ganze Natur mit allen Kräften, die in der Natur sind, dazu die Weite, Tiefe, Höhe, Himmel, Erde und alles, was darinnen ist und über dem Himmel, sei der Leib Gottes; und die Kräfte der Sterne sind die Quelladern in dem natürlichen Leibe Gottes in dieser Welt.

17. Nicht mußt du denken, daß in dem Corpus der Sterne sei die ganze triumphierende heilige Dreifaltigkeit Gott Vater, Sohn und Hl. Geist, in welchen ist kein Böses, sondern ist der lichtheilige, ewige Freudenquell, der unzertrennlich und unveränderlich ist, das keine Kreatur genug ergreifen oder aussprechen kann, welcher wohnet und ist über dem Corpus der Sterne in sich selbst; seine Tiefe kann keine Kreatur ermessen.

18. Aber nicht also zu verstehen, daß er gar nicht sei in dem Corpus der Sterne und in dieser Welt; denn wenn man spricht: alles oder von Ewigkeit zu Ewigkeit, oder alles in allem, so verstehe hiemit den ganzen Gott. Nimm dir ein Gleichnis an einem Menschen, der ist gemacht nach dem Bilde oder Gleichnis Gottes, wie in Mose geschrieben stehet Genesis 1,27.

19. Das Inwendige oder Hohle im Leibe eines Menschen ist und bedeut(et) die Tiefe zwischen Sternen und Erde. Der ganze Leib mit allem bedeut Himmel und Erde. Das Fleisch bedeut die Erde und ist auch von Erde. Das Blut bedeut das Wasser und ist auch vom Wasser. Der Odem bedeut die Luft und ist auch die Luft. Die Blase, darinnen die Luft qualifiziertet und die Wärme, Luft und Wasser qualifizieren auch in der Blasen wie in der Tiefe über der Erden. Die Adern bedeuten die Kraftgänge der Sterne und sind auch die Kraftgänge der Sterne; denn die Sterne mit ihrer Kraft herrschen in den Adern und treiben den Menschen in ihre Gestalt. Das Eingeweide oder Därmer bedeut(en) der Sterne Wirkung oder Verzehrung. Alles was aus ihrer Kraft worden ist, was sie selber gemacht haben, das verzehren sie selber wieder und bleibet in ihrer Kraft, und die Därmer sind auch die Verzehrung alles des, was der Mensch in seine Därmer schiebet, alles was aus der Sterne Kraft gewachsen ist.

20. Das Herze im Menschen bedeut die Hitze oder das Element Feuer und ist auch die Hitze; denn Hitze hat im Herzen seinen Ursprung im ganzen Leibe. Die Blase bedeut das Element Luft, und die Luft herrschet auch darinnen. Die Leber bedeut das Element Wasser und ist auch das Wasser; denn aus der Leber kommt das Blut in (den) ganzen Leib und in alle Glieder; die Leber ist des Blutes Mutter.

21. Die Lunge bedeut die Erde und ist auch derselben Qualität.

22. Die Füße bedeuten nahe und weit; denn in Gott ist nahe und weit ein Ding, und der Mensch kann durch die Füße nahe und weit kommen, er sei, wo er wolle, so ist er in der Natur weder nahe noch weit, denn es ist in Gott ein Ding.

23. Die Hände bedeuten die Allmacht Gottes; denn gleichwie Gott in der Natur kann alles verändern und daraus machen, was er will, also auch kann der Mensch mit seinen Händen alles das, was aus der Natur gewachsen oder worden ist, verändern und aus demselben mit seinen Händen machen, was er will. Er regieret mit den Händen der ganzen Natur Werk und Wesen, und sie bedeuten recht die Allmacht Gottes.

24. Nun merke hie weiter: Der ganze Leib, bis an (den) Hals bedeut und ist der runde Zirkel des Umganges der Sterne, sowohl auch die Tiefe zwischen den Sternen, darinnen die Planeten und Elementa regieren. Das Fleisch bedeut die Erde, die ist erstarret und hat keine Beweglichkeit; also auch das Fleisch hat in sich selbst keine Vernunft, Begreiflichkeit oder Beweglichkeit. Allein es wird von der Sternen Kraft, welche in dem Fleische und Adern regieret, beweget.

25. Also auch die Erde brächte keine Frucht, auch so wüchse darinnen kein Metall, weder Gold, Silber, Kupfer, Eisen noch Stein, so die Sterne nicht darinnen wirketen. Es wüchse auch kein Gräselein daraus ohne Wirkung der Sterne. Das Haupt bedeut den Himmel; dasselbe ist mit den Adern und Kraftgängen an (den) Leib gewachsen, und gehen alle Kräfte aus dem Haupt und Hirn in (den) Leib, in die Quelladern des Fleisches.

26. Nun aber ist der Himmel ein lieblicher Freudensaal, darinnen alle Kräfte sind, wie in der ganzen Natur, in Sternen und Elementen, aber nicht also hart, treibend und quallend. Denn jede Kraft des Himmels hat nur eine Species oder Gestalt der Kraft, helle und ganz sänftig quellend, nicht bös und gut miteinander, wie in den Sternen und Elementen, sondern lauter und rein. Er ist aus dem Mittel des Wassers gemacht, aber nicht auf eine solche Weise qualifizierend, wie das Wasser in den Elementen; denn die Grimmigkeit ist nicht darinnen.

27. Aber nichts desto weniger gehöret der Himmel zu der Natur; denn aus dem Himmel haben die Sterne und Elementa ihren Ursprung und Kraft; denn der Himmel ist das Herze des Wassers. Gleichwie in allen Kreaturen, sowohl in alledem, was da ist in dieser Welt, das Wasser sein Herze ist, und bestehet nichts außer dem Wasser, es sei gleich im Fleische oder außer dem Fleische, in Gewächsen der Erde oder in Metall und Steinen, so ist in allen Dingen das Wasser der Kern und das Herze.

28. Also ist der Himmel das Herze in der Natur, darinnen alle Kräfte sind wie in Sternen und Elementen, und ist eine weiche und sanfte Materia aller Kräfte, gleichwie das Hirn im Haupt des Menschen.

29. Nun zündet der Himmel mit seiner Kraft die Sternen und Elementa an, daß sie quallen und treiben; also auch ist das Haupt des Menschen wie der Himmel. Gleichwie im Himmel alle Kräfte sänftig und lieblich, dazu freudenreich sind und qualifizieren, also sind im Haupt oder Hirn des Menschen alle Kräfte sänftig und freudenreich. Und gleichwie der Himmel einen Schluß oder Festung hat über den Sternen, und gehen doch alle Kräfte aus dem Himmel in die Sterne, also hat das Hirn einen Schluß oder Festung vor dem Leibe, und gehen doch alle Kräfte aus dem Hirn in den Leib und in den ganzen Menschen.

30. Das Haupt hat in sich die fünf Sinne, als Sehen, Hören, Riechen, Schmecken und Fühlen; darinnen qualifizieren die Sterne und Elementa und entstehet darinnen der siderische Sternen- oder Naturgeist in Menschen und Tieren. In diesen quillet Böses und Gutes, denn es ist ein Haus der Sterne. Solche Kraft nehmen die Sterne von dem Himmel, daß sie im Fleische können einen lebendigen und bewegenden Geist machen in Menschen und Tieren. Die Bewegung des Himmels macht die Sterne beweglich; also macht das Haupt den Leib beweglich.

31. Allhier tue nun die Augen deines Geistes auf und schaue deinen Schöpfer. Allhier ist nun die Frage, woher denn der Himmel solche Kraft hat oder nimmt, daß er solche Beweglichkeit in der Natur machet?

32. Hie mußt du nun sehen über und außer die Natur in die lichtheilige, triumphierende, göttliche Kraft, in die unveränderliche Hl. Dreifaltigkeit, die ist ein triumphierend, quallend, beweglich Wesen, und sind alle Kräfte darinnen wie in der Natur. Denn das ist die ewige Mutter der Natur, davon Himmel, Erden, Sternen, Elementa, Engel, Teufel, Menschen, Tiere und alles worden ist und darinnen alles stehet.

33. So man nennet Himmel und Erden, Sternen und Elementa und alles, was darinnen ist, und alles, was über allen Himmeln ist, so nennet man hiemit den ganzen Gott, der sich in diesem oberzählten Wesen in seiner Kraft, die von ihm ausgehet, also kreatürlich gemacht hat.

34. Gott aber in seiner Dreifaltigkeit ist unveränderlich, sondern alles, was da ist im Himmel und auf Erden und über der Erde, das hat seinen Quell und Ursprung von der Kraft, die von Gott ausgehet.

35. Nicht mußt du denken, daß darum in Gott Böses und Gutes quälle oder sei, sondern Gott ist selber das Gute und hat auch den Namen von dem Guten, die triumphierende ewige Freude. Allein alle Kräfte gehen aus ihm aus, die du in der Natur erforschen kannst und die in allen Dingen sind.

36. Nun möchtest du sagen: Es ist ja Böses und Gutes in der Natur; weil denn alles Ding von Gott kommt, so muß ja das Böse auch von Gott kommen.

37. Siehe, ein Mensch hat in sich eine Galle, das ist Gift, und kann ohne Galle nicht leben; denn die Galle machet die siderischen Geister beweglich, freudenreich, triumphierend oder lachend, denn sie ist ein Quell der Freuden. So sie sich aber in einem Element entzündet, so verderbet sie den ganzen Menschen, denn der Zorn in den siderischen Geistern kommt von der Galle.

38. Das ist: wenn sich die Galle erhebet und zu dem Herzen läufet, so zündet sie das Element Feuer an, und das Feuer zündet die siderischen Geister an, welche im Geblüte in Adern in dem Element Wasser regieren; denn zittert der ganze Leib für Zorn und Gift der Gallen. Eben einen solchen Quell hat auch die Freude, und (ist) auch aus dieser Substanz wie der Zorn. Das ist: wenn sich die Galle

in der liebhabenden oder süßen Qualität entzündet, in dem, was dem Menschen lieb ist, so zittert der ganze Leib für Freuden, in welchem manchmal die siderischen Geister auch angestecket werden, wenn sich die Galle zu sehr erhebet und in der süßen Qualität entzündet.

39. Aber eine solche Substanz hats in Gott nicht, denn er hat nicht Fleisch und Blut, sondern er ist ein Geist, in dem alle Kräfte sind (Joh. 4, 24), wie wir im Vaterunser beten: Dein ist die Kraft (Matth. 6, 13). Und wie Esaias von ihm schreibet: Er ist Wunderbar, Rat, Kraft, Held, ewig Vater, Friedefürst (Jes. 9, 6).

40. Die bittere Qualität ist auch in Gott, aber nicht auf Art und Weise wie im Menschen die Galle, sondern ist eine ewig währende Kraft, ein erheblicher, triumphierender Freudenquell.

41. Und obgleich in Mose geschrieben stehet (Exod. 20, 5; Deut. 4, 24): Ich bin ein zorniger, eiferiger Gott, – so hat es darum nicht die Meinung, daß sich Gott in sich selbst erzürne oder daß ein Zornfeuer in der Hl. Dreifaltigkeit aufgehe. Nein, das kann nicht sein; denn es stehet: ›Über die, so mich hassen‹; in derselben Kreatur gehet das Zornfeuer auf.

42. So sich aber Gott in sich selbst sollte erzürnen, so würde die ganze Natur brennen, welches einmal am Jüngsten Tage in der Natur und nicht in Gott geschehen wird. In Gott aber wird die triumphierende Freude brennen, wie es denn von Ewigkeit nicht anders gewesen ist, auch nicht anders werden wird.

43. Nun macht aber die erhebende, quellende, triumphierende Freude in Gott den Himmel triumphierend und beweglich, und die Sterne und Elementa machen die Kreaturen beweglich.

44. Aus den Kräften Gottes ist worden der Himmel; aus dem Himmel sind worden die Sterne; aus den Sternen sind worden die Elementa; aus den Elementen ist worden die Erde und die Kreaturen. Also hat alles seinen Anfang bis auf die Engel und Teufel, die sind vor der Schöpfung Himmels und der Sterne und Erden aus derselben Kraft worden, daraus Himmel und Sterne und Erde worden ist.

45. Dieses ist also ein kurzer Eingang oder Anleitung, wie man das göttliche und natürliche Wesen betrachten soll. Hinfürder will ich nun den rechten Grund und Tiefe beschreiben, was Gott sei und wie im Wesen Gottes alles beschaffen ist.

46. Dieses ist zwar von der Welt her ein Teil verborgen blieben und hat es der Mensch mit seiner Vernunft nicht können fassen. Weil sich aber Gott in der Einfalt in dieser letzten Zeit will offenbaren, lasse ich seinen Trieb und Willen walten; ich bin nur ein Fünklein. Amen.

3. Kapitel

Von der hochgebenedeiten, triumphierenden, heiligen, heiligen, heiligen Dreifaltigkeit Gott Vater, Sohn, Heiliger Geist, einiger Gott

Günstiger Leser, allhie will ich dich treulich vermahnet haben, daß du deinen Dünkel fahren lassest und dich nicht nach heidnischer Weisheit vergaffest, dich auch an der Einfalt des Autoris nicht ärgerst; denn das Werk ist nicht seiner Vernunft, sondern des Geistes Trieb. Schaue du nur, daß du den Hl. Geist, der von Gott ausgehet, in deinem Geiste habest, der wird dich in alle Wahrheit leiten und sich dir offenbaren. Alsdann wirst du in seinem Lichte und Kraft wohl sehen bis in die Hl. Dreifaltigkeit und verstehen, was hienach geschrieben ist.

Von Gott dem Vater

2. Als unser Heiland Jesus Christus seine Jünger lehrete beten, so sprach er, wenn ihr wollet beten, so sprecht: Unser Vater, der du bist im Himmel (Matth. 6, 9). Dieses hat nicht den Verstand, daß der Himmel könnte den Vater begreifen oder umfassen, denn er ist selber aus der göttlichen Kraft gemacht.

3. Denn Christus spricht: Mein Vater ist größer denn alles (Joh. 10, 29) und im Propheten spricht Gott: Der Himmel ist mein Stuhl und die Erde ist mein Fußschemel (Jes. 66, 1). Item: Was wollt ihr mir für ein Haus bauen? Ich umfasse den Himmel mit einer Spanne und den Erdenboden mit einem Dreilinge (Jes. 40, 12). Item: In Jakob

will ich wohnen und Israel soll meine Hütte sein (Psalm 135, 4; Sir. 24, 13).

4. Daß aber Christus seinen Vater einen himmlischen Vater nennet, damit meinet er, daß seines Vaters Glanz und Kraft ganz lauter, hell und rein im Himmel erscheine und daß über dem Zirk oder Schluß, den wir da mit unsern Augen sehen, das wir Himmel heißen, erscheine die ganze triumphierende Hl. Dreifaltigkeit, Vater, Sohn, Hl. Geist.

5. Auch so unterscheidet Christus hiemit seinen himmlischen Vater von dem Vater der Natur, welcher ist die Sterne und Elementa. Dieselben sind unser natürlicher Vater, daraus wir gemacht sind und in dessen Trieb wir allhie in dieser Welt leben und von welchem wir unsere Speise und Nahrung nehmen.

6. Er ist aber darum unser himmlischer Vater, daß unsere Seele sich stets nach ihm sehnet und ihn begehret. Ja, sie dürstet und hungert stets nach ihm. Der Leib hungert und dürstet nach dem Vater der Natur, welches sind die Sterne und Elementa, und derselbe Vater speiset und tränket ihn auch. Die Seele aber dürstet und hungert stets nach dem himmlischen heiligen Vater, und er speiset und tränket sie auch mit seinem Hl. Geist und Freudenquell.

7. Nun aber haben wir nicht zwei Väter, sondern nur einen: der Himmel ist aus seiner Kraft gemacht und die Sterne aus seiner Weisheit, die in ihm ist, die von ihm ausgehet.

Von der Substanz und Eigenschaft des Vaters

8. Wenn man nun betrachtet die ganze Natur und ihre Eigenschaft, so siehet man den Vater. Wenn man anschauet den Himmel und die Sterne, so siehet man seine ewige Kraft und Weisheit. Also viel(e) Sterne unter dem Himmel stehen, die doch unzählig und der Vernunft unbegreiflich, auch ein Teil unsichtlich sind, also viel und mancherlei ist Gottes des Vaters Kraft und Weisheit.

9. Es hat aber ein jeder Stern am Himmel eine andere Kraft und Qualität als der andere, welche auch machen so vielerlei Unterscheid in und unter den Kreaturen auf Erden in dem ganzen Geschöpfe. Nun aber herrühren alle Kräfte, die in der Natur sind, aus Gott, dem Vater, alles Licht, Hitze, Kälte, Luft, Wasser und alle

Kräfte der Erden, bitter, sauer, süß, herbe, hart, weit und das man nicht erzählen kann, das hat alles seinen Ausgang vom Vater.

10. Wenn man aber den Vater mit etwas vergleichen will, so muß man ihn der runden Kugel des Himmels vergleichen. Nicht mußt du denken, daß jede Kraft, die in dem Vater ist, an einem besondern Teil und Orte in dem Vater stehe wie die Sterne am Himmel; nein, sondern der Geist zeiget, daß alle Kräfte in dem Vater ineinander sind wie eine Kraft, wie man dessen ein Bild hat im Propheten Hesekiel Kap. 1, 15, der sieht den Herrn im Geist und Vorbild gleich einem Rade, da vier Räder ineinander sind und waren alle viere eines wie das ander, und wenn sie gingen, so gingen sie schlechts für sich, auf welche Seite der Wind ging, da gingen sie alle viere für sich und (be)durfte keines keiner Umwendung. Also ich auch Gott der Vater, es sind alle Kräfte in dem Vater ineinander wie eine Kraft, und alle Kräfte bestehen in dem Vater in einem unerforschlichen Licht und Klarheit.

11. Nicht mußt du denken, daß Gott im Himmel und über dem Himmel etwa stehe und walle wie eine Kraft und Qualität, die keine Vernunft und Wissenschaft in sich habe, wie die Sonne. Die lauft an ihrem Zirk herum und schüttet von sich die Hitze und das Licht, es bringe gleich der Erde und den Kreaturen Schaden oder Frommen, welches denn freilich geschähe, so die andern Planeten und Sterne nicht wehreten. Nein, so ist der Vater nicht, sondern ist ein allmächtiger, allweiser, allwissender, allsehender, allhörender, allriechender, allfühlender, allschmeckender Gott, der da ist in sich sänftig, freundlich, lieblich, barmherzig und freudenreich, ja die Freude selber.

12. Er ist aber von Ewigkeit zu Ewigkeit also unveränderlich. Er hat sich in seinem Wesen noch nie verändert, wird sich auch in alle Ewigkeit nicht verändern. Er ist von nichts herkommen oder geboren, sondern ist selber alles in Ewigkeit, und alles, was da ist, das ist von seiner Kraft worden, die von ihm ausgehet. Die Natur und alle Kreaturen sind aus seiner Kraft worden, die von ihm ist von Ewigkeit ausgangen. Seine Weite, Höhe und Tiefe kann keine Kreatur, auch kein Engel im Himmel erforschen, sondern die Engel leben in des Vaters Kraft ganz sänftig und freudenreich, und singen immer in des Vaters Kraft.

Von Gott dem Sohne

13. So man nun will Gott, den Sohn, sehen, so muß man abermal(s) natürliche Dinge anschauen, sonst kann ich nicht von ihm schreiben. Der Geist siehet ihn wohl, aber man kann es nicht reden oder schreiben, denn das göttliche Wesen stehet in Kraft, die sich nicht schreiben oder reden lässet. Müssen derowegen Gleichnisse vor uns nehmen, wenn wir wollen von Gott reden, denn wir leben in dieser Welt im Stückwerk und sind aus Stückwerk gemacht worden. Will derowegen den Leser in jenes Leben zitieret haben, da will ich eigentlicher und klärlicher mit ihm von diesem hohen Artikul reden. Es wolle der liebhabende Leser derweil auf des Geistes Sinn sehen, so wirds nicht fehlen, er wird auch ein Kräftlein davon bekommen, so ihn nur hungert. Nun merke: Es sprechen die Türken und Heiden, Gott habe keinen Sohn. Allhie tut die Augen recht auf und macht euch nicht selber stockblind, so werdet ihr den Sohn sehen.

14. Der Vater ist alles und alle Kraft bestehet in dem Vater. Er ist der Anfang und das Ende aller Dinge, und außer ihm ist nichts; und alles, was da worden ist, das ist aus dem Vater worden. Denn vor Anfang der Schöpfung der Kreaturen war nichts als nur allein Gott, und wo nun nichts ist, daraus wird nichts. Alles Ding muß eine Ursache oder Wurzel haben, sonst wird nichts. Nun aber mußt du nicht denken, daß der Sohn ein ander(er) Gott sei als der Vater. Du darfst auch nicht denken, daß der Sohn außer dem Vater sei und sei ein besonder(er) Teil, als wenn zwei Männer nebeneinander stehen, da einer den andern nicht begreift. Nein, eine solche Substanz hat es nicht mit dem Vater und Sohne, denn der Vater ist nicht ein Bild, mit etwas zu vergleichen, sondern der Vater ist der Brunnquell aller Kräfte, und sind alle Kräfte ineinander wie eine Kraft. Darum heißt er auch ein einiger Gott, sonst wo seine Kräfte zertrennt wären, so wäre er nicht allmächtig. Nun aber ist er der selbständige, allmächtige und allkräftige Gott.

15. Der Sohn aber ist das Herze in dem Vater. Alle Kräfte, die in dem Vater sind, die sind des Vaters Eigentum, und der Sohn ist das Herze oder der Kern in allen Kräften in dem ganzen Vater. Er ist aber die Ursache der quellenden Freuden in allen Kräften in dem ganzen Vater. Von dem Sohn, der da ist des Vaters Herze in allen

seinen Kräften, steiget auf die ewige himmlische Freude und quillet in allen Kräften des Vaters. Eine solche Freude, die kein Auge gesehen und kein Ohr gehöret hat und in keines Menschen Herze nie gestiegen ist, wie St. Paulus saget 1. Kor. 2, 9.

16. So aber ein Mensch allhie auf Erden mit dem Hl. Geist erleuchtet wird aus dem Brunnquell Jesu Christi, daß die Geister der Natur, welche bedeuten den Vater, angezündet werden, so gehet eine solche Freude in seinem Herzen auf in alle Adern, daß der ganze Leib zittert und der animalische Geist triumphieret, als wäre er in der Hl. Trinität, welches allein die verstehen, die an dem Orte sind zu Gaste gewesen.

17. Dieses aber ist nur ein Vorbild oder Anblick des Sohns Gottes in dem Menschen, dadurch der Glaube gestärkt und erhalten wird; denn die Freude kann in einem irdischen Gefäße nicht also groß sein als in einem himmlischen, da die vollkommene Kraft Gottes völlig ist.

18. Hie muß ich nun im Gleichnis schreiben. Allhier will ich dir ein Gleichnis in der Natur zeigen, wie da sei das hl. Wesen in der hl. Trinität: Schaue an den Himmel, der ist eine runde Kugel und hat weder Anfang noch Ende, sondern es ist überall der Anfang und das Ende, wo du ihn nur ansiehest. Also ist auch Gott in und über dem Himmel, der hat weder Anfang noch Ende. Nun siehe weiter an der Sterne Zirk, die bedeuten des Vaters mancherlei Kraft und Weisheit, und sie sind auch aus der Vaters Kraft und Weisheit gemacht worden. Nun der Himmel, die Sterne und die ganze Tiefe zwischen den Sternen samt der Erden bedeuten den Vater; und die sieben Planeten bedeuten die sieben Geister Gottes oder die Fürsten der Engel, unter welchen Herr Luzifer auch einer gewesen ist vor seinem Fall, welche alle aus dem Vater gemacht sind im Anfang der Schöpfung der Engel vor der Zeit der Welt.

19. Nun merke: Die Sonne gehet mitten in der Tiefe zwischen den Sternen in dem runden Zirk, und sie ist das Heer der Sterne und gibt allen Sternen Licht und Kraft, und temperieret aller Sterne Kraft, daß alles fein lieblich und freudenreich wird. Auch so erleuchtet sie den Himmel, die Sterne und die Tiefe über der Erde, und wirket in allen Dingen, was in dieser Welt ist, und ist der König und das Herze aller Dinge in dieser Welt, und die bedeutet recht Gott den Sohn.

20. Denn gleichwie die Sonne mitten zwischen den Sternen und Erden stehet und erleuchtet alle Kräfte und ist das Licht und Herze aller Kräfte, und alle Freude in dieser Welt, dazu alle Schönheit und Lieblichkeit stehet in der Sonne Licht und Kraft, also auch der Sohn Gottes in dem Vater, der ist das Herze in dem Vater und leuchtet in allen Kräften des Vaters, und seine Kraft ist die bewegliche, quellende Freude in allen Kräften des Vaters, und leuchtet in dem ganzen Vater, gleichwie die Sonne in der ganzen Welt. So man könnte die Erde wegnehmen, welche bedeutet das Haus der Trübsal oder der Hölle, so wäre die ganze Tiefe gar licht an einem Ort wie am andern. Also ist auch die ganze Tiefe im Vater gar licht an einem Orte wie am andern, von dem Glanze des Sohns Gottes. Und gleichwie die Sonne ist eine selbständige Kreatur, Kraft oder Licht, die nicht aus allen Kreaturen scheinet, sondern in alle Kreaturen, und alle Kreaturen freuen sich in ihrer Kraft, also ist auch der Sohn in dem Vater eine selbständige Person und erleuchtet alle Kraft in dem Vater und ist des Vaters Freude oder Herze in seinem Centro oder Mitten.

21. Hie merke die große Geheimnis Gottes: Die Sonne ist aus allen Sternen geboren und gemacht, und ist das Licht aus der ganzen Natur genommen und scheinet wieder in die ganze Natur dieser Welt und ist mit den andern Sternen verbunden, als wäre sie mit allen Sternen ein Stern.

22. Also ist auch der Sohn Gottes aus allen Kräften seines Vaters von Ewigkeit immer geboren und nicht gemacht, und ist das Herze und Glanz aus allen Kräften seines himmlischen Vaters, eine selbständige Person, das Zentrum oder in der Tiefe das Corpus des Glanzes. Denn des Vaters Kraft gebäret den Sohn von Ewigkeit immerdar. So nun der Vater würde aufhören zu gebären, so wäre der Sohn nicht mehr, und so der Sohn nicht mehr in dem Vater leuchtete, so wäre der Vater ein finster Tal; denn des Vaters Kraft stiege nicht auf von Ewigkeit zu Ewigkeit, und könnte das göttliche Wesen nicht bestehen.

23. Also ist der Vater das selbständige Wesen aller Kräfte, und der Sohn ist das Herze in dem Vater, das aus allen Kräften des Vaters immer geboren wird, und der des Vaters Kräfte wieder erleuchtet. Nicht mußt du denken, daß der Sohn in dem Vater vermischt sei,

daß man seine Person nicht sehe oder erkenne; nein, wenn das wäre, so wäre es nur eine Person. So wenig als die Sonne aus den andern Sternen scheinet, und ob sie gleich aus andern Sternen ihren Ursprung hat, so wenig scheinet auch der Sohn aus den Kräften des Vaters, was sein Corpus anlanget. Und ob er gleich aus den Kräften des Vaters immer geboren wird, so scheinet er doch wieder in die Kräfte des Vaters; denn er ist eine andere Person als der Vater, aber nicht ein anderer Gott. Er ist ewig in dem Vater, und der Vater gebäret ihn von Ewigkeit zu Ewigkeit immerdar, und ist der Vater und der Sohn ein Gott, gleiches Wesens in Kraft und Allmacht. Der Sohn siehet, hört, schmecket, fühlet, reucht und begreift alles wie der Vater. In seiner Kraft lebet und ist alles, was da gut ist, wie in dem Vater; aber das Böse ist nicht in ihm.

Von Gott dem Hl. Geist

24. Gott, der Hl. Geist, ist die dritte Person in der triumphierenden hl. Gottheit, und gehet vom Vater und Sohne aus der heilige wallende Freudenquell in dem ganzen Vater, ein lieblich, sanftes und stilles Sausen, aus allen Kräften des Vaters und des Sohnes, wie beim Propheten Elia am Berge Horeb (1. Kön. 19, 12) und am Pfingsttage bei den Aposteln Christi zu sehen ist (Apg. 2, 2).

25. So man aber seine Person, Substanz und Eigenschaft aus rechtem Grund beschreiben will, so muß mans auch im Gleichnis vorbilden; denn den Geist kann man nicht schreiben, dieweil er keine Kreatur ist, sondern die wallende Kraft Gottes.

26. Nun siehe aber einmal die Sonne und Sterne an, die manch- und vielerlei Sterne, die unaussprechlich oder unzählig sind, die bedeuten den Vater. Aus denselben Sternen ist worden die Sonne, denn Gott hat sie daraus gemacht, die bedeutet den Sohn Gottes. Nun sind von der Sonne und Sternen worden die vier Elementa, Feuer, Luft, Wasser, Erde, wie ich hernach klar beweisen will, wenn ich von der Schöpfung schreiben werde.

27. Nun merke: Die drei Elementa, Feuer, Luft und Wasser, die haben dreierlei Bewegung oder Qualifizierung, aber nur ein Corpus. Siehe, das Feuer oder Hitze empöret sich aus der Sonne und Sternen, und aus der Hitze empöret sich die Luft und aus der Luft

das Wasser. Und in dieser Bewegung oder Qualifizierung stehet aller Kreaturen Leben und Geist, auch alles, was in dieser Welt genannt mag werden, das bedeutet den Hl. Geist.

28. Gleichwie die drei Elementa Feuer, Luft und Wasser von der Sonne und Sternen ausgehen und sind ein Corpus ineinander und machen die lebendige Bewegung und den Geist aller Kreaturen in dieser Welt, also auch gehet der Hl. Geist vom Vater und Sohne aus, und machet die lebendige Bewegung in allen Kräften des Vaters. Und gleichwie die drei Elementa in der Tiefe wallen als ein selbständiger Geist, und machen Hitze, Kälte, Wolken und fließen aus aller Sterne Kraft, und alle Kräfte der Sonne und Sterne sind in drei Elementen, als wären sie selber die Sonne und Sterne, daraus denn aller Kreaturen Leben und Geist wird und darinnen bestehet, also gehet der Hl. Geist aus vom Vater und Sohne und wallet in dem ganzen Vater, und ist aller Kräfte Leben und Geist in dem Vater.

29. Hie merke die tiefe Geheimnis: Alle Sterne, die man siehet und nicht siehet, die bedeuten die Kraft Gottes des Vaters; nun aus denselben Sternen ist geboren die Sonne, die ist das Herze aller Sterne. Nun gehet aus allen Sternen aus die Kraft, die in jedem Sterne ist, in die Tiefe. Nun gehet der Sonne Kraft, Hitze und Schein auch in die Tiefe, und in der Tiefe ist aller Sterne Kraft mit der Sonne Schein und Hitze ein Ding, eine bewegende Wallung, gleich eines Geistes oder einer Materia, allein daß es nicht Vernunft hat, denn es ist nicht der Hl. Geist. Auch so gehöret das vierte Element auch zu einem natürlichen Geiste, soll er aber Vernunft haben. Also gehet aus Gott dem Vater aus (in seine Tiefe) aus allen seinen Kräften und gebieret den Glanz, das Herze oder den Sohn Gottes in seinem Centro. Den vergleicht man der Kugel der Sonne, der leuchtet über sich, unter sich und neben sich, und gehet der Glanz samt allen Kräften aus dem Sohne Gottes in den ganzen Vater.

30.Nun ist in der ganzen Tiefe des Vaters außer dem Sohne nichts denn die vielerlei und unermeßliche oder unerforschliche Kraft des Vaters. Und die unerforschliche Kraft und Licht des Sohnes, das ist in der Tiefe des Vaters ein lebendiger, allkräftiger, allwissender, allhörender, allsehender, allriechender, allschmeckender, allfühlender Geist, in dem alle Kraft und Glanz und Weisheit ist wie in dem Vater und Sohne.

31. Gleichwie in den vier Elementen ist der Sonne und aller Sterne Kraft und Glanz, also auch in der ganzen Tiefe des Vaters, und das ist und heißt recht der Hl. Geist, der die dritte selbständige Person ist in der Gottheit.

Von der heiligen Dreifaltigkeit

32. Wenn man nun redet und schreibet von drei Personen in der Gottheit, so darfst du nicht denken, daß darum drei Götter sind, da ein jeder für sich herrschet und regieret gleich den irdischen Königen auf Erden. Nein, eine solche Substanz und Wesen hat es nicht in Gott; denn das göttliche Wesen stehet in Kraft und nicht im Leibe oder Fleische.

33. Der Vater ist die ganze göttliche Kraft, daraus alle Kreaturen worden sind, und ist von Ewigkeit immer gewesen. Er hat keinen Anfang noch Ende. Der Sohn ist in dem Vater des Vaters Herze oder Licht, und der Vater gebäret den Sohn von Ewigkeit zu Ewigkeit immerdar, und des Sohns Kraft und Glanz leuchtet wieder in dem ganzen Vater, gleichwie die Sonne in der ganzen Welt.

34. Und ist der Sohn eine andere Person als der Vater, aber nicht außer dem Vater, und auch kein ander(er) Gott als der Vater. Seine Kraft, Glanz und Allmacht ist nichts kleiner als der ganze Vater.

35. Der Hl. Geist gehet vom Vater und Sohne aus und ist die dritte selbständige Person in der Gottheit. Gleichwie die Elementa in dieser Welt von der Sonne und Sternen ausgehen und sind der bewegliche Geist in allen Dingen in dieser Welt, also auch ist der Hl. Geist der bewegliche Geist in dem ganzen Vater und gehet von Ewigkeit zu Ewigkeit immer vom dem Vater und Sohne aus und erfüllet den ganzen Vater. Er ist nichts kleiner oder größer als der Vater und Sohn. Seine webende Kraft ist in dem ganzen Vater.

36. Alles Ding in dieser Welt ist nach dem Gleichnis dieser Dreiheit worden. Ihr blinden Juden, Türken und Heiden, tut die Augen eures Gemütes auf, ich muß euch an eurem Leibe und allen natürlichen Dingen zeigen, an Menschen, Tieren, Vögeln und Würme(r)n, sowohl an Holz, Steinen, Kraut, Laub und Gras, das Gleichnis der Hl. Dreiheit in Gott.

37. Ihr saget, es sei ein einig Wesen in Gott; Gott habe keinen Sohn. Nun tue die Augen auf und siehe dich selber an: Ein Mensch ist nach dem Gleichnis und aus der Kraft Gottes in seiner Dreiheit gemacht. Schaue deinen inwendigen Menschen an, so wirst du das hell und rein sehen, so du nicht ein Narr und unvernünftig(es) Tier bist. So merke: In deinem Herzen, Adern und Hirne hast du deinen Geist. Alle die Kraft, die sich in deinen Herzen, Adern und Hirne beweget, darinne(n) dein Leben stehet, bedeutet Gott den Vater. Aus derselben Kraft empöret sich dein Licht, daß du in derselben Kraft siehest, verstehest und weißt, was du tun sollst; denn dasselbe Licht schimmert in deinem ganzen Leibe und beweget sich der ganze Leib in Kraft und Erkenntnis des Lichtes, das bedeutet Gott, den Sohn. Denn gleichwie der Vater den Sohn aus seiner Kraft gebäret und der Sohn leuchtet in dem ganzen Vater, also auch gebäret die Kraft deines Herzens, deiner Adern und deines Hirnes ein Licht, das leuchtet in allen deinen Kräften, in deinem ganzen Leibe. Tue die Augen deines Gemütes auf und denke ihm nach, so wirst du es also finden.

38. Nun merke: Gleichwie vom Vater und Sohn ausgehet der Hl. Geist und ist eine selbständige Person in der Gottheit, und wallet in dem ganzen Vater, also gehet auch aus den Kräften deines Herzens, Adern und Hirne aus die Kraft, die in deinem ganzen Leibe wallet, und aus deinem Lichte gehet aus in dieselbe Kraft, Vernunft, Verstand, Kunst und Weisheit, den ganzen Leib zu regieren und auch alles, was außer dem Leibe ist, zu unterscheiden. Und dieses beides ist in deinem Regiment des Gemütes ein Ding, dein Geist, und das bedeutet Gott, den Hl. Geist. Und der Hl. Geist aus Gott herrschet auch in diesem Geiste in dir, bist du aber ein Kind des Lichts und nicht der Finsternis.

39. Denn von wegen dieses Lichts, Verstandes und Regiments ist der Mensch unterschieden von den Tieren, und ein Engel Gottes, wie ich klar beweisen will, wenn ich von Erschaffung des Menschen schreiben werde.

40. Darum merke eigen(s) und habe acht auf die Ordnung dieses Buches; du wirst finden, was dein Herz begehret oder immer lüstert.

41. Also findest du in einem Menschen drei Quellbrunnen: erstlich die Kraft in deinem ganzen Gemüte, das bedeutet Gott den Vater; danach das Licht in deinem ganzen Gemüte, das erleuchtet das ganze Gemüte, das bedeutet Gott den Sohn.

42. Danach so gehet aus allen deinen Kräften und auch aus deinem Lichte ein Geist aus, der ist verständig; denn alle Adern samt dem Lichte in dir, sowohl Herz und Hirn und alles, was in dir ist, das macht denselben Geist, und das ist deine Seele und bedeutet recht den Hl. Geist, der vom Vater und Sohne ausgehet und regieret in dem ganzen Vater; denn die Seele des Menschen regieret im ganzen Leibe.

43. Der Leib aber oder das tierische Fleisch im Menschen bedeutet die tote verderbte Erde, daß ihm der Mensch durch seinen Fall selber also zugerichtet hat, wie hernach folgen wird an seinem Orte.

44. Also findest du auch die Dreiheit der Gottheit in den Tieren; denn wie der Geist eines Menschen wird und entsteht, also auch in einem Tier, und ist in dem kein Unterschied, allein in diesem ist der Unterschied, daß der Mensch ist aus dem besten Kern der Natur gemacht von Gott selber zu seinem Engel und Gleichnis, und herrschet in dem Menschen mit seinem Hl. Geist, daß der Mensch kann reden und alles unterscheiden und verstehen.

45. Das Tier aber ist allein worden aus der wilden Natur dieser Welt; die Sterne und Elementa haben die Tiere durch ihre Bewegung geboren nach dem Willen Gottes.

46. Also entstehet auch der Geist in Vögeln und Würme(r)n und hat alles seinen dreifachen Quell im Gleichnis der Dreiheit der Gottheit. Also siehest du auch die Dreiheit in der Gottheit in Holz und Steinen, sowohl in Kraut, Laub und Gras, allein daß dasselbe alles irdisch ist. Noch gebäret die Natur nichts, es sei in dieser Welt, was es wolle, und wenn es gleich kaum eine Stunde stehen oder bleiben soll, es wird alles in der Dreiheit oder nach dem Gleichnis Gottes geboren.

47. Nun merke: In einem Holze, Steine und Kraut sind drei Dinge, und kann nichts geboren werden oder wachsen, so unter den dreien sollte in einem Dinge nur eines außen bleiben. Erstlich die Kraft, daraus ein Leib wird, es sei gleich Holz oder Stein oder Kraut.

Hernach ist in demselben ein Saft, das ist das Herze eines Dinges. Zum dritten ist darinnen eine quellende Kraft, Geruch oder Geschmack, das ist der Geist eines Dinges, davon es wächst und zunimmt. So nun unter den dreien eines fehlet, so kann kein Ding bestehen.

48. Also findest du die Gleichnis der Dreiheit in dem göttlichen Wesen in allen Dingen, schaue an, was du willst; und soll sich niemand stockblind machen und vermeinen, es sei anders, oder denken, Gott habe keinen Sohn und Hl. Geist. Ich will solches hinfüro, wenn ich werde von der Schöpfung schreiben, viel heller, klärer und lauterer beweisen, denn ich nehme mein Schreiben und Buch nicht von andern Meistern. Und ob ich gleich viel Exempel und Zeugnisse der Heiligen Gottes darinnen (an)führe, so ist mir doch solches alles von Gott in meinen Sinn geschrieben, daß ichs ganz ungezweifelt glaube, erkenne und sehe, nicht im Fleisch, sondern im Geiste, im Trieb und Wallen Gottes.

49. Nicht also zu verstehen, daß meine Vernunft größer wäre als aller derer, die da leben, sondern ich bin des Herrn Zweig nur ein kleines und geringes Fünklein aus ihm. Er mag mich setzen, wo er hin will, ich kann ihm das nicht wehren. Auch so ist dieses nicht mein natürlicher Wille, den ich aus meinen Kräften vermag; denn so mir der Geist entzogen wird, so kenne oder verstehe ich meine eigene Arbeit nicht, und muß mich auf allen Seiten mit dem Teufel kratzen und schlagen und bin der Anfechtung und Trübsal unterworfen wie alle Menschen. Aber du wirst in den nachfolgenden Kapiteln den Teufel mit seinem Reiche bald bloß sehen. Es soll ihm seine Hoffart und Schande bald aufgedeckt werden...

19. Kapitel

Von dem erschaffenen Himmel und der Gestalt der Erden und des Wassers, sowohl von dem Lichte und Finsternis

Der rechte Himmel, welcher ist unser menschlicher eigener Himmel, da die Seele hinfähret, wenn sie vom Leibe scheidet – und da Christus unser König ist eingegangen und von dannenher er von seinem Vater kommen und geboren ist und ein Mensch in der

Jungfrauen Marien Leibe worden ist – ist bis anhero den Kindern der Menschen fast [d. h. sehr] verborgen gewesen, und haben mancherlei Meinung gehabt.

2. Es haben sich auch die Gelehrten darum gekratzet mit vielen seltsamen Schreiben, und sind einander in die Haare gefallen mit Schmähen und Schänden, dadurch dann der hl. Name Gottes ist geschändet und seine Glieder verwundet und sein Tempel zerstöret und der hl. Himmel mit diesem Lästern und Anfeinden entheiliget worden.

3. Es haben die Menschen je und allwege gemeinet, der Himmel sei viel hundert oder tausend Meilen von diesem Erdenboden und Gott wohne allein in demselben Himmel. Es haben auch wohl etliche Physici sich unterstanden, dieselbe Höhe zu messen, und gar seltsame Dinge herfürbracht.

4. Zwar ich habe es selber vor dieser meiner Erkenntnis und Offenbarung Gottes dafür gehalten, daß das allein der rechte Himmel sei, der sich mit einem runden Zirk ganz lichtblau hoch über den Sternen schleußt, in Meinung, Gott habe allein da innen sein sonderliches Wesen und regiere nur allein in Kraft seines Hl. Geistes in dieser Welt.

5. Als mir aber dieses gar manchen harten Stoß gegeben hat, ohne Zweifel von dem Geiste, der da Lust zu mir hat gehabt, bin ich endlich gar in eine harte Melancholei und Traurigkeit geraten, als ich anschauete die große Tiefe dieser Welt, dazu die Sonne und Sternen, sowohl die Wolken, dazu Regen und Schnee, und betrachtete in meinem Geiste die ganze Schöpfung dieser Welt.

6. Darinnen ich dann in allen Dingen Böses und Gutes fand, Liebe und Zorn, in den unvernünftigen Kreaturen als in Holz, Steinen, Erden und Elementen sowohl als in Menschen und Tieren.

7. Dazu betrachtete ich das kleine Fünklein des Menschen, was er doch gegen diesem großen Werke Himmels und Erden vor Gott möchte geachtet sein.

8. Weil ich aber befand, daß in allen Dingen Böses und Gutes war, in den Elementen sowohl als in den Kreaturen, und daß es in dieser Welt dem Gottlosen so wohl ginge als den Frommen, auch daß die

barbarischen Völker die besten Länder innen hätten und daß ihnen das Glücke noch wohl mehr beistünde als den Frommen; –

9. Ward ich derowegen ganz melancholisch und hoch betrübet, und konnte mich keine Schrift trösten, welche mir doch fast wohl bekannt war; dabei dann gewißlich der Teufel nicht wird gefeiert haben, welcher mir dann oft heidnische Gedanken einbleuete, derer ich allhie verschweigen will.

10. Als sich aber in solcher Trübsal mein Geist – denn ich wenig und nichts verstund, was er war – ernstlich in Gott erhub als mit einem großen Sturme, und mein ganz Herz und Gemüte samt allen andern Gedanken und Willen sich alles darein schloß, ohne Nachlassen, mit der Liebe und Barmherzigkeit Gottes zu ringen, und nicht nachzulassen, er segenete mich denn, das ist: er erleuchtete mich denn mit seinen Hl. Geiste, damit ich seinen Willen möchte verstehen und meiner Traurigkeit los werden; – so brach der Geist durch.

11. Als ich aber in meinem angesetzten Eifer also hart wider Gott und aller Höllen Porten stürmete, als wären meiner Kräften noch mehr vorhanden, in willens, das Leben daran zu setzen – welche freilich nicht mein Vermögen wäre gewesen ohne des Geistes Gottes Beistand – alsbald nach etlichen harten Stürmen ist mein Geist durch der Höllen Porten durchgebrochen bis in die innerste Geburt der Gottheit und allda mit Liebe umfangen worden, wie ein Bräutigam seine liebe Braut umfähet.

12. Was aber für ein Triumphieren im Geiste gewesen, kann ich nicht schreiben oder reden. Es läßt sich auch mit nichts vergleichen als nur mit dem, wo mitten im Tode das Leben geboren wird, und vergleicht sich der Auferstehung von den Toten.

13. In diesem Lichte hat mein Geist alsbald durch alles gesehen und an allen Kreaturen, sowohl an Kraut und Gras, Gott erkannt, wer der sei und wie der sei und was sein Wille sei. Auch so ist alsbald in diesem Lichte mein Willen gewachsen, mit großem Trieb das Wesen Gottes zu beschreiben.

14. Weil ich aber nicht alsbald die tiefsten Geburten Gottes in ihrem Wesen konnte fassen und in meiner Vernunft begreifen, so hat sichs wohl zwölf Jahr verzogen, ehe mir ist der rechte Verstand gegeben

worden, und ist gangen wie mit einem jungen Baume, den man in die Erde pflanzet; der ist erstlich jung und zart und hat ein freundlich Ansehen, sonderlich wenn er sich zum Gewächse wohl anlässet. Er trägt aber nicht alsbald Früchte, und ob er gleich blühet, so fallen sie doch ab. Es gehet auch mancher kalte Wind, Frost und Schnee darüber, ehe er erwächst und Frucht träget.

15. Also ists diesem Geiste auch gangen: Das erste Feuer war nur ein Samen, aber nicht ein immer beharrlich Licht. Es ist seit der Zeit mancher kalte Wind drüber gangen, aber der Wille ist nie verloschen.

16. Es hat sich dieser Baum auch oft versucht, ob er möchte Früchte tragen und sich mit Blühen erzeiget, aber die Blüte ist von dem Baume abgeschlagen worden bis auf dato. Da stehet er in seiner ersten Frucht im Gewächse.

17. Von diesem Lichte habe ich nun meine Erkenntnis, dazu meinen Willen und Trieb, und will diese Erkenntnis nach meinen Gaben schreiben und es Gott walten lassen, und sollte ich gleich hiermit erzürnen die Welt, den Teufel und aller Höllen Porten, und will zusehen, was Gott damit meinet. Denn seinen Fürsatz bin ich viel zu schwach zu erkennen, obgleich der Geist etliche Dinge, die zukünftig sind, im Lichte zu erkennen gibt. So bin ich doch dem äußerlichen Menschen nach viel zu schwach, solches zu begreifen.

18. Aber der animalische Geist, welcher mit Gott inqualieret, der begreifts wohl, der tierische Leib aber krieget nur einen Blick davon, gleich als wenn es wetterleuchtet. Denn also stellet sich die innerste Geburt der Seelen, wenn sie durch die äußerste Geburt in Erhebung des Hl. Geistes duch die Porten der Höllen reißet. Aber die äußerste Geburt tut sich bald wieder zu, denn der Zorn Gottes verriegelt die feste und hält sie in seiner Macht gefangen.

19. Alsdann ist die Erkenntnis des äußersten Menschen dahin und gehet in seiner trübseligen und ängstlichen Geburt um wie ein schwanger Weib, der die Wehe ankommt, und wollte immer gerne gebären, und kann doch nicht und ängstet sich immerdar.

20. Also gehets dem tierischen Leibe auch: Wenn er einmal hat die Süßigkeit Gottes geschmecket, so hungert und dürstet ihn immerdar danach, aber der Teufel in Kraft des Zorns Gottes wehret sich

trefflich, und muß ein Mensch in solchem Laufe nur immer in ängstlicher Geburt stehen, und ist nichts denn Kämpfen und Fechten in seinen Geburten.

21. Dieses habe ich nicht mir zum Lobe geschrieben, sondern dem Leser zum Trost, ob ihn vielleicht lüsterte, auf meinem schmalen Stege mit mir zu wandern, daß er darum nicht bald verzweifele, wenn ihm die Porten der Höllen und des Zorns Gottes begegnen und unter Augen stoßen.

22. Wenn wir werden miteinander über diesen schmalen Steg der fleischlichen Geburt auf jene grüne Wiese kommen, da der Zorn Gottes nicht hinreicht, alsdann wollen wir uns dieses erlittenen Schadens wohl ergötzen, ob wir gleich jetzo müssen der Welt Narr sein und den Teufel in Kraft des Zorns Gottes lassen über uns herrauschen. Es lieget nichts daran, es wird uns in jenem Leben schöner anstehen, denn es ist gar eine kurze Zeit dahin, und ist nicht wert, daß es eine Zeit genannt wird.

23. Nun merke: Wenn du deine Gedanken von dem Himmel fassest, was der sei oder wo der sei, so darfst du deine Gedanken nicht viel tausend Meilen von hinnen schwingen, denn derselbe Locus oder Himmel ist nicht dein Himmel. Und ob er gleich mit deinem Himmel verbunden ist wie ein Leib, und es ist auch nur ein Leib Gottes, so bist du doch nicht in demselben Loco, der über viel hunderttausend Meilen ist zur Kreatur worden, sondern in dem Himmel dieser Welt, die auch eine solche Tiefe in sich hat, das keine menschliche Zahl ist.

24. Denn der rechte Himmel ist allenthalben, auch an dem Orte, wo du stehest und gehest. Wenn dein Geist die innerste Geburt Gottes ergreift und durch die siderische und fleischliche hindurchdringt, so ist er schon im Himmel.

25. Daß aber wahrhaftig ist, daß ein reiner, schöner Himmel in allen dreien Geburten über der Tiefe dieser Welt sei, in welchem Gottes Wesen mit samt den hl. Engeln ganz lauter, schön und freudenreich aufgehet, das ist unleugbar, und wäre der nicht aus Gott geboren, der solches verneinte.

26. Du sollst aber wissen, daß der Locus dieser Welt mit seiner innersten Geburt mit dem Himmel über uns inqualieret und ist ein

Herze, ein Wesen, ein Willen, ein Gott, alles in allem. Daß aber der Locus dieser Welt nicht ein Himmel genennt wird und daß ein Schluß zwischen dem obern Himmel über uns sei, das hat diesen Verstand:

27. Der obere Himmel begreift die zwei Königreiche Micha-Els und Uri-Els und alle der hl. Engel, die nicht mit Luzifer gefallen sind, und derselbe Himmel ist blieben, wie er von Ewigkeit ist gewesen, ehe die Engel sind geschaffen worden.

28. Der andere Himmel ist diese Welt, in welchem Luzifer ein König war. Der hat die äußerste Geburt in der Natur angezündet. Und das ist nun der Zorn Gottes, und kann nicht Gott oder Himmel geheißen werden, sondern die Verderbung.

29. Darum schleußt sich der obere Himmel in seiner äußersten Geburt also weit zu als weit der Zorn Gottes reicht und so weit als das Regiment Luzifers hat gereicht, denn die verderbte Geburt kann die reine nicht begreifen.

30. Das ist, die äußerste Geburt dieser Welt kann die äußerste Geburt des Himmels über dieser Welt nicht ergreifen, denn es ist wie das Leben und der Tod gegeneinander oder wie ein Mensch und ein Stein gegeneinander.

31. Darum ist ein fester Schluß zwischen der äußersten Geburt des obern Himmels und dieser Welt. Denn die Feste zwischen ihnen ist der Tod, der herrschet an allen Enden in der äußersten Geburt in dieser Welt, und damit ist diese Welt verriegelt, daß die äußerste Geburt des obern Himmels nicht in die äußerste Geburt dieser Welt kann, es ist eine große Kluft zwischen ihnen.

32. Und darum können wir die Engel in unserer äußersten Geburt nicht sehen, und die Engel können auch nicht in der äußersten Geburt dieser Welt bei uns wohnen. In der innersten aber wohnen sie bei uns. Und so wir mit dem Teufel kämpfen, so halten sie seine Schläge in der innersten Geburt auf und sind der hl. Seelen Schutz. Darum können wir die Engel nicht sehen oder begreifen, denn die äußerste Geburt ihrer Leiber ist der äußersten Geburt dieser Welt unbegreiflich.

33. Die andere Geburt dieser Welt steht im Leben, denn es ist die siderische Geburt, daraus die dritte und hl. Geburt geboren wird, und darinnen Liebe und Zorn miteinander streiten. Denn die andere Geburt stehet in den sieben Quellgeistern dieser Welt und ist an allen Enden und in allen Kreaturen sowohl auch im Menschen also. Nun aber herrschet der Hl. Geist auch in der andern Geburt und hilft die dritte heilige Geburt gebären.

34. Die dritte aber ist der klare und heilige Himmel, welcher mit dem Herzen Gottes außer und über allen Himmeln inqualieret als ein Herze, und ist auch ein Herze, das den Locum dieser Welt hält und träget und das den Teufel in der äußersten Geburt im Zornfeuer gefangen hält als ein allmächtiger, unbegreiflicher Gott.

35. Und aus diesem Herzen ist Jesus Christus, Gottes Sohn, in der Jungfrauen Marien Leib in alle drei Geburten gangen und hat dieselben wahrhaftig an sich genommen, auf daß er durch und mit seiner innersten Geburt den Teufel, Tod und Hölle in der äußersten Geburt gefangen nehme und den Zorn Gottes überwinde als ein König und Siegsfürst, und in Kraft seiner Geburt im Fleische durch alle Menschen durchdringe.

36. Und durch solch Eingehen der innersten Geburt des Herzens des Himmels dieser Welt in die siderische und äußerste ist Jesus Christus, Gottes und Marien Sohn, ein Herr und König dieses unsers Himmels und der Erden worden, der in allen dreien Geburten herrschet über die Sünde, Teufel, Tod und Hölle, und mit dem dringen wir durch des Fleisches sündliche, verderbte und äußerste tote Geburt den Tod und Zorn Gottes in unsern Himmel.

37. In diesem Himmel sitzet itzunder unser König Jesus Christus zur rechten Gottes und umfasset alle drei Geburten als ein mächtiger Sohn des Vaters, der durch und in allen drei Geburten in dieser Welt allen Räumen und Orten gegenwärtig ist und alles fasset, hält und träget als der neugeborne Sohn vom Vater in der Gewalt und auf dem Sitze des großmächtig gewesenen und nunmehr verstoßenen, verfluchten und verdammten Königs Luzifer, des Teufels.

38. Darum, du Menschenkind, sei nicht so furchtsam und verzaget. Wenn du in deinem Eifer und Ernst deinen Tränensamen säest, so säest du ihn nicht auf Erden, sondern im Himmel, denn in deiner

siderischen Geburt säest du und in der animalischen erntest du, und im Himmelreiche besitzest du es und genießt des.

39. Weil du in dieser streitigen Geburt lebest, so mußt du dich drücken und den Teufel lassen auf dir herreiten, aber also hart er dich schläget, so hart schlägest du ihn wieder, so du dich wehrest. Denn wenn du gegen ihn streitest, so schürest du ihm sein Zornfeuer auf und zerstörest ihm sein Nest, das ist alsdann wie ein großer Aufruhr, als hieltest du eine gewaltige Schlacht mit ihm.

40. Und obgleich deinem Leibe etwas wehe geschieht, so geschieht ihm doch viel übeler, wenn er überwunden ist; so brüllet er wie ein Löwe, dem seine Jungen geraubet sind, denn der Grimm und Zorn Gottes peiniget ihn. Wenn du ihn aber zur Herberge einläßt, so wird er fett und geil und überwindet dich mit der Zeit.

41. Also hast du eine wahrhaftige Beschreibung des Himmels. Und ob du es gleich mit deiner Vernunft nicht fassen kannst, so kann ichs doch gar wohl fassen; so denke ihm doch nur vernünftig nach, was Gott sei.

42. Du siehest in dieser Welt nichts als die Tiefe, und darinnen die Sterne und die Geburt der Elementen. Wolltest du nun sagen, daß allda nicht Gott sei? Lieber, was ist dann an diesem Orte gewesen vor der Zeit der Welt? Wolltest du sagen, nichts, so redest du ohne Vernunft. Du mußt ja sagen, daß Gott allda gewesen sei, sonst wäre allda nichts worden.

43. Ist dann nun Gott allda gewesen, wer hat ihn dann weggestoßen oder überwunden, daß er nicht mehr da ist? Ist aber Gott da, so ist er ja in seinem Himmel und dazu in seiner Dreifaltigkeit.

44. Der Teufel aber hat das Zornbad angezündet, davon ist die Erde und die Steine, dazu die Elementa also beweglich, dazu also kalt, bitter und hitzig worden, und hat die äußerste Geburt ermordet.

45. Davon ist nun der Handel und mein ganz Fürnehmen zu schreiben, wie sie wieder sei lebendig worden und wie sie sich wieder gebäre. Und davon ist auch in den Kreaturen das tierische Fleisch worden; die Sünde aber in dem Fleische ist der Zorn Gottes.

46. Zum andern ist die Frage und der Handel in diesem Buche, wo dann der Zorn Gottes werde hinkommen. Da gibt der Geist

Antwort, daß am Ende dieser verderbten Geburtzeit dem Teufel werde nach Auferstehung der Toten der Locus oder Raum, wo jetzt die Erde stehet, zum Eigentum und Zornhaus eingeräumet werden, und doch nicht durch alle drei Geburten, sondern nur die äußerste, in welcher er jetzt stehet. Die innerste aber wird ihn in ihrer Macht gefangen halten und zum Fußschemel brauchen, welche er ewig weder ergreifen noch berühren wird können.

47. Denn es hat nicht den Verstand, daß das Zornfeuer werde ausgelöscht werden und nicht mehr sein, sonst müßten die Teufel auch wieder heilige Engel werden und in dem heiligen Himmel leben; wo aber nicht, so muß ihnen ein Loch in dieser Welt zur Herberge werden.

48. Wenn dem Menschen seine Augen nur eröffnet würden, so sähe er überall Gott in seinem Himmel, denn der Himmel stehet in der innersten Geburt. Dazu da Stephanus den Himmel hat offen gesehen und den Herrn Jesum zur Rechten Gottes, Apg. 7, 55, da hat sich sein Geist nicht erst in den obern Himmel geschwungen, sondern er hat durchgedrungen in die innerste Geburt, da ist der Himmel an allen Enden.

49. Du darfst auch nicht denken, daß die Gottheit etwan ein Wesen sei, die nur im obern Himmel sei und daß unsere Seele, wenn sie vom Leibe scheidet, auf in den obern Himmel fahre viel hundert Meilen. Es darf des gar nicht, sondern sie wird in die innerste Geburt gesetzet; da ist sie bei Gott und in Gott und bei allen heiligen Engeln und kann bald droben sein und auch bald drunten; sie wird von nichts gehalten.

50. Denn in der innersten Geburt ist die obere und untere Gottheit ein Leib, eine offene Porten. Die heiligen Engel spazieren sowohl in der innersten Geburt dieser Welt bei unserem Könige Jesu Christo als im obern in ihrem Revier.

51. Und wo wollte die Seele des Menschen dann gern sein, als bei ihrem Könige und Erlöser Jesu Christo? Denn in Gott ist Weit und Nahe als ein Ding, eine Begreiflichkeit, überall Vater, Sohn, Heiliger Geist.

52. Die Porten der Gottheit ist im obern Himmel nichts anders, auch nichts hellers als in dieser Welt. Und wo könnte doch größere

Freude sein als an dem Orte, wo alle Stunden schöne, liebe, neugeborne Kinder und Engel zu Christo kommen, die durch den Tod sind ins Leben gedrungen? Die werden ohne Zweifel von vielen Streiten wissen zu sagen. Und wo möchte doch größere Freude sein, als wo mitten im Tode ohn Unterlaß immerdarf das Leben geboren wird?

53. Bringt doch eine jede Seele einen neuen Triumph mit sich und ist nichts denn ein eitel freundlich Benevenieren und Willkommen. Denke, wenn die Seelen der Kinder zu den Eltern kommen, die sie in ihrem Leibe geboren haben, ob allda nicht möchte Himmel sein? Oder meinest du, ich schreibe zu irdisch? Wirst du an dieses Fenster kommen, du wirst nicht sagen, es sei irdisch; ob ich gleich muß eine irdische Zunge brauchen, so ist doch rechter himmlicher Verstand darunter, das ich in meiner äußersen Geburt weder schreiben noch reden kann.

54. Ich weiß wohl, daß das Wort von den drei Geburten nicht wird in einem jeden Herzen können begriffen werden, sonderlich wo das Herze zuviel im Fleische ersoffen ist und mit der äußersten Geburt verriegelt. Ich kanns nicht anders geben, denn es ist also. Und wenn ich gleich lauter Geist schreibe, wie es denn auch in Wahrheit nicht anders ist, so verstehet das Herze doch nur Fleisch, wie ich sehe.

Von der Gestalt der Erden

55. Es haben zwar viele Skribenten geschrieben, der Himmel und die Erde sei aus Nichts geschaffen; nimmt mich aber Wunder, daß unter so trefflichen Männern nicht einer ist gefunden worden, der doch hätte den rechten Grund können beschreiben, sintemal doch derselbe Gott ist von Ewigkeit gewesen, der jetzt ist.

56. Wo nun nichts ist, da wird auch nichts. Alles Ding muß eine Wurzel haben, sonst wächst nichts. Wären nicht die sieben Geister der Natur von Ewigkeit gewesen, so wäre kein Engel, auch kein Himmel und auch keine Erden worden.

57. Die Erde aber ist aus dem verderbten Salitter [materiellen Grund] der äußersten Geburt worden, du kannst das nicht leugnen. Wenn du die Erde und Steine ansiehest, so mußt du ja sagen, daß der Tod drinnen sei; hingegen muß du auch sagen, daß ein Leben

darinnen sei, sonst wüchse darinnen weder Gold noch Silber, auch weder Kraut noch Gras.

58. Nun möchte einer fragen: Sind denn auch alle drei Geburten darinnen? Ja, das Leben dringet durch den Tod. Die äußerste Geburt ist der Tod, die andere ist das Leben, welches im Zornfeuer und in der Liebe stehet, die dritte ist das hl. Leben.

59. Unterricht: Die äußerliche Erde ist ein bitter Gestank und ist tot, das verstehet auch ein jeder Mensch. Der Salitter ist auch durch den Zorn ermordet worden, denn du kannsts nicht leugnen, daß nicht Gottes Zorn in der Erden sei, sonst wäre sie nicht also herbe, bitter, sauer und giftig, und gebäre auch nicht solche giftige, böse Würmer. So du aber wolltest sagen, Gott habe sie aus seinem Fürsatze also geschaffen, so würdest du sagen, daß Gott selber die Bosheit sei.

60. Lieber, sage mir doch, warum ist doch der Teufel verstoßen worden? Du wirst freilich sagen, um seiner Hoffart willen, daß er hat wollen über Gott sein. Rat, Fritz, womit? Was hat er für Gewalt gehabt? Hie sage, weißt du was, weißt du nichts, so schweig und höre:

61. In dem Salitter der Erden saß er vor den Zeiten der Schöpfung, als derselbe noch dünne und in himmlischer heiliger Geburt stund, und war in dem ganzen Königreiche dieser Welt. Daselbst war es nicht Erde und Steine, sondern ein himmlicher Same, welcher aus den sieben Quellgeistern der Natur geboren ward. Denn darinnen gingen himmlische Früchte und Formen auf, welches war eine Lustspeise der Engel.

62. Als aber der Zorn darinnen anbrannte, so wards im Tode ermordet; aber nicht also zu verstehen, daß sie darum gar tot sei, denn wie kann in Gott etwas gar sterben, das sein Leben von Ewigkeit hat gehabt? Sondern die äußerste Geburt ist verbrannt, erfroren, ersoffen und erstarret.

63. Die andere Geburt aber gebäret in der äußersten wieder das Leben, und die dritte wird zwischen der ersten und andern geboren, das ist: zwischen Himmel und Hölle mitten im Zornfeuer, und dringet der Geist im Zornfeuer durch und gebäret das hl. Leben, welches stehet in Kraft der Liebe.

64. Und in derselben Geburt werden die Toten auferstehen, die da haben einen heiligen Samen gesäet, die werden im Zornfeuer auferstehen. Denn die Erde wird wieder lebendig werden, sintemal sie die Gottheit in Christo hat wieder neugeboren durch sein Fleisch und zur Rechten Gottes erhöhet; aber das Zornfeuer bleibet in seiner Geburt.

65. Daß du aber wolltest sagen, es sei kein Leben in der Erden, so redest du blind. Du siehest ja, daß Kraut und Gras daraus wächset. Daß du aber wolltest sagen, sie hätte nur einerlei Geburt, so redest du auch blind, denn das Kraut und Holz, das daraus wächst, ist nicht Erde. Auch so ist die Frucht auf dem Baume nicht Holz, auch so ist die Kraft der Frucht nicht Gott, sondern Gott ist im Centro der innersten Geburt in allen drei natürlichen Geburten verborgen und wird nicht erkannt als nur im Geiste des Menschen. Auch so kann ihn die äußerliche Geburt in der Frucht nicht fassen oder halten, sondern er hält die äußerste Geburt der Frucht und formieret sie.

66. Die andere Frage: Warum ist denn die Erde also bergicht, steinicht und uneben? Die Berge sind in der Zusammentreibung also worden, denn des verderbten Salitters ist je an einem Orte mehr gewesen als an andern, als nachdem wie das Rad Gottes mit seinen instehenden Quellgeistern ist gewesen.

67. An denen Orten, wo das süße Wasser im instehenden Rade Gottes ist Primus gewesen, da ist viel irdisch begreiflich Wasser worden. Wo aber die herbe Qualität in der Bitterkeit im Marcurio ist Primus gewesen, da ist viel Erde und Steine worden. Wo aber die Hitze im Lichte ist Primus gewesen, da ist viel Silber und Gold, dazu etliche schöne Steine im Blitze des Lichtes worden, sonderlich wo die Liebe im Lichte ist Primus gewesen, da sind die edelsten Steine worden und das beste Gold.

68. Als sich aber der Klump der Erden hat zusammengedruckt, so ist das Wasser herausgequetschet worden. Wo es aber mit der herben Qualität mit harten Felsen ist eingepreßt worden, da ist es noch in der Erden und hat seit der Zeit etliche große Löcher zu seinem Gang geweicht und gemacht.

69. An denen Orten, wo große Meere und See sind, da ist das Wasser über demselben Pol Primus gewesen, und weil es dann nicht viel Salitter daselbst hat gehabt, so ist in die Erde gleichwie ein Tal worden, darinnen ist das Wasser stehen blieben.

70. Denn das dünne Wasser sucht das Tal und ist eine Demütigkeit des Lebens, welches sich nicht erhebet, wie die herbe, bittere und Feuersqualität hat getan in den Kreaturen der Teufel.

71. Darum suchet es immer die niedrigsten Stellen auf Erden. Das bedeutet recht den Geist der Sanftmut, in welchem das Leben wird geboren, wie du bei Erschaffung des Menschen kannst lesen und auch davorne bei seiner Species.

Vom Tag und der Nacht

72. Die ganze Gottheit mit allen Kräften und Wirkungen, mit samt ihrem instehenden Wesen, sowohl ihr Aufsteigen und Durchdringen und Veränderung, das ist das ganze Gewirke oder die ganze Gebärung, wird alles verstanden im Geiste des Wortes.

73. In welcher Proporz oder instehenden Gebärung der Qualitäten der Geist das Wort fasset und formet und damit ausfähret, eben eine solche instehende Geburt, Durchdringen, Aufsteigen, Ringen und Siegen hats auch in der Natur.

74. Denn als der Mensch in die Sünde fiel, da ward er aus der innersten Geburt in die andern zwo gesetzt; die umfingen ihn bald und inqualierten mit ihm und in ihm, als in ihrem Eigentum. Und empfing der Mensch alsbald den Geist und alle Gebärung der siderischen und auch der äußersten Geburt.

75. Darum spricht er nun alle Wörter nach der instehenden Gebärung der Natur aus, denn der Geist des Menschen, welcher in der siderischen Geburt stehet und mit der ganzen Natur inqualieret und ist gleichwie die ganze Natur selber, der formet das Wort nach der instehenden Geburt.

76. Wenn er was siehet, so gibt er ihm den Namen nach seiner Qualifizierung. Soll er aber das tun, so muß er sich auch in eine solche Gestalt formieren und sich mit seinem Schalle also gebären, wie sich das Ding, das er nennen will, gebäret. Und hierinnen steckt der Kern des ganzen Verstandes der Gottheit.

77. Nicht schreibe ich solches und gebe es ans Licht, daß mir alsbald ein jeder soll nachkratzen und hierinnen seines Geistes Gutdünken an Tag geben und es für Heiligtum ausschreien. Höre Geselle, es gehöret was mehr dazu. Dein animalischer Geist muß vorhin mit der innersten Geburt in Gott inqualieren und im Lichte stehen, daß er die siderische Geburt recht kennet, daß er eine freie Porte in allen Geburten hat, anders wirst du nicht heilige und rechte Philosophiam schreiben, sondern Läuse und Flöh, und wirst [als] ein Spötter Gottes erfunden.

78. Ich lasse mich schon wohl bedünken, der Teufel werde sein hoffärtiges Rößlein allhie mit manchem reiten und wird sich mancher auf die Bahn machen, ehe er gegürtet ist, daran ich will unschuldig sein. Denn was ich allhie offenbare, das muß ich tun, denn es ist die Zeit der Durchbrechung vorhanden. Wer nun will schlafen, den wird das Sturmwetter der Grimmigkeit aufwecken. Damit nun ein jeder acht auf seine Sache habe, will ichs treulich angezeiget haben nach des Geistes Trieb und Willen.

79. Merke: Der Skribent Moses schreibet, Gott habe das Licht von der Finsternis geschieden und das Licht Tag geheißen und die Finsternis Nacht; da sei aus Abend und Morgen der erste Tag worden, Gen. 1, 4. 5. Weil dies Wort ›Abend und Morgen‹ ganz wider die Philosophia und Vernunft laufet, so ist dafür zu halten, daß Moses nicht der Autor dazu ist, sondern es ist von seinen Vorfahren auf ihn gebracht worden, welche alle sechs Tage der Schöpfung haben in einem Lauf gerechnet und die Schöpfung von Adam nur in einem dunkelen Worte behalten und auf die Nachkommen gebracht.

80. Denn Abend und Morgen ist nicht gewesen vor der Zeit der Sonnen und Sternen, welche erst gewiß und wahrhaftig am vierten Tage sind erschaffen worden, welche ich dann aus gewissem Grunde bei Erschaffung der Sonnen und Sternen erweisen will.

81. Tag und Nacht aber sind gewesen, das will ich allhie nach meiner Erkenntnis erklären. Du magst allhie die Augen deines Geistes abermal weit aufsperren, willst du es verstehen, wo nicht, so wirst du blind sein.

82. Wie denn dieses große Werk in den Menschen ist verborgen blieben bis auf dato, da wills Gott lob einmal Tag werden, denn die

Morgenröte bricht an, der Durchbrecher der innersten Geburt erzeiget sich mit seinem roten, grünen und weißen Fähnlein in der äußersten Geburt auf dem Regenbogen.

83. Merke: Nun sprichst du: Wie kann denn Tag und Nacht gewesen sein und nicht auch Morgen und Abend? Morgen und Abend ist allein über der Erden unter dem Monden und nimmt seinen Ursprung vom Lichte der Sonnen, die macht Abend und Morgen und auch den äußerlichen Tag und auch die äußerliche finstere Nacht; das weiß ein jeder Mann. Es hat aber zu der Zeit nicht zweierlei Schöpfung des Abends und Morgens gehabt, sondern da sich Abend und Morgen hat angefangen, so ist er in seinem Laufe blieben bis daher.

Vom Tage

84. Das Wort ›Tag‹ fasset sich im Herzen und fährt hervor zum Munde und fährt durch die Straße der herben und bittern Qualität, und wecket die herbe und bittere Qualität nicht auf, sondern gehet stark durch ihren Locum [Ort], welcher am hintern Gaumen über der Zungen ist, hervor ganz sanft und der herben und bittern Qualität unbegreiflich.

85. Wenn es aber hervor auf die Zunge kommt, so schleußt die Zunge mit dem Obergaumen das Maul zu. Wenn aber der Geist an die Zähne stößet und will raus, so schleußt die Zunge das Maul auf und will vorm Worte raus, und tut gleich einen Freudensprung zum Maule raus.

86. Wenn aber das Wort durchbricht, so macht sich das Maul inwendig weit auf, und das Wort fasset sich mit seinem Schallen hinter der herben und bittern Qualität noch einmal und wecket dieselbe als einen faulen Schläfer in der Finsternis auf und fähret jähling zum Munde aus.

87. Alsdann zerret die herbe Qualität hernach als ein schläferiger Mensch, der vom Schlafe aufgeweckt wird. Aber der bittere Geist, welcher vom Feuerblitz ausgehet, bleibet liegen und höret nichts, beweget sich auch nicht. Dieses sind nun gar große Dinge und nicht so schlechte, wie der Bauer wohl vermeinet.

88. Daß sich nun erstlich der Geist im Herzen fasset und bricht durch alle Wachen bis auf die Zunge unvermerkt, das bedeutet, daß das Licht aus dem Herzen Gottes ist hervorgebrochen durch die äußerste, verderbte, grimmige, tote, bittere und herbe Geburt in der Natur dieser Welt, dem Tode und Teufel samt dem Zorne Gottes unbegreiflich, wie denn geschrieben stehet im Evangelio St. Johannes 1, 5: Das Licht schien in der Finsternis; und die Finsternis hats nicht begriffen.

89. Daß aber die Zunge mit dem obern Gaumen ,das Maul zuschleußt, wenn der Geist auf die Zunge kömmt, bedeutet, daß die sieben Quellgeister der Natur in dieser Welt zur Zeit der Schöpfung durch den Zorn Gottes nicht sind erstorben gewesen, sondern lebendig und wacker. Denn die Zunge bedeutet das Leben der Natur, in welchem die animalische oder heilige Geburt stehet, denn sie ist ein Vorbild der Seelen.

90. Daß aber der Geist die Zunge alsobald infizieret, wenn er auf sie kommt, davon sie einen Freudensprung tut und will noch vorm Geiste zum Maul raus, bedeutet, daß die sieben Quellgeister der Natur, welches die siderische Geburt heißet, als das Licht Gottes, welches der Tag heißet, und ihnen aufging, alsbald göttlich Leben und Willen bekommen haben und sich hoch erfreuet wie die Zunge im Maule.

91. Daß sich aber die vordern Gaumen inwendig erweitern und dem Geiste Raum geben nach seinem Gefallen, bedeutet, daß sich die ganze siderische Geburt ganz freundlich in des Lichtes Willen gegeben hat und den Grimm in ihr nicht aufgewecket.

92. Daß sich aber der Geist, wenn er zum Munde ausfähret, erst noch einmal hinter der herben Qualität auf der Zungen im hintern Gaumen fasset und wecket die herbe Qualität als einen Schläfer auf und fähret schnell zum Munde aus, bedeutet, daß der herbe Geist zwar alles in der ganzen Natur muß halten und bilden, aber allererst, wenn es der Geist des Lichts hat formieret, dann weckt er erst den herben Geist auf und gibts ihm in die Hände, daß ers hält.

93. Und das muß sein von wegen der äußersten Begreiflichkeit, die muß im herben Grimme gehalten werden, sonst bestünde nichts im Corpus, auch so bestünde die zusammengedruckte Erde und Steine

nicht, sondern es würde wieder ein zerbrochener, dicker und finsterer Salitter [Grundstoff], welcher in der ganzen Tiefe schwebete.

94. Auch so bedeutet es, daß dieser Salitter auf die Letzt, wann der Geist wird sein Geschöpfe und Werke in dieser Welt ausgerichtet haben, soll wieder aufgewecket und lebendig werden am Jüngsten Tage.

95. Daß sich aber der Geist hinter der herben Qualität fasset und nicht in der herben Qualität, und weckt dieselbe auf, bedeutet, daß die herbe Natur das Licht Gottes nicht werde eigentümlich begreifen, sondern werde sich in den Willen des Lichts verrichten, gleichwie der tierische Leib des Menschen den Willen des Geistes verrichtet, und sind doch nicht zwei Dinge.

96. Daß aber der bittere Geist stille liegt und des Geistes Werk nicht höret und begreift, bedeutet, daß das bittere Zornfeuer, welches im Feuerblitze entstehet zur Zeit der Geburt des Lichtes, und auch noch vom Lichte nicht aufgeweckt wird und das selbe nicht begreift, sondern liegt in der äußersten Geburt gefangen und muß den Geist des Lichts sein Werk in der Natur lassen machen, wie er will, und kann die Werke des Lichts weder sehen, hören noch begreifen.

97. Darum soll kein Mensch denken, daß ihm der Teufel die Werke des Lichts werde können aus dem Herzen reißen, denn er kann sie weder sehen noch begreifen, und ob er gleich in der äußersten Geburt im Fleische wütet und tobet als in seinem Raubschlosse, verzage nicht. Bringe nur nicht selber die Werke des Zorns in deines Herzens Licht, so wird deine Seele vor dem tauben, stummen und im Lichte blinden Teufel wohl sicher sein.

98. Du sollst nicht meinen, daß ich allhie schreibe als einen Wahn, obs also sei oder nicht, sondern dem Geiste stehet des Himmels und der Höllen Porten offen und dringet im Lichte durch beide und schauet die und kann die auch gar wohl approbieren, denn die siderische Geburt lebet zwischen beiden und muß sich wohl quetschen lassen.

99. Und ob mir gleich der Teufel das Licht nicht nehmen kann; noch verdecket er mirs oft mit der äußersten und fleischlichen Geburt, daß sich die siderische Geburt ängstet, als wäre sie gefangen.

100. Das sind allein seine Schläge, damit das Senfkörnlein verdekket wird. Davon saget der heilige Apostel Paulus auch, es sei ihm ein großer Pfahl ins Fleisch gegeben worden, und er habe dem Herrn geflehet, er wollte doch solches von ihm nehmen; darauf ihm der Herr geantwortet, er solle sich lassen an seiner Gnaden genügen, II. Kor. 12, 7. 8. 9.

101. Denn er war auch kommen bis an diesen Locum und hätte gern das Licht ohne Verhinderung zum Eigentum in der siderischen Geburt gehabt, aber es konnte nicht sein, denn der Zorn ruhet in der fleischlichen Geburt und mußte die Verwesung im Fleische tragen. So aber der Grimm ganz von der siderischen Geburt genommen würde, so wäre er in derselben Gott gleich und wüßte alle Dinge wie Gott selber.

102. Welches allein jetzo die Seele weiß, welche mit dem Lichte Gottes inqualieret. Sie kanns aber nicht vollkömmlich zurück in die siderische Geburt bringen, denn sie ist eine andere Person. Gleichwie auch der Apfel auf dem Baume seinen Geruch und Geschmack nicht kann wieder zurücke in den Baum oder in die Erde bringen, und ob er gleich des Baumes Sohn ist, also ist auch in der Natur.

103. Der heilige Mann Moses war also hoch und tief in diesem Lichte, daß auch das Licht die siderische Geburt verklärete, davon die äußerste Geburt des Fleisches in seinem Angesicht verkläret ward, und begehrte Gottes Licht in der siderischen Geburt zu sehen.

104. Aber es konnte nicht sein, denn es liegt der Zornriegel davor, denn es kann auch die ganze Natur der siderischen Geburt in dieser Welt das Licht Gottes nicht ergreifen, darum ist das Herze Gottes verborgen, das doch an allen Enden wohnet und alles begreifet.

105. Also siehest du, daß der Tag sei vor der Zeit der Sonnen und Sternen gewesen, denn da Gott sprach: Es werde Licht, Gen. 1, 3, da ist das Licht durch die Finsternis gebrochen, und die Finsternis hats nicht begriffen, sondern ist in seinem Sede blieben sitzen.

106. Auch so siehest du, wie der Zorn Gottes in der äußersten Geburt der Natur verborgen liege und ruhe und kann nicht aufgeweckt werden, die Menschen wecken ihn denn selber auf, welche auch mit ihrer fleischlichen Geburt mit dem Zorne in der äußersten Geburt der Natur inqualieren.

107. Darum ob nun jemand zur Höllen verdammt würde, darf er nicht sagen, Gott habe es getan oder er wolle dasselbe, sondern der Mensch erwecket das Zornfeuer selber in ihm, welches, wenn es brennend wird, hernach mit Gottes Zorne und dem höllischen Feuer inqualieret als ein Ding.

108. Wenn dein Licht verloschen ist, so stehest du in der Finsternis, und in der Finsternis ist der Zorn Gottes verborgen; wenn du ihn aufweckest, so brennet er in dir.

109. In einem Steine ist auch Feuer. Wenn man nicht drauf schläget, so bleibet das Feuer verborgen. Wenn man aber darauf schläget, so springt das Feuer heraus. Ist dann etwas vorhanden, das des Feuers fähig ist, so brennets und wird ein groß Feuer; also gehets auch mit dem Menschen, wenn er das ruhende Zornfeuer anzündet.

Von der Nacht

110. Das Wort ›Nacht‹ fasset sich erstlich auf dem Herzen und grunzet der Geist mit der herben Qualität, doch der herben Qualität nicht ganz begreiflich. Hernach fasset sichs auf der Zungen. Weil es aber auf dem Herzen grunzet, so schleußt die Zunge das Maul derweil zu, bis der Geist kommt, und fasset sich auf der Zungen. Dann macht sie das Maul geschwinde auf und lässet den Geist hinaus.

111. Daß sich das Wort erstlich auf dem Herzen fasset und grunzet mit der herben Qualität, bedeutet, daß sich der Hl. Geist habe in der Finsternis gefasset über dem Herzen Gottes in der siderischen Geburt der sieben Quellgeister. Daß er aber mit der herben Qualität grunzet, bedeutet, daß die Finsternis sei ein Widerwille wider den Hl. Geist gewesen, an dem der Geist einen Mißfallen hat getragen.

112. Daß er aber gleichwohl durch die finstere Straße gehet, bedeutet, daß der Geist durch die Finsternis, welche noch in stiller Ruhe ist, auch gehe und die zum Lichte gebäre, so sie nur stille hält und nicht das Feuer anzündet.

113. Allhier soll billig die richtende Welt sehen, welche den Menschen in Mutterleibe will verdammen, da er doch nicht weiß, ob das Zornfeuer von den Eltern in der Frucht sei ganz angezündet oder nicht; daß auch der Geist Gottes in der Finsternis wallet,

welche noch in der Ruhe stehet und kann die Finsternis wohl zum Licht gebären. Dazu ist aber nun des Menschen Geburtsstunde dem Menschen sehr zuträglich und auch manchem sehr schädlich, aber nicht zwinglich.[1]

114. Daß sich aber das Maul zutut, wenn sich der Geist über dem Herzen fasset und die herbe Qualität grunzet gegen und mit ihm, bedeutet, daß das ganze Revier oder der ganze Locus dieser Welt ist in der siderischen und auch in der äußersten Geburt ganz finster gewesen und von dem starken Ausgange des Geistes lichte worden.

115. Daß sich aber der bittere Geist nicht aufwecket, indem der Geist durch seinen Locum gehet, bedeut die finstere Nacht in der äußersten Geburt dieser Welt, die hat das Licht nie ergriffen und wirds auch in Ewigkeit nicht ergreifen.

116. Dannenhero kommt, daß die Kreaturen nur mit den Augen das siderische Licht sehen, sonst wo die Finsternis nicht noch in der äußersten Geburt wäre, so könnte der siderische Geist durch Holz und Stein sehen, sowohl durch die ganze Erden, und würde von nichts abgehalten, wie es im Himmel ist.

117. Aber nun ist die Finsternis von dem Licht geschieden und bleibet in der äußersten Geburt. Darinnen ruhet der Zorn Gottes bis an [den] Jüngsten Tag, alsdann wird der Zorn angezündet werden, und wird die Finsternis das Haus der ewigen Verderbnis sein. Darinnen wird Herr Luzifer mit allen gottlosen Menschen, welche in die Finsternis im Zornacker gesäet haben, ihre ewige Wohnung haben.

118. Die siderische Geburt aber, in welcher jetzunder das natürliche Licht stehet und darinnen die heilige Geburt geboren wird, die wird am Ende dieser Zeit auch angezündet werden, und wird sich der Zorn und die heilige Geburt voneinander scheiden, denn der Zorn wird die heilige Geburt nicht begreifen.

119. Es wird aber der Zorn in der siderischen Geburt dem Hause der Finsternis zu einem Leben gegeben werden, und der Zorn wird heißen das höllische Feuer, und das Haus der Finsternis, welches ist die äußerste Geburt, wird heißen der Tod, und König Luzifer wird

[1] im astrologischen Sinn

darinnen Gott sein und seine Engel mit allen verdammten Menschen werden seine Diener sein.

120. In diesem Schlunde wird nun allerlei höllische Frucht und Bildung aufgehen, alles nach höllischer Qualität und Art, gleichwie im Himmel himmlische nach himmlischer Qualität und Art.

121. Also kannst du verstehen, was die Schöpfung Himmels und der Erden bedeutet und ist, und was Gott den ersten Tag gemacht hat, wiewohl die ersten drei Tage mit Abend und Morgen nicht sind abgeteilet gewesen, sondern es wird eine Zeit als 24 Stunden gerechnet, wie es in der Höhe übern Monden eine Zeit und Tag ist.

122. Zum andern wird auch darum für einen menschlichen Tag gerechnet, dieweil ohne Zweifel der Erdboden alsbald seine Umwendung hat angefangen und sich in solcher Zeit, weil Gott das Licht von der Finsternis geschieden hat, einmal umgewendet hat und seinen Lauf zum erstenmal verrichtet.

Kommentar zu Vorrede des Autors der »Aurora«

Typisch Böhmesche Züge trägt dieser Text insofern, als der Autor sich von der ersten Zeile an als ein anschauender Denker ausweist. Unter »Philosophia, Astrologia, Theologia«, sind noch keine klar umrissenen Disziplinen zu verstehen. Vielmehr geht es ihm darum, das vor seinem inneren Auge stehende lebendurchpulste Bild eines Baumes zu schildern. Es stellt ein Urbild dar. Böhmes Qualitätsbegriff kommt ins Spiel. Er meint nicht nur Beschaffenheit (von lat. qualitas), sondern den Inbegriff des Dynamischen, d. h. eines lebendigen Quellens und Quallens. In diesem Zusammenhang ist auch das Wort »Qual« zu deuten.

Was die Charakteristik süß, bitter, sauer, herb anlangt, so meint Böhme viel mehr als nur menschliche Geschmacksempfindungen. Bei ihm gewinnen diese vier Charaktere geradezu kosmologisch-welthafte Züge. Bemerkenswert sind die in dem geschilderten Baum-Organismus »qualifizierenden«, d. h. wirkenden »Qualitäten« als Ausdruck einer Polarität, die zwischen dem Guten und dem

Grimmigen, dem Göttlichen und dem Widergöttlich-Teuflichen besteht. In diesem Spannungsfeld eines steten Streites (Abschnitt 104) lebt und schreibt der angefochtene Autor. Wie sehr Böhme auf dem Boden biblischer Theologie steht, ergibt sich aus seiner Erläuterung, wonach jeder einzelne Mensch selbst die schicksalhafte Entscheidung zur »Grimmigkeit« vollzogen habe, nämlich im Fall der Ureltern Adam und Eva, die die ganze Menschheit repräsentieren. Doch im gleichen Moment (16 ff.) tut Böhme einen entscheidenden Schritt über die Position Luthers hinaus, der dem Menschen nur einen »geknechteten« Willen zugebilligt hat, wodurch die Entscheidung des Menschen nur zum Bösen, nicht aber zum sittlich Guten möglich sei. Zwar geht es bei Böhme nicht primär um die Willensfreiheit des Menschen, sondern um die Anerkennung der »beiden Triebe«. Der Verfasser der »Aurora« neigt jedoch einer optimistischen, die Willensfreiheit bejahenden Einschätzung zu. Von einer Relativierung oder gar Rechtsprechung des Bösen kann indes nicht die Rede sein, wie Abschnitt 18 unterstreicht. Die ethische Einstellung des Menschen hat sich an jenem Gott und Christus zu orientieren, die das Böse nicht wollen.

Kennzeichnend ist ferner, daß Böhme zur Veranschaulichung des Widerstreits der beiden Prinzipien (21) alttestamentliche Gestalten heranzieht. So betrachtet spiegelt sich in den Schicksalen der altisraelischen Erzväter das Ringen »beider Qualitäten in der Natur«.

Als Ganzes läßt sich die Vorrede als eine einzige große Imagination verstehen, die die Gesamtheit der Heilsgeschichte der Menschheit umspannt. Sie reicht von der Urzeit, vom Urstand des Menschen, über die Zeit der Christuserscheinung bis zu den Schilderungen der Menschheitszukunft. Schon hier nimmt Böhme apokalyptische Motive vorweg. Die ungeheure Dramatik, der Streit mit Luzifer, wird anschaulich ins Bild gesetzt. Gewiß liegt es nahe, einzelne Motive mit geschichtlich-heilsgeschichtlichen Daten zu identifizieren.

Als Leser aber wird man gut beraten sein, wenn man seine Aufmerksamkeit nicht allein auf einzelne Punkte lenkt, sondern das Ganze auf sich einwirken läßt. Dann werden u. U. Fehleinschätzungen vermieden, die durch unzeitgemäß gewordene Aussagen oder Voraussetzungen entstehen können. Worauf kommt es dem Verfasser der *Aurora* an?

Böhme weist selbst (z. B. 89–91) darauf hin, daß Thema und Inhalt seines Buches ein Mysterium umschließt, das eine besondere Geisteshaltung verlangt. Denn dem rationalistisch voreingenommenen »Meister Klügling«, den er im weiteren Fortgang seiner Ausführungen bald herausfordernd, bald ermahnend anspricht, bleibt das Geheimnis verborgen; statt des Mysteriums vermag er nur ein nebulos bleibendes Mysteriöses zu sehen. Bedingt ist der Hinweis Böhmes durch die Sache selbst. Er schreibt ja als einer, der aus der Inspiration des Geistes heraus Zeugnis ablegt. Als solcher reiht er sich in die Schar derer ein, die »durch den Trieb des Hl. Geistes« (92–95) in Bewegung gebracht worden sind.

Kommentar zu Aurora

1. Kapitel
Von der Erforschung des göttlichen Wesens

Die ersten Zeilen der *Aurora* machen mit der Eigenart Böhmeschen Denkens und Anschauens bekannt, denn nur der von Gott selbst »angezündete«, d. h. der erweckte Menschengeist vermag das göttliche Wesen zu erfassen. Das bedeutet zugleich eine Absage an jeglichen Erkenntnispessimismus. Böhme kann sich dabei – wie er es an vielen Stellen tut – auf seine eigene Erfahrung berufen. Angesichts der »Kräfte der Natur« eröffnet sich dem so Erweckten das Geheimnis Gottes, und zwar bis hin zur Einsicht in die Gegensatzstruktur, die alles Sein durchwaltet (1, 2). Dieses Gegenüber der »zwei Qualtitäten«, der guten und der bösen, führt bei Böhme jedoch nicht zu einer dualistischen Aufspaltung der Wirklichkeit. Freilich wird erst in späteren Schriften die Notwendigkeit des »Nein« als eines Gegenwurfes hervorgehoben.

Immerhin wird bereits hier zum Ausdruck gebracht, wie »die zwei Qualitäten« stets miteinander ringen. Und die Elemente Luft, Wasser, Feuer, Erde können als Schauplatz dieses Ringens angesehen werden. Auch sind sie Träger des Lebendigen. Entscheidend kommt es darauf an, daß »eine gute Temperanz« (1, 23), also eine Mäßigung und ein Ausgleich der Gegensätze, hergestellt wird.

2. Kapitel: Anleitung, wie man das göttliche und natürliche Wesen betrachten soll

Die nicht linear fortschreitende, sondern spiralartige Denkbewegung tritt ebenfalls in den ersten Abschnitten der »Aurora« in Erscheinung, indem Böhme die Rede von den Qualitäten (1, 2f.) erneut aufnimmt und weiterführt. Darauf muß sich der Leser einstellen, daß er unablässig anmutenden Wiederholungen begegnet. Dabei handelt es sich aber um innere Gesetzmäßigkeiten, denen am ehesten ein meditatives Mitvollziehen dieser Denkbewegung angemessen ist.

Qualität (2, 1ff.) deutet auf einen dynamisch quellenden Vorgang hin, meint also nicht ausschließlich einen Zustand. Alle Schöpfung ist vom »zweifachen Trieb« durchpulst (2, 2–5). Eine Ausnahme bilden jedoch die »heiligen Engel« und die »grimmigen Teufel« (2, 5–10), die Exponenten je einer der beiden Triebe oder gegensätzlichen Qualitäten repräsentieren. Um nun einzudringen in den »ganzen Gott« (2, 33), ist es nötig, daß der Mensch sich auf ein höheres Bewußtseinsniveau erhebt (2, 16).

3. Kapitel: Von der heiligen Dreifaltigkeit

Wie schöpfungsnah Gott ist, zeigt Böhme, wenn er (3, 2ff.) die Gottesbedürftigkeit von Leib und Seele schildert. Er tut das freilich, nicht ohne zwischen dem überirdisch-himmlischen und dem »natürlichen Vater« zu unterscheiden. So geht der Philosophus teutonicus einem bisweilen anzutreffenden Mißverständnis aus dem Weg, wonach Gott und Natur letztlich identisch seien. Aber Böhme ist kein Pantheist. Für ihn ist alles, Mensch und Welt, in Gott aufgehoben.

Auch der Gottessohn wird aus den Wesenheiten und Qualitäten der Natur erkannt, nämlich als Licht, als Liebe, als Freude und als das Herz des Vaters, symbolisiert und vertreten durch die Sonne. Besonders bemerkenswert ist die Mitteilung, wonach die Geburt des Sohnes als ein fortdauernder, also stets geschehender Prozeß (3, 22f.) begriffen wird. Der Hl. Geist schließlich wird unter dem Gesichtspunkt des Dynamischen schlechthin, als die »wallende Kraft Gottes« beschrieben.

Epistolae Theosophicae oder Theosophische Sendbriefe

1. Sendbrief

An Herrn Carl von Ender – Anno 1618, den 18. Januar.

Edler, gestrenger, wohlehrenfester Herr, neben Wünschung von dem heiligen, allen Dingen gegenwärtigen Gott, der da ist die Fülle aller Dinge und die Kraft aller Wesen, eines glückseligen, friedlichen, freudenreichen Neuen Jahrs und aller heilsamen Wohlfahrt bevorn.

2. Wiewohl ich als ein einfältiger Mann mir die Zeit meiner Tage niemals vorgenommen, mit so hohen Leuten mit meiner Gaben, so mir von Gott aus seiner Liebe und Gnade gegeben, zu konversieren oder damit bei ihnen bekannt zu werden, sondern, nachdem in mir das hohe Licht angezündet wurde und der feurige Trieb mich überfiel, war es allein mein Wille zu schreiben, was ich eigentlich sah und im Geist erkannte und meine Schriften bei mir zu behalten.

3. Ich sah wohl, was künftig werden sollte, aber daß ich mich sollte achten, als würden meine Schriften bekannt werden, ist mir niemals in mein Gemüte kommen, denn ich mich auch gar viel zu einfältig achtete, vermeinete alleine, das schöne Perlenkränzlein für mich aufzuschreiben und in mein Herz zu drücken.

4. Weil ichs aber als ein gar einfältiger Mensch nicht verstanden habe und nun mit Augen sehe, daß es Gott viel anders damit meint, als ich je bedacht hatte, als lerne ich mich erst bedenken, daß vor Gott kein Ansehen der Person gilt, sondern wer ihm anhanget, der ist ihm lieb und er treibt sein Wesen in ihm. Denn er ist alleine hoch und will sich in dem Schwachen offenbaren, auf daß es erkannt werde, wie da alleine sei das Reich und die Kraft seine, und es nicht liege an Forschung menschlicher Vernunft oder in den Himmeln und ihrer Kraft. Denn dieselben ihn doch nicht begreifen, sondern

daß es ihm wohlgefalle, sich zu offenbaren in dem Niedrigen, auf daß er erkannt werde in allen Dingen.

5. Denn auch der Himmel Kräfte arbeiten stets in Bildnissen, Gewächsen und Farben, zu offenbaren den heiligen Gott, auf daß er erkannt werde in allen Dingen. Vielmehr höher und heller kann die Offenbarung Gottes in einem Menschen geschehen, dieweil derselbe nicht allein ist ein Wesen aus der geschaffenen Welt, sondern seine Kraft, Materia und eigen Wesen, das er selber ist, stehet und inqualieret[1] mit allen dreien Prinzipien göttlichen Wesens.

6. Und ist dem Menschen in seinem Fall an der göttlichen Kreatur nichts benommen als alleine das göttliche Licht, darinnen er sollte in vollkömmlicher Liebe, Demut, Sanftmut und Heiligkeit in Gott leben, wallen und sein und also das Himmelsbrot von dem Wort und göttlicher Kraft essen und in Vollkommenheit gleich den Engeln leben.

7. Solches Licht, welchen in dem anderen Principio in Gott ewiglich scheinet, welches ist die einzige Ursache der Freude, Liebe, Demut, Sanftmut und Barmherzigkeit, ist dem Menschen in seinem Fall entwichen und verborgen, indem der erste Mensch seine Imagination, Lust und Sehnung, als in seiner Mutter der großen Welt gebildet ward, in die Mutter der Natur gesetzt, und begehrte der Speisen des ersten Principii, darin der Urkund[2] und die Geburt der Natur stehet, darinnen der Zornquell stehet und die allerängstlichste Geburt, daraus worden sind alle begreiflichen Dinge dieser Welt. So ists ihm auch worden, dieweil er auf derselben Wurzel stund.

8. Also ist er nach dem Leibe, sowohl auch nach dem Geiste ein Kind dieser erschaffenen Welt worden, welche ihn nun regieret, treibet und führet, auch speiset und tränket, und hat in sich empfangen die Zerbrechlickeit und Peinlichkeit, und hat einen tierischen Leib bekommen, welcher wieder in seiner Mutter verwesen muß. Denn die monstrosische[3] Gestalt sollte er nicht haben. Das Gestirn der großen Welt sollte über ihn nicht herrschen,

[1] wirkt zusammen
[2] Grund
[3] physische

sondern er hat sein Gestirn in sich selbst, welches inqualieret mit dem heiligen Himmel des andern Principii göttlichen Wesens, das ist: mit dem Aufgang und Geburt der göttlichen Natur.

9. Nun aber ist der Mensch nicht also zerbrochen, daß er nicht mehr derselbe erste Mensch sei, den Gott schuf. Alleine die monstrosische Gestalt hat er bekommen, welche zerbrechlich ist und ihren Anfang allein bloß von dem äußersten und dritten Principio hat, und hat die Pforten des ersten Principii, welches ist der ernstliche Quell, in ihm erweckt, welche sonst ohne das in der großen geschaffenen Welt brennet und in den Verdammten ganz anzündlich wird.

10. Der rechte Mensch aber, den Gott schuf, welcher alleine der rechte Mensch ist, der ist noch in diesem verderbten Menschen verborgen. Und so er sich selbst verleugnet in seiner tierischen Gestalt und lebet nicht nach desselben Trieb und Willen, sondern ergibt sich Gott mit Sinn und Gedanken, so lebet derselbe Mensch in Gott und wirket Gott in ihm das Wollen und das Tun, denn es ist alles in Gott. Der rechte heilige Mensch, so in dem monstrosischen verborgen ist, ist sowohl im Himmel als Gott, und der Himmel ist in ihm, und das Herze oder Licht Gottes wird in ihm geboren. Das ist Gott in ihm und er in Gott. Gott ist ihm näher als der tierische Leib, denn der tierische Leib ist nicht sein Vaterland, da er daheim ist, sondern er ist damit außer dem Paradeise.

11. Der rechte Mensch aber, welcher in Christo neugeboren, ist nicht in dieser Welt, sondern im Paradeis Gottes. Und ob er gleich im Leibe ist, so ist er doch in Gott. Obgleich der tierische Leib stirbet, so geschieht doch dem neuen Menschen nichts, sondern er kommt erst recht aus dem Widerwillen und Qualhause in sein Vaterland. Er [be]darf keines Abscheidens, da er vermeinte hinzufahren, da ihm besser wäre, sondern Gott wird in ihm offenbar.

12. Die Seele des Menschen ist aus Gottes erstem Principio, aber in dem ist sie nicht ein heiliges Wesen. Aber in dem andern Principio wird sie in Gott offenbar und ist eine göttliche Kreatur, denn allda wird das göttliche Licht erboren. Darum, so das Licht in ihr nicht erboren wird, so ist Gott nicht in ihr, sondern sie lebet in dem urkündlichsten ernstlichen Quell. Allda ist ein wenig Widerwille in sich selbst. So aber das Licht erboren wird, so ist in der Kreatur

Freude, Liebe und Wonne, und ist der neue Mensch, welcher ist die Seele, in Gott. Wie wollte da nicht Erkenntnis sein, wo Gott in der Kreatur ist?

13. Nun liegets nicht an der Kreatur Wollen, Rennen und Laufen, die Tiefe der Gottheit zu erkennen, denn der Seelen ist unbewußt das göttliche Zentrum, wie da geboren wird das göttliche Wesen. Sondern es lieget an Gottes Willen, wie sich der will offenbaren. So sich aber Gott in der Seelen offenbaret, was hat die Seele dazu getan? Nichts, sie hat allein die Sehnung zur Geburt und siehet auf Gott, in dem sie lebet, mit welchem das göttliche Licht in ihr scheinend wird und das erste ernste Principium, darin der Beweglichkeit Urkund ist, in triumphierende Freude verwandelt wird.

14. Darum ists ein unbilliges, daß die Welt also wütet, tobt, schändet und schmähet, so sich die Gaben Gottes in dem Menschen ungleich erzeigen und nicht alle einerlei Erkenntnis haben. Was kann ihm ein Mensch nehmen, so es nicht in ihm erboren wird, welches doch in menschlicher Wahl stehet, wie ers begehret, sondern wie sein Himmel in ihm ist, also wird auch Gott in ihm offenbar. Denn Gott ist nicht ein Gott der Zerstörung in der Geburt, sondern ein Erleuchter und Anzünder, und hat eine jede Kreatur ihr Centrum in sich, sie lebe gleich in Gottes Heiligkeit oder in Gottes Zorn. Gott will aber in allen Kreaturen offenbar sein.

15. So doch die Welt nicht so blind wäre, würde sie Gottes wunderbarliches Wesen an allen Kreaturen erkennen. So sie aber nun also wütet und tobet, das tut sie alles wider sich selbst und wider den Hl. Geist Gottes, vor welchem Lichte sie dermaleinst werden erschrecken. Sie werden doch nicht aufhalten den Sohn, den die sehnliche Mutter in ihrem Alter wird gebären. Denn das zeiget der Himmel an, Gott wird ihn erleuchten wider alles Wüten und Toben des Teufels, und wird seinen Glanz vom Aufgang zum Niedergang[1] strecken.

16. Nicht schreibe ich von mir, denn ich zeige nur an, daß es vorhanden sei und kommen wird.

[1] von Osten nach Westen

17. Ich wollte jetzo dem Herrn gerne willfahren und das Verheißene übersenden, darinnen alles, was allhier gerüget wird, möchte erkläret werden, sowohl auch, was der gute und wohlbekannte Herr Balthasar Walther[1] wegen des Menschen und seiner Seelen Urkund, Wesen, Leben und Trieb, auch endlichen Ausgang, begehret hat. Allein es ist nicht gar verfertiget. Denn die Gaben, so mir einmal von Gott sind gegeben worden, sind darum nicht gar erstorben, ob sie gleich eine Zeit sind vom Teufel und der Welt verdecket worden. So erzeigen sie sich doch jetzo manchmal viel höher und wunderbarlicher, und soll dem Herrn, wills Gott, in kurzem etwas davon zu Handen kommen, denn es ist ein hoher Anfang dazu gemachet worden, sonderlich von den drei Prinzipien göttlichen Wesens und dann so fort von allen Dingen, so in meinem Buche (Aurora) verheißen sind; allein daß ich fast mit zu vielen weltlichen Geschäften beladen werde, sonst möchte es schon ein groß Teil verfertiget sein; will mich aber durch göttliche und sehnliche Übung befleißen. Was Gott will, soll geschehen. Tue den Herrn hiermit in den Schutz des Höchsten empfehlen! In Eil geschrieben. J. B.

2. Sendbrief

An denselben Herrn Carl von Ender, den 22. Oktober Anno 1619.

Edler, gestrenger, wohlehrenfester Herr, demselben sind meine demütigen, geflissenen und willigen Dienste neben Wünschung von Gott, seiner Liebe und Gnade einer neuen Kreatur in dem neuen Menschen, in dem Leibe Jesu Christi, auch aller zeitlichen Wohlfahrt des irdischen Leibes bevor.

2. Ich habe in Betracht genommen, euer adeliges Herze und Gemüte, welches nicht allein gegen Gott, sondern auch gegen seine Kinder in der Liebe entzündet und entbrannt ist, welches mich in Christo hoch erfreuet hat. Und ist mir insonderheit zu betrachten der rechte Ernst und Eifer, welchen ich erkenne, den euer Gestrengen hat auf meine wenigen Schriften des ersten Teils (Aurora)

[1] ein mit Böhme befreundeter Arzt

gewendet und nicht auf des Treibers Morden gesehen, sondern danach getrachtet, selber zu lesen und mit eigener Hand nachgeschrieben.

3. Da mir denn wohl bedenklich ist, daß Gott euch wird ein Pörtlein eröffnet haben, welches dem Treiber feste zugeschlossen stund. Dieweil ers in der Kunst, in Hoffart suchte, wards ihm verhalten, denn er ärgerte sich an der Hand der Feder und sah nicht auf das, was geschrieben stehet: Meine Kraft ist in den Schwachen mächtig, II. Kor. 12, 9, und wie Christus seinem Vater danket, daß ers den Klugen und Weisen hat verborgen und den Unmündigen offenbaret, und sagte ferner: Ja, Vater, es war also wohlgefällig vor dir, Matth. 11, 25. 26.

4. So ist mir wohl bedenklich und in meinem Geiste erkenntlich, daß solches von euch aus keinem Vorwitze sei geschehen, sondern als den Kindern Gottes geziemet, welche die edle Perle suchen und derselben begierig sind, welche, so sie gefunden wird, das alleredelste Kleinod ist, welches der Mensch mehr liebet als sein irdisch Leben, denn sie ist größer als die Welt und schöner als die Sonne. Sie erfreuet den Menschen in Trübsal und gebieret ihn aus der Finsternis zum Licht. Sie gibt ihm einen gewissen Geist der Hoffnung in Gott und führet ihn auf rechter Straßen. Sie gehet mit ihm in Tod und gebieret ihn zum Leben aus dem Tode. Sie erstickt der Höllen Angst und ist allenthalben sein Licht. Sie ist Gottes Freund in seiner Liebe und gibt ihm Vernunft, den irdischen Leib zu regieren. Sie leitet ihn vom falschen Wege, und der sie kriegt und hält sie, den krönet sie mit ihrem Kränzlein.

5. Darum, edler Herr, ich habe keine andere Ursache, euch zu schreiben, als nur aus Begierde der rechten Liebe gegen die Kinder Gottes, daß ich mich einst möge mit ihnen ergötzen. Es ist mir um kein zeitlich Gut noch Gaben zu tun, als sich denn euer Gestrengen gegen mich als einem Fremden gar freundlich in Liebe-Dienste erboten, sondern um die Hoffnung Israels, und daß ich mich werde in jenem Leben mit Gottes Kindern hoch erfreuen und mir meine Arbeit, so ich allhier in der Liebe gegen sie mache. Alsdann wird wohl belohnet werden, so ich mich also mit meinen Brüdern werde erfreuen und einem jeden seine Werke werden nachfolgen.

6. Darum ist mirs ernst, sintemal mir auch ein Funke von der edlen Perle gegeben worden und Christus uns treulich warnet, sie nicht unter die Bank zu stecken oder in die Erde zu vergraben; sollen uns auch darob nicht zu sehr fürchten vor den Menschen, die den Leib töten und nichts mehr tun können, sondern vor dem, der Leib und Seele verderben und in die Hölle werfen mag, Matth. 10, 28.

7. Und ob ich bei meiner Zeit nicht werde großen Dank von etlichen erlangen, welchen ihr Bauch lieber ist als das Himmelreich, so haben doch meine Schriften ihre Gaben und stehen zu seiner Zeit, denn sie haben gar eine teure ernstliche Geburt und Herkommen. Und so ich mich in meiner geringen, niedrigen, ungelehrten und einfältigen Person besinne, wohl höher verwundere als eben mein Gegensatz.

8. Weil ich aber in Kraft und Licht erkenne, daß es eine lautbare Gabe von Gott ist, welcher mir noch also einen treibenden Willen dazu gibt, daß ich schreiben muß, was ich sehe und erkenne, so soll ich Gott mehr gehorsam sein als den Menschen, damit mein Bistum nicht wieder von mir genommen und einem andern gegeben werde, welche mich wohl sollte ewig reuen.

9. Weil denn euer Gestrengen eine Lust gewonnen, dasselbe zu lesen, als ich denn gewiß hoffe: aus Gottes Schickung, so will ich euch nicht verbergen, sintemal Gott der höchste Herr euch hat zu dem ernsten Werk berufen, dasselbe zu publizieren durch seinen wunderlichen Rat. Da ich dachte, der Treiber hätte es verschlungen, so grünete es als ein grünes Zweiglein, mir ganz unbewußt. Und so ich doch nichts von mir weiß, was Gott endlich tun wird und mir sein Rat verborgen, auch sein Weg, den er gehen will, (ich) kann auch von mir nichts sagen, so möchte mir's doch der Treiber für eine unzeitige Hoffart zumessen, daß ich also mit meiner wenigen Gabe, so ich doch aus Gnaden hätte, stolzieren wollte und also meines Herzens Gedanken sehen lassen, mir zu einem Ruhm.

10. So sage ich doch vor Gott und bezeuge es vor seinem Gerichte, da alles erscheinen wird und ein jeder von seinem Tun soll Rechenschaft geben, daß ich selber nicht weiß, wie mir damit geschieht, ohne daß ich den treibenden Willen habe, weiß auch nichts, was ich schreiben soll. Denn so ich schreibe, diktieret mirs der Geist in großer wunderlicher Erkenntnis, daß ich oft nicht weiß,

ob ich nach meinem Geiste in dieser Welt bin, und mich des hoch erfreue. Da mir dann die stete und gewisse Erkenntnis wird mitgegeben. Und je mehr ich suche, je mehr finde ich, und immer tiefer, daß ich oft meine sündige Person zu wenig und unwürdig achte, solches Geheimnis anzutasten, da mir dann der Geist mein Panier aufschlägt und saget: Siehe, du sollst ewig darinnen leben und damit gekrönet werden; was entsetzest du dich?

11. Darum, edler Herr, füge ich euch mit wenigen den Grund und Ursachen, auch des Willens und Suchens meiner Schriften. Geliebet euch nun, etwas darinnen zu lesen, das stelle ich zu eurem Wohlgefallen. Ich übersende euch mit, was in verschiener Zeit [damals], als ich bei euch war, ist gemacht worden, als vom Anfange des 22. Kapitels bis zum Ende (De Tribus Principiis), da denn wahrhaftig der edle Perlenbaum offenstehet. Und mein Gemüte zeiget mirs, daß es euch wird wohlgefallen und wird auch ein Perlchen hierin erlangen, sofern euer Gestrengen ihr Gemüte wird in Gott setzen. Das andere, als etliche dreißig Bogen, hat unser guter bewußter Freund, der wirds zustellen. Es sind gar hohe tiefe Dinge in denselben, und wären wohl wert, daß sie nicht umkämen. Es solls euer Gestrengen auch bekommen, so es euch gefällig wäre, etwas zu lesen.

12. Und wiewohl es ist, daß ich mich pflege, etwas stille damit zu halten, so ists doch offenbar und ist mir vor Ohren, wie es von stolzen Leuten wird begehret, bei welchen der Feind möchte als ein Verwüster mit zum Ende eilen. Denn ich weiß, was ich für einen Feind als den Teufel gegen mich habe zu einem Gegensatz. Darum bitte ich, weislich damit zu (ver)fahren. Ich wills schon, so ich es bedarf, abfordern; und wird noch, wills Gott, was mehrers und höheres gemacht werden als über Moses und die Propheten und dann endlich über den ganzen Baum des Lebens in dem Wesen aller Wesen, wie sich alles urkundet und endet, und zu waserlei Wesen ein jedes in dieser Welt erscheinet und an Tag kommt.

13. Da ich dann verhoffe, die schöne von Gott verheißene Lilie grünen soll im Perlenbaum in seinem eigenen Geist in den Kindern Gottes in Liebe in Christo. Denn wir befinden noch gar ein edel Perlchen grünend; – tue euch der holdseligen Liebe Gottes empfehlen.

J. B.

3. Sendbrief

24. Oktober Anno 1619.

Meinen Gruß durch Gott mit Wünschung des Lichts der göttlichen Freudenreich in unserem Emanuel bevor!

2. Euer an mich getanes Schreiben samt meinen Schriften habe ich von Zeigern richtig empfangen und alsobald zuversiegelt Herrn C(arl) von E(nder) mit Herrn Fabian, welcher eben bei mir war, geschickt. Wollte ihm dies, weil es schon versiegelt und mit meinem Schreiben, welches innen lieget, versehen war, schicken. Nun verstehe ich in meinem Gemüte, weil sichs eben also zuträget, daß ihr danach geschicket, daß es also mag eine Schickung Gottes sein. Übersende euchs hiermit, wollets erwägen. Es ist gar ein edel Kleinod darinne, welches Gott seit eurem Abschiede hat gegeben; und füge euch dies, daß gar eine liebliche Pforte ist aufgegangen, da wir, so Gott will, als es denn hoch erscheinet, wollen eingehen, daß ich doch nichts von sagen kann, denn es ist nicht meines äußerlichen Menschen. Aber als sich alle Gewächse der Erden erfreuen, so die Sonne aufgehet und sie anblicket mit ihrer Kraft, also auch meine Seele in den schönen Wunderblumen, indem der Herr also süße und freundlich ist, verhoffe mich des(sen) wohl zu ergötzen, welches ihr in diesem letzten Teil dieses Buches werdet wohl vermerken, so euch Gott die Porten in seinem Geiste eröffnet.

3. Ich kann euch jetzt nicht schreiben, denn es ist wunderlich; verhoffe, Gott will euch euer Herze auftun, daß ihr auch möget etwas davon schmecken. Ihr begehret zu wissen, ob ich etwas hätte mit dem bewußten Herren konversieret. So füge ich euch zu wissen, daß ich nicht habe können zu ihnen kommen, denn ich habe in einem anderen Lande, da ich zwar mit meinem äußern Menschen nicht daheim bin, viel zu tun gehabt, und bin also auf diesmal noch verhindert mit meiner Reise auf Prag auf sieben Tage. Alsdann soll geschehen, was Gott will, wiewohl mir auf jetzo eine tiefe Porte offen stehet; werde derowegen tun, was Gott will.

4. Ich übersende euch die Vollendung dieses Buches (De Tribus Principiis) versiegelt. Und so ihr Gelegenheit haben werdet, entweder Herrn N. oder mir mit der Schrift zuschicken. Denn es war schon auf der Bahn zu Herrn N. Weil aber der Bote kam, hielt ichs

für gut also zugepackt zu schicken; und füge euch hoch und wohl zu merken, daß gar ein hochlöblich Werk ist im Geiste erkannt worden; verhoffe, Gott wirds uns gönnen. Ihr möget ferner danach forschen. In kurzem soll es euch geschickt werden. Und tue euch in der göttlichen Freude reich des ewigen Quellbrunn empfehlen. J. B.

4. Sendbrief

An Christian Bernhard, vom 14. November 1619.

Gottes Heil und Licht im Leben Jesu Christi erleuchte euch und gebe euch ferner zu erkennen seinen Willen!

2. Mein freundlicher, gar guter Herr und Freund! Daß ihr euer Leben habt gegeben zu einem Gewächse Gottes und also grünet im Leibe Jesu Christi des Sohnes Gottes, welcher uns hat wiedergeboren zu einer lebendigen Kreatur in sich selber und seinem Vater dargestellet als ein liebliches Gewächse in seinem paradeisischen Lustgarten zu seiner Freude und Wundertat, dessen erfreue ich mich neben euch und befinde auch, so ich mich recht entsinne, daß ihr nicht alleine ein Gewächse Gottes für euch selber alleine seid, sondern als ein liebliches Kraut und Blume seine Kraft nicht alleine in sich hält, sondern läßt seine Kraft von sich ausgehen allen lebendigen Essentien zu einem Schmack und beut sich freiwillig allen Kreaturen dar, wie es ihm auch darüber ergehen möchte, da es seiner gar nicht schonet, sondern gebieret ohn Unterlaß seine Kraft und Ruch.

3. Also befinde ich auch, sei der Seelen des Menschen, welche ohn Unterlaß grünet und ihre Kraft von sich freiwillig gibt zu einem Geschmacke dem, der dessen Schmack begehret, welcher derselben Kraft fähig ist, es sei zu Liebe oder Zorn, zum Leben Gottes in Christo oder zum Leben der Hoffart ins endliche Treiben des Elends, welches im Ausgange erfolget denen, so da nicht sind in Gott gewachsen.

4. Lob, Preis und Ehre aber denen, so in Christo wiedergeboren werden, welche, ob sie gleich allhie ihr Leben verlieren und vor den

Stacheln des Dorngewächses erscheinen als ein alberes Kraut, welches mit Füßen getreten wird, oder wie ein Kraut, welches abgehauen wird, da man nichts mehr siehet, und die Vernunft spreche: es ist aus, aber seine Wurzel in der Erden hat und wieder hervorgrünet – also auch die Seele der Heiligen ist eingepfropft in das heilige Leben Jesu Christi und stehet in Gott seinem Vater und grünet wieder durch den Tod.

5. Dessen wir, weil wir solches erkannt haben, uns hoch erfreuen, und achten derowegen das Leben dieser Welt, welches steht in den Sternen und Elementen Qual[1], für das wenigste, und freuen uns dessen, daß wir Gottes Kinder sind.

6. So wir dann wissen, daß Gott wahrhaftig in uns ist und doch unserm irdischen Leben verborgen, so wissen wir, daß unsere Seele in Gott ist und grünet in Gott und der Leib im Regiment der Sterne und Elemente nach dem Quall dieser Welt.

7. Also sind wir Gottes Bild und Gleichnis, welcher selber alles ist. Sollen wir uns denn nicht freuen? Wer will uns von Gott scheiden, so die Seele in Gott stehet, da kein Tod noch Zerbrechen ist?

8. Darum, mein gar lieber, treuer Freund und Bruder in Christo, achte ichs mir für eine große Freude, daß ich also habe an euch funden ein edel Gewächse Gottes, von welchem meine Seele auch hat gerochen, davon sie wieder stark ward, als sie der Treiber wollte reißen aus dem Lande der Lebendigen, da sie lag unter den Treibern und sie der Antichrist im Dornengewächse wollte verschlingen.

9. Aber wie Gott seinen Zweiglein, so in ihm stehen, zu Hilfe kommt mit seiner Kraft, daß sie nicht verderben, ob gleich der Teufel und der Tod einst drüber herrauschet, dennoch müssen sie wieder durch den Tod und Grimm des Zorns und Stachel des Todes grünen. Und sollte Gott alle seine edelsten Kräfte seines Gewächses dransetzen, so muß sein Wille bestehen. Was in ihm gesäet wird, muß in ihm wachsen.

---

[1] unter dem Naturgesetz

10. Welches uns erkenntlich ist, indem er sein Herze als sein edelstes Gewächse in ihm hat lassen einen Menschen werden, uns zu einem starken Geruche der Wiedergeburt in ihm, auf daß, so wir im Tode stünden, wieder mit und durch ihn aus dem Tode grüneten in Gott seinem Vater, und brächten Früchte des Paradeises.

11. So wir denn solches wissen, daß wir Gewächse Gottes sind, sollen wir uns vor nichts fürchten, sondern ohne Unterlaß grünen im Leben Gottes, und Früchte bringen zu Gottes Ehren und Wundertat, welcher wir ewig werden genießen.

12. Und so wir dann auch wissen, wie unser edel Leben also in großer Gefahr stehet zwischen Himmel- und Höllenreich in dieser Zeit des Lebens, von beiden gefangen, so sollen wir vorsichtig wandeln, daß nicht unsere Perle zerbrochen werde, sollen nicht den Ruch des Grimmes in uns lassen, daß er uns verderbe, dadurch die edle Frucht im Gewächse verhindert wird und Gott über uns klagen muß, er sei wie ein Weingärtner, der da nachlieset und wollte doch auch gerne der edlen Trauben genießen.

13. So lasset uns munter sein, zu widerstreben dem Fürsten des Grimmes, auf daß die edlen Trauben und Gottes Früchte in uns wachsen, daran Gott einen guten Schmack und Ruch hat, auf daß wir ihm ein lieblicher Ruch in Christo sind.

14. Wir werden dessen wohl genießen. So wir der Eitelkeit des Lebens loswerden, so werden wir alsdann leben und grünen in Gott und essen vom reinen Leben Gottes ohne Makel. Und er wird unsere Speise sein und wir seine, daß es also sei ein liebliches Gewächse ineinander: wir in Gott und Gott in uns, ein ewiger Quall des Hl. Lebens im Gewächse Gottes, darinnen eitel Vollkommenheit in der Liebe stehet.

15. Um welches willen wir jetzo also arbeiten, und lassen uns die Welt narren und verachten, daß, dieweil unser irdisch Leben im Tod grünet, unser himmlisch Leben durch den Tod ausgrüne, daß also das irdische Leben als ein Spott vor dem himmlischen erscheine, welches nicht wert ist, daß es ein Leben genennet wird gegen das himmlische.

16. Darum leiden wir geduldig im irdischen Leben und freuen uns im himmlischen auf Hoffnung, daß wir der Eitelkeit loswerden. Da

wollen wir uns wohl ergötzen. Was wir allhier haben müssen in Trübsal säen, wollen wir in großer Freude ernten.

17. Darum, mein gar guter lieber Bruder, im Leben Gottes, in welchem ihr stehet, sollt ihr mir desto lieber sein, weil ihr mich habet aus dem Schlafe erwecket, auf daß ich hinführo möge Frucht bringen im Leben Gottes, und möge mich hernach mit den Kindern Gottes derselben freuen.

18. Also füge ich euch, daß mir ist gegeben worden ein gar starker Geruch im Leben Gottes, nachdem ich bin wieder erwacht; verhoffe darinnen Frucht zu bringen und auch zu erwecken die Schlafenden, als mich mein Gott hat wiedererwecket aus dem Schlafe, darinnen ich lag.

19. Und bitte euch um des Hl. Lebens Gottes in Christo willen, ihr wollet ferner nicht laß[1] sein, sondern euer Leben in Christo ermuntern, auf daß unsere Geister möchten gegeneinander ergriffen und verstanden werden, welches außer der göttlichen Kraft nicht sein kann.

20. Denn ein jeder redet aus seinen Essentien in den Wundern Gottes, wie sein Leben in Gott entzündet ist; und kann uns niemand zum Verstande bringen als der einige Geist aus Gott, welcher aller Völker Zungen am Pfingsttage in der Apostel Munde in eins verwandelte, daß aller Völker Sprachen der Apostel Zungen verstanden, da sie doch nur aus einer Zunge redeten, ihnen aber den Zuhörern ihr Herz und Geist eröffnet ward in Gott, daß sie alle dieselben Sprachen, ein jeder in seiner, verstanden, als redeten die Apostel mit seiner Zungen.

21. Also ists allein in Gott möglich, daß ein Geist den andern verstehe und begreift. Denn ich fürchte wohl, ich werde an vielen Enden meiner Schriften schwer sein, aber in Gott bin ich dem Leser gar leicht, so seine Seele nur in Gott gegründet ist, aus welcher Erkenntnis ich alleine schreibe.

22. Denn aus der historischen Kunst dieser Welt habe ich wenig, und schreibe nicht um derselben Hoffart ihrer Kunst willen, denn ich bin nicht von ihrer Kunst erboren, sondern aus dem Leben

[1] lässig

Gottes, auf daß ich Frucht bringe im paradeisischen Rosengarten Gottes.

23. Und nicht allein für mich, sondern auch für meine Brüder und Schwestern, auf daß wir werden ein Hl. Leib in Christo, Gott unserm Vater, welcher uns geliebet und in Christo versehen[1] hat, ehe der Welt Grund geleget ward.

24. Darum wie Christus seines Lebens nicht geschonet noch auch seine Jünger, sondern frei das Reich Gottes verkündiget, ob sie gleich in dieser Welt Spott und Tod darüber erlitten, nur um des Himmlischen willen, also sollen wir uns vor dem zeitlichen Spott und Tod nicht zu sehr entsetzen um des himmlischen Lebens willen und also beten, daß uns Gott wolle von allem Übel erlösen und uns geben Einträchtigkeit in einem Sinne.

25. Daß ich euch aber in etlichen Punkten schwer verständlich bin in meinen Schriften, ist mir leid und wünschte, ich könnte meine Seele mit euch teilen, daß ihr möchtet meinen Sinn ergreifen.

26. Denn ich verstehe, es trifft die tiefsten Punkte an, daran am meisten liegt, da ich mich etlicher lateinischer Wörter gebrauche. Aber mein Sinn ruhet in Wahrheit nicht bloß in der lateinischen Zungen, sondern vielmehr in der Natursprache.

27. Denn mir ist auch etwas aufgeschlossen worden, die Geister der Buchstaben zu gründen von ihrem Urkunde[2], und wollte euch herzlich gerne derselben Wörter, so ich gebraucht habe, an welchen ihr ein Mißverstand habet, verständigen. Weil aber ein Raum dazu gehöret und jetzo in Eil nicht sein mag, bin ich erbötig, solches euch ganz klar zu verständigen in gar kurzer Frist.

28. Denn ich also mit Reisen und andern Geschäften bin beladen gewesen, daß ich euch nicht habe können willfahren, bitte noch, ein Kleines zu warten.

29. Denn ich habe noch wegen meines verstorbenen Bruders hinterlassen Töchterleins also viel zu tun, daß ich alle Wochen muß zu Dorfe laufen, auch habe ich müssen zwei schwere Reisen verbringen, mit welchen die Zeit ist hingeflossen.

---

[1] vorherbestimmt, erwählt
[2] Ursprung

30. Wollte Gott, ich könnte derselben Mühe mit dem Reisen überhoben sein. Ich verhoffete, es sollte mancher armen Seelen in ihrem Hunger wohl dienen. Jedoch geschieht, was Gott will. Wiewohl es ist, daß manch Gräselein verdirbet, so der Himmel nicht Regen gibt, also verhindern auch die weltlichen Geschäfte das Reich Gottes.

31. Ich weiß aber auf diesmal keinen andern Rat, den irdischen Leib mit Weib und Kind zu ernähren, will mich derowegen befleißen und das Himmlische vor alles setzen, soviel mir möglich ist, soll auch euch, so ihr Lust habet, etwas mit mir in meinen einfältigen Schriften zu lesen treulich mitgeteilt werden, wiewohl es ist, daß ich auch gerne wollte von den Kindern Gottes lernen und mich ihrer Schriften ergötzen.

32. Denn ich achte, ich sei der Einfältigste unter ihnen; habe also nur ein wenig für mich zu einer Erinnerung und steter Übung Gottes geschrieben. Weil es euch aber also wohlgefället zu lesen, (ver)berge ichs euch billig nicht.

33. Denn ich erkenne eure große Mühe daran, so ihr drauf wendet, und danke meinem Gott, der mir doch einen Menschen in dieser Welt zugeschicket hat, mit welchem ich von Gottes Reich reden darf, dieweil sonst fast alles blind und toll sein will, daß ich auch nicht darf mein Maul auftun.

34. Ich höre Spötter, welche mit unterlaufen, nach welchen ich wohl wenig frage, denn ich weiß, wes Geistes Kinder die sind, und wünschte ihnen meine Erkenntnis. Wenn sie sie hätten, sie würden das Spotten lassen bleiben.

35. Anlangend des N. N. Nachschreibens meiner künftigen Schriften, weiß ich mich nicht zum besten mit ihm zu verwahren, denn er schweiget nicht. Und höre oft von liederlichen Leuten von meinen jetzigen Schriften deuten, welches ich erachte, von ihm auskommt, denn ich [habe] sie sonst keinem gewiesen. So er denn fast weltlich und nur von der Schule dieser Welt geboren ist, möchten wir schlecht verwahret sein.

36. Man soll auch die Perlen erstmal, so doch dieselben teuer sind, nicht auf den Weg streuen, sondern einer andern Zeit erwarten bis sie gemein werden, damit nicht der Treiber sie verschlucke.

37. Es möchte ihnen wohl gegeben werden nachzuschreiben, aber nicht erstmal, sondern nachdem es einmal abgeschrieben wäre, damit es der Treiber nicht möge zerbrechen.

38. Anlangend euer Begehren wegen der Prager Sachen, da ich eben am Einzug des neuen Königs[1] inne gewesen bin, werdet ihr den Einzug zu Sagan wohl erfahren haben, daß er geschehen ist. Er ist hinten zum Schlosse auf Retschin[2] von Schlan hineinkommen und mit großer Zierde aller drei Stände angenommen worden, wie vormals auch bei allen Königen bräuchlich gewesen.

39. Ich erinnere euch, daß ihr wollet acht haben, was der Prophet Ezechiel 38. und 39. Kap. hat geschrieben, ob nicht die Zeit des großen Zugs wird da sein auf die Berge Israels in Babel, sonderlich wegen des Siebenbürgers, welcher wird Hilfe vom Türken erlangen und leichthin bis an (den) Rheinstrom kommen.

40. Da dann die große Niederlage der Kinder in Babel geschehen mag, da zwei große Ruten von Gott erscheinen werden, eine durch Krieg, die ander durch Sterben, in dem Babel soll zerbrochen werden, zeiget der Geist des Herrn in den Alten, so vor uns haben gedeutet.

41. Wiewohl ichs achte, die Wahl mit einem rechten deutschen Kaiser noch muß ein wenig verzogen werden und unterdes großer Krieg und Streit, auch Zerbrechung vieler Städte, Schlösser und mächtiger Länder wird erfolgen, soferne jetzo die Zeit sei, davon der Geist deutet, welches wir so genau nicht verstehen.

42. Denn vor Gott ist tausend Jahr als ein Tag. Der Geist siehet alles nahe, so vermeinet der siderische Mensch, es sei bald, ist aber im Rat Gottes.

43. Ohne daß wir gewiß erkennen, wie gar nahe die Zerbrechung der Stadt Babel, und scheinet vor uns, als sei die Zeit alsobald vorhanden, da wir doch den Rat Gottes nicht können genug ergreifen; sondern als ein Gast, der einen Tag in einem Lande ist, nicht alles erlernen mag, also gehet es uns auch.

---

[1] Kurfürst Friedrich V. von der Pfalz
[2] Hradschin

44. Denn Gott hält ihm Tag und Stunde bevor und deutet aber die Wunder durch seinen Geist, welche künftig sind.

45. Sonst füge ich euch zu, daß Herr N. hat Herrn N. gedinget, ihm meine beiden Bücher abzuschreiben, und trachtet jetzo danach, daß er das rechte Original der ersten (Aurora) möchte selber zu Handen bekommen, welches, wie ich vernehme, geschehen werde; kann am allerfüglichsten durch Herrn von Ender herausgebracht werden.

46. Wiewohl es ist, daß der neue Antichrist im Gewächse des Alten jetzo trefflich triumphieret und brennet als ein Feuer im Wacholder, vermeinet, es sei Freude, da es doch im Leide ist, und Babel angebrannt stehet, möchte Verhinderung vorfallen. Aber Gott der Höchste tut, was er will.

47. Ich habe auch jetzo in der Eil nicht Zeit, daß ich euch mehrers schreiben kann, denn es ist noch nichts weiters angefangen, denn ich verhoffe alsbald nahend anzufahen, wie mir mein Gemüte im treibenden Willen immer zeiget, wills euch an benannten Ort treulich schicken.

48. Und tue euch der Sanftmut Jesu Christi treulich empfehlen. J. B.

5. Sendbrief

An Herrn Carl von Ender, Freitag vorm Advent 1619

Die Liebe im Herzen Gottes des Vaters und das Licht seiner Kraft im Leben Jesu Christi sei unsere Erquickung, erleuchte uns und helfe uns zur neuen Wiedergeburt, auf daß erscheine das rechte Bildnis zu Gottes Ehren und Wundertat, und lasse in uns wachsen das schöne Zweiglein seiner Lilien im Paradeisgärtlein Jesu Christi.

2. Edler, gestrenger, ehrenfester, hochbenamter Herr, demselben sind meine demütigen, ganz willigen Dienste nebst Wünschung aller zeitlichen und ewigen Wohlfahrt bevor. Ich habe von Zeiger, eurem Gesinde, einen Scheffel Korns empfangen, welchen mir Euer Gestrengen geschicket, tue mich dessen zum freundlichsten bedanken und bitte Gott den Höchsten, der wirds euch vielfältig erstatten.

3. Dieweil ihr so ein demütiger Herr seid und nicht sehet auf das, worauf die Welt siehet, auch nicht achtet der Klugheit der Hohen, sondern nach dem trachtet, was der Herr vom Himmel bauet, wiewohl es in dieser Welt närrisch erscheinet, aber vor ihm also wohlgefällt, seine Werke in geringen, kindischen, albern Leuten zu treiben, auf daß er alleine sei hoch und sich niemand rühmen darf, so sollt ihr auch gewiß derselben Erkenntnis gehoffen, welche schöner ist denn aller Welt Pracht und Reichtum. Denn alles Zeitliche verläßt den Menschen, aber das Ehrenkränzlein Christi verläßt auch den Menschen im Tode nicht, sondern bringet ihn zur himmlischen Freudenschar in sein rechtes ewiges Vaterland.

4. So wir denn wissen und gar hoch erkennen, daß wir in dieser Welt nur Gäste und in einer fremden Herberge, in gar großer Gefahr, in schwerer Gefängnis gefangen liegen und immer des Todes fürchten müssen, so tut Euer Gestrengen gar wohl und handelt weislicher denn die Klugen dieser Welt, daß sie sich umsehen und trachten nach dem ewigen Vaterland und nicht nach Macht und Pracht wie die Welt und sonst insgemein die so hohen Leute tun. Mir zweifelt nicht, es wird Euer Gestrengen noch wohl ein gar schönes Kränzlein von der Jungfrauen der ewigen Weisheit Gottes dafür erlangen, welches, so es geschiehet, E. G.[1] lieber sein wird als alles zeitliche Gut und diese ganze Welt mit ihrem ganzen Wesen und Glanz, davon ich, so ich dessen keine Erkenntnis hätte, nicht schreiben wollte.

5. Denn ich doch sonst bei den Weisen dieser Welt, welche ihnen allein Erkenntnis und Wissenschaft aus eigener Hoffart ohne Gottes Geist zumessen, schlechten Dank, ja nur Spott habe, welches ich mich doch nur höchlich erfreue um des Namens und der Erkenntnis Gottes willen Schmach zu tragen. Denn wäre meine Erkenntnis aus ihren Schulen geboren, so würden sie das Ihre lieben. Weil sie aber aus einer anderen Schule ist, so kennen sie das nicht, verachtens derowegen wie sie allen Propheten, auch Christo und seinen Aposteln taten. Ich will mich das nicht irren lassen, sondern wie ich angefangen, an meinem Gott und Schöpfer nur mit desto größerem Ernste hangen und mich dem ergeben, er mache in mir, was er will.

[1] Euer Gestrengen

6. Ich schreibe mir keine Klugheit zu, verlasse mich auch auf keinen Fürsatz der Vernunft, denn ich sehe und befinde gar hell und klar, daß Gott gar viel eine andere Bahn gehet.

7. Darum so wir kindisch fahren und nicht in unserer Vernunft, sondern hangen ihm nur mit Begierde und rechtem Ernste an und setzen all unser Vertrauen in ihn, so erlangen wir eher die edle Jungfrau seiner Weisheit als in unserm scharfen Dichten. Denn sie bringet mit, wenn sie kommt, rechte Weisheit und himmlischen Verstand; und ohne dieselbe weiß ich nichts.

8. Dieweil aber E. G. solche und dergleichen Schriften von dem höchsten Wesen Lust haben zu lesen, als es dann, wie ich hoffe, Gottes Schickung ist, will ich dasjenige, was mir von dem höchsten Gut vertrauet ist, E. G. nicht bergen, sondern in Kurzem etwas reichers und mehrers schicken.

9. Denn es ist gar ein wunderschön Büchlein »Von des Menschen Leben« (De Triplici Vita Hominis) angefangen worden, welches, so der Herr will und seine Hand ob mir hält, wird klar eröffnen, was der Mensch sei und was ihm zu tun sei, daß er erlange das höchste Gut. Denn es gehet ganz klar durch die drei Principia und zeiget allen Grund, daß ein Mensch, er wollte denn selber blind sein, kann Gott und Himmelreich sowohl sich selbst erkennen, auch unsern elenden Fall sowohl die Wiederbringung im Leben Jesu Christi; und wird sonderlich handeln von der schönen Lilien, welche Gott der letzten Welt gönnen will, welches sehr anmutig zu lesen sein wird.

10. Und ob ich noch wohl nicht allen Grund, was es sein wird, genugsam erkenne, so sehe ichs doch in einer großen Tiefe; verhoffe, Gott verleihe nur Gnade, so will ich davon nicht lassen, es sei denn vollendet, auch künftig die verheißenen Schriften, welche wegen des Treibers aufgehalten worden, vollziehen, – auch über Moses, da dann die großen Wunder Gottes werden klar am Tageslicht erscheinen. Welches Gott der letzten Welt will; wiewohl es ist, daß jetzt und fast alles in Babel ist; und wird ein großer Riß geschehen. Aber dennoch soll niemand verzagen. Gleichwie Gott dem Volk Israel in dem babylonischen Gefängnis mit Trost zu Hilfe kam und schickte ihnen Propheten, also auch jetzt werden Lilien mitten unter den Dornen wachsen, und das ist wunderlich.

11. Auch darf niemand denken, daß jetzt die Zeit der ganzen Zerbrechung der Stadt Babel ergehen werde. Es wird wohl ein sehr großer Riß werden, welches man jetzt nicht glaubet, denn der Antichrist ist noch nicht ganz offenbar, obgleich etwas. Man wird auch meinen, man habe ihn nun ausgerottet, und wird nach etlicher Trübsal große Freude erfolgen; und (sie) werden also Gesetze und Bündnisse auch mit schweren und scharfen Artikeln der Religion machen, aber meistenteils zu Aufsteigung ihrer Ehren und Macht. Und man wird meinen, der Hl. Geist rede vom Himmel und sei nun eine güldne Welt, aber sie steckt voll Zornes Gottes und ist noch in Babel, und ist das wahre Wesen des rechten Lebens in Christo noch nicht drinnen. Auch wird der Reiter auf dem fahlen Pferde hernach kommen und mit seiner Sense viel abhauen.

12. Aber unterdessen grünet die Lilie im Wunder, wider welche der letzte Antichrist Verfolgung erreget, da dann sein Ende kommt. Denn die Erscheinung des Herrn erstickt ihn. Da dann Babel im Eifer und Zorne Gottes verbrennet, und es ist wunderlich, davon ich keine Macht habe deutlicher zu schreiben. Doch werden meine Schriften zur selben Zeit wohl dienen. Denn es kommt eine Zeit vom Herrn, die nicht aus dem gestirnten Himmel ist.

13. Wohl dem, der den Herrn mit ganzem Ernst suchet, denn in der Historia wird er sich nicht finden lassen, sondern im rechten Vertrauen und in der rechten Anneiglichkeit ins Leben und in die Lehre Christi. Darinnen wird der Hl. Geist erscheinen mit Wundern und Kräften, welches Babel in ihren Gedichten jetzt nicht glaubet, aber doch gewiß kommt und schon auf der Bahn ist, aber der Welt verborgen.

14. Ich habe E. G. nähest mit Herrn Fabian das ganze Werk des andern Buches (De Tribus Principiis) zugeschickt; weiß nicht, obs E. G. empfangen habe, denn ich seit der Zeit mit Herrn Fabian nicht geredet wegen meiner verbrachten Reise; wo nicht, so wäre es bei ihm zu fordern. Und tue E. G. der sanften Liebe im Leben Jesu Christi des Sohnes Gottes empfehlen. (Gegeben in Eil, Görlitz vor Advent.) – Der Name des Herrn ist eine feste Burg; der Gerechte laufet dahin und wird erhöhet. J. B.

6. *Sendbrief*

An Herrn Carl von Ender, 4. Mai 1620

Licht, Heil und ewige Kraft aus dem Brunnquell des Herzens Jesu Christi sei unsere Erquickung!

Edler, gestrenger, ehrenfester, hochbenamter Herr! Neben Wünschung göttlichen Heils und darinnnen aller heilsamen Wohlfahrt kann ich nicht unterlassen E. G. mit diesem Brieflein zu ersuchen: Demnach E. G. mildes Herz mich mit einem Scheffel Korns verehret hat, welchen ich willig empfangen und tue mich dessen höchlich bedanken, will auch Gott den Schöpfer und Erhalter aller Dinge, in welches Kraft alle Dinge sind, bitten, daß er E. G. viel und reichen Segen dafür gebe.

2. Und wiewohl ichs nicht um E. G. verdienet habe und auch gleich als ein Fremder gegen E. G. bin, so erkenne ich E. G. mildes Herz hierinnen gegen die Kinder Gottes. Weil aber E. G. so viel demütig und solches alles um Gottes und seines Reiches willen ist und sich aus ihrer Hoheit dieser Welt mit ihrer Gunst und Liebe in die albere Demut der Kinder Gottes mitten einwirft, so erkenne ich solches für eine Gottesfurcht und Begierde nach der Gemeinschaft der Kinder Gottes, in welcher wir in Christo in Gott alle ein Leib sind in vielen Gliedern und Geschäften. Also sollen wir uns dessen nicht allein hoch erfreuen, sondern auch also zu Gott beten und uns ihm in einer Liebe ergeben, auf daß seine Kraft in uns völlig werde und sein Reich in uns erboren werde und wir in einer Erkenntnis seines Wesens teilhaftig werden.

3. Und ist uns nicht allein in Hl. Schrift, sondern auch im Licht der Natur hoch erkenntlich, daß, so ein Mensch dem andern was Gutes tut, sonderlich so das aus angeneigtem Herzen und gutem Willen geschiehet, sich dessen Herz, Geist und Gemüt, der Gutes empfangen hat, hinwieder gegen seinem zu ihm angeneigten Freunde mit Gunst und Liebe anneiget und ihm alles Gute wünschet. Und indem er sein eigen Anliegen vor Gott träget, auch seines treuen Freundes in seinem Willen und Gemüt mit ihm zugleich in seiner Liebe vor und in Gott bringet, welches dann dem milden Herzen in Gottes Kraft viel und reichen Segen schaffet, nicht allein zum irdischen Leben, sondern es wird ihm auch zugleich hiermit eine Bahn und

Weg gemacht in Gottes Reich, daß, so er zu Gott sich wendet und seine Liebe und Gnade begehret, gleich auch seines Freundes Liebe, welche zuvorhin ihn schon hat in Gott eingeworfen, auch mit ihm hilft diesmal vor Gott zu dringen und mit der verderbten Sucht, in welcher uns der Teufel gefangenhält mit der Turba ringen und das Ziel oder den Behalter des Zorns zerbrechen helfen, welches ich meinesteils nicht allein schuldig, sondern auch ganz begierig und willig zu tun bin.

4. Dieweil mir denn auch Gott aus seiner milden Gnade eine tiefe und hohe Erkenntnis seines Willens und Wesens gegeben, so bin ich auch erbötig, neben meinem Gebete für E. G. gegen Gott auch mit derselben, was etwa möchte in Schriften davon gefasset werden, hinwieder ganz willig zu dienen, soferne E. G. erkennen mag, daß solches von Gott sei, als mir denn anders nicht bewußt und eine Lust dieselben zu lesen hätte. So wollte ich E. G. dieselben nicht bergen, auch mündlichen Gesprächs mich nicht äußern, auch so E. G. etwa einen Mißverstand darin fände, dessen genug Bericht geben, oder (wenn) etliche Dinge zu schwer sein wollten, gerne in einen leichtern Verstand bringen.

5. Auch so E. G. geliebten, etwas Höhers hierinnen zu fragen, verhoffe ich zu Gott, es werde mir verliehen werden zu offenbaren, welches Willen ich alles heimstelle; und wollte mich in alle Wege befleißen und Gott darum bitten, daß ich E. G. hinwieder könnte und möchte in Liebe-Diensten, so E. G. annehmlich wären, erscheinen, welches ich zu Gott hoffe, er mich nicht versagen wird, als dann mein Herze sich ganz darein ergeben und nur dahin arbeitet, daß es möge einen treuen Arbeiter im Weinberge Gottes geben und also in Gott erkannt werden und wachsen eine Frucht in Gottes Reich. Wie denn ein jeder Baum dahin arbeitet und seinen Saft seinen Zweigen und Ästen gibt, daß er endlich an seiner Frucht, so auf seinen Zweigen wächst, erkannt wird, welches wir alle zu tun schuldig sind und ich auch dazu fast [d. i. sehr] begierig bin. Und tue E. G. der sanften Liebe Gottes empfehlen.
Datum[1] Görlitz, ut supra.[2]
E. G. dienstw(illig) allezeit J. B.

[1] Gegeben zu
[2] wie oben angegeben

7. *Sendbrief*

Herrn Dr. Balthasar Walther, vom 7. Juni 1620

Mein Schreiben ist an euch, und tue euch aus hohem Bedenken christlicher guter Meinung erinnern, daß ihr doch meine Schriften nicht einem jeden wollet in die Hände geben, denn sie sind nicht jedermanns Speise.

2. Auch muß man die Perle auf den Weg nicht werfen, daß dieselbe mit Füßen vertreten werde, dadurch der würdige Name Gottes möchte gelästert werden. Denn ich erkenne gar wohl, was der Satan im Sinn hat. Aber mir ist gezeiget, wie sein Fürnehmen muß zu scheitern gehen.

3. Wiewohl eine schwere Finsternis zu fürchten ist, in welcher Zeit das Licht in der Menschen Herzen erst recht grünen wird, wenn sie in großer Trübsal und Verlassenheit werden stehen. Alsdann werden sie den Herrn suchen und er wird sich finden lassen.

4. Meine Schriften dienen nicht für den vollen Bauch, sondern für den hungrigen Magen. Sie gehören den Kindern des Geheimnisses, zumal in denselben viel edle Perlen verschlossen und auch offenbar liegen.

5. Ich habe dieselbe auch nicht geschrieben für die Idioten oder für die Klugen, sondern für mich selbsten und für denjenigen, an welchen Gott dieselbe wird in Verstand geben.

6. Dasselbe Gewächs stehet in Gottes Macht. Darum erkenne ichs auch nicht für ein Werk meiner Vernunft, sondern für eine Offenbarung Gottes, und muß mir hierinnen ganz nichts zugeschrieben werden. Deswegen behöret auch niemand nach meiner Person zu trachten, um ein Wunder daran zu sehen. Er wird nichts anders sehen als einen gar schlechten und einfältigen Mann, denn meine Wissenschaft stehet in Gott verborgen.

7. Und ob ich viel weiß und mir eine große Offenbarung ist gegeben, so weiß ich doch auch wohl, daß ich all denjenigen, so nicht aus Gott geboren sind, stumm bin. Darum bitte ich mit meinen Schriften weislich zu handeln, auch meinen Namen zu verschweigen, bis daß endlich die finstere Nacht kommt, wie mir ist gezeiget.

Alsdann soll das Perllein gefunden werden. Denn solang mein Geliebter satt ist, schlummert er und liegt in dem Schlaf von dieser Welt. Aber wenn ihn der Herr mit dem Sturmwind wird aufwecken und daß sie in Ängsten stehen, alsdann schreien sie ängstlich zu dem Herrn und ermuntern von dem Schlafe. Dann sollen diese Schriften stehen und in denselben die Perle gesucht werden.

8. (Ich) bitte und begehre auch, daß von wegen des Druckens außer meinem Willen sich niemand bemühe, denn dasselbige geschiehet erst nach dem Ungewitter.

9. Wollet solches allein in die Herzen der Weisen offenbaren, die ihr erkennet, daß sie Gott liebhaben. An den andern ist es jetzo noch kein nütze. Denn mancher suchet nichts anders als Böses und Hoffärtigkeit, dazu falsche Klugheit, daß er sich mag sehen lassen. Darum bitte ich weislich zu handeln. Mancher nimmt solches wohl mit Freuden an, aber er hat eine böse Wurzel. Er vermeinet fromm zu werden, aber er lässet sich den Teufel halten und wird hernach ein Spötter solcher Offenbarungen. Solches sage ich euch wohlmeinend, nicht aus eigenem Wahn, sondern aus gegenwärtiger wahrer Erkenntnis.

10. Es ist wohl was sehr Hohes angefangen mit einem neuen Buche (De triplici Vita Hominis)[1], doch mir ist gewaltig vom Fürsten des Grimmes Widerstand getan. Also ist dasselbige bis auf dato verhindert; (ich) verhoffe, daß es innerhalb kurzer Zeit solle geschrieben werden, denn es ist ein Kraut, welches dem Teufel nicht schmecken wird. Doch des Herrn Wille muß bestehen.

11. Ich hoffe, daß ihr selbst werdet zu mir kommen. Alsdann wollen wir uns ergötzen. Die Gnade Jesu Christi sei unser Gruß und stete Erquickung!

---

1 *Vom dreifachen Leben des Menschen* (1619/20)

8. Sendbrief

An Herrn Paul Kaym, kaiserlicher Zolleinnehmer zu Liegnitz, vom 14. August 1620[1]

Licht, Heil und ewige Kraft aus dem Brunnquell des Herzens Jesu Christi sei unsere Erquickung!

Ehrenfester, wohlgeachteter Herr und guter Freund, in Erleuchtung des Hl. Geistes und in der Liebe unsers Herrn Jesu Christi geliebter Bruder!

Euer datiertes, unterm 20. Juli an mich getanes Schreiben samt der Beilage der zwei Büchlein habe ich von Herrn Carl von Ender empfangen und darinnen vernommen, wie ihr etlicher meiner geschriebenen Büchlein von der Weisheit Gottes empfangen und gelesen habet und wie ihr berichet, euch derselben erfreuet, gleichsam auch große Begierde und Lust dazu traget und in dergleichen Übung der Weisheit Gottes seid.

2. Welches mich meinesteils auch erfreuet, daß nunmehr die Zeit vorhanden, daß der rechte göttliche Verstand in Zion wieder grünet und daß das zerbrochene Jerusalem wieder soll erbauet werden und sich wieder das rechte Menschenbild, welches in Adam verblich, in Zion mit rechter menschlicher Stimme merken lässet, und daß Gott seinen Geist in uns ausgeußet, daß die edle Perle in des Hl. Geistes Kraft und Licht wieder erkannt, gesucht und gefunden wird.

3. Da wir dann klar sehen und erkennen, in welcher Blindheit wir also eine lange Zeit sind in Babel irregegangen auf fleischlichen Wegen, da wir dann das rechte Jerusalem verlassen und unsers Vaters Erbe schändlich verpranget, auch unser schönes englisches Ehrenkränzlein des schönen Bildnisses leicht geachtet und in Teufels Schlamme gesuhlet und unter den Schein göttlichen Gehorsams mit der Schlangen gespielt und in lauter Irrwegen gewandelt.

4. Welchen uns jetzt das göttliche Licht unter Augen stellet und uns vermahnet, mit dem verlornen Sohne wieder umzukehren und in das rechte Zion einzugehen, nicht mit Wähnen der Historia, als hätten wir es ergriffen und verstünden das wohl. Das ist nicht Zion,

[1] Dieser Sendbrief stellt den 1. Teil des Traktats *Unterricht von den letzten Zeiten* (Informatorium Novissimorum) dar.

sondern Babel, die mit dem Munde Gott bekennet und im Herzen an der großen babylonischen Hure, am Drachen der eigenen Hoffart, Geiz und Wollust hanget, die sich will sehen lassen, als wäre sie Jungfrau.

5. Nein, dieses ist nicht die Jungfrauschaft in Zion. Es muß Ernst sein. Wir müssen in Zion aus Gott geboren werden und seinen Willen erkennen und auch tun. Gottes Geist muß Zeugnis geben unserm Geist, daß wir Gottes Kinder sind, nicht alleine im Munde der Wissenschaft, sondern im Herzen, im Tun, nicht auf einem gleißnerischen Wege ohne Kraft, welches der Teufel spottet. Sondern wir müssen den Helm der Gerechtigkeit und der Liebe auch der Keuschheit und Reinigkeit anziehen, wollen wir mit dem Fürsten dieser Welt in Streit ziehen. Er giebet auf einen äußerlichen Glanz nichts. Kraft muß ihn überwinden, auch soll die Kraft in Wohltätigkeit leuchten. Also können wir um das Ritterkränzlein streiten, denn wir haben einen gewaltigen Kriegsmann wider uns. Er greifet uns in Leib und Seele und schläget uns bald zu Boden, und mag anders nicht überwunden werden als mit Kraft in Demut. Die kann ihm sein giftig Feuer löschen, damit er gegen uns und in uns wider das edle Bild streitet.

6. Darum mein geliebter Herr und Bruder in Christo, weil ihr euch zu der göttlichen Weisheit bekennet und in Arbeit derselben stehet, so ists billig und recht, daß wir uns untereinander ermahnen, daß wir wacker werden, dem Teufel zu widerstehen und uns den Weg, den wir wandeln sollen, stets unter Augen stellen und auch darauf treten. Denn anders richten wir nichts aus. Haben wir die Erkenntnis, daß die Welt in Babel blind sei und irregehe, so sollen wir die ersten sein, die wir mit der Tat aus Babel ausgehen, auf daß die Welt sehe, daß es ernst sei.

7. Es ist nicht genug, daß wir Babel offenbaren und tun ebendas, was Babel tut, damit bezeugen wir, so wir also tun, daß uns Gott zwar sein Licht lässet leuchten, daß wir sehen, aber wir wollen nur die Werke der Finsternis machen. Und wird dasselbe Licht, das uns im Verstande leuchtet, ein Zeugnis über uns sein, daß uns der Herr hat gerufen und hat uns den Weg gezeiget. Aber wir haben den nicht wollen wandeln.

8. Es ist wohl gut, daß wir Babel offenbaren. Wir sollen aber auch sehen, mit was Geiste und Gemüte und in welcher Erkenntnis das geschiehet. Es ist wohl gut eifern, aber das Herze muß in Gott gerichtet sein und die Erkenntnis muß aus Gott sein. Gottes Geist muß uns Zeugnis geben und unsere Gewißheit sein, sonst laufen wir ungesandt und sind doch von Gott in unserm Laufen nicht erkannt worden. So spottet nur der Teufel unser und führet uns in Irrwege. Dazu beweiset die Schrift, daß uns unsere Werke und Worte sollen nachfolgen, Apok. 14, 14.

9. Darum ist uns ernstlich zu betrachten, in was Geist und Erkenntnis wir die hohen Geheimnisse angreifen. Denn der ein Böses will zerbrechen, soll ein Bessers an die Stelle setzen, sonst ist er kein Baumeister Gottes, arbeitet auch nicht in Christi Weinberg. Denn es ist nicht gut zerbrechen, so man nicht weiß, wie das Gebäu(de) wieder in eine bessere Form zu machen ist. Denn Gott ist alleine der Baumeister der Welt. Wir sind nur Knechte. Wir müssen eben zusehen, wie wir arbeiten, wollen wir Lohn empfahen und auch daß wir sein Werk in seiner Schule gelernet haben und nicht laufen ungesandt, da wir noch seines Werks nicht fähig sind, sonst werden wir unnütze Knechte erfunden – (so) rede ich gutherzig und in ganzen Treuen, uns zu vermahnen, was wir tun sollen, daß unsere Arbeit Gott angenehm sei.

10. Denn die dunklen Geheimnisse sind uns anders gar nicht zu erkennen als im Hl. Geiste. Wir können nicht Schlüsse über verborgene Dinge machen. Wir haben das denn in wahrer Erkenntnis und befinden in Erleuchtung Gottes, daß es die Wahrheit und Gottes Wille sei, auch daß es seinem Worte ähnlich sei und im Licht der Natur gegründet.

11. Denn ohne das Licht der Natur ist kein Verstand von göttlichen Geheimnissen. Der große Bau Gottes stehet im Lichte der Natur offenbar. Darum, wem Gottes Licht scheinet, mag [man] alle Dinge erkennen, wiewohl die Erkenntnis nicht einerlei ist, denn Gottes Wunder und Werke sind ohne Ziel, auch ungemessen, und werden einem jeglichen offenbaret nach seinen Gaben. Denn dem das Licht scheinet, hat eitel Freude an Gottes Werken.

12. Auch so ist das Alte vor tausend Jahren im Lichte so nahe und leicht zu erkennen, als das heute geschiehet. Denn vor Gott ist

tausend Jahr kaum als für uns eine Minute oder Augenblick. Darum ist seinem Geiste alles nahe und offenbar, beides, das Geschehene und Zukünftige.

13. Und so wir dann in seinem Lichte sehen, so sollen wir seine Wunder verkündigen und seinen herrlichen Namen offenbaren und preisen, und nicht unser Pfund in die Erde vergraben, denn wir sollens unserm Herrn mit Wucher darstellen. Er will Rechenschaft von uns fordern, wie wir damit sind umgegangen. Und ohne Erkenntnis soll keiner im großen Mysterio richten, denn es ist ihnen nicht befohlen, sondern er soll also dahin arbeiten, daß er das wahre Licht erreiche, so arbeitet er recht in Gottes Schule.

14. Denn es finden sich viel Richter, die da wollen im Mysterio richten, aber sie sind von Gott nicht (an)erkannt. Darum heißet ihre Schule Babel, eine Mutter der Hurerei auf Erden, die mit Gott und auch dem Teufel buhlen, und nennen sich doch Christi Hirten, und sind doch nicht gesandt, viel weniger von Gott erkannt, sondern tun es um des Brauchs und Ehren willen. Und erlangeten sie das nicht in ihrem Hurenlauf, sie liefen nicht. Das rechte und hochteure Mysterium Gottes haben sie zu einem Ministerium ihrer Hurerei und Wollust gemacht. Darum nennet es der Geist Babel, eine Verwirrung, da man einen heuchlerischen Gottesdienst treibet und Gott mit der Zungen bekennet und mit der Kraft verleugnet, da man mit dem Munde Gott heuchelt und mit dem Herzen mit dem Drachen in der Offenbarung Jesu Christi buhlet.

15. Solche sollen wir nicht sein, wollen wir das göttliche Mysterium erreichen und des Lichtes fähig sein, sondern unsern Weg gänzlich in Gott richten und uns ihm ergeben, daß Gottes Licht in uns leuchte, daß er sei unser Wissen, Erkennen, Wollen und auch Tun. Wir müssen seine Kinder sein, wollen wir von seinem Wesen reden und darinnen arbeiten. Denn keinem Fremden, der sein Werk nicht lernet, giebet er sein Werk zu treiben.

16. Euer Büchlein habe ich überlesen und darinnen befunden euren großen Fleiß mit viel Arbeit, indem ihr die Sprüche der Hl. Schrift mit großer Menge zusammengetragen. Verstehe auch, daß euch das ein großer Ernst sei und wollet gleich hiermit die dunklen Terminos und Örter von der letzten Zeit, auch von der ersten Auferstehung der Toten und dann den tausendjährigen Sabbat damit bewähren

und darstellen, auch die Zerbrechung Babels und das neue Gebäu(de) in Zion, davon die Schrift an vielen Orten redet, offenbaren und an Tag stellen.[1]

17. Was anlanget Babel, wie die gewachsen und wie sie wieder soll zerbrechen, ist mehr am Tage, und ist der Zerbrecher schon lange auf der Bahn. Er hat schon lange angefangen, ohne daß mans sehen will. Man schreiet Mordio und ist doch kein fremder Feind, sondern es ist nur die Turba [Verwirrung], die mitten in Babel in ihren Lastern und Ungerechtigkeiten gewachsen ist. Die hat das Ziel funden. Und zerbricht nur das, was lange nichts getauget hat, was man hätte sollen zu allen Zeiten verwerfen.

18. Da man hätte sollen Gott lieben und ehren und seinen Nähesten als sich selber, so hat man den schändlichen Geiz, List und falschen Trug unter einem gleißenden Scheine an Gottes Stelle gesetzet und den Falsch für Gott geliebet und aus dem Mysterio eine lästliche Laster-Babel gemacht, da man uns mit süßem Geschwätze und mit blinden Augen gefangen geführet. Alles nur im Trug zu der großen Huren Herrlichkeit, daß sie hat damit ihren Hurenbalg gemästet und über unsern Leib und Seele, auch Hab und Gut geherrschet.

19. Dieses Hurenkind ist nun mit ihm selbst uneins worden über dem großen Raube und Ausbeute, und entdecket selber seine Laster und große Schande, daß wir doch sehen mögen, was Gutes in ihr ist je gewesen, denn das große Laster plaget sie, die sie hat getrieben und nichts Fremdes. Da siehet man jetzt, wie ihre Hurerei mancherlei ist gewesen und wie uns der Teufel hat mit mancherlei Netzen gestellet gehabt, und wie eine Hurerei wider die andere läufet und sich feindet, beißet und tötet. Denn das große Wehe ist angekommen und solle jetzt das große Übel gebären, das sie in sich ist schwanger worden. Darum schreiet sie, denn das Wehe ist sie ankommen. Sie redet von dem Kinde, das sie gebären soll als von Mord, Geiz und Tyrannei. Sie (ent)blößet ihre schöne Gestalt, wie sie im Herzen sei. Wer sie nun nicht kennen will, dem ist kein Rat.

20. Die Offenbarung saget: Gehet aus von ihr, mein Volk, daß ihr nicht ihrer Plage teilhaftig werdet, denn sie hat in ihren Becher Greuel ihrer Hurerei in Gottes Zorn eingeschenket. Den soll sie

[1] Paul Kaym gab eine Auslegung der Johannes-Offenbarung.

aussaufen; davon muß sie selber zerbersten, Apok. 18, 4. Und das ists, das ich sage von Babel, daß sie eine Hure ist und soll nahend zerbrechen. Sie soll sich selber zerbrechen, und kein Fremder soll es tun. Der Geist ihres eigenen Lügenmundes ersticket sie. Ihre eigene Turba zerbricht sie. Sie schreiet Rache und Mordio über Ketzerei, und ist ihr doch nicht um Gott zu tun, sondern um ihren Hurenbalg.

21. Wäre es ihr um Gott zu tun, so träte sie in sein Gebot und Willen von der Liebe, da Christus saget: Liebet einander; dabei wird man erkennen, daß ihr meine Jünger seid, Joh. 13, 35. – Nicht in Krieg und Lästern stehet Gottes Reich oder in äußerlichem Glanz in guten Tagen. Gottes Kinder finden sich darinnen nicht, sondern die Liebe, in Geduld, in Hoffnung, im Glauben unterm Kreuz Christi. Da wächset Gottes Kirche in Ternarium Sanctum, ein neuer englischer Mensch im alten verborgen. Das ist meine gewisse Erkenntnis von diesem Artikel kurz gefasset. In meinen Schriften werdet ihrs sehen.

22. Zum anderen: Von Zion sage ich auch nach meiner Erkenntnis, wie mir es der Geist zeiget, daß ja eine Änderung des Trugs kommen soll und Zion soll gefunden werden, allein von den Kindern des Glaubens, nicht in gemein, daß kein Gottloser sollte bleiben, denn der Treiber wird eine Ursache müssen werden, daß Zion geboren wird. Wenn man sehen wird, wie Babel eine Hure ist, so werden sich viel Kinder in Zion finden und den Herrn suchen. Aber der Treiber wird hinter ihnen her sein und sie für Ketzer ausschreien, auch verfolgen und töten und ihren Glauben üben. Und wo einer getötet wird, da werden ihrer zehn, ja hundert aufkommen an dessen Statt.

23. Aber das allgemeine Zion erscheinet erst in dem größesten Elende. Wenn Babel zerbricht, so wird es wüste und elend stehen. So sagen dann die Kinder Zion: Wie hat uns der Herr verlassen! Kommet doch und lasset uns sein Antlitz suchen, lasset uns doch ausgehen vom Streite, haben wir doch unser Land verwüstet, ist doch aller Vorrat hinweg; sind wir doch Brüder, warum streiten wir? Wir wollen in eine Liebe treten und den Herrn suchen und nicht mehr streiten und uns verderben. Wir wollen uns lassen genügen, sind wir doch allhier nur fremde Gäste und suchen unser rechtes Vaterland.

24. In dieser Zeit wird ja ein Zion erfunden, und wird der Himmel seinen Tau, die Erde ihre Fettigkeit geben, aber nicht dergestalt, als

würde die Bosheit ganz ab sein. Denn es soll triefen bis ans Ende, davon Christus saget: Meinest du, daß Glauben werde auf Erden sein, wenn der Menschensohn kommen wird? Und ob den Kindern Zion wohl wird eine feurige Rettung geschehen, daß sie werden bleiben ohne des Teufels Willen, auch daß Gott wird große Dinge wirken als bei der Apostel Zeit, so währets doch nicht ans Ende. Denn wie es war zur Zeit Noahs, als der in die Arche ging, also soll auch sein die Zukunft des Menschensohnes, wie geschrieben stehet Luk. 17, 26f.

25. Daß aber der Hl. Geist in der Gläubigen Herzen werde in Zion sein, bekenne ich und weiß es, denn Zion wird nicht von außen sein, sondern im neuen Menschen. Es ist schon geboren. Wer das suchen mag, der suche sich nur selber und gehe von dem alten Adam aus in ein neu Leben, er wirds finden, ob Jesus in ihm geboren sei. Findet er das nicht, so gehe er nur in sich, so wird er Babel und ihre Wirkung in sich finden. Die muß er zerbrechen und in Gottes Bund treten. So wird Zion in ihm offenbar werden und wird mit Christo im finstern Stalle geboren werden, nicht in Jerusalem, wie die Vernunft gerne wollte, daß Christus in dem alten Esel geboren würde. Er soll Knecht werden und dem neuen Menschen in Zion dienen.

26. Daß aber in den vierhundert Jahren werden eitel güldene Wesen sein[1], davon weiß ich nichts, ist mir nicht offenbaret. Auch so ist mir das Ziel der Welt Ende nicht offenbaret und kann von keinen vierhundert Jahren sagen, denn der Herr hat mirs nicht befohlen zu lehren. Ich stelle es seiner Macht heim und lasse es denen, so es Gott möchte offenbaren. Dieweil ich solches noch nicht habe ergriffen, so lasse ich mir an meiner Gabe genügen, verachte aber niemand, so jemand eine Erkenntnis oder Befehl hätte, also zu lehren.

27. Denn das vierte Buch Esras ist mir vor meinen Augen hiermit nicht genug, das zu ergreifen. Ich warte aber meines Heilandes und freue mich dessen, daß ich mag meinen Herrn finden. Wenn ich den habe, so verhoffe ich, nach Absterben meines alten Adams mich in der stillen Ruhe Zions wohl zu ergötzen und in meinem Gott zu harren, was der mit mir tun will in seinem und meinem Zion. Denn

[1] Böhme geht auf Kayms Vorstellungen ein.

wenn ich nur den habe, so bin ich mit und in ihm im ewigen Sabbat, da kein Streit der Gottlosen mehr wider mich in meinen neuen Menschen gehen kann. Das freue ich mich unterdessen in diesem elenden Hüttentale.

28. Die erste Auferstehung der Toten zum tausendjährigen Sabbat, davon in (der) Apokalypse stehet, Apok. 20, 4. 5, ist mir auch nicht genug erkannt, wie daß es damit bewandt sein mag, weil sonst die Schrift nichts davon meldet und Christus sowohl seine Apostel dessen in andere Wege nicht gedacht als nur Johannes in seiner Offenbarung. Ob das tausend solarische Jahr sein werden oder wie es damit bewandt sei? Weil ichs aber nicht habe ergriffen, so lasse ichs meinem Gott und denen, so etwa Gott solches möchte zu erkennen geben, bis mir die Augen dessen Wesens, so es Gott gefiele, möchten eröffnet werden. Denn es sind Geheimnisse, und ist dem Menschen ohne Gottes Befehl und Licht nicht damit zu schließen. So aber jemand dessen von Gott Erkenntnis und Erleuchtung hätte, möchte ich mich wohl lehren lassen, so ich dessen im Lichte der Natur möchte Grund haben.

29. Weil mir aber gebühret, meine Erkenntnis, soviel ich im Lichte der Natur ergriffen, nicht zu bergen, so will ich etliche Meinungen, die mir bedenklich sind, darsetzen, nicht schließen, sondern zu erwägen geben. Weil solches auch schöne Lehren giebet und dem Menschen also zu forschen nützlich ist, will ichs (in) guter Meinung tun, ob man könnte etwas näher kommen und vielleicht dadurch möchte irgendein Mensch, dem Gott die Gabe hätte gegeben, erwecket werden, klarer zu schreiben.

30. Als erstlich, obs auch gewiß sei, daß die Welt siebentausend Jahr müsse stehen und tausend Jahr ein eitel Sabbat sein, sintemal Gott in sechs Tagen alles geschaffen und am sechsten Tage gegen Abend die Ruhe angegangen, davon die Juden ihren Sabbat am Freitage zu Abend anfangen und auch Elias saget, daß die Welt sollte nur sechstausend Jahr stehen, und aber Christus saget, daß die Tage um der Auserwählten willen sollen verkürzet werden, sonst würde kein Mensch selig, Matth. 24, 22, welches ihr zwar zum Fall Babels ziehet und zur Zeit Zions.

31. Es lässet sich aber ansehen, als redet Christus vom Fall der Juden und von der Welt Ende, und zeiget an ein Böses Ende. Dazu saget Christus, es soll zur Zeit seiner Zukunft zum Gerichte sein als zur Zeit Noahs, da man werde freien und sich freien lassen. So wissen wir ja wohl, wie es die Schrift bezeuget, was zur Zeit Noahs ist für eine böse Welt gewesen, daß auch die Sündflut mußte kommen und sie verderben. Dieses wollte nun einen schlechten Sabbat anzeigen. Und ob man aber die Worte Christi von seiner Zukunft wollte anders deuten, so würde es doch nicht genug zu bewähren sein, sintemal uns auch die Jünger Christi nur immer das Ende nahe malen und Paulus saget, daß das Ende kommen soll, nachdem der Antichrist würde offenbaret werden, II. Thess. 2, 1-3.

32. Daß aber die Auferstehung der Toten und das Jüngste Gericht sollten von zweien verstanden werden, als daß die Gerechten sollten zum tausendjährigen Sabbat aufstehen und darunter auch etliche Gottlose, und daß Gog und Magog erst sollten wider die Heiligen streiten am Ende des tausendjährigen Sabbats, scheinet fast wider das Licht der Natur zu laufen.

33. Denn erstlich wüßte ich nicht, wie die erste Auferstehung geschehen müßte, sintemal den Heiligen ihre Werke sollen nachfolgen vermöge der Worte Christi. So wissen wir ja gar wohl, daß alle unsere Werke ins große Mysterium eingesäet sind, daß sie erstlich in die vier Elementa gehen und dann ist das Mysterium und werden zum Gerichte Gottes behalten, da alles soll durchs Feuer verzehret werden und die Figur dem Centro der Natur als der finstern Ewigkeit heimfallen.

34. Sollen aber dem Menschen seine Werke in der ersten Auferstehung folgen, wie ihr berichtet, so müßte ja Gott das Mysterium bewegen; das ist: er müßte sich selber bewegen, welches das Jüngste Gericht andeutet, denn Gott hat sich von Ewigkeit nicht mehr als zweimal beweget: eines in der Schöpfung dieser Welt und zum andern in der Menschwerdung Christi nach seinem Herzen. So stehet die erste Bewegung dem Vater aller Wesen zu und die andere dem Sohne nach Gottes Herzen.

35. Nun stehet noch offen die dritte Bewegung des Hl. Geistes, beides: in Liebe und Zorn nach allen dreien Prinzipien, da alles soll in der Bewegung des Hl. Geistes herwiederbracht werden, was je

verdorben ist, und einem jeden sein Behalter gegeben werden. Wie mögen dann die Toten in ihren Werken aufstehen ohne Bewegung des Hl. Geistes, beides: in Liebe und Zorn, da doch des Lebens Wiederkunft alleine in ihm stehet?

36. Dazu wüßte ich nicht, wie die erste Auferstehung geschehen sollte, ob sie in dem zweifachen Menschen, welches doch der Verstand nicht anders leiden kann, geschehen sollte als im Bösen und Guten. Was könnten wir aber in dem für einen vollkommenen Sabbat halten? Könnte doch Adam nicht also bestehen, sollte dann der neue Mensch allein aufstehen, so wäre er nicht in den vier Elementen in dieser Welt. Auch (be)darf der neue Leib in Christo keiner Auferstehung. Er lebet ewig ohne Not und Tod in Christo und wartet nur, wann Gott wird das Mysterium bewegen, da er dann soll die Krone seiner Wunder und Werke anziehen.

37. Die Auferstehung ist also getan, daß das Mysterium soll wiedergeben, was es verschlungen hat. Die Werke sollen den Menschen angetan werden, und er soll damit durchs Feuer gehen und bewähret werden, was im Feuer bestehe oder nicht.

38. Nun wüßte ich nicht, wie das sollte zugehen mit der Wohnung auf Erden. Sollte es auf paradeisische Art geschehen, daß der Mensch sollte aufstehen mit den Wundern, so möchte es ohne Bewegung des großen Mysterii nicht geschehen, denn euer Schreiben lautet, daß auch etliche Gottlose sollten mit aufstehen. Das deutet an, daß das Mysterium müßte beweget werden, und in der Bewegung ist ja die Anzündung.

39. So nun das Mysterium beweget wird, so wirds nicht nur etliche regen, auch nicht nur in einer Qual, sintemal auch etliche Gottlose sollten mit aufstehen.

40. Daneben zeigt ihr an, sie sollen am Ende des sechstausenden Jahres alle sterben, so müßte eine Wohnung auf Erden sein, da sich die gottlosen Auferstandenen wieder freieten und baueten, deren nicht nur etliche nach eurer Meinung, sondern nach der Schrift soviel als Sand am Meer sein sollen. Wo wollten sonst Gog und Magog herkommen oder wie wollten sie doch wider die Paradeiskinder streiten? Denn in den Paradeiskindern ist kein Streit, auch so wäre es nicht not, daß sie am Ende des sechstausenden Jahres

stürben, so sie sollten im zweifachen Leibe aufstehen, wie wir jetzt sind.

41. Sollen sie dann im neuen Leibe aufstehen, so kann kein Gottloser denselben weder sehen noch greifen, gleichwie wir jetzt das Paradeis nicht sehen. Also ist auch der neue Leib; wider den mag kein Gottloser streiten. Oder warum wollen sie streiten? Sind die Heiligen im Paradeis, so brauchen sie nicht der äußeren Elemente, sondern nur des innern Elements, da alle vier in einem liegen, so haben sie um nichts zu kämpfen, sondern sind in der Qual geschieden.

42. Sollen dann die Gottlosen sterben und sollen auch wieder in den vier Elementen aufstehen, das siehet viel wunderlicher. Sollen sie aber im geistlichen Leibe aufstehen, so kann der nicht die vier Elementa begreifen, sondern den Abgrund, und wären doch geschieden als Licht und Finsternis. Was hätte Gott für einen Gefallen daran, daß er die Allerheiligsten wollte wieder in den Streit und in die Qual der vier Elemente einführen, deren sie doch abgestorben sind? Und sollten erst mit den Gottlosen in Streit ziehen; vielmehr täten die andern billiger, die hier auf Erden um Christi willen nichts gelitten haben, als die allhier auf Erden um Christi willen ihr Leben haben verloren.

43. Und ob man sagen wollte, sie werden nicht streiten, sondern der Herr für sie. Was hätte aber Gott für einen Gefallen daran, daß er die Heiligsten aufweckte und den Gottlosen wieder unter die Augen stellete? Oder möchte die Freude in Abrahams Schoß nicht größer sein als diese in den vier Elementen, da von Natur Streit ist? Sollen sie aber im Paradeis wohnen außer den vier Elementen, so kann sie kein Streit rühren, auch kein Gottloser.

44. Dazu, was wären die Gottlosen nütze auf Erden, so da ein Sabbat sein soll? Ist doch ihre Qual nicht in den vier Elementen, sondern im Abgrunde, wo ihre Seele hingehet, wenn der Leib stirbet. Dazu sollten nur diese im Sabbat wohnen, die um Christi willen wären gestorben, deren doch keine solche Zahl sein mag, wie in (der) Apokalypse stehet, daß sie die Erde bewohneten; und sollten die Gottlosen auch auf Erden wohnen und sollten den höllischen Sabbat halten, welches alles wider das Licht der Natur läufet.

45. Dazu saget Christus: Sie werden freien und sich freien lassen wie zu Noahs Zeit, auch sollen ihrer zwei in einer Mühle mahlen und ihrer zwei in einem Bett schlafen, und soll eines angenommen und das andere verlassen werden, wenn der Jüngste Tag kommet, Matth. 24, 39–42. Dazu sagt auch Christus, daß, wenn er kommen werde, die Welt zu richten, werden ihn alle Geschlechter sehen und vor ihm erschrecken, und die Gottlosen werden weinen und heulen und zu den klugen Jungfrauen sagen, gebet uns von eurem Öle, Matth. 25, 8.

46. Dieses alles zeiget an ein allgemein Warten des Jüngsten Gerichtes. Dann sollen zur letzten Posaune ihrer zwei in einem Bette liegen, als ein Heiliges und Gottloses, das zeiget keinen Unterschied an. Sollen sich die Heiligen mit den Gottlosen mengen, so soll es wohl ein schlechter Sabbat sein. Wenn man die Worte Christi und seiner Apostel ansiehet, so wollen sie sich nun gar nicht dazu schicken, ob gleich ein tausendjähriger Sabbat in (der) Apokalypse stehet; der ist uns aber verborgen, und wissen nicht, wann der mag angehen oder angegangen ist.

47. Ist die erste Auferstehung paradeisisch, so könnte es wohl ohne unsern Bewußt geschehen sein. Sie würden unter uns nicht wohnen, auch sich nicht freien lassen, denn wir sterben einmal dem Manne und Weibe ab.[1] Wir werden nicht wieder (als) ein Mann oder Weib auferstehen, sondern in Engelsgestalt sollen wir im Paradeis leben, Matth. 13, 43; 22, 30.

48. Dazu sollen die Gottlosen die Klugen um Öl des Glaubens in der Erscheinung seiner Zukunft bitten. Und ihr schreibt, das Feuer Gottes, als der Zorn und höllische Qual, soll in ihnen sein und sollen auf Erden in den vier Elementen gequälet werden im Zorn Gottes, da doch der Zorn Gottes in den vier Elementen nicht offenbar ist, denn es ist Böses und Gutes untereinander.

49. Wie wird aber der, der dem Guten einmal abgestorben ist und keine guten Gedanken haben kann, erst den (die) Heiligen um Glauben und Trost bitten? Das zeiget vielmehr an, daß, wenn Christus kommen wird, die Welt zu richten, sie noch alle im Fleische in den vier Elementen werden untereinander wohnen, da

[1] Die Geschlechtlichkeit hört auf.

eines wird angenommen werden und das andere verlassen und dem Gottlosen seine Sünden werden unter Augen treten in der Erscheinung des ernsten Angesichtes Gottes im Feuereifer des ersten Principii, daß er wird erschrecken, und dann erst wollen fromm werden.

50. Und ob ihr gleich meldet, sie sollen nur aufwachen und nicht aufstehen, so müßte man die Unverwesenen verstehen. So meldet ihr doch, sie sollen auf Erden wohnen in den reinen Elementen und die Heiligen im Paradeis. Wenn das (so) ist, so geschieht kein Streit mehr, sondern (sie) sind ewig geschieden.

51. Sollen aber die Heiligen auf Erden im Paradeis wohnen wie Adam vor dem Falle und sollen die Gottlosen gegen sie stehen, so ist Gefahr bei ihnen wie bei Adam, daß sie möchten wieder von irdischer Frucht essen, davon sie noch einmal stürben.

52. Sollen sie aber den Gottlosen tausend Jahr verborgen sein und auch den vier Elementen, warum sollen sie dann erst am Ende in den vier Elementen offenbaret werden? Daß Gog und Magog erst sollte mit den Paradeiskindern streiten, das vergleicht sich weder mit der Schrift noch mit der Vernunft.

53. Die erste Epistel an die Korinther am 15. lehret zwar von Christi und unserer Auferstehung, aber nicht von dreien, sondern von Christi und dann von unserer, denn, so saget er: Der Erstling ist Christus und danach wir, die wir Christum angehören. Das ist die allgemeine Auferstehung. Und ob er gleich saget: danach das Ende, so meldet er keine Auferstehung an mit dem Ende, sondern das Ende ist unsere Auferstehung. Das ist vielmehr zu verstehen, als daß er mit dem Ende eine andere Auferstehung oder Zeit meinete, denn nach unserer Auferstehung kommet erst das Ende dieser Welt (I. Kor. 15, 22, 26).

54. Die Toten sollen von ehe vors Gerichte treten, ehe das Ende dieser Welt und der vier Elemente kommt, denn das Ende ist die Anzündung des Feuers und das Letzte.

55. Auch haben uns Christi Apostel und alle Lehrer von Gott immer das Ende nahe vorgemalet. Denn Johannes in seiner Epistel I. Joh. 2, 18 saget selber, daß wir am Ende sind. Er saget wohl von der letzten Stunde; sollte aber der Gottlose gewiß sein, daß er noch

vierhundert Jahr hätte zum Ende, wie sollte er auf seiner Kinder Reichtum trachten?

56. Auch ist uns wohl nachdenklich des Endes, denn diese Welt ist eingeschlossen in den Anfang der Schöpfung und dann ins Ende. Da die Schöpfung hat aufgehört, das ist alles im sechsten Tage vollendet worden. Und in einer solchen Zeit soll vollendet werden das Geheimnis des Reiches Gottes. Und vor Gott sind tausend Jahr wie ein Tag.

57. Was aber anlanget den siebten Ruhetag, ob die Welt solle noch tausend Jahr zur Ruhe stehen, ist uns Menschen verborgen. Wir können nicht gewiß schließen. Wir müssens seiner Macht stehenlassen. Ich habe auch dessen keine Erkenntnis, weil es die Schrift nicht klar giebet, wann die tausend Jahr anheben oder was es für Jahre sind oder wie es damit bewandt sei. So lasse ich es in seinem Wert, will aber niemand gewehret haben, so er dessen eine gewisse Erkenntnis oder Befehl hätte, damit zu handeln, füge ich's euch nachzusinnen (in) guter Meinung.

58. Was aber mehrers darauf zu antworten wäre, findet ihr in meinen Schriften genug. Wiewohl ich wohl eine ausführliche Antwort möchte stellen, so deuchte mich es doch nicht genug zu sein, weil mir diese Erkenntnis nicht ist gegeben worden; (ich) lasse es derowegen stehen, denn ich weiß, daß ich soll von meinen Dingen Rechenschaft geben. Und übersende euch mit Zeiger[1] eure zwei Bücher wieder und tue mich dessen bedanken.

59. Anlangend das Ziel mit Babel, daß Babel sollte innerhalb des 1630. Jahres ganz zerbrechen nach eurer Rechnung und wiewohl andere mehr dergleichen schreiben, ist mir nicht genug erkenntlich. Mir ist zwar gegeben worden zu erkennen, daß die Zeit nahe sei und nunmehr vorhanden, aber Jahr und Tag weiß ich nicht, lasse es derowegen dem Rate Gottes und denen es Gott will offenbaren. Ich kann ohne ein gewiß Wissen nichts schließen, sonst würde ich vor Gott ein Lügner erfunden.

60. Ich warte aber meines Heilandes, was der tun will. Will er, daß ich es soll wissen, so will ichs wissen, so nicht, so will ichs auch nicht wissen. Ich habe meinen Willen, Erkenntnis und Wissen in ihn

[1] Name eines Briefboten

gestellet. Ohne ihn will ich nichts wissen. Er soll meine Erkenntnis, Wissen, Wollen und Tun sein, denn außer ihm ist eitel Fährlichkeit. Der Mensch trifft (schon) das schwerlich, das er vor Augen hat, viel weniger das Verborgene, es sei denn, daß Gott sein Licht sei. Gebe ich euch wohlmeinende Antwort zu erwägen, wiewohl ich ein schlechter einfältiger Mann bin und von keiner Kunst dieser Welt erboren; was ich aber habe, das ist Gottes Gabe. Ich habe es nicht von Kunst oder Studieren, sondern vom Licht der Gnaden, welches ich alleine gesuchet habe. Und ob mein Anfang zwar einfältig gewesen wegen meines kindischen Verstandes, so hat doch Gott seit der Zeit in seinem Lichte etwas in mir gewirket und mir meine kindischen Augen eröffnet.

61. Anlangend das Buch »Morgenröte«, welches das erste ist, wäre an manchen Orten nötig besser zu erklären, denn der ganze Begriff war noch zu der Zeit nicht in mir geboren. Denn als ein Platzregen vorübergehet, was der trifft, das trifft er – also ging es auch mit dem feurigen Trieb, wiewohl mein Vorhaben gar nicht war, daß es jemand lesen sollte. Ich schrieb allein die Wunder Gottes, so mir gezeiget worden, für mich zu einem Memorial. Und es ist auch ohne meinen Willen ausgangen und ist mir gewaltsam entzogen und ohne meinen Bewußt publizieret worden. Denn ich gedachte es mein Leben bei mir zu behalten und hatte keinen Vorsatz damit, unter so hohen Leuten, wie geschehen, bekannt zu werden. Aber der Höchste, in dessen Händen und Gewalt alles stehet, hatte ein ander Vorhaben damit, wie es jetzt am Tage ist, daß es, wie ich berichtet worden, soll in vielen Städten und Landen bekannt sein, welches mich zwar wundert und doch auch nicht wundert, denn der Herr richtet sein Werk wunderlich und eilend aus, über alle Vernunft. Und sollte er einen Hirten darzu brauchen, dieweil ihm die Kunst und äußere Vernunft nicht will Statt und Raum geben, so muß sein Vorsatz doch bestehen wider alles Wüten des Teufels.

62. Und wiewohl es ist, daß ich mir damit nicht viel guter Tage erschöpfet habe, so soll ich doch auch seinem Willen nicht widerstehen. Ich habe allein geschrieben nach der Form, wie mirs ist gegeben worden, nicht nach andern Meistern oder Schriften. Und dazu ist mein Vorhaben je nur gewesen für mich. Ob mirs wohl der Geist gezeiget hat, wie es ergehen werde, so hat doch mein Herze nichts gewollt, sondern ihm das heimgestellet, was er wollte. Ich bin

auch damit nicht ohne Ruf gelaufen und mich (hat) niemand bekannt gemacht, denn ich auch mit Wahrheit wohl sage, daß es meine Bekannten zum wenigsten wissen. Was ich aber jemanden gewiesen, das ist auf seine Bitte und emsiges Begehren geschehen.

63. Und dann ferner füge ich euch, dieweil ihr meine Schriften in Händen habet zu lesen, daß ihr sie nicht wollet ansehen als eines großen Meisters, denn Kunst ist nicht darinnen zu sehen, sondern großer Ernst eines eifrigen Gemütes, das nach Gott dürstet, in dem der Durst große Dinge empfangen, wie der Erleuchtete wohl sehen wird und ohne das Licht keinem recht kenntlich oder begreiflich sein wird, wie es der Leser in der Tat also empfinden wird, und hat doch auch leichter oder dem Verstande näher nicht mögen geschrieben werden, wiewohl ich vermeine, sie sind helle und einfältig genug in einer solchen Tiefe. So aber etwas wäre, das zu schwer sein wollte, könnte ichs wohl etwas einfältiger fürbilden, wenn mir das angemeldet würde.

64. Es sind auch noch andere Büchlein mehr geschrieben worden von der Weisheit Gottes, gar eines scharfen Sinnes, von der großen Tiefe der Wunder Gottes, welche ich jetzt nicht beihanden habe.

65. Daß ich euch aber nicht eine ausführliche Antwort meines Bedenkens wegen eurer Büchlein über den tausendjährigen Sabbat, auch der vierhundertjährigen Zeit in Zion gebe, welches ihr mit vielen Zeugnissen der Hl. Schrift vermeinet zu erweisen, ist dies mein Bedenken, daß ich nicht gründlich weiß, ob sich auch dieselben Sprüche dahin ziehen. Denn es sind auch viel Sprüche der Schrift, die sehen, als wollten sie nicht mehr als eine allgemeine Auferstehung der Toten andeuten, und sind fast helle, sonderlich in den Worten Christi in den vier Evangelien, welche ich für die gewissesten halte.

66. Desgleichen hält sichs auch mit Zion, denn die Bosheit soll triefen bis ans Ende, Dan. 9, 27. Und obwohl ein Zion sein wird, so ists doch nicht allgemein. Es wird nur Babel zerbrechen und eine andere Gestalt bekommen. Aber es werden nicht alle Kinder Gottes sein, welche sich Kinder in Zion nennen.

67. Auch so habe ich des tausendjährigen Sabbats keine Erkenntnis, weiß es auch mit der Schrift nicht genug zu gründen, denn man

findet allezeit das Widerspiel. Man kann die Schrift deuten, als man will. So ich dann dessen keinen Befehl von Gott habe, lasse ichs stehen und lasse einem jeden seine Meinung auf sein Verantworten, füge ich euch treuherzig wohlmeinend und bin euch sonst in der Liebe Christi in Treuen verwandt.

68. Im 42. und 43. Blatte, als ihr vom Mysterio der abgeschiedenen Seelen etc. schreibet, ziehet ihr Theophrasti[1] und anderer Meinung in einen Verdacht, als hätten sie nicht recht vom Mysterio geschrieben. Das wäre besser gewesen, es wäre übergangen worden, dieweil ihr derer Meinung nicht verstanden, wie ihr berichtet, und auch fast also lautet. Ihr werdet in meinem Büchlein der »Vierzig Fragen«[2] vom Jüngsten Gerichte und auch in andern Fragen genugsam Ausführung finden. Wenn dieselben gelesen und recht verstanden würden, es dürfte fast keines tiefen Suchens. Es ist darinnen helle genug, was das Mysterium sei, das Leib und Seele begreifet, und wie es mit den abgeschiedenen Seelen eine Gelegenheit habe, beides mit ihrem Warten des endlichen Gerichtes und auch ihrer Wohnung unterdessen sowohl ihrer Qual und Unterscheid. Ich hätte vermeinet, es wäre also tief und hoch gegründet, daß des Menschen Gemüt solle ruhen. Und so ihr aber kein Gründlichers habet noch könnet darstellen, so bliebe es billig in seinem Ort. Der tausendjährige Sabbat, auch die vierhundertjährige Zeit wills meistern und in Verdacht ziehen.

69. Aber [es] könnten viel Einreden gefallen, mit welchem wir nichts gedienet, auch so ist der Welt an der Offenbarung des tausendjährigen Sabbats nicht viel gelegen. Weil wir aber dessen nicht genug Grund haben, so beruhete es nur billig in göttlicher Allmacht, denn wir haben genug am Sabbat der neuen Wiedergeburt, denn welche Seele denselben Sabbat erlanget, die wird auch nach Absterben des irdischen Leibes Sabbats genug im Paradies haben. Wir können das andere wohl göttlicher Allmacht befehlen, was der mit uns tun will, wenn wir in ihm und er in uns sein wird. Denn ich vermeinte, es sollte in Gott ein besserer Sabbat sein als in dieser Welt. Auch so die Menschen sollten auf Erden im Paradies wohnen, so müßte Gott herwiederbringen, was in seinem Fluche ist

[1] Paracelsus
[2] Jakob Böhme, *Vierzig Fragen von der Seelen* (Psychologia vera, 1620)

ins göttliche Mysterium getreten, wie bei den »Vierzig Fragen« zu sehen ist.

70. Daß ihr aber vermeinet, die Gerechten werden nicht vors Gericht gestellet werden mit ihren Werken, das läufet wider Christi Worte, der da sagte, es soll alles durchs Feuer bewähret werden. Ich sage nicht: ins Gerichte, denn das Gerichte ist in den Gottlosen; verstehet: das Zorngerichte, davon die Schrift saget: Der Gerechte, oder wie Christus saget: wer an mich glaubet, kommt nicht ins Gericht, Joh. 5, 24. Er verstehet hiermit des Gerichts Qual. Seine Worte lauten, daß sie alle sollen vors Gerichte treten und ein jeder seine Sentenz hören; als die Gottlosen: gehet hin, und die Frommen; kommet her, Matth. 25, 34, 41.

71. Auch so soll ein jeder im Mysterio seiner eigenen Werke dastehen und soll nach den Werken gerichtet werden. So wisset ihr ja wohl, daß unsere Werke in dieser Welt sind in Böse und Gut geschöpfet worden und sollen im Feuer Gottes bewähret und geschieden werden. Wie werden sie dann den Heiligen in der Auferstehung zum Sabbat ohne Entschieden nachfolgen und sie darinnen Sabbat halten? Sollen sie ihnen aber nachfolgen, so müssen sie im Feuer probieret und geschieden werden. Alsdann dürfen sie nicht mehr vor das Gericht. Sollen sie aber ohne ihre Werke Sabbat halten, so sind sie nicht vollkommen.

72. Wenn wir wollen vom Paradeis reden und das ergreifen, so müssen wir scharfe Augen haben, das zu sehen, denn die innere Welt des Paradeises und die äußere Welt hangen aneinander. Wir haben uns nur aus der innern in die äußere gewendet und wirken also in zwo Welten. Der Tod kann unsere Werke nicht scheiden. Es muß es nur das Feuer Gottes tun, denn sie bleiben in einem Mysterio bis ins Gerichte Gottes.

73. Ein jeder Mensch soll zur Stunde der Auferstehung in seinem eigenen Mysterio dastehen und seine Werke im Mysterio vor ihm sehen und in ihm fühlen. Es heißet nicht, mit Worten sich verantworten, denn das Reich Gottes stehet in Kraft. Und ob wohl der Gottlose wird über seine Greuel und seine Verführer wehe schreien, so stehet doch einem jedem sein Werk in Kraft dar, das ihn auch wird erfreuen oder quälen.

74. So ist aber der alte Leib dieser Welt das Principium dieser Welt und der neue Leib das Mysterium der göttlichen Lichtwelt. Und die Seele ist das Mysterium Gottes des Vaters. Und die Erde mit den Elementen haben auch beide Mysteria, die soll(en) beweget werden durchs Principium des Vaters. Allda werden alle Türen der Geheimnis(se) aufgehen und wird ein jedes seine Figur geben, welche es verschlungen hat, und darstellen. Denn das Principium der Seelen muß mit beiden Mysterien vor Gerichte stehen.

75. Wohl dem nun, der Christi Leib im Mysterio der Grimmigkeit wird haben. Dem stehet das Seelenfeuer oder das Principium des Vaters mit der Lichtwelt als mit dem andern Principio umgeben und mit der Majestät durchleuchtet. Die werden keine Qual noch Übel fühlen. Sie gehen ohne Fühlen durchs Feuer, da dann das äußere oder dritte Principium soll probieret werden und alles Irdische oder Falsche im Feuer bleiben und aber die Werke im Feuer renovieret werden, da sie der irdischen Qual und Dunkelheit erledigt werden. Da bleibet das irdische Mysterium im Feuer und ist eine Speise des Feuers, daraus das Licht urständet, und verlieret der Gerechte nichts. Denn die Werke der Liebe, so im neuen Leibe, sind erboren worden, die gehen mit dem Seelengeiste durchs Feuer und bleiben in dem göttlichen Bildnis im Lichtquall und die vom dritten Principio als von dieser Welt in der Seelen Feuerqual.

76. Was aber ganz böse im dritten Principio gemacht ist worden und aber in dieser Welt nicht ist renovieret worden durch ernste Buße und Vertrag gegen seinen Bruder, das fället dem Centro der Natur als der Wurzel oder der finstern Welt heim.

77. Aber der Gottlosen Werke werden im Feuer gar nicht können bleiben, denn das Feuer schlinget die in sich ins finstere Centrum als in Urstand der Natur, darinnen die Teufel wohnen. Und also dahinein gehet auch ihr Seelenfeuer als das Principium des Vaters, denn dasselbe Seelenfeuer wird keine Materiam zum rechten Feuerbrennen haben, sondern wird als ein erloschen, finster, ängstlich Qualfeuer sein, nur als eine Angst zum Feuer. Das heißet Gottes Grimm und nicht Principium, ein Sterben oder sterbende Qual.

78. Denn das Principium des Vaters, da die rechte Seele inne stehet, ist ein angezündet Feuer, das da Licht giebet, da im Lichte das edle

Bildnis Gottes stehet. Denn dasselbige Licht sänftiget das brennende Feuer mit der Liebe Wesenheit, daß es nur ein Wohltun und Ursachen der Natur und des Lebens ist.

79. Darum sage ich euch, daß ihr euch nicht sollet wundern oder das in einen Mißverstand ziehen, wenn ich oder ein anderer, es sei gleich Theophrastus oder wer es sei, schreiben, daß der Mensch soll in seinem hier gehabten Leibe vor Gerichte stehen.

80. Ich merke gar wohl, daß ihr meine Schriften noch nicht habet verstanden. Im Buche »Vom dreifachen Leben« und dann im Buche »Von der Menschwerdung (Jesu) Christi« und im andern Teil von der »Menschwerdung«, das da handelt von Christi Leiden, Sterben und Auferstehen, wie wir in Christi Tode müssen eingehen und aus seinem Tode auferstehen; – in denselben Büchern werdet ihrs scharf genug erkläret und ausgeführet haben. Weil ihr die noch nicht in Händen habet, wollet ihr euch gedulden, möget sie vielleicht zu lesen bekommen. Alsdann werdet ihr eures Kummers und tiefen Forschens auf solche Weise wohl ledig werden.

81. Denn sie gründen alle gar viel tiefer, als euer Begriff in diesem ist. Leset sie nur recht, ihr werdet wohl finden, was Mysterium ist, was der magische Grund und Ungrund ist, auch was das Wesen aller Wesen ist. Es (be)darf keines Ratschlagens von einem oder dem andern. Wer das große Mysterium verstehet, daraus alle Wesen sind gangen und noch gehen, der lässet sich um solche Weiterung unbekümmert.

82. Ihr habet auch eine ganz harte Arbeit fürgenommen, welche nur euer Leben bekümmert, frisset und verzehret. Es (be)dürfte es gar nicht. Wer Mysterium Magnum findet, der findet alles darinnen. Es (be)darf keines Buchstabenbeweises. Es lieget Gott, Christus und die Ewigkeit mit allen Wundern darinnen. Der Hl. Geist ist der Schlüssel dazu. Seid ihr in der neuen Geburt, wie ihr meldet, so (be)darfs keines so schweren Suchens mit solcher schweren Arbeit. Suchet nur Christum in der Krippen, im finstern Stalle. Wenn ihr den findet, so werdet ihr wohl finden, wo er zur Rechten Gottes sitzet.

83. Forschen allein tut es nicht. Lapis Philosophorum[1] ist gar ein schwarzer, unansehnlicher Stein mit grauer Farbe. Aber es lieget die höchste Tinktur darinnen. Wollet ihr Mysterium Magnum foschen, so nehmet nur die Erde mit ihren Metallen vor euch, so werden ihr wohl den kabbalistischen Grund finden.

84. Und die tiefen Zahlen der Verborgenheit, welche sonst kein Mensch ergründen mag, liegen alle im Mysterio. Aber der es findet, forschet nicht nach Zahlen, er nimmt Gott für Erden und tut als einer, der einen köstlichen Schatz an einem dunkelen Orte liegen hat. Die Krippen und Windeln Christi sind ihm viel lieber als die ganze Welt mit ihrer Figur. Er verbirget die Zahlen selber, denn das äußere Reich soll seine Wunder verbringen.

85. Warum soll das irdische Mysterium vor der Zeit bloß stehen? Forschet von den Magis [den Weisen], welche Magiam himmlisch und irdisch verstanden haben, warum sie haben die Tinktur verborgen gehalten und nicht offenbaret. Anders ist keine Ursache, als daß ihr die Welt nicht wert ist. Darum hat sie uns Gott verborgen, auf daß das irdische Mysterium alle seine Wunder in uns verbringe und daß alle Schalen des Zornes Gottes in uns ausgegossen werden. Wie wollte sich denn ein Mensch unterwinden, solche Geheimnisse zu offenbaren, ohne des Mysterii Einwilligung? Wahrlich, er gehet um das Mysterium von außen, kommet er aber hinein, so hat er auch des Mysterii Willen.

86. Der äußere Trieb zum Mysterio zu offenbaren kommet vom Gestirne, denn es wollte der Eitelkeit gerne los sein, und treibet mächtig in den magischen Kindern zur Offenbarung. Darum sollen wir den Trieb prüfen, ob er aus Gottes Licht von Gottes Geist sei oder vom Sternenregiment.

87. Denn der Geist Gottes redet bloß von seinem Mysterio. Er zeiget nur die Turbam [Verwirrung] an und lässet die Zahlen stehen. Er hat das Mysterium mit der Macht des ersten Principii in den sieben Gestalten der Natur einmal bezeichnet zu den Wundern Gottes. Und das andere Mal hat ers in der Liebe in der Menschwerdung Christi bezeichnet mit den sieben güldenen Leuchtern und Fackeln. Dabei bleibet es bis ins Gerichte.

---

[1] Stein der Weisen

88. Es offenbaret sich eine jegliche Zahl selber in seinem Saeculo [Zeitalter]. Es hat keine Kreatur Gewalt darüber, sie zu offenbaren, denn auch der sie hat, darf nicht, er tritt sonst aus der magischen Ordnung und wird dem Mysterio ein Ekel.

89. Darum haben die Propheten und auch Christus alle in Gleichnissen geredet, Matth. 13, 10 auf magische Art, und darf noch heute keiner, der des Mysterii fähig ist, anders reden, es sei denn ein sonderlicher Vorsatz Gottes, da die Zahl muß offen stehen, als Daniel, der die Zeit Christi mit seiner Zahl klar deutet; der hatte es Befehl.

90. Solches melde ich gutherzig und ganz vertraulich, auch in rechter christlicher Liebe gegen euch, nicht aus Verachtung, sondern aus meiner Erkenntnis und Gabe. Dieweil ihr solches von mir begehret, habe ich euch eine kurze Andeutung gegeben, was in dem zu tun sei, und bitte, wollet es brüderlich vermerken. Was ich euch aber mit meinen wenigen Gaben dienen mag, so ihr dies ferner würdet begehren, soll willfertig geschehen, so ich aber würde vermerken, daß euch die Sache ernst sein würde und daß solches zu Gottes Ehren und menschlichem Heil dienen würde, und tue euch in die Liebe Jesu Christi empfehlen, Datum Görlitz, ut supra.[1]

9. Sendbrief

An Christian Bernhard – Vom 12. September 1620

Licht, Heil und ewige Kraft aus dem Brunnquell des Herzens Jesu Christi sei unsere Erquickung!

Ehrenfester, wohlbenamter Herr, in Christo geliebter Bruder! Euer an mich getanes Schreiben samt dem darinnen liegenden Reichsthaler habe ich empfangen; tue mich dessen bedanken. Gott wird solches vermöge seines Worts reichlich erstatten. Wiewohl die Gaben Gottes um kein Geld und Gut zu kaufen sind, so befind ich auch bei euch vermöge eures Schreibens einen ernsten Fleiß, indem ihr der Studien der göttlichen Weisheit begierig seid und dasjenige, was mir Gott aus Gnaden gegeben, selbst emsig nachzuschreiben

[1] wie eingangs vermerkt

einen Eifer bezeuget, und erkenne, daß es aus Dankbarkeit und Gehorsam gegen Gott geschehen, derowegen ich es auch willig angenommen.

2. Und ermahne euch brüderlich in Christo, euren angefangenen Lauf zu beherzigen und nachzukommen und als ein standhafter Ritter wider die eigne äußerliche Vernunft im Fleisch und Blute auch wider den Teufel und gleißnerische böse Art mit starkem Vertrauen in Gott im eiferigen Geiste und Gemüte und in einem stillen Leben zu streiten, damit ihr möget erlangen des edle Ritterkränzlein, welches einem gottesfürchtigen jungen Gesellen sonderlich wohl anstehet und vor Gott und seinen Engeln gar lieb ist, welches, so euch das einmal aufgesetzet wird, ihr wohl innewerdet, was Gott ist und vermag; werdet auch hernach nicht viel von anderen lernen dürfen, so der rechte Lehrer in euch selber ist, der alle Menschen lehret und sie bestätiget zu Gottes Kindern, der aus dem Menschen lehret. Denn das Reich Gottes ist im Menschen, so der aber in Christo wiedererboren ist.

3. Wie ihr denn solches in meinen Schriften genugsam beschrieben findet, welche nicht aus Tand oder Meinung entsprungen oder herkommen sind, sondern durch einen solchen Weg, wie sie selber anzeigen und lauten: als von dem ritterlichen Kampf, und was ich damit erlanget und überkommen habe, hab ich mir solches zu einem Memorial und Indenk aufgeschrieben, auch um derer willen, die Gott damit heimsuchen will und auch mit diesem Kränzlein krönen. Wie mir denn solches zu erkennen gegeben worden, um welches willen ich nach den hohen Gaben im Licht Gottes geschrieben habe und die äußere Vernunft als eine Närrin niedergeschlagen, auch meines äußern Lebens und Ehren hiermit nicht geschonet noch mich geschämet, indem mir viel Spott und Verfolgung zu Lohn worden, ohne das, was mir noch mag zuhandenstehen.

4. Ich lasse mir aber genügen. So ich mein Kränzlein mag von dieser Welt mit in mein recht Vaterland heimbringen, so hab ich Ehre, auch Reichtums genug. Die Schlange muß doch des Weibes Samen in diesem Leben immer in die Ferse stechen. Im Kreuz und Trübsal müssen wir neu geboren werden. Denn wollen wir mit Gott leben, so müssen wir auch mit ihm verfolget werden und mit ihm sterben und in ihm begraben werden, auch in ihm aufstehen und ewig in

ihm leben, seinem Bilde ganz ähnlich werden und allein unter seinen Purpurmantel zu ihm kommen. Er muß uns nur verdecken, sonst sind wir in des Teufels und Antichrist Netze und stehen mit der babylonischen Hure ganz nackend und beschämet vor Gottes Angesicht.

5. Weil euch denn Gott allbereit euer Herz aufgetan, daß ihr mit andern Augen sehet, so ist es hoch vonnöten fortzufahren und beständig zu bleiben. Denn der euch krönen will, ist schon auf dem Wege, aber ihr müßt die Anfechtung erdulden und bestehen und der fleischlichen Vernunft nicht Raum geben, denn der Teufel setzet dem Senfkörnlein, welches vom Hl. Geiste gesäet wird, heftig zu. Er will es immer wieder verderben.

6. Es gehet mit einem neugebornen Kinde Christi wie mit einem jungen Baume, welcher leichtlich verdirbet. Wenn er aber wächset und stark wird, alsdann kann er bestehen. Und ob ihm gleich manchmal ein Ast vom Sturmwinde abgeworfen wird, noch bestehet der Stamm und bringet andere Äste.

7. Es muß Ernst sein, mit dem Teufel zu streiten und den Zorn Gottes zu überwinden. Die eigne Vernunft muß sich nur ertäuben und ertöten und in Gott ergeben, auf daß Gott im Verstande des Menschen lebe, daß er sein Wille und Tun sei. Anders ist kein Finden in göttlicher Weisheit; der Geist Gottes muß sich nur im Menschen finden, daß das rechte Bildnis sein Werk und Wunder sei.

8. Denn alles, was von Gott lehret oder redet ohne Gottes Geist, das ist nur Babel, es gleiße, wie es wolle. Gottes Geist muß aus uns reden, soll unsere Rede vor Gott tüchtig sein.

9. Denn er vertritt uns selbst vor Gott, das ist: vor und in ihm selber. Er führet unsern Willen-Geist mit und in sich selber in Gott und vereiniget uns mit Gott und in Gott und bestätiget uns zu seinen Kindern in Christo. Er ist es, der uns findet. Wir können ihn nicht finden.

10. Aber sein Wille stehet gegen uns. Er hat in Christo beide Arme am Kreuze ausgebreitet, uns zu empfangen. Wir sollen uns ihm nur einwerfen und aus der Vernunft und Bosheit ausgehen; so wir das tun, so fallen wir in Christi Arme. Allda suchet und findet er uns in ihm. Allda werden wir sein Eigentum und sein Wohnhaus.

11. Allda führet er auf unsern Willen-Geist und ist uns untertan. Und alles, was wir dann machen und tun, das ist ihm lieb. Und alle dieselben Werke folgen uns nach und sind unser ewiger Ruhm und werden uns angezogen als ein Kleid zu Gottes Ehren und Wundertaten, um welches willen sich Gott zur Schöpfung des Menschen beweget hat und um welches willen Gott Mensch ward, daß er uns erlösete vom Übel.

12. Weil ihr denn meine Schriften in Händen habet, so gebe ich euch zu verstehen, daß ihr dieselben nur wollet kindisch und einfältig betrachten. So möget ihr dann das Perllein darinnen finden, denn scharf Suchen alleine tut es allhier nicht, sondern Wohlwollen und Wohltun, denn das Perllein lieget nicht im Buchstaben, sondern wie obgemeldt.

13. In diesem mitgesandten Buche (De Triplici Vita Hominis)[1], welches auch aus dieser Schule erboren worden von diesem Autor, werdet ihr weitern Grund finden. So euch aber im Verstande etwas zu schwer ist, wollt ich, so ihr mir das aufzeichnet, leichtern und erklären, wiewohl ich verhoffe, eines mit euch selber mit hierin zu besprechen. So es möchte Gelegenheit geben.

14. Wegen der zwei andern Büchlein, als das Neue Testament und (den) dritten Teil »Gnothi seauton«[2], wollet euch ein wenig gedulden, denn man hat sie jetzt nicht bei uns, bis nach der Leipziger Messe habe ich Vertröstung. So sollen sie auch geschicket werden. – Und tue euch in die brüderliche Liebe in Christo empfehlen.

Der Name des Herrn ist eine feste Burg. Der Gerechte läuft dahin und wird erhöhet.

J. B.

---

[1] Jakob Böhme, *Vom dreifachen Leben des Menschen*

[2] Eine gleichnamige Schrift von Valentin Weigel (1571) erschien 1615 und 1618 im Druck. Bei dem von Böhme gemeinten »dritten Teil« dürfte es sich jedoch um eine sogenannte pseudoweigelsche Schrift handeln; vgl. Winfried Zeller, »*Der frühe Weigelianismus*«, in: *Theologie und Frömmigkeit*. Marburg 1971, 53ff.

10. Sendbrief

An Herrn Abraham von Sommerfeld und Falkenheim auf Wartha – 1620

Licht, Heil und ewige Kraft aus dem Brunquell des Herzens Jesu Christi sei unsere Erquickung!

Edel-gestrenger, ehrenfester Herr, neben Wünschung göttlicher Gnaden und aller heilsamen Wohlfahrt gebe ich E. G.[1] zur Antwort: Nachdem mich E. G. Schreiber berichtet hat, wasmaßen E. G. einen Wohlgefallen an meinen noch bishero unerkannten Schriften trage, daß mir solches in meinem Geiste noch viel ein größer Wohlgefallen und Freude ist, so ich vernehme, daß Gott auch in so hohen Menschen sein Werk treibet und führet, welches doch sonst in der Welt nicht gemein erfunden wird, denn die zeitliche Ehre und Wollust dieses Lebens eine Verhinderung ist.

2. Ich kann aber das gar wohl verstehen, wasmaßen ja Gottes Geist euer adeliges Herze müsse rühren, indem ihr also Kosten und Mühe auf dieses Werk[2] geleget habet, welches doch gar von einer einfältigen Hand geschrieben ist, mit keiner Kunst oder großem Verstande, sondern nur in Erkenntnis der Gaben Gottes, auch von dem Autore nicht also vermeinet worden, daß es so hohen Leuten solle zu Händen kommen, dieweil er es nur für sich selber zu einem Memorial und zu einer Aufrichtung des finstern Schlafs in Fleisch und Blut geschrieben hatte; dazu mit keinem Fürsatze, ein solches Werk zu machen.

3. Es war wohl ein feuriger Trieb allda, aber ohne Vorwissen dieses Werkes, welcher im Autor verborgen gelegen als ein Mysterium, welches Gottes Geist gerühret, davon eine solche Lust und Begierde zu schreiben entstanden; und da doch keine Kunst noch Geschicklichkeit im Autor nach dem äußeren Menschen dazu war. Er suchte alleine das Herze Gottes, sich darein zu verbergen vor dem Ungewitter des Teufels, und betrachtete die böse Natur und deren Einflüsse und öfters des Teufels Trug und Gottes Zorn, und dann Gottes Liebe und Barmherzigkeit; da dann ja mancher Sturm wider

[1] Euer Gestrengen
[2] Jakob Böhme, *Aurora*

die Vernunft, auch wider Fleisch und Blut und den Teufel ist gehalten worden und alles im gewaltigen Trieb des Geistes, bis ihm ist zur Zeit gar ein edles Kränzlein aufgesetzet worden, das diese Hand jetzt nicht (be)schreiben kann; wünsche vielmehr, daß es dem Leser dieses Briefes auch geschehe. So würde er erkennen, was Gottes Süßigkeit sei, und sich nicht so hart verwundern, daß ein Laie darf solche Dinge (an)rühren.

4. Also sage ich, als es dahin gelangte und das edle Senfkorn gesät ward, so kam dieses Werk vor zu schreiben, welches dann gleich gar tief als in einem Mysterio gesehen ward, aber mit gar großen Freuden, wohl nicht genug begreiflich, als es denn das erste Buch ausweiset, da die großen Geheimnisse noch gar einfältiger und nicht genug ausführlich, auch noch in vielen Mängeln geschrieben worden sind und nur als ein Regen vorübergehet. Was der trifft, das trifft er, also auch der Geist der Wunder, sintemal der Autor ein ungelehrter und wenig verständiger Mann war, dazu fast wie kindisch in den Geheimnissen gegen(über) die Erfahrenen und Gelehrten, welcher auch den Weg noch nicht verstand, wie es gehen sollte, ohne was ihm der Geist zeigete; da er ihm dann selber seine Verfolgung und Schmach, so ihm würde zuhanden stoßen, mit aufgeschrieben hat, ehe die Vernunft noch etwas gewußt.

5. Und es geschah also klar, als stünde es vor Augen, wie im Buche *Morgenröte* als im ersten Teil seiner Schriften zu sehen, welches alles vor der Verfolgung gemacht worden, und mir jetzt gleich einen Trost giebet, daß mir es der Geist Gottes zuvor hat gezeiget, daß ich erkenne, was sein Rat in seinem Wege ist, da ich mich dann auch ganz geduldig unter das Kreuze gegeben und meine Sachen Gott befohlen, ihm auch gar viel geflehet, daß er solches, wo es nicht aus seinem Rat herkomme, wollte von mir nehmen und mich nichts auf solchem Wege erkennen lassen.

6. Hatte mich auch nach der Verfolgung verwogen, nichts mehr zu machen, sondern als ein Gehorsamer Gott stillezuhalten und den Teufel lassen mit seinem Spotte also über mich hinrauschen, indem dann so mancher Sturm gegen ihn ist ergangen, und was ich gelitten, (ich) nicht wohl sagen kann.

7. Aber es ging mit mir, gleich als wenn ein Korn in die Erde gesäet wird, so wächst das hervor in allem Sturm und Ungewitter, wider

alle Vernunft, da im Winter alles wie tot ist, und die Vernunft spricht: Es ist nun alles hin. – Also grünete das edle Senfkorn wieder hervor in allem Sturm, unter Schmach und Spott, als eine Lilie und kam wieder mit hundertfältiger Frucht, dazu mit fast tiefer und eigentlicher Erkenntnis und mit feurigem Trieb.

8. Aber mein äußerer Mensch wollte nicht mehr aufschreiben, sondern war etwas blöde, bis es auch dahin kam, daß der innere den äußeren gefangennahm, da dann das größte Mysterium erschien. Da verstand ich Gottes Rat und warf mich derowegen in Gottes Willen, wollte auch nichts denken oder dichten aus der Vernunft. Auch ließ ich der Vernunft keinen Raum mehr und stellete meinen Willen in Gottes Willen, also daß meine Vernunft sollte sein als tot. Und er, der Geist Gottes, sollte machen, was er wollte. Ich wollte in der Vernunft nichts sein, auf daß sein sei das Wollen und das Tun.

9. Und als dies geschah, so ward der innere Mensch gewappnet und kriegte gar einen teuren Führer. Dem habe ich meine Vernunft ganz heimgestellt, auch nichts gesonnen oder der Vernunft zugelassen, was ich doch schreiben wollte, ohne das, daß mir es der Geist gleich als in einer großen Tiefe im Mysterio auf einem Haufen immer zeigete, aber ohne meinen genugsamen Begriff. Denn die Kreatur ist nicht als Gott, der alles in seiner Weisheit auf einmal fasset und tut.

10. Und also ist wieder fürgenommen worden, etwas zu schreiben, und sind innerhalben dreiviertel Jahr drei Bücher gemachet worden: eins »Von den dreien Prinzipien göttlichen Wesen«, das ist: von dem Wesen aller Wesen, da dann das große Mysterium sich etwas hat eröffnet, und sind gar feine Sachen darinnen, gar weit her als in diesem begriffen, welches das erste ist und mir E. G. mit hierher geschicket zu übersehen, etwa 100 Bogen.

11. Und nach diesem ist eines etwa von 60 Bogen gemacht worden, welches handelt »Vom dreifachen Leben des Menschen« und von der ganzen Kreation, eine große offene Pforte des Mysterii und wohl ein Wunder über alle Vernunft, dessen ich mich selber in meiner Vernunft verwundere, was doch Gott tun will, daß er so ein gar schlechtes Werkzeug zu solchen wichtigen Dingen brauchet. Denn es ist darinnen eröffnet das Geheimnis, um welches die Welt seit des schweren Falles Adams hat gezanket und immer gesuchet. Aber es ist kein solcher Grund ans Licht kommen, welches doch

nicht der Welt wird verstanden sein, sondern den Kindern Gottes, wie erkannt worden.

12. Und dann zum dritten wurden mit 40 Fragen von einem trefflichen Gelehrten[1] und Verständigen, auch Liebhaber des Mysterii und einem großen Verwandten desselben geschickt, und ward vermahnet, ihm ja nach diesen Gaben und Geiste darauf zu antworten, welches zwar die allerhöchsten Fragen von dem Urstand der Seelen und aller Heimlichkeit des Mysterii sind, von vielen großen und tiefen Geheimnissen (Psychologia vera)[2]. Darüber ist eine solche Antwort erboren worden, dessen sich wohl billig die Welt sollte erfreuen, wenn des Teufels Zorn und Bosheit nicht das verhinderte, wiewohl der Rat Gottes bestehen muß.

13. Weil ich denn vernehme, daß E. G. adeliges Herze und Gemüte einen sonderlichen Durst und Hunger nach solchem Geheimnis haben und nicht auf die Welt sehen und solche Geheimnisse (nicht) verachten, so erkenne ich hierinnen den Rat Gottes; und soll E. G. billig mitgeteilet werden. Denn den Kindern soll man das Brot geben, die es wert sind, und die Perlen nicht vor die Säue werfen. Denn mein Geist und Gemüte mir wohl zeiget, daß E. G. nicht nur nach Vorwitz also danach trachtet, sondern aus Geistes Anregen, der öfters Petrum zum Cornelio führet, daß er ihm Worte des ewigen Lebens sage, begierig ist.

14. Und ob ich wohl ein fremder Mann bin, dazu ganz einfältig, dennoch macht mich E. G. Begehren und Willen kühn, an E. G. zu schreiben, wiewohl mit einer einfältigen Hand. Aber Gottes Gaben sind nicht an Kunst gebunden, vorab weil ich erkenne, daß euer adeliges Herze also viel demütig erscheinet und zu mir schicket, der ich doch alber [gering] bin.

15. Dieweil aber dem also (ist), so hat euer adeliges Herze auch von Gottes Geist gewiß zu hoffen, daß er werde der Seelen Tür und Tor der Geheimnisse auftun und einen rechten Verstand geben, seine Wundergaben zu ergreifen und zu erkennen, welches ich euch denn von Herzen hiermit wünsche.

---

[1] Dr. Balthasar Walther, vgl. 7. Sendbrief

[2] Jakob Böhme, *Vierzig Fragen von der Seelen* (Frühjahr 1620)

16. Es wird auch E. G. etwas wunderlich vorkommen, denn es eifert an etlichen Worten fast hart, sonderlich über Babel und den Antichrist, der von Gott ist erkannt worden in seinem Zorn. So sage ich doch, daß ich anders nicht habe können noch dürfen schreiben, als mir es gegeben worden.

17. Ich habe dem Geist immer nachgeschrieben, wie er es diktieret hat, und der Vernunft keine Stätte gelassen; und erkenne es nicht für ein Werk meiner Vernunft, welche allzu schwach wäre. Sondern es ist Gottes Werk; der hat gezeiget, was er vorhat und was geschehen soll und geschehen ist, denn er gehet aus dem Ungrunde in Grund und durchsuchet alles. Er prüfet Herzen und Nieren und probieret der Menschen Gedanken.

18. Auch zeiget er hiermit an das endliche Gericht, daß er alle Wesen will durch das Feuer probieren; und habe gar nicht können oder mögen schreiben gleich auch im feurigen Trieb, ich setzte es denn, nachdem es der Geist entwarf. Habe es derowegen für mich zu einem Memorial gemacht und habe weiter keinen Fürsatz damit.

19. Weil aber E. G. beliebet, dasselbe zu lesen, so soll es gefolget werden mit der Bitte, daß es E. G. wolle wieder schicken, denn ich will es für ein Memorial behalten. Und bin dessen gewiß, daß, so euer adeliges Gemüte will Gott die Ehre geben und fleißig lesen und diesen Weg ins Herz fassen mit einer Begierde, den zu erkennen, daß euch Gott wird die Türe seiner Liebe im Mysterio auftun und das schöne Kränzlein seiner Weisheit aufsetzen, welches edler ist als der geschaffene Himmel und diese Welt.

20. Denn es lieget der edle Stein Lapis philosophorum[1], der Grund aller Heimlichkeit darinnen: und ist dasselbe Kränzlein mit diesem Stein (be)setzt, welches die Seele anziehet als ein Kleid, als einen neuen Leib in Gottes Reich, darinnen sie Gottes Kind ist, mit welchem sie kann im Feuer Gottes Zorns unverletzt bestehen; und kann darinnen den Teufel, Tod und die Welt überwinden. Auch kann sie darinnen über das Gestirne und äußerliche Leben herrschen, welches sonst der Vernunft nicht möglich ist.

21. Denn es giebet Erkenntnis eines Dinges, das keiner Kunst möglich zu erforschen. Es siehet durch Himmel und Erden und

[1] Stein der Weisen

nimmt, da es nicht gesäet hat. Es fraget nicht: Ist es wahr? Es hat das Zeichen der Wahrheit und Gerechtigkeit in sich. Es hat alle Tugend so in der Hoffnung liegen. Es ist keine Furcht des Zornes Gottes darinnen, sondern giebet gar eine fröhliche Hoffnung und gewissert die und bestätiget die Seele zu Gottes Kind.

22. Dieses Kränzlein ist eine Jungfrau und eine Zucht und Zierat Gottes, eine Freude des Lebens. Es erfreuet das Gemüte in Trübsal und gehet mit dem Menschen in Tod. Aber es hat kein Sterben in sich. Es lebet von Ewigkeit und ist eine Führerin der Himmel und eine Freude der Engel. Sein Geschmack ist köstlicher und lieblicher als alle Freude der Welt. Und wer es einmal bekommet, der achtet es höher als aller Welt Gut. Sein ist nichts gleich als nur die Gottheit.

23. Aber es lieget in einem finstern Tale verborgen. Die Welt kennet das nicht. Der Teufel rauschet darüber her als ein Sturm. Er bedecket das, daß es öfters die Vernunft nicht kennet. Aber es grünet zu seiner Zeit wieder hervor als eine schöne Lilie mit vielfältiger Frucht. Es wächst in Trübsal, säet mit Tränen und erntet mit großen Freuden. Es wird von Vernunft verachtet, aber der es kriegt, hält es für seinen besten Schatz.

24. Ein solches Kränzlein wird dem aufgesetzt, der es mit Ernst suchet und sich ihm ergiebet und nicht seiner Vernunft in Fleisch und Blut, wie solches meine Schriften anmelden. Denn was darinnen geschrieben ist, hat der Autor selber erkannt. Es ist keine fremde Hand und Geist darinnen. Nicht schreibe ich mir es zum Ruhm, welcher in Gott ist, sondern den Kindern Gottes zur Richtschnur und daß sie wissen, was Gott für Lohn giebet denen, die auf ihn vertrauen und der Welt Spott nichts achten.

25. Mich wundert auch gleich, wie E. G. und andere mehr in Schlesien meine Schriften bekommen haben, denn mir derselben keiner bekannt ist. Und halte mich doch auch also stille damit, daß die Bürgerschaft allhier nichts davon weiß, ohne daß sie den ersten Teil (Aurora), welcher mir gewaltsam entzogen ward und aus Mißgunst verfolget von einer Person im Ministerio zu Babel[1] habe hören für ketzerisch ausschreien. Und ist ihnen doch nicht gegeben worden zu lesen, auch nie erörtert worden nach Gebühr, wiewohl

[1] der Oberpfarrer von Görlitz, Gregor Richter

ich keines Menschen Ratschlag darüber begehret habe, auch noch nicht, sondern Gott befohlen.

26. Nun erkenne ich doch hiermit Gottes Weg und verstehe, daß es nicht allein in Schlesien, sondern auch in andern Ländern ist bekannt worden, ohne Vorwissen des Autoris. Und muß eben sagen, daß der es hat verfolget, der hat es also damit publizieret, denn mein Rat war, solches mein Leben lang bei mir alleine zu behalten, und habe es auch nur für mich geschrieben.

27. Was aber Gott in seinem Rate hat fürgenommen, steht jetzt im Lichte und wird viel heller erscheinen, wenn die letzten zwei Bücher werden gelesen werden, darüber ich mich dann mit dem äußern Menschen selber hoch wundere, was doch Gott hiermit meinet und tun will.

28. Sintemal ich mich ganz unwürdig und unverständig erkenne, und aber doch dem inneren Menschen die größten und höchsten Geheimnisse geöffnet werden, gebe ich E. G. und andern Liebhabern Gottes in Demut nachzudenken. Denn ich ja nicht sagen kann, daß es meines Verstandes und der Vernunft Werk sei, sondern erkenne es für ein Wunder, darinnen Gott will große Dinge offenbaren. Da dann meine Vernunft gleich auch mit zusiehet und sich immer mit verwundert, denn ich habe diese Geheimnisse mein Leben lang nicht studieret, auch fast nichts davon gewußt. Denn ich bin ein Laie und soll nun solche Dinge ans Licht bringen, das allen hohen Schulen ist zu mächtig gewesen, gegen welche ich doch ein Kind bin und weder Kunst noch ihre Weisheit habe, und muß schlechts aus einer andern Schule schreiben.

29. Und das noch größer ist, ist mir die Natursprache eröffnet worden, daß ich kann in meiner Muttersprache die allergrößten Geheimnisse verstehen. Und wiewohl ich nicht sagen kann, ich habe es ergriffen und gelernet, sondern also lange als die Hand Gottes über mir hält, so verstehe ich es. So sie sich aber verbirget, so kenne ich auch meine eigene Arbeit nicht und bin meiner Hände Werk fremd geworden, damit ich doch sehen möge, wie gar unmöglich es sei, Gottes Geheimnis ohne seinen Geist zu erforschen und zu halten.

30. Darum ich mir denn auch nichts zuschreibe. Es ist nicht mein Werk. Ich begehre auch keine menschliche Ehre. Darum ich bin nur ein schlechtes, einfältiges Werkzeug. Gott tue und mache, was er will, das will ich auch. Und was er nicht will, das will ich auch nicht. Will er, daß ich es soll wissen, so will ich es wissen. Will er aber nicht, so will ich auch nicht. Ich will nichts und tot sein, auf daß er in mir lebe und wirke, was er will.

31. Ich habe mich in ihn geworfen, auf daß ich vor dem Teufel sicher sei. Und ob ich der Welt muß den äußeren Leib und das Leben lassen, damit zu tun, was sie will, und muß dem Teufel gestatten, über mich herzurauschen, so will ich doch meinen inneren Menschen weder der Welt noch dem Teufel vertrauen, auch nach dem inneren Menschen nicht tun, was die Welt will. Und ob wohl mein äußerer Mensch der Welt verpflichtet ist, – und der soll auch in seiner Pflicht aller weltlichen Ordnung gehorsam sein und tun, was die äußere Pflicht antrifft, – aber mein innerer Mensch soll alleine Gott gehorsam sein und nicht der Welt, denn er ist nicht in der Welt, sondern hat sich gleich als tot gemacht, daß Gott in ihm lebe, sei sein Tun und auch das Wollen.

32. Wiewohl ich nicht genugsam sagen kann, daß es möglich sei, also zu leben, so ist doch mein Wille also gerichtet. Den soll mir weder Welt noch Teufel brechen. Und sollte mir mein äußer Leben verschmachten, so will ich doch am Willen hangen. Und ob öfters gleich die Vernunft spricht lauter Nein, und die Versuchung mit Haufen, auch mit Schrecken und Drohen des äußeren Lebens erscheinet, daß sich der Geist verbirget, als wäre alles tot und weg, so bringet es doch allezeit neue Frucht, und dazu vielfältig.

33. Solches habe ich aus der Ursache also nach der Länge vermeldet, daß E. G. mögen erkennen und wissen, was ich für ein Mann sei und was der Anfang und Ursachen meines Schreibens sei, auch aus welcher Kunst und Geiste es sei erboren worden und zu waserlei Ende, als nämlich nur für mich selber. Weil ich aber sehe, daß fromme Herzen einen Durst danach tragen, so soll ich ihnen christlicher und brüderlicher Art nach solches nicht (ver)bergen, sondern Gott befehlen, daß er in ihnen wirke und tue, was er will, als wir denn solches zu tun schuldig sind.

34. Endlich bitte ich, meines Namens bei den Gelehrten zu schweigen, denn ich weiß wohl, daß ein alber Mann vor der Kunst spöttlich gehalten und verachtet wird. Und wiewohl Gott seine Kinder auch unter ihnen hat, so achte ich es doch nicht, daß es sollte nach meinem Namen genannt sein, denn Gott gehöret die Ehre, der der Geber ist. Ich suche mir damit keinen Namen noch Ruhm, sondern Christus ist mein Ruhm und mein Lohn, und gedenke dessen in jenem Leben vor Menschen und Engeln Ruhm zu haben und mich in Christo mit den Heiligen darinnen zu freuen, wie solches meine Schriften genugsam darstellen.

35. Anlangend das Buch *Morgenröte*, so mir E. G. hiemit geschicket zu übersehen, habe ich ein wenig durchlaufen und befinde, daß es mein Werk ist und auch recht nachgeschrieben, allein daß etliche Silben ausgelassen worden um Kürze willen, und aber doch dem Verstande nichts genommen worden; und bin, soviel ich des in Eil durchgeblättert und einzeln gelesen, weil ich keinen Zusatz befunden, wohl damit zufrieden.

36. Aber die großen Geheimnisse stecken darinnen noch sehr tief im Mysterio, sind vom Autore wohl erkannt worden, aber es war auf das erste Mal nicht wohl möglich der Vernunft zu fassen. Ob es gleich in der Tiefe erkannt ward, so war doch der Autor dieses noch gar ungewohnet. So ihm die himmlische Freude entgegnete, so ward schlecht dem Geist nachgegangen. Aber die wilde Art ist nicht alsobald neugeboren. Es wird gesäet ein Korn, daraus wächset ein Baum. So die Kunst groß ist, so wächst der Baum desto eher und wird desto eher erkannt.

37. In den andern drei Büchern werdet ihr die Geheimnisse was heller haben und also immer höher, ein jedes vom ersten an ist zehnmal höher gegründet, und also das vierte ein fast heller Spiegel, da man das große Mysterium genug sichtlich erkennt, alleine desselben Kinder. Die Vernunft wird wohl blind daran bleiben, denn Gottes Geist wohnet nicht im äußeren Principio, sondern im innern und gehet vom inneren aus ins äußere, aber das äußere ergreift ihn nicht.

38. Ich bescheide aber E. G., daß das Buch *Morgenröte* nicht ist vollendet worden, denn der Teufel gedachte Feierabend damit zu machen, weil er sah, daß der Tag wollte darinnen anbrechen. Auch

hat der Tag die Morgenröte schon übereilet, daß es fast licht ist worden. Es gehörten noch wohl dreißig Bogen dazu. Weil es aber der Sturm hat abgebrochen, so ists nicht vollendet worden, und ist unterdessen Tag worden, daß die Morgenröte ist verloschen. Und ist seit der Zeit am Tage gearbeitet worden; soll auch also bleiben stehen zu einem ewigen Gedächtnis. Weil der Mangel in den andern ist erstattet worden, so ist der Mangel an diesem dem Feinde Schuld zu geben.

39. Wiewohl ich niemanden will darunter geschätzet haben als den Falsch des Teufels, welcher ein Feind alles Guten ist, der verwirret auch wohl Könige. Wie will denn ein alberer Mensch in solcher Arbeit alsobald erkannt werden, so man des gewiß ist, daß er ein Laie ist, dazu ungelehret.

40. Es mag sich auch der Allerklügste also an einer solchen Einfalt ärgern, so er höret von solchen Wundern in so schlechter Einfalt reden, so denket er, es ist aufgerafft Wesen. Denn er verstehet nicht Gottes Gaben, weil man niemand kann ins Herze sehen.

41. Will derowegen niemand turbieret [irritiert] haben, sondern erkenne, daß Gottes Schickung also sei, sonst wäre dieses Buch wohl noch im Winkel. Also ist es über meinen Bewußt und willen publizieret worden und dazu von den Verfolgern selber, welches ich für eine Gottesschickung erkenne. Denn die Leute, so es haben, habe ich nie erkannt. Dazu habe ich es selber nicht, und ist mir doch nun schon zum viertenmal ganz nachgeschrieben, zu Augenschein und in die Hände kommen, und sehe, daß es andere Leute publizieren, welches ich für Wunder achte, daß das Korn wächst wider des Feindes Willen. Aber was von Gott gesäet wird, kann niemand halten noch erwehren.

42. Was aber E. G. und andere Leute mehr etwa im Buche *Morgenröte* in Mißverstand ziehen und ihnen unrecht vorkommet, dazu eine Erklärung gehöret, wird im dritten (De Triplici Vita) und im vierten Buche (Psychologia Vera) genug erkläret. Da dann eine offene Pforte der Geheimnisse aller Wesen erscheinet. Und ist nichts in der Natur, das nicht möchte auf diesem Wege gegründet werden, denn es zeiget und öffnet den Stein der Weisen zu allen Geheimnissen, beides: im göttlichen und irdischen Mysterio. Es können alle Metallen der Erden mit diesem Verstande in den höchsten Grad

gebracht werden, aber nur von den Kindern der Magiae Gottes, welchen es wird geöffnet werden.

43. Ich sehe wohl dasselbe, aber mir gebühret nicht dasselbe anzurühren, habe auch keine Kunst noch Handgriffe dazu, sondern stelle nur ein offen Mysterium dar. Gott wird ihm schon seine Arbeiter erwecken. Bei mir suche niemand das Werk. Und ob es etwas heller könnte geöffnet werden und auch heller ist erkannt worden, so habe ich doch meinen Willen gebrochen und will nichts schreiben, als nur wie es mir gegeben wird, auf daß es nicht mein Werk sei und ich (nicht) der Turbae heimfiele.

44. Und so E. G. etwas wollte lassen aus den allhie mitgeschickten Schriften abschreiben, so tut dem Schreiber not, daß er ein gelehrter, verständiger Mann sei, denn die Silben sind nicht alle genug ausgestrichen, auch nicht nach der Grammatica. Es mögen auch wohl in vielen Worten Buchstaben fehlen, auch öfter ein gemein Buchstab für einen Versal gesetzet sein, denn die Kunst hat hier nicht geschrieben. Es hat auch keine Zeit gehabt zu bedenken nach dem rechten Verstande des Buchstabens, sondern alles nach dem Geiste gerichtet, welcher öfters ist in Eil gegangen, daß dem Schreiber die Hände wegen der Ungewohntheit gezittert.

45. Und ob ich wohl könnte etwas zierlicher und verständiger schreiben, so ist dies die Ursache, daß das brennende Feuer öfters zu geschwinde treibet. Dem muß die Hand und Feder nacheilen, denn es gehet als ein Platzregen. Was es trifft, das trifft es. Wäre es möglich, alles zu ergreifen und zu schreiben, so würde es wohl dreimal mehr und tiefer gegründet. Aber es kann nicht sein. Und darum werden mehr als ein Buch gemacht, mehr als eine Philosophie, und immer tiefer, also daß dasjenige, was in einer nicht hat mögen ergriffen werden, in der andern gefunden werde.

46. Und wäre gut, daß endlich aus allen nur eines gemachet würde, und würden die andern alle weggetan, denn die Vielheit macht Streit und Widerwärtigkeit wegen des zähen Begriffs der Leser, welche nicht wissen, den Geist zu unterscheiden, der also wunderliche Sprache führet, da die Vernunft oft meinet, es sei ihr widerwärtig, und ist doch in der Tiefe nicht widerwärtig.

47. Aus welchem Mißverstande die große Babel auf Erden ist geboren worden, da man nur um Worte zanket und lässet den Geist des Verstandes im Mysterio liegen, welcher Ende und Zahl gefunden und der Turba heimgestellet worden ist. Denn der Anfang hat das Ziel funden, und ist kein Aufhalten mehr. Es mags auch keine Gewalt mehr dämpfen.

48. Nicht rede ich von mir, sondern von dem, was der Geist zeuget, dem niemand widerstehen kann. Denn es stehet in seiner Allmacht und lieget nicht an unserm Wähnen oder Willen, wie das vierte Buch dieser Schriften hoch anzeiget, welches gewaltig im Licht der Natur gegründet ist und an allen Dingen kann erwiesen werden.

49. Ferner bescheide ich E. G. das allhier in den mitgesandten Schreiben, daß, da sich der Autor, wenn er von sich redet »Wir« als zweifach zu nennen und dann auch öfters Ich, daß in dem »Wir« der Geist verstanden wird, und in dem einfachen »Ich« verstehet der Autor sich selbst, zur Nachrichtung um Argwohns willen eröffnet.

50. Und übersende E. G. hiermit den vierten Teil, als die »Vierzig Fragen«. Da kann sich E. G. darinnen ersehen; und will künftig E. G. den andern und dritten Teil auch schicken, so E. G. das wird begehren; und bitte mir dasselbige ehester Gelegenheit wieder zu(zu)schicken, denn ich soll es demjenigen[1], so die Fragen gestellt hat, übersenden.

51. Und tue E. G. der göttlichen Liebe empfehlen neben Wünschung, daß Gott euer adeliges Herze wolle erleuchten und des Autoris Sinn und Gemüte recht im innern Principio lasse erkennen, auch alle zeitliche und ewige Wohlfahrt hiermit geben. Datum Görtlitz, ut supra. J. B.

[1] Balthasar Walther

11. Sendbrief

An Herrn Paul Kaym, kaiserlicher Zolleinnehmer zu Liegnitz, vom 19. November 1620[1]

Unser Heil in Christo Jesu!

Ehrenfester, wohlbenamter Herr, in Christo geliebter Bruder! Euer jüngst an mich getanes Schreiben habe ich empfangen und abermals darinnen vernommen euer entzündetes Gemüte in eurem vorhabenden und hart eingenommenen Studio, daneben auch zweitens die ängstliche Begierde nach dem Lichte der wahren Erkenntnis derselben, und dann zum dritten den großen Durst nach dem Brünnlein Christi, in welchem das Gemüte gelabet, gesänftiget und befriediget wird. Weil ich denn nicht weniger auch ein Schuldner meiner Brüder in der Liebe Christi bin, so soll ich euch in derselben Liebe dartun, was ich erkenne und mir gegeben ist, weil auch solches eure Begierde erfordert.

2. Christus spricht: Ich bin der Weinstock, ihr seid die Reben, wer in mir bleibet, der wird viel Früchte bringen, denn ohne mich könnet ihr nichts tun. Item: Wer an mir bleibet und meine Worte in ihm, der bringet viel Früchte. Joh. 15, 5.7.

3. In diesem lieget der ganze Grund und ist die einzige Wurzel zu dem Brünnlein, daraus der göttliche Verstand fleußt. Kein anderer Grund ist zu der wahren und rechten Erkenntnis in der Weisheit Gottes. Es hilft kein ander Suchen, Studieren oder Forschen, denn ein jeder Geist forschet nur seine eigene Tiefe und dasjenige, darinnen er sich entzündet. Und wiewohl es ist, daß er in seiner Entzündung forschet, so findet er doch nicht mehr als des Dinges Vorbild, gleich einem Schatten oder Traum. Das Wesen mag er nicht schauen, denn so er das Wesen schauen will, so muß er in dem Wesen sein und das Wesen in ihm, auf daß er dessen fähig sei und in dem Wesen selber sehe.

4. So es aber denn nun ist, daß wir in Adam sind der göttlichen Wesenheit abgestorben und gleich als blind und fremd worden, so ist kein Vermögen in uns. Wir wissen in unserer Vernunft nichts von

[1] Dieser 11. Sendbrief ist der 2. Teil des Traktats *Unterricht von den letzten Dingen* (Informatorium Novissimorum), vgl. Sendbrief 8.

Gott als nur die Historie, daß ein Gott sei. Denn seine Kraft fühlen wir nicht, und sein Licht sehen wir nicht. Es sei denn, daß wir umkehren und werden wie die Kinder, die nichts wissen, welche sich lassen pflegen und regieren, und wie ein Kind auf seine Mutter siehet und sich nach ihr sehnet, welche es auch nähret und aufziehet, also muß die äußere Vernunft ganz geblendet, niedergeschlagen und gedämpfet werden und muß sich die Begierde in Gottes Gnade und Liebe einwerfen, nichts achten das Widerfechten der äußern Vernunft, die da spricht: Es ist nicht wahr; Gott ist ferne; du mußt ihn ersinnen; du mußt nach seinem Willen forschen, wie er sich hat offenbaret, also und nicht anders will er erkannt sein.

5. Also richtet die äußere, gestirnete Vernunft, welche auch die ganze Welt regieret, bis auf ein kleines Häuflein der Kinder Gottes. Christus sprach: Ihr müsset in mir bleiben, denn ohne mich könnet ihr nichts tun, nichts von Gott wissen, nichts Wahrhaftiges forschen; denn wer zu mir kommet, den will ich nicht hinausstoßen; in mir werdet ihr viel Früchte bringen. – Nun wächset ein jeder Zweig aus seinem Baume und hat des Baumes Saft, Kraft und Eigenschaft und bringet Frucht nach des Baumes Eigenschaft.

6. So muß nun ein jeder, der da will von Gott gelehret sein und will göttliche Erkenntnis haben, in dem Baume, darein uns Gott durch die Wiedergeburt gepflanzet hat, stehen; und er muß desselben Baumes Saft und Kraft haben, sonst bringet er fremde, wilde Früchte, die nicht den Schmack des guten Baumes haben. Wir müssen werden als ein Kind, das nichts verstehet, sondern kennet nur seine Mutter und sehnet sich nach der. Wir müssen von der neuen Milch der Menschwerdung Christi trinken, daß wir seines Fleisches und Geistes teilhaftig werden. Seine Kraft und Saft muß unser Saft und Kraft werden. Wir müssen in göttlichem Essen und Trinken Gottes Kinder werden.

7. Nikodemus sprach: Wie mag das zugehen, daß ein Mensch mag im Alter anders geboren werden? Joh. 3, 4. – Ja, lieber Nikodemus und liebe äußere irdische Vernunft, wie mochte es zugehen, daß Adam, der doch ein vollkommen Bildnis Gottes war, in seiner Vollkommenheit verdarb und irdisch war? Geschah es nicht durch Imagination, daß er seine Sucht und Lust in das äußere gestirnte und elementische irdische Reich einführete, da er dann auch

alsobald in seiner Begierde, Lust und Einbildung geschwängert und irdisch ward, davon er in Schlaf der äußeren Magiae fiel.

8. Also gehet es auch zu mit der Wiedergeburt. Durch die Imagination und ernstliche Begierde werden wir wieder der Gottheit schwanger und empfahen den neuen Leib im alten. Nicht mischet sich der neue mit dem alten, gleichwie das Gold im groben Steine ein gar viel ander Ding ist, hat auch einen andern Geist und Tinktur als das Grobe im Steine. Also ist auch der neue Mensch im alten. Der grobe Stein weiß nichts vom Golde. Also auch weiß der irdische Adam nichts vom göttlichen himmlischen Adam.

9. Darum ist der Streit im Menschen und ist ihm der Mensch selber widerwärtig. Der irdische Adam will sehen, fühlen und schmecken, aber er empfähet nur einen Strahl und Vorbild vom inneren Menschen, der ja zu Zeiten etwas schmecket, aber nicht essentialisch, sondern gleichwie der Sonne Licht die traurige Finsternis verschlinget, da es scheinet, als wäre keine Finsternis mehr da, und da die Finsternis doch wahrhaftig im Lichte verborgen bleibet, welches offenbar wird, wenn der Sonne Licht weichet.

10. Also verschlinget oft der neue Mensch in göttlicher Kraft den alten, daß der alte meinet, er habe die Gottheit ergriffen. Aber er ist derselben in seiner Essenz nicht fähig, sondern der Geist Gottes durchgehet den alten als den neuen. Und so der wieder in sein Mysterium tritt, so weiß der alte nicht wie ihm geschehen ist, suchet Wege zu Gott, forschet nach Gottes Vorsatz und Willen, und er findet nur Tand und Meinungen, eifert in seiner Meinung, und weiß nicht, was er tut. Er findet die Wurzel nicht, denn er ist nicht fähig noch würdig. Das bewähret sein Sterben und Verwesen.

11. Aber der neue Mensch, welcher im ernsten Willen und Vorsatze durch Imagination urständet, der bleibet in der Ruhe Christi in dem Baume, welchen Gott der Vater durch seine Bewegung, als er sich zum andernmal nach seinem Herzen – das ist: mit der Geburt und Menschwerdung seines Sohnes – bewegte, in die menschliche Seele pflanzete, steht und grünet im Leben Gottes. Er wächset in der Kraft und im Safte der Weisheit Gottes in Gottes Leibe, der empfähet göttliche Erkenntnis und Wissenschaft, nicht nach dem Maß des äußern Willens, was der äußere (Mensch) wissen will, sondern nach dem Maß des innern Himmels.

12. Der innere Himmel zündet den äußern an, daß der Verstand das Äußere ergreifet und verstehet. Denn mit der äußern Welt hat sich Gott, der da ist ein Geist und auch ein Wesen, im Gleichnis geoffenbaret, auf daß sich der Geist im Wesen schaue, und nicht allein das, sondern auch daß die Kreatur Gottes Wesen in der Figur schaue und erkenne. Denn Gottes Wesen mag keine Kreatur außer sich selber schauen.

13. Der Geist schauet Gott im Wesen und im Glanz der Majestät, und das an sich und seinesgleichen, denn Gott ist selber der Geist aller Wesen, verstehet aber: der himmlischen. So wir die göttliche Kreatur sehen, so sehen wir ein Bild aus Gottes Wesen. Und so wir derselben Willen und Tun sehen, so sehen wir Gottes Willen und Tun.

14. Also ist auch der neue Mensch aus Gott geboren. Was der will und tut, das ist Gottes Willen und Tun. Sein Wissen ist Gottes Wissen, denn ohne Gottes Geist wissen wir nichts von Gott. Das Äußere kann nicht das Innere schauen. Aber so das Innere das Äußere mit einem Blick in sich zeucht, so ergreift das äußere des innern Spiegel zu einer Andeutung, daß die äußere Welt aus der innern urständet und daß uns unsere Werke sollen im Mysterio nachfolgen und durch die Scheidung des Gerichtes Gottes durchs Feuer des Principii ins Ewige gestellet werden, zu welchem Ende Gott die Engel und Menschen erschaffen als zu seiner Wundertat, daß erscheine die Weisheit der göttlichen Kraft und daß sich Gott in Bildnissen der Kreaturen schaue und seine Freude in sich selber mit dem Geschöpfe aus seiner Weisheit habe.

15. Also, mein geliebter Herr und Bruder, verarget mir nicht, daß ich scharf mit euch rede. Ihr beklaget euch, daß ihr die göttlichen Geheimnisse nicht möget allemal fassen und behalten, und meldet daneben an, daß ihr oft einen Blick davon erlanget, auch daß euch meine Schriften schwer zu verstehen sind.

16. Ich will es euch, nachdem ich von Gott Macht empfangen habe, dartun, wie das Wesen eurer Heimlichkeit sei, welches ihr selbst auf jetzo nicht verstehen möget.

17. Ihr meinet und wollets gerne in stetem Begriff erhalten. Derselbe Wille ist der äußern Welt. Die wollte gerne der Gottheit

fähig sein und der Eitelkeit los sein. Es mag aber nicht sein, sondern der Geist der äußern Welt muß in steter Angst und im Suchen stehen, denn im Suchen findet er die Wunder seiner Magiae als das Vorbild der innern Welt.

18. Denn Gott beweget sich nicht immerdar, sondern das Sehnen und Ängsten der Kreatur beweget das Mysterium, auf daß gesuchet und gefunden werde das Bild der göttlichen Weisheit. Darum heißet uns Christus suchen und anklopfen und verheißet uns ferner, das Perllein oder Kleinod im Suchen zu geben. Die äußere Welt ist auch Gottes und aus Gott. Und der Mensch ist darum in die äußere Welt geschaffen, daß er die äußere Figur in die innere einführe, daß er das Ende in den Anfang bringe.

19. Je mehr sich der Mensch nach Gott sehnet und nach ihm ächzet und strebet, je mehr führet er aus dem Ende in Anfang, nicht allein zu Gottes Wunder, sondern auch zu seinem Selbst-Bau. Denn das Zweiglein am Baume dürstet immer nach des Baumes Kraft und Saft und ängstet sich nach dem Baume, und zeucht den in sich, zeucht sich aber damit selber auf, daß es ein großer Ast im Baume wird. Also auch das ängstliche Suchen im menschlichen Mysterio reißet das Reich Gottes in sich, davon Christus saget: Das Himmelreich leidet Gewalt, und die Gewalt tun, reißen es zu sich.

20. Eine Essenz, die nicht an sich zeucht, mag keinen Leib aufziehen, sondern verhungert selber, wie man siehet, wie das Feuer der Kerze das Fette in sich zeucht und verschlinget das in sich und giebet aber aus dem Verschlingen das scheinende Licht.

21. Also ist es auch mit dem Menschen. Er ist mit seiner ersten (göttlichen) Wesenheit in die Finsternis des Todes eingeschlossen. Die hat Gott der Seelen in Christo wieder aufgeschlossen. Nun ist die arme gefangene Seele dasselbe hungerige magische Feuer. Die zeucht aus der Menschwerdung Christi wieder dieselbe aufgeschlossene Wesenheit Gottes in sich, isset also Gottes Wesen, schlinget das in sich und giebet aus demselben Einschlingen oder Zehren einen Leib des Lichtes, der der Gottheit ähnlich oder fähig ist. Also wird die arme Seele mit einem Lichtleibe bekleidet, gleichwie das Feuer in der Kerze. Und in dem Lichtleibe findet sie Ruhe, aber in der Finsternis dieser Welt hat sie Angst.

22. Weil es aber denn nun ist, daß sie ihr mit Adam hat das irdische Bild angezogen, so muß sie das tragen, gleichwie das Feuer der Kerzen muß aus der finstern Kerze brennen. Wäre die Seele mit Adam in Gottes Wesen blieben und hätte nicht das irdische Bild angezogen, so dürfte sie das nicht tragen. Nun träget sie das aus Pflicht, denn St. Paulus spricht: Welchen ihr euch zu Knechten gebet in Gehorsam, des Knechte seid ihr, entweder der Sünde zum Tode oder dem Gehorsam Gottes zur Gerechtigkeit. Röm. 6, 16.

23. Hat die Seele das irdische Bild angezogen, welches nur Frucht zum Tode wirket, und sich der Sünde zum Knechte eingegeben, so ist sie nun des Todes und der Sünden Knecht. Warum lüsterte sie nach einem fremden Herrn, der über sie herrschet? Wäre sie Kind blieben und hätte sich nicht lassen des Baumes der Erkenntis (des) Guten und Bösen zugleich gelüstet, so hätte sie nicht dürfen beider Regiment tragen. Weil sie aber wollte sein, als Gott in Liebe und Zorn ist nach beiden Prinzipien der Ewigkeit, so träget sie auch nun beider Bildnisse und Gewalt und muß das Feuerbrennen dulden bis an den Tag der Scheidung.

24. Darum heißet es ein Kreuz tragen, denn das magische Feuer, wenn das urständet, so macht es in der Entzündung eine Kreuzgeburt und quetschet je eine Gestalt der Natur die andere, das ist: eine ist der andern widerwärtig als süß wider sauer und herb wider bitter und Feuer wider die alle.

25. Hätte die Seele den Lichtleib allein lassen Herr sein und hätte nicht in das äußere Reich dieser Welt als in Geist der großen Welt, in die Sterne und Elementa imaginieret und sich lassen der irdischen Frucht gelüstet, so wäre der Grimm in ihr wie verschlungen gewesen. Es wäre keine Fühlung desselben gewesen; weil sie aber ist aus der Sanftmut des Lichts und aus der Liebe Gottes ausgegangen, so fühlet sie nun den Grimm der ewigen Natur.

26. Also muß sie wieder zum Lichte arbeiten, daß sie das wieder erreichet. Und darum stehet das menschliche Leben in solcher Angst, in schmerzlichem Suchen, in steter Abstinenz. Es begehret immer wieder der göttlichen Ruhe, und wird aber vom Grimme der Natur gehalten.

27. Je mehr das Leben vom Grimme begehret zu fliehen, je heftiger wird der Streit im Leben ohne das, was der Teufel in seinem Neste schüret und einführet, durch seine giftige Imagination auch magische Einbildung und Einführung. Er stellet immerdar der armen Seelen das magische Bild der giftigen Schlange vor, daß dieselbe soll darein imaginieren und sich in derselben Gift entzünden, welches dann auch täglich geschiehet. Also wird dann der Seelen Feuer ein böses, giftigbrennend Schwefelfeuer.

28. So aber die Seele von des Teufels Schlangenbildnis ausgehet und verwirft den bösen irdischen Baum, das ist: Hoffart, Geiz, Neid, Zorn, Falschheit, und lässet sich nicht danach lüstern, sondern machet sich in dieser Figur gleich als wäre sie tot und wüßte sie nichts davon, wirft die böse Lust selbst von sich und begehret der Liebe Gottes, ergiebet sich Gott in Gehorsam in seinem Willen und Tun, daß er ihr Wollen und Tun sei, so fähet[1] das göttliche Licht in ihr an zu scheinen, und krieget ein Auge des rechten Sehens, daß sie ihre eigene natürliche Gestalt mag sehen. Alsdann tritt sie in die albere[2] Demut. Sie will nichts, begehret auch nichts, sondern wirft sich in ihrer Mutter Schoß als ein junges Kind, das nur seine Mutter begehret und sich danach sehnet. Alle Kunst, Witz und viel Wissen achtet sie nicht. Und ob sie viel weiß, so erhebet sie sich doch nicht in das Wissen, sondern lässet ihrer Mutter Geist das Wissen, Wollen und Tun in ihr sein.

29. Diesem edlen Seelenzweiglein, sage ich nach meiner Erkenntis, scheußt[3] der Teufel in Kraft Gottes Zornes stets nach der Wurzel als nach den Gestalten zum Feuerleben im ersten Principio, und will den edlen Zweig immer verderben. Er scheußt immer seine bösen Giftstrahlen der Seele in ihr magisch Feuer mit böser Lust und Gedanken und giebet dem Seelenfeuer fremde Materiam zum Brennen, auf daß sie ja nicht möge zum scheinenden Lichte kommen. Er dämpfet und wehret, daß sein Reich nicht erkannt werde. Dawider wehret sich das edle Zweiglein und will nicht der grimmigen finstern Qual. Er scheußt auf und grünet aus als ein Zweig aus der wilden Erden, aber der Teufel schläget immer auf das zu.

[1] fängt
[2] schlichte
[3] schießt

30. Und darum, mein geliebter Herr und Freund, ist ein solcher Streit im Menschen. Und darum siehet er zuweilen das göttliche Licht als in einem Spiegel, krieget auch bisweilen einen vollkommenen Anblick. Denn solange das Seelenzweiglein sich mag des Teufels Gift erwehren, also lange hat sie das scheinende Licht. Denn wenn das magische Seelenfeuer göttlicher Wesenheit, das ist Gottes Leib, Christi Fleisch, empfähet, so gehet der Hl. Geist augenblicklich als ein Triumph in der Seelen auf und aus, gleichwie er aus Gott dem Vater durch das Wort oder Mund des Sohnes, als aus dem Herzen der Hl. Dreizahl ausgehet aus göttlichem Wesen, also auch aus dem Wesen des edlen Lilienzweigleins, das aus dem Seelenfeuer auswächset, welches ist das rechte Bild Gottes. Denn es ist der Seelen neugeborner Geist, der Willengeist Gottes, des Hl. Geistes Brautwagen, darauf er fähret in Ternarium Sanctum[1] in der englischen Welt. Und mit diesem obgemeldeten Zweiglein oder Bilde sind wir in Christo außer dieser Welt in der englischen Welt, davon der alte Adam nichts weiß und das auch nicht kennet, gleichwie der grobe Stein nicht das Gold kennet, das doch in ihm wächset.

Die Porten der wahren Erkenntnis vom dreifachen Leben des Menschen

31. Der Mensch ist das wahre Gleichnis nach Gott, wie solches der teure Moses bezeuget, nicht allein ein irdisch Bild, um welches willen Gott nicht wäre Mensch worden und hätte sein Herze und Geist nach dem Fall in das vertäufet und einvermählet, sondern er ist urständig aus dem Wesen aller Wesen, aus allen dreien Welten, als aus der allerinnersten Naturwelt, welche auch das alleräußerste ist und die Finsterniswelt genannt wird, aus welcher urständet das Principium der feuernden Natur, wie in meinem Buch »Vom dreifachen Leben« erkläret worden. Und zum andern ist er aus der Licht- oder englischen Welt aus Gottes wahrem Wesen. Und dann zum dritten ist er aus dieser äußern Sonnen-, Sternen- und elementischen Welt ein ganz Bild nach Gott aus dem Wesen aller Wesen.

32. Sein erstes Bildnis stand im Paradeis in der englischen Welt. Er aber ließ sich gelüsten der äußern Welt, als der Sternen- und

[1] Hl. Dreieinigkeit

Elementenwelt. Die hat das edle Bild des innern Himmels in sich verschlungen und verdecket, und herrschet nun in dem Ebenbilde als in seinem Eigentum. Darum heißets: Ihr müsset neu geboren werden oder könnet das Reich Gottes nicht schauen.

33. Und darum ist das Wort oder Herze Gottes in die menschliche Essenz eingegangen, daß wir mit unserer Seelen können wieder einen neuen Zweig oder Bild in Kraft des Wortes oder Herzens Gottes aus unserer Seelen gebären, welcher dem ersten ähnlich ist.

34. Und darum muß das alte Cadaver verfaulen und hinfallen, denn es ist nicht tüchtig ins Reich Gottes. Es führet nur sein Mysterium in seinen ersten Anfang, als seine Wunder und Werke, verstehet: in der Essenz des ersten Principii, welches unsterblich und unvergänglich ist, als das magische Seelenfeuer. Und nicht alleine dieses, sondern es soll auch das Ende in den Anfang einführen und einigen. Denn die äußere Welt ist aus der inneren ausgeboren und in ein greiflich Wesen geschaffen worden. Deren Wunder gehören in (den) Anfang, denn sie sind in der Weisheit Gottes als in der göttlichen Magia von Ewigkeit erkannt worden, wohl nicht im Wesen, aber im Spiegel der jungfräulichen Weisheit Gottes, aus welchem die ewige Natur immer und von Ewigkeit urständet.

35. Und zu dem Ende stehet die arme Seele in dem Gefängnis des Sternen- und elementischen Reiches, daß sie soll ein Arbeiter sein und die Wunder der äußeren Natur mit der Lichtwelt wieder einigen und in den Anfang einführen. Ob sie sich nun muß quetschen und pressen lassen und viel leiden, so ist sie doch der Knecht im Weinberge Gottes, die den göttlichen Wein zurichtet, der in Gottes Reich getrunken wird. Sie ist die einige Ursache des Verstandes, daß die Begierde im Mysterio arbeitet und die verborgenen Wunder Gottes darstellt und hervorbringet, wie solches vor Augen ist, wie der Mensch alle Wunder der Natur erforschet und eröffnet.

36. Darum sollen wir uns nicht entsetzen, wenn oft das edle Bild verdecket wird, daß wir nicht können Erquickung und Trost erlangen, sondern wir sollen wissen, daß alsdann die arme Seele ist in den Weinberg gestellet worden, daß sie soll arbeiten und die Frucht auf Gottes Tisch tragen. Es ist ihr alsdann ein Zweig des Weinstocks oder die wilde Rebe gegeben worden. Die soll sie

zurichten, bauen und ins göttliche himmlische Mysterium einpflanzen. Sie soll es mit dem Reiche Gottes einigen. Das ist also zu verstehen:

37. Gleichwie ein Bäumlein gepflanzet wird, das arbeitet also lange, bis es Äste und darnach Frucht bringet. Also muß der Zweig der Seelen, welcher zwar in einem finstern Tale verdecket stehet, immer arbeiten, daß er zu seiner Frucht komme. Das ist die edle und schöne Erkenntnis Gottes. Wenn dieselbe in ihm gewachsen ist, daß die Seele Gott kennet, alsdann giebet sie ihre schöne Frucht. Das sind die guten Lehren, Werke und Tugenden, führet zum Reich Gottes, hilft das Reich Gottes pflanzen und bauen und ist alsdann ein rechter Arbeiter in Christi Weinberge.

38. Und dieses ist es, davon ich lehre, schreibe und rede, daß es in mir gewachsen ist, sonst wüßte ich nichts davon. Ich habe es nicht aus Historien zusammengeraffet und Meinungen gemacht, wie die babylonische Schule tut, da man um Worte und Meinungen zanket. Ich habe durch Gottes Gnade selber eigene Augen bekommen und mag in mir selber in Christi Weinberge arbeiten.

39. Ich sage es frei öffentlich, daß alles, was aus Wahn und Meinungen zusammengeflicket wird, darinnen der Mensch nicht selber göttliche Erkenntnis hat, darüber und daraus Schlüsse gemacht werden, das ist Babel, eine Hurerei. Denn nicht Dünkel muß es tun, auch nicht Wahn, sondern Erkenntnis in dem Hl. Geist.

40. Die Kinder Gottes haben geredet, vom Hl. Geist getrieben. Sie haben viel und mancherlei Bäume gepflanzet. Aber sie stehen alle auf einer Wurzel. Die ist der innere Himmel. Niemand kann sie finden, er stehe denn auch auf derselben Wurzel. Es sind wohl mancherlei Gaben und Unterschiede der Gaben, aber sie wachsen alle aus derselben Wurzel. Darum kann sie der äußere Himmel nicht finden oder meistern; und bleiben die Worte der heiligen Kinder Gottes dem irdischen Menschen ein verborgen Mysterium. Und ob sie meinen, sie verstehen sie, so haben sie doch nicht mehr als einen Glast davon.

41. Gleich wie man jetzt um Christi Worte, Lehre und Ehre zanket und streitet um Gottes willen, wie man Gott dienen soll, da ihm doch nicht mit Meinungen gedienet wird, sondern im Geiste Christi

und in der Wahrheit dienet man Gott. Es lieget nicht daran, was einer für Zeremonien und Gebärde gebrauche. Ein jeder arbeitet in seinem Werke und Gaben aus seiner Konstellation und Eigenschaft, aber alle aus einem Geiste getrieben und geführet, sonst wäre Gott endlich und meßlich, wenn die Gaben einerlei wären. Aber er ist eitel Wunder. Wer ihn ergreifet, der geht in seinen Wundern einher.

42. Solches füge ich euch treuherzig aus rechtem christlichem Eifer aus meinem Brünnlein, Gaben und Erkenntnis, bitte und vermahne, wollet es mit rechtem Gemüte verstehen, wie es gemeinet sei. Ich werfe mich nicht auf, sondern ich rede brüderlich gegen euer Gemüte, euch zu erwecken und dann zu trösten, daß ihr euch das Joch Christi nicht lasset dünken und schwer sein, wenn der äußere Mensch oft den inneren verdecket, daß die arme Seele um ihr Bildnis trauert, welches doch also nur in Trübsal geläutert und recht erboren wird.

43. Es gehet mir und einem jeden Christen nicht anders. Lasset euch das nicht wundern. Es ist gar gut, wenn die arme Seele im Streit ist, viel besser, als wenn sie im Gefängnis ein Heuchler ist. Es stehet geschrieben: Denen, die Gott lieben, müssen alle Dinge zum Besten dienen – wenn der Streit der Seelen angehet, daß sie gerne wollte Gott schauen und nicht allemal kann, so wisset, daß sie um das edle Ritterkränzlein streitet, davon der äußere Mensch nichts weiß. Ja Gottes Geist streitet in der natürlichen Seele um das Übernatürliche, daß er die Kreatur in Gott einführe.

44. Er will die Seele immer gerne mit dem edlen Bildnis krönen, wenn ihm nur die blinde Vernunft Raum ließe und ließe den Verstand mitarbeiten. Arbeiten müssen wir und wider die Einwürfe des Teufels streiten, dieselben immer zerbrechen und wegwerfen, den bösen Gedanken und Einflüssen wehren und mächtig in Gottes Barmherzigkeit mit Beten zu ihm flehen, sich einwenden. Also wird das edle Senfkorn gesäet, welches, wenn es verwahret wird, hernach groß wächset als ein Baum. Und auf demselben Baume wachsen hernach die Früchte des Paradeises, davon die Seele isset, wann sie will von Gottes Reich weissagen und reden, wenn sie die göttliche Magia schauet, da sie von Gottes Wundern redet. Denn Gottes Wesen ist nicht also ein abteilig Wesen, das Ort oder Stelle bedürfte, sondern im Geiste des Verstandes fleugt es wie der Sonnen

Glanz in der Luft. Es scheußt in das Bildnis als ein Blitz, davon oft der ganze Leib entzündet und erleuchtet wird.

45. Darum wisset, daß wir hier in diesem Leben Arbeiter und nicht Müßiggänger sind, denn die Geburt des Lebens ist ein steter Streit und eine Arbeit. Je mehr wir werden in Gottes Weinberge arbeiten, desto mehr werden wir Früchte erlangen und ewig genießen, und gelangen zu unserem Selbstbau. Denn unsre Arbeit bleibet in unserm Mysterio zu Gottes Wunder und zu unserm selbst ewigen Ruhm und Ehren stehen, wie in meinen Schriften weitläufig gemeldet worden.

46. Anlangend den Sabbat in dieser Welt, davon ihr geschrieben habt und noch in derselben Meinung seid, ist mir davon nichts gegeben worden zu erkennen, weiß auch nicht, wie in dem Qualhause der Sterne und Elemente möchte ein vollkömmliches Wesen sein. Ich habe dessen keine Findung im Mysterio, weil der erste Mensch nicht bestehen konnte, als der himmlische Gubernator [Lenker] in ihm herrschete, sondern ward vom Sternen- und äußeren Elementenreiche bewältiget, so dürfte es Gefahr sein. Wenn man die Möglichkeit und Unmöglichkeit im Mysterio betrachtet, so scheinet es, als wollte in dem ängstlichen Spiegel des göttlichen Wesens kein Sabbat sein, denn der Teufel ist ein Fürst dieser Welt. Sollte er dann gleich tausend Jahr in die finstere Welt gebunden sein, so herrschen doch die grimmigen Sterne in dieser Welt und Hitze und Kälte, und ist diese Welt nur ein Jammertal.

47. Sollte uns aber der Sternen Regiment nicht regen, so wären wir nicht in dieser Welt, sondern im Paradeis; da wird wohl kein Gottloser mehr wider uns streiten oder uns sehen, denn im Paradeis sind wir in Gott verschlungen. So wenig als wir mit unsern irdischen Augen die Engel sehen, so wenig wird auch ein gottloser Mensch von dieser Welt einen neuen Menschen in Christo sehen.

48. Wenn wir nun den neuen Menschen in Christo erlangen, so sind wir demselben nach schon im Sabbat und warten auf die Auflösung des bösen irdischen Lebens, denn wir sind samt Christo in Gott. Wir sind mit ihm in seinen Tod gepflanzt, sind in ihm vergraben, stehen mit dem neuen Menschen mit ihm aus dem Grabe auf und leben ewig in seinem Wesen, verstehe: in seiner Leiblichkeit. Wir sind mit und in Christo in Gott und Gott in uns. Wo wollen wir den

Sabbat halten? Nicht in dieser Welt, sondern in der englischen Welt, in der Lichtwelt.

49. Oder so die Gottlosen sollten in dieser Welt tausend Jahr gequält werden, so müßte ja der Locus in die finstere Welt entzücket sein. Denn in der Sonnenwelt ist noch keine höllische Marter, aber wenn die Sonne weg wäre, so wäre es wohl, so wären die Gottlosen noch weit von den Gerechten geschieden, und wäre eine Kluft eines Principii dazwischen.

50. Auch so ist Gott kein Gott des Bösen, der da Rache oder Qual begehrete, daß er also die Gottlosen wollte aus Rache tausend Jahre vor dem Gerichte quälen. Der Gottlose quälet sich selber in seines Lebens Geburt. Eine Gestalt des Lebens feindet die andere an. Das wird eine höllische Marter sein, an welcher Gott keine Schuld hat.

51. Er hat auch den Fall des Menschen noch nie gewollt, sondern die grimme Natur hat überwunden und der Willengeist des Menschen, der da frei ist als Gott selber, der hat sich selber willig in den Streit begeben, in Meinung zu herrschen.

52. Aus Hoffart fiel der Teufel und auch der Mensch. Wären sie in der Demut blieben, so wäre Gott in ihnen. Sie sind selber beide von Gott ausgegangen. Noch hat Gott des Menschen Bild so hoch geliebet, daß er ist aus Liebe selbst wieder in das Menschenbild eingegangen. Was wollte er dann seine Qual begehren?

53. In Gott ist keine böse Begierde, aber sein Grimm, das ist die finstere Welt, ist eine Begierde des Bösen und Verderbens. Die hat den Teufel und Menschen zu Fall gebracht. Den Teufel die finstere Welt und den Menschen die äußere grimmige Natur, und sind doch beide einander verbunden, welches man würde sehen und fühlen, wäre nur die Sonne hinweg aus dieser Welt.

54. Darum sage ich noch: der Gerechte hält Sabbat in dem Schoß Abrahams, in der Ruhe Christi, denn Christus hat uns den grimmigen Tod, der uns gefangenhielt, zerbrochen. Er hat das Leben aufgeschlossen, daß wir in einem neuen Menschen in ihm grünen, blühen und ruhen. Aber der alte Sternen- und Elementenmensch muß in seinem eigenen Regiment bleiben, in seinem Qualhause, bis er der Erden wird gegeben. Alsdann tritt alles wieder in sein Mysterium, und bleibet die Seele in ihrem Principio bis ins Gerichte Gottes, da sich Gott wird noch eines bewegen und das Mysterium

anzünden. Alsdann scheidet sich ein jedes Ding selber in seine Eigenschaft. Eine jede Welt wird das ihre einernten, es sei böse oder gut, es wird sich scheiden wie Licht und Finsternis.

55. (Ich) vermahne euch demnach ganz brüderlich und christlich: Wollet ja zusehen, daß ihr den Sabbat in der Ruhe Christi ergreifet und euch nicht lasset durch des Geistes Entzündung bewegen. Forschet aber im Lichte der Natur, ob ihr das möget gründen. So ihr das im Lichte der ewigen Natur könnet gründen und erreichen, so möget ihr wohl fortfahren. Aber stellet es uns auch dar, daß wir es sehen, sonst kann unser Gemüte nicht darauf ruhen, es finde denn den Grund.

56. Es lässet sich auch nicht mit Schriften, die etwann dazu möchten angezogen werden bewähren. Sie geben auch das Widerspiel und können gar wohl anders gedeutet werden. So sich mein Gemüte nicht hätte in die Liebe und Ruhe Christi eingewandt, so wollte ich es euch weisen nach Art der jetzigen Zankwelt.

57. Apocalypsis ist geistlich und stecket im Mysterio. Es will ein hocherleuchtet Gemüte und Verstand haben, das da Gewalt hat, in das Mysterium Gottes einzugreifen. Es redet magisch. Es gehöret auch ein magischer Verstand dazu. Auf diese Weise finde ich den magischen Begriff nicht, denn das ist ein historischer[1] Begriff.

58. Wer Magiam himmlisch angreifen will, der muß die himmlischen Figuren erkennen von Gestalt des inneren Himmels als das Centrum oder Lebenszirkul, davon alle Wesen urständen, davon diese Welt ist erboren. Hat er aber denselben magischen Führer nicht in sich, so lasse er die himmlischen Figuren stehen oder Turba magna[2] hat die Gewalt, daß sie den aus der göttlichen Magia ausspeie.

59. Johannes Evangelista – oder wer Apocalypsis geschrieben – hat die Figuren der Magiae Gottes erkannt. Wiewohl er selber meldet, er sei hineingeführet worden und sei ihm gezeiget worden, sind derowegen dieselben Figuren in der göttlichen Magia blieben stehen. Und wiewohl es ist, daß sie selber offenbar werden, so gehöret doch ein solcher Magus dazu, der Thesaurinellam[3] verste-

[1] hier: irdischer
[2] großer Zorn
[3] den Kern aller Schätze

het. Er muß alle drei Principia mit ihren Figuren verstehen. Alsdann hat er Gewalt, sonst fället seine Arbeit der Turbae heim, – rede ich ganz wohlmeinend.

60. So es euch gefället, so leset mein Buch »Vom dreifachen Leben« recht. Allda werdet ihr die Wurzel der Magiae finden, wiewohl noch andere viel tiefere vorhanden sind. So wollte ich doch, daß ihr dasselbige möchtet verstehen, denn es hat Grundes genug. Ihr möchtet die andern sonst nicht ergreifen.

61. Gefället euch dann weiter zu forschen, so könnt ihr sie gar wohl erlangen. Alleine es muß Ernst sein, sonst bleibet es auch stumm.

Denn der Grund derselben ist hoch magisch, wie das erleuchtete Gemüte wohl finden wird, so es sich wird darein vertiefen. Apocalypsis ist darinnen gar leicht zu verstehen. Und auf keine andere Art wird sie ganz verstanden werden, als aus dem Mysterio Gottes. Wer sich in das mag vertiefen, der findet alles, was er nur forschet.

62. Wollte demnach gerne, daß ihr eure Entzündung[1] prüfet, daß ihr möchtet erkennen den Führer von der innern Welt und dann auch den Führer von der äußern Welt, daß euch die magische Schule beider Welten möchte kenntlich sein, so wäre das edle Gemüte vom Wahne frei. Denn im Wahne ist keine Vollkommenheit. Der Geist muß des Mysterii fähig sein, daß Gottes Geist in seinem Sehen der Führer sei, sonst stehet er nur im äußeren Mysterio als in dem äußeren Himmel des Gestirnes, welcher auch oft das menschliche Gemüte heftig entzündet und treibet. Aber er hat nicht die göttliche magische Schule, welche nur bloß in einem einfältigen, kindlichen Gemüte stehet.

63. Der äußere Führer arbeitet und leuchtet nur im Spiegel. Aber der innere leuchtet im Wesen, welches er nicht tun mag, Gottes Geist führe ihn denn. Darum stehet die Wahl bei Gott; welchen die himmlische Schule ergreifet, derselbe wird ein Magus ohne sein hart Laufen. Und ob es ist, daß er muß hart laufen, so ist er aber von Gott ergriffen und wird vom Hl. Geiste getrieben.

64. Darum soll sich ein Mensch prüfen, von welchem Führer er ergriffen sei. Findet er, daß er in seinem Sehen das göttliche Licht

[1] Begeisterung

scheinend hat, daß ihn sein Führer auf dem Wege der Wahrheit, zur Liebe und Gerechtigkeit in die himmlische Schule einführet, daß er sein Gemüte mit einer göttlichen Gewißheit versichert und bestätigt, so mag er fortfahren; wo aber im Wahn oder Zweifel und doch im feurigen Trieb, so ists der Führer von dieser Welt. Der soll an seinem vorhandenem Willen geprüfet werden, ob er Gottes oder seine eigene Ehre und Ruhm suche. Ob er sich freiwillig unter das Kreuz werfe und nur begehre, in Christi Weinberge zu arbeiten, und seinen Nächsten suche, ob er Gott oder Brot suche. Danach soll ihn der Verstand urteilen und freilassen oder wegwerfen und zähmen, wie es die Not erfordert.

65. Solches habe ich euch zu einer christlichen Vermahnung brüderlich nicht bergen sollen, und bitte, wollet es nicht anders annehmen als wohlmeinend, wie denn solches meine Pflicht erfordert, sintemal ich in Christo auf euer Begehren in eurem ängstlich suchenden Gemüte euer Schuldner bin als ein Glied dem andern.

66. Anlangend euer ganz christliches Erbieten, erkenne ich und nehme es in der Liebe geschehen an, so ein Glied dem andern in der Not zu Hilfe kommt, sollte in der Liebe verschuldet[1] werden. Wollet mir ferner, was eurem Gemüte annehmlich sei, nicht bergen; will euch, soviel an mir Gott verleihet, nicht verhalten. Anjetzo in die Liebe Jesu empfohlen:

Des Herrn dienstwilliger J. Böhm.

Der Name des Herrn ist eine feste Burg, der Gerechte läufet dahin und wird erhöhet.

12. Sendbrief

An Herrn Kaspar Lindner, Zolleinnehmer zu Beuthen
Am Tage Mariä Himmelfahrt 1621

Der offene Brunnquell im Herzen Jesu Christi sei unsere Erquikkung und führe uns in sich ein, auf daß wir in seiner Kraft leben, uns in ihm erfreuen und in seiner Einigung uns in ihm lieben, erkennen und in einen Willen treten!

---

[1] vergolten

2. Ehrenfester, wohlweiser Herr, in der Liebe und Menschheit Jesu Christi geliebter Freund! Neben herzlicher Wünschung von Gott in unserm Emanuel, Leibes und der Seelen Wohlfahrt, füge ich demselben zu wissen, daß ich seine Briefe empfangen und darinnen verstanden, wie der Herr nicht allein ein Sucher und Liebhaber des göttlichen Mysterii sei, sondern auch allenthalben desgleichen Schriften fleißig nachforsche.

3. Welches mich meines Teils hoch erfreuet, daß Gott seine Kinder also zeucht und führet, wie denn geschrieben stehet: Welche der Geist treibet, die sind Gottes Kinder. Und wie sich ein Ast am Baum des andern freuet und ihm seinen Saft und Kraft giebet, also auch die Kinder Gottes in ihrem Baume Jesu Christo, welches meine einfältige Person hoch erfreuet, daß uns Gott in seinem Brunnquell als einfältige Kinder zu sich, zu unserer rechten Mutter Brüste ziehet, daß wir uns nach ihm sehnen als ein Kind nach seiner Mutter.

4. Weil ich denn, mein geliebter Herr und Bruder in der Liebe Christi, verspüre, daß ihr einen Durst nach dem offenen Brünnlein Christi traget und nach der Nießung eurer Brüder fraget und euch in ihnen als ein Zweig im Baume begehret zu ersättigen, also ist mir solches lieb, meinen Saft und Geist in meiner mir von Gott gegebenen Erkenntnis meinen Brüdern und Gliedern als meinen Mitästen im Baume Jesu Christi mitzuteilen und mich in ihnen zu ergötzen als in ihrem Saft, Kraft und Geiste. Denn solches ist meiner Seelen eine angenehme Speise, ich vernehme, wie meine Mitäste und Glieder im Paradeis Gottes grünen.

5. Ich soll euch aber nicht bergen des einfältigen Kinderweges, den ich in Christo wandele. Denn ich kann von mir nicht anders schreiben als von einem Kinde, das nichts weiß und verstehet, auch niemals gelernet hat, als nur dieses, was der Herr in mir wissen will nach dem Maß, so er sich in mir offenbaret.

6. Denn von dem göttlichen Mysterio etwas zu wissen, habe ich niemals begehret, viel weniger verstanden, wie ich es suchen oder finden möchte; wußte auch nichts davon, als der Laien Art in ihrer Einfalt ist. Ich suchte allein das Herze Jesu Christi, mich darinnen zu verbergen vor dem grimmigen Zorn Gottes und den Angriffen des Teufels, und bat Gott ernstlich um seinen Hl. Geist und Gnade, daß er mich in ihm wollte segnen und führen und das von mir

nehmen, was mich von ihm (ab)wendete und mich ihm gänzlich zu ergeben, auf daß ich nicht meinem, sondern seinem Wille lebete und er mich allein führete und ich sein Kind in seinem Sohne Jesu Christo sein möchte.

7. In solchem meinem gar ernstlichen Suchen und Begehren, darinnen ich heftige Anstöße erlitten, mich aber ehe des Lebens verwegen als davon ausgehen und ablassen wollte, – ist mir die Pforte eröffnet worden, daß ich in einer Viertelstunde mehr gesehen und gewußt habe, als wenn ich wäre viel Jahr auf hohen Schulen gewesen, dessen ich mich hoch verwunderte. (Ich) wußte nicht, wie mir geschah, und darüber mein Herz ins Lob Gottes wendete.

8. Denn ich sah und erkannte das Wesen aller Wesen, den Grund und Ungrund; item die Geburt der Hl. Dreifaltigkeit, das Herkommen und den Urstand dieser Welt und aller Kreaturen durch die göttliche Weisheit. Ich erkannte und sah in mir selber alle drei Welten, als (1.) die göttliche englische oder paradeisische, und dann (2.) die finstere Welt als den Urstand der Natur zum Feuer, und (zum 3.) diese äußere sichtbare Welt als ein Geschöpf und Ausgeburt oder als ein ausgesprochen Wesen aus den beiden inneren geistlichen Welten. Ich sah und erkannte das ganze Wesen in Bösem und Gutem, wie eines von dem andern urständete und wie die Mutter der Gebärerin wäre, daß ich mich nicht allein hoch verwunderte, sondern auch erfreuete.

9. Und fiel mir zuhand also stark in mein Gemüte, mir solches für ein Memorial aufzuschreiben. Wiewohl ich es in meinem äußern Menschen gar schwerlich ergreifen und in die Feder bringen konnte. Ich mußte gleich anfangen in diesem sehr großen Geheimnis zu arbeiten, als ein Kind, das zur Schule gehet. Im Innern sah ich es wohl als in einer großen Tiefe, denn ich sah hindurch als in ein Chaos, da alles innen lieget, aber seine Auswickelung war mir (un)möglich.

10. Es eröffnete sich aber von Zeit zu Zeit in mir als in einem Gewächse, wiewohl ich 12 Jahr damit umging und dessen in mir schwanger war und einen heftigen Trieb in mir befand, ehe ich es konnte in das Äußere bringen, bis es mich hernach überfiel als ein Platzregen. Was der trifft, das trifft er. Also ging es mir auch. Was ich konnte ergreifen, in das Äußere zu bringen, das schrieb ich auf.

11. Wiewohl mir die Sonne nachmals ziemliche Zeit geschienen hat, aber nicht immer beharrlich. Wenn sich diese hat verborgen, so habe ich wohl auch meine eigene Arbeit kaum verstanden, und solches darum, auf daß der Mensch erkenne, daß das Wissen nicht sein, sondern Gottes sei, daß Gott in der Seelen des Menschen wisse, was und wie er will.

12. Solche meine Schriften gedachte ich mein Leben lang bei mir zu behalten und keinem Menschen zu geben. Aber es fügete sich nach Schickung des Höchsten, daß ich einem Menschen etwas davon vertrauete, durch welchen es ohne mein Vorwissen offenbar wurde, darauf mir das erste Buch[1] entzogen ward und weil darinnen gar wunderliche Sachen eröffnet, so dem menschlichen Gemüte nicht bald begreiflich waren, habe ich darum müssen von den Vernunft-Weisen viel ausstehen.

13. Sah auch dasselbe erste Buch in drei Jahren nicht mehr, vermeinete, es wäre längst tot und dahin, bis mir Abschriften von gelehrten Leuten zugeschicket wurden, mich vermahnend, mein Talent zu offenbaren, welches die äußere Vernunft nirgends tun wollte, dieweil sie vorhin also viel hatte müssen erleiden. So war die Vernunft sehr schwach und zaghaftig, denn mir auch zugleich das Gnadenlicht eine ziemliche Zeit entzogen ward und glomm in mir als ein verborgen Feuer, daß also nichts denn Angst in mir war: von außen Spott, von innen ein feuriger Trieb. Und mochte es doch nicht ergreifen, bis mir der Höchste mit seinem Odem wieder zu Hilfe kam und ein neues Leben in mir erweckete. Allda erlangete ich einen bessern Stilum zu schreiben und auf eine tiefere und gründlichere Erkenntnis, konnte alles besser in das Äußere bringen, wie es denn das Buch »Vom dreifachen Leben« durch die drei Principia ausweiset und der göttliche Liebhaber, so ihm sein Herz mag aufgetan werden, sehen wird.

14. Also habe ich nun geschrieben, nicht von Menschenlehre oder Wissenschaft aus Bücherlernen, sondern aus meinem eigenen Buche, das in mir eröffnet ward. Als das edle Gleichnis Gottes, das Buch des edlen Bildnisses – zu verstehen: das Ebenbild Gottes – war mir vergönnet zu lesen, und darin habe ich mein Studieren gefunden

[1] *Aurora*

als ein Kind in seiner Mutter Hause, das da siehet, was der Vater machet und demselben in seinem Kinderspiel nachspielet. Ich darf[1] kein ander Buch dazu.

15. Mein Buch hat nur drei Blätter. Das sind die drei Principia der Ewigkeit. Darinnen kann ich alles finden, was Moses und die Propheten, sowohl Christus und die Apostel geredet haben. Ich kann der Welt Grund und alle Heimlichkeit darinnen finden. Doch nicht ich, sondern der Geist des Herrn tut es nach dem Maß, wie er will.

16. Denn ich habe ihm viel hundertmal geflehet, so mein Wissen nicht zu seinen Ehren und meinen Brüder zur Besserung möchte dienen, er wollte solches von mir nehmen und mich nur in seiner Liebe erhalten. Aber ich habe befunden, daß ich mit meinem Flehen nur habe das Feuer in mir heftiger entzündet. Und in solchem Entzünden und Erkenntnis habe ich meine Schriften gemacht.

17. Ich habe aber damit nicht vermeinet, bei solchen Leuten, als ich jetzt sehe, bekannt zu werden; vermeinte noch immer, ich schriebe für mich, wiewohl der Geist Gottes in der Verborgenheit in meinem Geist solches genugsam zeigete, zu was Ende es wäre. Noch war die äußere Vernunft immer das Contrarium, als nur zu Zeiten, wenn der Morgenstern aufging, da ward die Vernunft mit entzündet und tanzte mit, als hätte sie es ergriffen. Aber es ist weit davon.

18. Gott wohnet in dem edlen Bildnis und nicht im Sternen- und Elementengeiste. Er besitzet nichts als nur sich selber in seinesgleichen. Und ob er wohl etwas besitzet, als er dann alles besitzet, so ergreifet ihn doch nichts als nur das, so von ihm entsprungen und herkommen ist, als die Seele in der Gleichheit Gottes.

19. Darum ist mein ganzes Schreiben als eines Schülers, der zur Schule gehet. Gott hat meine Seele in eine wunderliche Schule geführet, und ich kann mir in Wahrheit nichts zuweisen, daß meine Ichheit etwas wäre oder verstände.

20. Es soll keiner höher von mir halten, als er hier siehet. Denn das Werk in meiner Arbeit ist nicht mein. Ich habe es nur nach dem Maß, als mir es vom Herrn vergönnet wird. Ich bin nur sein

[1] brauche

Werkzeug, mit dem er tut, was er will. Solches melde ich euch, mein geliebter Herr, zur Nachricht, daß nicht jemand einen andern bei mir suche, der ich nicht bin, als einen von Kunst und hoher Vernunft, sondern ich lebe in Schwachheit und Kindheit in der Einfalt Christi, in seinem mir gegebenen Kinderwerke. Darinnen habe ich mein Spiel und ist mein Zeitvertreiben. Darinnen habe ich meine Freude als in einem Lustgarten, da viel edle Blumen innen stehen. Mit denen will ich mich dieweil ergötzen, bis ich werde wiederum die Paradeisblumen im neuen Menschen erlangen.

21. Weil aber, mein lieber Herr und Freund, ich sehe und vermerke, daß ihr auch auf diesem Wege seid und suchet, so schreibe ich euch meinen Kinderweg mit Fleiß. Denn ich verstehe, daß ihr euch mancherlei Schriften brauchet, von welchen ihr ein Judicium von mir begehret, so euch als meinem Mitgliede, soviel mir Gott zu erkennen gegeben, auch widerfahren soll, und solches nur kurz und summarisch. In meinem Buch »Vom dreifachen Leben« findet ihr es weitläufig nach allen Umständen.

22. Gebt euch demnach dieses zur Antwort, daß die eigene Vernunft, welche ohne Gottes Geist nur bloß vom Buchstaben gelehret ist, alles tadelt und verachtet, was nicht schnurrecht nach dem Gesetze der hohen Schule eintrifft. Wundert mich aber gar nichts, denn sie ist von außen und Gottes Geist von innen. Sie ist gut und böse. Sie fähret dahin als ein Wind und lässet sich wägen und treiben. Sie achtet auf Menschenurteil. Und was das hohe Ansehen dieser Welt richtet, danach richtet sie auch. Sie erkennet nicht des Herrn Sinn, denn er ist nicht in ihr. Ihr Verstand ist vom Gestirne und ist nur ein Spiegel gegen(über) der göttlichen Weisheit.

23. Wie mag der die göttlichen Sachen richten, in dem nicht der Geist des Herrn ist? Der Geist des Herrn prüfet und richtet allein alle Dinge. Denn ihm allein ist alles bewußt und offenbar. Die Vernunft aber richtet von außen, und richtet je eine Vernunft nach der andern: der Kleine nach dem Großen, der Laie nach dem Doktor, und ergreifet keiner die Wahrheit und des Herrn Sinn, ohne den Geist Gottes, welcher im Menschen richtet und niemands Person ansiehet; der Laie ist ihm als der Doktor.

24. Daß aber die Kinder Gottes so mancherlei Gaben haben zu schreiben, reden und richten, und nicht alle einen Stilum führen,

daraus die eigene Vernunft hernach das ihre aussauget und ein Babel machet, daraus so viele Meinung ist entstanden, daß man hat aus ihren Schriften Meinungen und Wege zu Gott erdichtet, welche Wege man gehen sollte, und also ein solcher Zank daher entstanden ist, daß anjetzo der Mensch nur bloß auf den Streit siehet, welcher den andern mit Buchstabenwechseln überwindet – das ist alles Babel, eine Mutter der geistlichen Hurerei, da die Vernunft nicht zur Türe Christi durch Christi Geist in die Gelassenheit zu Gott eindringet, sondern sie dringet aus sich selber, aus eigener Macht und Hoffart in einen andern Menschen und will gerne immer das schönste Kind im Hause sein. Man solle sie ehren und anbeten.

25. Die Kinder Gottes haben mancherlei Gaben nach der Regel des Apostels: Gott giebet einem jeden auszusprechen, wieviel er will. Die Gaben der Menschen geschehen alle nach dem unerforschlichen Willen Gottes, und quellen alle aus einer Wurzel. Die ist die Mutter der drei Prinzipien. Wie eines jeden seelischer Geist in der Mutter konstellieret wird, also ist auch seine Offenbarung und Erkenntnis.

26. Denn Gott führet keinen neuen oder fremden Geist in uns, sondern er eröffnet mit seinem Geist unsern Geist als das Verborgene der Weisheit Gottes, welche in jedem Menschen lieget nach dem Maß und auf die Art seiner innerlichen verborgenen Konstellation. Denn Christus sprach: Mein Vater wirket, und ich wirke auch, Joh. 5, 17. So wirket nun der Vater in der Essenz des Ebenbildes Gottes als in der göttlichen Gleichheit.

27. Die seelische Eigenschaft ist des Vaters, denn Christus sprach: Vater, die Menschen waren dein, und du hast sie mir gegeben, und ich gebe ihnen das ewige Leben, Joh. 17, 6. So aber die seelische Eigenschaft aus dem Vater von Ewigkeit ist, so hat er auch von Ewigkeit in der gewirket und wirket noch bis in Ewigkeit in demselben Bildnis zum Licht und Finsternis, wo sich der Wille der seelischen Eigenschaft hinneiget.

28. So denn des Vaters Eigenschaft un(er)meßlich ist und er die Weisheit selber wirket, und aber alle Dinge durch seine Weisheit urständen, so sind die Seelen mancherlei konstellieret, wohl aus einer Essenz geurständet, aber die Wirkung ist mancherlei, alles nach Gottes Weisheit. So eröffnet nun der Geist Christi einer jeden

Seelen ihre Eigenschaft, daß eine jede aus ihrer Eigenschaft redet von den Wundern der Weisheit Gottes.

29. Denn Gottes Geist machet nichts Neues im Menschen, sondern er redet von den Wundern in der Weisheit Gottes aus dem Menschen. Und solches nicht allein aus der ewigen, sondern aus der äußern Konstellation als durch den Geist der äußern Welt: Er öffnet im Menschen die innere seelische Konstellation, daß er muß weissagen, was der äußere Himmel wirket. Item: Er muß durch Turbam magnam[1] reden, als die Propheten oft geredet und dem Volke die Strafe angedeutet haben, welche ihnen durch Turbam magnam, aus Gottes Verhängnis, um ihrer Sünde willen widerfahren sollte.

30. So redet nun der Geist Gottes oft etwa in einem durch die innere ewige Konstellation der Seelen als von ewiger Straf oder Belohnung, und ein anderer durch die äußere Konstellation von Glück und Unglück dieser Welt, vom Aufsteigen aller Macht und auch der Zerbrechung Land und Städte, item: von wunderlicher Veränderung der Welt.

31. Und wiewohl es ist, daß der Geist der äußern Welt auch oft sein Spiel im Menschen vollbringet und aus seiner eigenen Macht sich im menschlichen Geist einflicht und seine wunderliche Figur andeutet, so bei denen statt hat, welche nur bloß in der Vernunft in hoffärtigem eigenem Willen laufen, daraus oft falsche Propheten entstehen. Darum sage ich nun, daß ein jeder aus seiner Konstellation – einer durch die Offenbarung des Geistes Gottes wahrhaftig, der andere durch die Eröffnung des äußern Sterngeistes redet, jedoch aus derselben Konstellation. Der aber aus eines andern Munde vom Geheimnis redet und richtet ohne eigne Erkenntnis, das ist Babel und Wahn, ein Ding, das das Herze nicht erfährt, obs wahr sei.

32. Und (ich) sage ferner, daß alle die teuren von Gott erleuchteten Männer, deren Schriften ihr teils in Händen möget haben, aus ihrer Eröffnung[2] geredet haben, ein jeder nach seinem Begriff. Das

[1] den großen Zorn
[2] Erfahrung

Zentrum aber ist die Seele, und das Licht ist Gott. Die Offenbarung geschiehet durch Eröffnung des Geistes Gottes, durch die Konstellation der Seelen.

33. Von Anfang der Welt her haben alle Propheten von Christo geweissaget, einer so, der andere anders. Sie haben nicht alle einerlei Rede in einerlei Forma geführet, sondern ein jeder, wie ihm der Geist Gottes in seiner seelischen, ewigen Konstellation eröffnet hat, aber aus seinem Centro haben sie alle geredet. Also geschiehet es noch heute. Die Kinder Gottes reden alle aus Eröffnung des Geistes Christi, welcher ist Gottes, ein jeder nach seinem Begriff. (Ich) will euch derowegen freundlich erinnert haben, euch nicht an die Vernunftgeschwätze und stolzen Gerichte zu stoßen und derowegen jemands Gaben zu verachten, denn der solches tut, der verachtet den Geist Gottes.

34. Diese angedeuteten Autores, über welche ihr ein Gutachten von mir begehret, habe ich nicht alle, jedoch zum Teil gelesen. Ich begehre sie nicht zu richten. Es sei ferne von mir, ob sie gleich nicht alle einen Stilum haben gehabt zu schreiben, denn die Erkenntnis ist mancherlei. So gehöret mir aber aus meinen Gaben, ihre Herzen und Willen zu prüfen. Wenn ich aber befinde, daß also ihre Herzen und der Geist aus einem Centro, als aus Christi Geist entsprießen, so lasse ich mir am Centro genügen und befehle das Aussprechen der höchsten Zungen, als dem Geist der großen Weisheit Gottes, der durch die Weisheit eröffnet einem jeden nach dem Maß, als er will.

35. Ich richte niemand, und ist das Verdammen ein falsches Geschwätz. Der Geist Gottes richtet selber alle Dinge. Ist derselbe in uns, was fragen wir dann lange nach dem Geschwätze? Ich erfreue mich aber vielmehr der Gaben meiner Brüder. Ist es aber, daß sie eine andere Gabe auszusprechen gehabt haben als ich, soll ich sie darum richten?

36. Spricht auch ein Kraut, Blume, Baum zum andern: Du bist sauer und dunkel, ich mag nicht neben dir stehen? Haben sie nicht alle eine Mutter, daraus sie wachsen? Also auch alle Seelen aus einer, alle Menschen aus einem. Warum rühmen wir uns Kinder Gottes, so wir doch unverständiger sind als die Blumen und das Kraut auf dem Felde? Ist nicht auch also mit uns, daß Gott seine Weisheit in

uns offenbaret, gleichwie er die Tinktur der Verborgenheit in der Erde durch die Erde mit schönen Gewächsen offenbaret. Der aber richtet und verdammet auf dem gottlosen Wege, welcher nur in Hoffart läuft, sich sehen zu lassen, der ist der Treiber zu Babel und ein drehend Rad, das nur Zank aufbläset.

37. Die rechte Proba der Kinder Gottes ist diese, da man mag sicher nachfolgen: Ein demütiges Herz, das sich nicht selber suchet noch ehret, sondern suchet immerdar seinen Bruder in der Liebe, das nicht Eigennutz und Ehre suchet, sondern Gerechtigkeit und Gottesfurcht. Der rechte und schlechte[1] Weg zu Gott zu kommen ist dieser, soviel mir dessen erkenntlich ist, nämlich daß der Mensch aus seinen begangenen Sünden ausgehe und ihm [sich] einen ernsten Vorsatz mache, nimmermehr wieder darein einzugehen, und in seinem Ausgehen nicht zweifele.

38. Und ob freilich die Vernunft zweifelt, davor der Sünder erschricket und sich vor Gottes Zorn entsetzet, daß sich der Wille nur schlecht und recht in die Barmherzigkeit Gottes, in Christi Leiden und Tod einsenket und sich durch Christus in Gott ergiebet als ein Kind in seiner Mutter Schoß, das selber nichts will als nur, was die Mutter will. Es jammert nur die Mutter an und hoffet immer das beste von der Mutter. Es sehnet sich nur allein nach der Mutter Brüsten. Also muß unsere Begierde nur allein schlecht in unsere erste Mutter wieder eingerichtet werden, von welcher wir mit Adam sind ausgegangen in ein eigenes.

39. Daher saget Christus: Wo ihr nicht umkehrt und werdet wie die Kinder, sollt ihr das Reich Gottes nicht sehen. Matth. 18, 3; item: Ihr müsset neugeboren werden, Joh. 3,7, das ist: Wir müssen aus aller Vernunft wieder in die Gelassenheit in unserer Mutter Schoß eingehen und alles Disputieren fahren lassen, auch unsere Vernunft ganz wie tot machen, auf daß der Mutter Geist eine Gestalt in uns bekomme und in uns das göttliche Leben aufblase, daß wir uns in der Mutter Geist in der Wiege finden, wollen wir von Gott gelehret und getrieben sein.

[1] schlichte

40. Wir müssen uns ihm gänzlich ergeben, daß Gottes Geist in uns das Wollen, Tun und Vollbringen sei, auf daß wir ihm wissen und nicht uns, daß er unser Wissen sei.

41. Wir sollen mitnichten sagen, was wir wissen wollen, sondern nur bloß in die Menschwerdung und Geburt Jesu Christi, in sein Leiden und Tod eingehen und immer gerne wollen in seine Fußstapfen treten und ihm nachfolgen und gedenken, daß wir auf der Pilgrimstraße sind, da wir durch einen gefährlichen Weg müssen in unser Vaterland, daraus uns Adam führete, wiederum in Christo auf dem schmalen Steige eingehen. Auf diesem einzigen Wege lieget das Perllein Mysterium Magnum. Alles Studieren, Suchen und Forschen außer diesem Wege ist tot und erlanget nicht die jungfräuliche Krone, sondern nur Dornen und Spitzen, welche in die Kinder Gottes stechen.

42. Darum, mein lieber Herr, weiß ich euch, weil ihr mein Bekenntnis begehret, keinen bessern Rat mitzuteilen, als daß ich euch den Weg zeige, den ich selber gehe und darauf mir ist die Tür aufgetan worden, daß ich gelehret bin, ohne zuvorhin Lernen. Denn alle Kunst und Wissen kommet von Gott, der findet alles.

43. Ich habe mit den Kindern Gottes wegen ihrer ungleichen Gabe keinen Zank. Ich kann sie in mir alle einigen. Ich gehe mit ihnen nur aufs Zentrum, so habe ich die Proba aller Dinge. Wollet ihr mir nun nachfolgen, so werdet ihr es erfahren und vielleicht hernach besser verstehen, was ich geschrieben habe.

44. Ein wahrer Christ hat mit niemand Streit, denn er stirbet in der Gelassenheit in Christo allem Streit ab. Er sorget nicht mehr für den Weg zu Gott, sondern er ergiebet sich in die Mutter als in Christi Geist, was der immer mit ihm machet, das gilt ihm gleich. Es sei in dieser Welt Glück oder Unglück, Leben oder Tod. Es ist ihm alles gleich. Es rühret den neuen Menschen kein Unglück, sondern nur den alten von dieser Welt. Da mag die Welt mit ihm tun, was sie will. Derselbe ist der Welt, aber der neue ist Gottes.

45. Mein geliebter Herr, dieses ist mein Weg, darauf ich wandele und darauf ich wissen muß ohne mein Vorwissen. Ich nehme nur keinen Vorsatz zuvorhin, was ich schreiben oder reden will, sondern ergebe mich in Gottes Wissen. Der mag in mir wissen, was

er will. Und auf solchem Wege habe ich eine Perle erlanget, welche mir lieber ist als die äußere Welt.

46. Und obs gleich geschiehet, daß oft die Kinder Gottes in der Erkenntnis miteinander anstoßen, so geschiehet doch alles nur durch die Turba[1] der äußeren Vernunft, welche in allen Menschen ist, und verhänget Gott solches darum, daß der Mensch geübet werde und seinen Geist heftiger mit Beten und Eindringen in Gott entzünde. Alsdann gehet der Geist Gottes in der Verborgenheit der Menschheit als ein Feuer, das da brennet, und muß den Kindern Gottes zum besten dienen (Röm. 8, 28).

47. Anlangend etliche Personen eurer Nachbarschaft, davon ihr meldet, welche alles zu Geld machen und dem vermeineten Zion zulaufen, hielt ich ratsamer, sie blieben daheim, denn Zion muß in uns geboren werden. Wenn sie werden an die Orte kommen, so ist ihnen sowohl als vorhin, und (sie) müssen gleichwohl unter dem Joch Christi leben.

48. Gott ist im Himmel, und der Himmel ist im Menschen. Will aber der Mensch im Himmel sein, so muß der Himmel im Menschen offenbar werden. Das muß durch ernste Buße und herzliches Einergeben geschehen. Das können sie wohl daheim und an ihren Orten tun. Dem sie gedenken zu entfliehen, darein werden sie laufen. Wenn sie daheim einen göttlichen Weg wandelten, daß andere Leute ein Exempel an ihnen hätten, wäre Gott angenehmer.

49. Denn es hat unter ihnen auch stolze, hoffärtige, spöttische Leute, welche nur verachten und schmähen, und ist in manchem mehr eine angenommene Weise und geistliche Hoffart, als ich denn selbst erfahren habe. Denn ich habe einen unter ihnen wegen eines ausgegangenen Büchleins, darin ich etwas Schweres wider Gott und den Grund der Wahrheit fand, ganz christ- und brüderlich ersuchet und unterwiesen; (ich) verhoffte, er würde sehend werden. Aber er hat ganz stolz und verächtlich, dazu schmählich geantwortet und eine solche Antwort von sich gegeben, darinnen kein Gottesgeist zu spüren ist. Ihre Konfession ist vielmehr eine Meinung als ein rechter Ernst, denn dessen sie sich rühmen, die sind sie nicht. Es mag wohl fromme Herzen unter ihnen haben, aber ihrer viel sind es nur mit

[1] das Treiben

dem Namen, und wollen das Ansehen haben, wie ich selbst von einem der Vornehmsten unter ihnen habe erfahren. Sie mögen wohl daheim lernen Leute schmähen. Es ist nicht der kindliche Weg in Gottes Reich. Dazu ist ihr Weg Revoca[1] und von ihnen selbst im Schein. Aber heimlich sind sie wie vorhin.

50. Wollte Gott, es wäre also ein Ernst mit ihnen, wie sie vorgeben, ich wollte es auch loben. Allein Schmähen und Verachten ist nur Babel, dessen ist die Welt vorhin voll. Danach laufe ich nicht.

51. Anlangend den Hans Weyrauch: Soviel ich in dieser Schrift sehe, mag er ein Mensch sein, welcher in Gottes Liebe wallet, wofern sich sein Weg im Herzen so verhält. Daß er aber andere tadelt wegen Erkenntnisses des Lichtes der Natur, darinnen hat er vielleicht nicht Erkenntnis und erstrecken sich seine Gaben dahin nicht, ist darauf nicht zu sehen, weil es seine Gabe nicht ist. Wollet ihn derweil für einen frommen Bruder halten. Denn Gott führet seine Gaben nicht nur in der Einfalt aus, sondern auch in manchem in der Höhe. Denn er ist hoch und tut mit allen seinen Werken, was er will.

52. Also antworte ich auch von den andern angedeuteten Autoribus, welche teils hohe Gaben gehabt, aber nicht alles mögen genug ergreifen, doch haben sie zu ihrer Zeit genug getan. Weil aber die jetzige Zeit eines andern Arztes bedarf, so befinden sich auch jetziger Zeit andere Erkenner und Wisser zu der Krankheit, alles nach Gottes Liebe und Vorsorge, der nicht will, daß jemand verloren werde, sondern daß allen Menschen geholfen werde.

53. Wenn dieselben Autoren anjetzo lebeten, so würden sie vielleicht in etlichen Punkten haben klarer und in andern Formen geschrieben, wiewohl sie bei ihrer Zeit genug getan und sie darum mitnichten zu verachten sind. Obwohl etliche Punkte zu verbessern wären, so ist doch sonst ihre Lehre von der Vereinigung der Gottheit und Menschheit fast klar, und siehet man, wie auch Gottes Geist in ihnen gewesen. Die Vernunft aber drehet alles ins Ärgste und verkehrets mit falschem Deuten.

[1] etwa: ein Weg zurück

54. Beim Schwenckfeld[1] stößet dieser Punkt an, daß er Christum für keine Kreatur hält. Er hat noch nicht die Principia ergriffen; darum (ist) nicht möglich zu unterscheiden, womit er keine Kreatur sei. Was seine Gottheit anlanget, ist er keine Kreatur. Was aber die himmlische Wesenheit anlanget, von welcher er saget, er wäre vom Himmel kommen und wäre im Himmel (Joh. 3, 13), ist er mit derselben in der Menschheit kreatürlich und außer der Menschheit unkreatürlich.

55. Gleichwie wir Menschen in den vier Elementen leben und sind selber der vier Elementen Eigenschaft, in uns sind sie bildlich und außer uns unbildlich, und ist doch ein Ding, also auch in Christi Person.

56. Die ganze englische Welt als das zweite Principium ist sein leiblich Wesen nach der himmlischen Wesenheit, in der Person der Menschheit kreatürlich und außer der Person unkreatürlich. Denn er ist des Vaters Herz und Wort. Und das Herz ist überall im Vater. Also wo sein Herz ist, da ist auch der Himmel und göttliche Wesenheit mit der Fülle der Weisheit umgeben.

57. Anlangend seine Seele, welche er seinem Vater in seine Hände befahl und von welcher er sagte am Ölberge, sie wäre betrübet bis in den Tod, ist dieselbe aus unserer seelischen Eigenschaft. Denn um die Seele war es zu tun, daß Gott Mensch ward, daß er dieselbe wieder in sich brächte und unsern Willen aus der Irdigkeit wieder in sich einführete, die ist eine Kreatur.

58. Und das dritte Principium als das äußere Reich dieser Welt, welches Gott hat durch seine Weisheit aus der Ewigkeit geboren, ist auch kreatürlich in ihm. Denn die ganze Gottheit hat sich im Menschen Christo offenbaret, als gleichwie Gott ist in diesem Geiste alles, daß er in diesem Menschen auch alles sei. Sind wir Menschen doch alle also, sofern wir wieder aus Gott geboren werden. Und wäre dieser Punkt, welcher fast die andern alle treibet, wohl zu raten, so man ihn recht betrachtete. Es (be)dürfte auch nicht viel Streit oder Verdammens. Denn der Geist Gottes fraget nach keinem Streit. Er richtet alles in sich.

[1] Kaspar Schwenckfeld (1489–1561)

59. So will Weigel[1] haben, Maria sei nicht Joachims und Annas Tochter, und Christus habe nichts von uns angenommen, sondern sei eine edle Jungfrau. Ist wohl wahr nach dem Ziel des Bundes, nach der Jungfraue der göttlichen Weisheit. Aber was hülfe mich das? Wo bliebe meine Seele und meine in Adam verblichene Wesenheit als das Paradeisbild, so nicht Christus unsere Seelenessenz hätte in sich genommen und das verblichene Bild wiederum zum Leben erboren, welches ich in meinem Buche »Vom dreifachen Leben« nach der Länge habe ausgeführet.

60. Sonst schreibet auch Weigel von der neuen Geburt und der Einigung der Menschheit in Christo mit uns gar schön, welches, weil ichs in meinen Schriften (et)was klarer beschrieben, allhie beruhen lassen, und lasse sie unverachtet, auch den, der sie lieset.

61. Träget doch eine Biene aus vielen Blumen Honig zusammen, ob manche Blume gleich besser wäre als die andere. Was fraget die Biene danach? Sie nimmt, was ihr dienet. Sollte sie darum ihren Stachel in die Blumen stechen, so sie des Saftes nicht möchte, wie der verächtliche Mensch tut? Man streitet um die Hülsen, und den edlen Saft, der zum Leben dienet, lässet man stehen.

62. Was hilft mich die Wissenschaft, so ich nicht darinnen lebe? Das Wissen muß in mir sein und auch das Wollen und Tun. Der Mantel mit dem Leiden und Genugtuung Christi, den man jetzt dem Menschen umdecket, wird manchem zum Stricke und höllischen Feuer werden, daß man sich also nur will mit Christi Genugtuung kitzeln und den Schalk anbehalten.

63. Es heißet: Ihr müsset neu geboren werden oder sollet Gottes Reich nicht schauen. Ihr müsset werden als ein Kind, wollet ihr Gottes Reich sehen. Nicht allein um die Wissenschaft zanken, sondern ein neuer Mensch werden, der in Gerechtigkeit und Heiligkeit in Gott lebe. Man muß den Schalk austreiben und Christum anziehen, alsdann sind wir in Christo in seinem Tod begraben und stehen mit Christo auf und leben ewig in ihm. Was soll ich denn lange um das zanken, das ich selber bin?

[1] Valentin Weigel (1533–1588)

64. Ich habe mit niemand keinen Zank als nur wider den Gottlosen. Den straft der Geist unter Augen. (Das) wollte ich euch nicht bergen und meine es treulich.

65. Anlangend meine Bücher könnet ihr, wie vernommen, wohl bei euch bekommen, so euch dieselben gelieben. Denn mir wird berichtet: Herr Christian Bernhard, Zöllner zu Sagan, wie er derselben habe zwei – als das »Vom dreifachen Leben«, welches fast das vornehmste im Lehren ist, und dann die »Vierzig Fragen von der Seelen« – eurem Weinschenken seinem Bruder geliehen. Könnet euch mit ihm befreunden; wird sie euch nicht versagen. So aber nicht, will ich euch in andere Wege dazu verhelfen. Könnet dieselben auch bei Herrn Christian Bernhard bekommen, so ihr sie ja begehret und nicht mehr haben könnet. Ich will ihm schreiben, daß er euch die wird leihen, denn ich habe meine selten daheim. Jedoch so ihr sie nicht würdet erlangen, wollte ich, sobald ich sie zu Hause bekäme, euch eines nach dem andern leihen.

66. Deren Titel und unterschiedliche Bücher sind diese: I. Die »Aurora«, steiget aus der Kindheit auf und zeiget euch die Schöpfung aller Wesen, aber fast heimlich und nicht genug. Erkläret viel magischen Verstand, denn es sind etliche Geheimnisse darinnen, so noch ergehen sollen.

67. II. Ein großes Buch von 100 Bogen, »Von den drei Prinzipien göttlichen Wesens« und des Wesens aller Wesen. Das ist ein Schlüssel und Alphabet aller derer, so meine Schriften begehren zu verstehen. Das handelt von der Schöpfung. Item: von der ewigen Geburt der Gottheit, von der Buße, der Rechtfertigung des Menschen und seinem Paradeis-Leben und von dem Falle. Item: von der neuen Geburt und Christi Testamenten und vom ganzen menschlichen Heil, sehr nützlich zu lesen, denn es ist ein Auge, zu erkennen die Wunder im Mysterio Gottes.

68. III. Ein »Buch vom dreifachen Leben«, hat 60 Bogen, ist ein Schlüssel von oben und unten zu allen Geheimnissen, wohin sich nur das Herze schwingen möchte. Es zeiget allen Grund der drei Prinzipien und dienet jedem nach seiner Eigenschaft. Er mag fast alle Fragen, so die Vernunft ersinnen kann, darinnen gründen. Und ist das nötigste, so euch wohl dienen möchte, ihr würdet der Zankbücher bald überdrüssig werden, so ihr dies ins Gemüte brächtet.

69. IV. »Vierzig Fragen von der Seelen«, hat 28 Bogen, handelt von alledem, was ein Mensch wissen soll.

70. Das V. Buch hat drei Teile. Das erste Teil »Von der Menschwerdung Christi«. Das zweite Teil ist fast sehr tief, von Christi Leiden und Tod, wie wir in Christi Tod müssen eingehen, mit und in Christo sterben und auferstehen, und warum Christus hat müssen sterben; ganz aus dem Centro durch die drei Principia ausgeführtet, sehr hoch. Das dritte Teil ist der Baum des christlichen Glaubens, auch durch die drei Prinicpia, sehr nützlich zu lesen.

71. VI. Das sechste Buch oder Teil dieser Schriften sind die »Sechs Theosophische Punkte« der allergrößten Tiefe, wie die drei Principia sich ineinander gebären und vertragen, also daß in der Ewigkeit kein Streit ist und wohl ein jedes in sich selber ist, und wovon Streit und Uneinigkeit herkommen, wovon Böses und Gutes urstände; ganz aus dem Ungrunde als aus Nichts in Etwas als in (den) Grund der Natur eingeführet. Dieses sechste Buch ist ein solches Geheimnis, wiewohl kindisch ans Licht gegeben, daß es keine Vernunft ohne Gottes Licht gründen wird. Es ist ein Schlüssel zu A und O.

72. VII. Ein Büchlein für die Melancholie, für die Angefochtenen geschrieben, wovon Traurigkeit urstände und wie man derselben widerstehen soll (»Von vier Komplexionen«).

73. VIII. Ein sehr tiefes Buch »De signatura rerum – Von der Bezeichnung der Kreation« und was jedes Dinges Anfang, auch Zerbrechung und Heilung ist, gehet ganz in die ewige und dann in die anfängliche, äußerliche Natur und in ihre Gestaltnisse.

74. Dieses sind also meine Bücher, neben etlichen kleinen Traktätlein, die ich hin und wieder gegeben, deren ich keine Kopie behalten, denn ich bedarf ihrer für mich nicht. Ich habe an meinen drei Blättern genug.

75. Und so es meine Gelegenheit giebet, denn ich sonst oft reisen muß wegen meines Werkes[1], so will ich euch sobald das sein mag, daß ich dieser Orte reise, selber ansprechen. Wollte es, als ich nach Ostern zu Weicha war, tun und war mein ganzer Vorsatz; allein Gott wendete es anders, fügete mir einen Mann zu, der mich andere

[1] Als Händler und als theosophischer Lehrer

Wege führete zu solchen Menschen, da es nötig war, daß ich hernach erkannte, daß mein Weg vom Herrn wäre.

76. Herr Balthasar Walther hat sich vergangenen Winter und Frühling bei Fürst August von Anhalt zu Pletzka aufgehalten und mir daselbst geschrieben. Anjetzo ist er beim Grafen zu Gleiche, drei Meilen von Erfurt. Sein Medicus hat sich auf ein Jahr bestellen lassen.

77. Am selben Hofe ist auch Ezechiel Meth. Aber sie sind nicht ganz eines Sinnes, wie es Walthers Schreiben ausweiset, welches ich erst vor drei Wochen empfangen. So mir der Herr etwas wollte schreiben und nicht Botschaften anhero hätte, kann er es nur zu Herrn Christian Bernhard, Zöllner zu Sagan, schicken. Da habe ich alle Wochen Gelegenheit. Er ist ein gottesfürchtiger Geselle.

78. So etwas in meinen Schriften zu schwer und unverständlich wollte sein, bitte nur aufzuzeichnen; wills kindisch geben, damit es möchte verstanden werden. Den Klugen und Satten, den Hohen und in sich selbst Wissenden, welche selber gehen können und vorhin reich sind, denen habe ich nichts geschrieben, sondern den Kindern und Unmündigen, welche an der Mutter Brüsten saugen und gehen lernen.

79. Wer es verstehen kann, der verstehe es. Wer aber nicht, der lasse es ungelästert und ungetadelt. Dem habe ich nichts geschrieben. Ich habe für mich geschrieben.

80. So aber ein Bruder durstig wäre und bäte mich um Wasser, dem gebe ich zu trinken. Der wird erfahren, was ich ihm gegeben habe, so ihm der Herr das Trinken wird vergönnen. Und tue mich in des Herrn Gunst und uns alle in die sanfte Liebe Jesu Christi empfehlen!

Datum Görlitz, am Tage Mariä Himmelfahrt.

Der Name des Herrn ist eine feste Burg; der Gerechte läufet dahin und wird erhöhet. J. B.

Kommentar

1. Sendbrief

Carl von Ender (Carl Ender von Sercha) auf Schloß Leopoldshain, eine Wegstunde östlich von Görlitz, spielt im Leben Jakob Böhmes eine wichtige Rolle. Er gehört zur Schar jener Adeligen Schlesiens, die sich für das Werk des Görlitzers interessieren, und zwar von Anfang an. Er war nicht allein ein Mann von Bildung, sondern er brachte bereits eine entsprechende Aufgeschlossenheit mit, als er den Autor der *Morgenröte* in dessen Erstlingsschrift kennen- und schätzenlernte. Der Landedelmann zählte nämlich zu jenen Familien, die der Lehre ihres Landsmannes Kaspar Schwenckfeld (1489–1561) anhingen und zu denen, die die seit 1609 im Druck erschienenen Weigelschen bzw. Pseudo-Weigelschen Schriften lasen. Carl von Ender war es, der sich für die handschriftliche Verbreitung der *Morgenröte* (Aurora) einsetzte.

Wenn sich Böhme dem »edlen, gestrengen, wohlehrenfesten Herrn« gegenüber auch als »einfältiger Mann« ausgibt, so ist in den (mindestens) sechs bis sieben Jahren ihrer persönlichen Bekanntschaft zwischen beiden ein recht enges Vertrauensverhältnis gewachsen. Dazu kommt, daß auch Böhmes Selbstbewußtsein seit der Niederschrift der *Aurora* gestärkt wurde. Den »hohen Leuten« vermag der, der aus dem Handwerkerstand kommt, als einer gegenüberzutreten, in dem das »hohe Licht« entzündet und der »feurige Trieb« (1, 2) seiner Geistbegabung entfacht worden ist.

Es ist weder das erste noch das letzte Mal, daß der Autor versichert, sein Schreiben sei ausschließlich ein persönliches Bedürfnis gewesen; es sei ohne jegliche Publikationsabsicht erfolgt. Wenn es nun doch – eben mit Unterstützung, wenn nicht durch Initiative des Adressaten – zur Veröffentlichung der *Aurora* kam, so erblickt der Briefschreiber darin das Walten dessen, der die Person nicht ansieht und der sich daher über die bestehenden Standesgrenzen souverän hinwegsetzt (1, 4).

»Das Niedrige« ist gerade recht, um zum Gefäß der göttlichen Offenbarung erkoren zu werden. Und dieser sich offenbarende Gott will »in allen Dingen« erkannt werden. Das ist der Auftrag, dessen der Schuster innewird. Das legitimiert ihn allein, seinen Leisten beiseite zu legen und aufs neue zur Feder zu greifen. Daß

Böhme seine Einsicht nicht etwa von abstrakten theologischen Sätzen ableitet, sondern daß er als ein anschauender Denker schreibt, unterstreicht der Hinweis auf die Himmelskräfte, die Gott »in Bildnissen, Gewächsen und Farben« kundmachen (1, 5). Das ist nur ein Gleichnis für die über die Welt hinausweisende Dimension des Wesenhaften, das alles Irdische »inqualieret«, das heißt: mit seinen schaffenden Kräften geistdynamisch durchwirkt.

Die Lehre von den drei Prinzipien, in der die Polarität des grimmigen Zornfeuers und des Lichts der Liebe Gottes (in Christus) eine besondere Rolle spielt, benützt Böhme als einen Erkenntnisschlüssel. Dieses Schlüssels bedarf er um so mehr, als das »göttliche Licht« unmittelbarer Erkenntnis infolge des tragischen (Sünden-)Falles verlorengegangen ist (1, 6f.).

Indem Böhme diesen Tatbestand berührt, ist er schon bei seinem universalen Thema, bei dem Weltendrama von Schöpfung, Fall und Erneuerung des Menschen. Es gilt, den in der vergänglichen (»monstrosischen«) Physis verborgenen »rechten Menschen« ans Licht zu heben und bewußt zu machen. Sein Urstand ist in Gott; die Neugeburt durch Christus läßt dieses Faktum zu einer individuellen Erfahrungstatsache werden, und zwar schon jetzt (1, 11). Dieses neue Sein verbürgt Erkenntnis (1, 12). Insofern gibt es Abstufungen des menschenlichen Erkennens (1, 14). Wahres Erkennen ist zum andern ein Geschenk des erleuchtenden Gottes, der das Erkenntnislicht im Menschen anzündet. (1,14). Das von Böhme gemeinte Erkennen entspricht auf der anderen Seite einem wunderbaren, aber auch ängstigenden Geburtsvorgang. Das Wunder besteht darin, daß diese Geburt – bildlich gesprochen – durch eine gealterte Frau (1, 15) erfolgt. Böhme mag an biblische Vorbilder (Abrahams Frau Sarah; die Mutter Johannes des Täufers, Elisabeth u. a.) denken. Dabei ist er selbst der Betroffene, denn auch aus ihm soll ein Geisteskind geboren werden (1, 17). Er geht – nach jahrelangem Schweigen – mit seinem zweiten Buch *Drei Prinzipien göttlichen Wesens* (1619) zum Zeitpunkt dieses Briefes schwanger. Es zeugt für das große Vertrauen, das der Briefschreiber dem Empfänger entgegenbringt, wenn er das Ungeborene ankündigt, wiewohl er »fast mit zu vielen weltlichen Geschäften beladen« ist und die Geburtsängste ganz bewußt durchlebt.

2. Sendbrief

Böhme hat schwere, entsagungsreiche Jahre hinter sich. Denn das Bekanntwerden der *Aurora* hat seinem Autor Verleumdungen, öffentliche Maßregelung und die entschädigungslose Wegnahme des Manuskripts eingebracht. Der »Treiber« – es ist der fanatisch-orthodoxe Oberpfarrer von Görlitz, Gregor Richter – setzte ihm hart zu. Um so mehr weiß Böhme die Treue des Edelmanns Carl Ender von Sercha zu schätzen (2, 2). Darüber hinaus kann er dem adeligen Freund die Echtheit seiner Erfahrung bestätigen, nämlich die Wahrnehmung der »edlen Perle« als einer Licht, Hoffnung und Zuversicht stiftenden Kraft (2, 4). Sie ist es eigentlich, die ihn zum Schreiben antreibt.

Seine Schriftstellerei begreift er daher als einen einzigen Akt des Gehorsams gegen Gott, mit seinem »Bistum« (!) verantwortlich umzugehen. (2, 6), das heißt die anvertraute Gabe nicht etwa als einen privaten Besitz anderen vorzuenthalten, sondern sie weiterzugeben.

Böhmes Verbundenheit mit Carl Ender, der das geistig Empfangene an die Öffentlichkeit gebracht hat und der gesonnen ist, dies auch künftig zu tun, gewinnt von daher eine neue Dimension. Spätestens seit diesem Brief und seit der Bereitschaft zur Niederschrift seines zweiten Buches datiert die Gewißheit Böhmes, nicht allein sich selbst »zum Memorial« zu schreiben, sondern als Offenbarungsträger für andere zu fungieren. Wenn sich auch immer wieder Skrupel oder Unsicherheiten einschleichen wollen, ob der beschrittene Weg als Schriftsteller der richtige sei, so kann Böhme darauf verweisen, daß die Ergebnisse seines Tuns gar nicht von ihm, dem an seinen Stand als Schuhmacher gewiesenen Kleinbürger stammen, sondern daß er die Antriebe aus der transpersonalen Tiefe seines Unbewußten inspirativ entgegennimmt (2, 10). So heißt es schon in der Rechenschaft des Autors der *Aurora*, von wem er seine hohen Gaben des Geistes empfangen habe: »Gott hat mir das Wissen gegeben. Nicht ich, der ich der Ich bin, weiß es, sondern Gott weiß es in mir...« Und weiter: »Nicht ich, der ich der Ich bin, habe es nicht zuvor gewußt, das ich euch habe geschrieben. Ich vermeinte, ich schrieb allein mir, und es ist ohne meinem Bewußt also geraten.«

In der Ahnung, ja in der sicheren Erwartung, vor einer Offenbarung einer größeren, weil »über Moses und die Propheten« hinausreichenden Erkenntnis zu stehen, überreicht Böhme dem Empfänger dieses Briefs neue Manuskriptteile (2, 11f.). Der Leser von damals wie von heute mag etwas von dem verspüren, was Böhmes Tun und Leben durchpulst. Es ist die Hoffnung auf »die schöne, von Gott verheißene Lilie« (2, 13), Symbol der spirituellen und universalen Reformation, der Jakob Böhme den Weg bereiten möchte.

4. Sendbrief

Auch Christian Bernhard, der Zolleinnehmer von Sagan, gehört zu den engsten Freunden Böhmes. Mit einem gewissen Recht nennt ihn Hans Grunsky »Generalsekretär und Botschafter Böhmes«, weil er Böhmes Schriften kopierte und – unter Hintanstellen seines Berufes – so die Verbreitung der Böhmeschen Theosophie ermöglichen half. Dazu kommt das enge persönliche Verhältnis zwischen beiden Männern, das sich in den Briefen niedergeschlagen hat.

Bernhard ist für Böhme »mein gar guter, lieber Bruder..., weil ihr mich habet aus dem Schlafe erwecket« (4, 17), – eine sehr hohe Einschätzung! Sie zeugt davon, wie früh der Zolleinnehmer die spirituelle Berufung des Schusters erkannt haben muß. Nicht umsonst zählt ihn der so »Erweckte« vier Jahre später zu den »Erstlingen« (45, 6), denen er weiteres inneres Wachstum wünscht.

Im vorliegenden Brief steht zunächst die Tatsache im Vordergrund, daß auch Bernhard das Erkannte nicht für sich behalte, sondern »freiwillig allen Kreaturen« darbiete (4, 2), ungeachtet der großen Widerstände, mit denen er selbst seit Jahren zu kämpfen hat. Dergleichen ist nur möglich, wenn das irdische Leben »ist eingepfropfet in das heilige Leben Jesu Christi« (4, 4). Dieses Wissen um die mystische Tatsache der Christuseinwohnung und des In-Christo-Seins, wie es der Apostel Paulus genannt hat, schenkt eine durch nichts zu erschütternde Gewißheit (4, 6f.). Böhme ist sich bewußt, daß derartige Erfahrungen des Widerstandes geradezu die Voraussetzung für den spirituell-regenerativen Prozeß des »Ausgrünens« darstellen. Von daher gesehen erscheint die Notwendigkeit der Menschwerdung Christi in einem neuen Licht (4, 10).

Dieser Prozeß des Ausgrünens spielt in diesem Brief und überall dort eine zentrale Rolle, wo Böhme als Seelenführer gefordert ist. Ihm obliegt es, Sterben und Auferstehen des Menschen mit und in Christus zu begleiten als einer, der aus eigener Erfahrung sprechen kann. Für »wieder erwacht« (4, 18) hält sich Böhme, weil ihm klargeworden ist, daß die einst ergangenen visionären Einsichten der weiteren Vertiefung und Verarbeitung auch der klareren Darstellung bedürfen, um andere »Schlafende« zu erwecken.

Erweckung ist sodann ein aktuelles, jetzt und hier zu geschehendes, zu erhoffendes pfingstliches Ereignis, das nicht beliebig reproduzierbar, sondern das allein der Gnade Gottes vorbehalten ist (4, 20f.). Das hermeneutische Problem, das Problem, mit der Dunkelheit und der Schwerverständlichkeit seiner Schriften, bringt Böhme selbst in diesen Zusammenhang (4, 21).

Ein wichtiger Gesichtspunkt ist jener, wo Böhme auf die von ihm gebrauchte »Natursprache« verweist (4, 26). Gemeint ist ein Verstehen- und Sprechenkönnen, das im Gegensatz zu einer menschlichen Sprache nicht erlernbar sei, sondern das ein intimes intuitives Vertrautsein mit der Sache selbst voraussetzt. Nicht darum geht es, äußere Sinngehalte oder Sachverhalte zu beschreiben, sondern die Tiefe des Logos (etwa laut Heraklit) – Böhme sagt: »die Geister der Buchstaben« – vom Urgrund (Böhme: »Urkund«) her zu erfahren (4, 27). Der Wunsch Böhmes, seine Seele mit dem Fragesteller teilen zu können (4, 25), deutet darauf hin, daß eine Korrespondenzebene gesucht und gefunden werden sollte, die nicht nur die der gedanklichen Argumentation umfaßt, sondern die auch noch jene Bereiche einbezieht, die unterhalb-oberhalb des Alltagsbewußtseins liegen. Im Zusammenhang seiner Darstellung zur Übertragungsproblematik hat C. G. Jung auf derartige Wechselbezüge unter dem Stichwort »Heiratsquaternio« hingewiesen.[1]

Zwischenhinein fügt Böhme die Notiz von der beruflichen und familiär bedingten Geschäftigkeit, der er sich als fahrender Händler und Familienvater zu unterwerfen hat, wohl wissend, daß derlei Geschäfte »das Reich Gottes verhindern« (4, 30). Allein die Fürsorge für Weib und Kind duldet keinen Aufschub. Aber eben

[1] C. G. Jung, »*Die Psychologie der Übertragung*« (1946), in: *Gesammelte Werke*, Band 16. S. 234ff. – Ferner: Gerhard Wehr, *Tiefenpsychologie und Christentum.* Pattloch Verlag, Augsburg 1990.

nicht nur die Zeit, sondern auch und gerade die Ewigkeit ist es, die den dafür erweckten Schuster drängt.

Ein anderes Problem taucht auf, das für die Überlieferung der Böhme-Schriften von nicht geringer Bedeutung ist, nämlich die Frage nach zuverlässigen Nach- und Abschriften seiner Wortlaute (4, 35 ff.). Der Autor trägt Sorge dafür, daß vor allem in der ersten Fassung nur authentische Texte entstehen.

Zeitgeschichte spiegelt sich für einen Moment in den Reiseerlebnissen des Geschäftigen. Böhme ist während seiner Wanderung nach Prag Zeuge des Einzugs von Kurfürst Friedrich V., des sogenannten Winterkönigs, geworden, der in der kurzen Zeit des Winters 1619/20 in der Stadt an der Moldau hofhielt.[2]

Schon meldet sich bei Böhme das Bedrüfnis, die miterlebte Zeitgeschichte von der Heilsgeschichte her deuten zu wollen (4, 39 ff.). Für den Briefschreiber ist das äußere politische Geschehen nur ein Symptom für die anstehende große Auseinandersetzung zwischen dem Gottesvolk und Babel, dem Inbegriff der widergöttlichen Macht. Die irdische Geschichte ist Abschattung der Geschichte Gottes mit der Menschheit. Noch ist die vielgenannte Schlacht am Weißen Berg östlich von Prag, am 8. November 1620, nicht in Sicht, da erblickt Böhme vor seinem inneren Auge bereits die Ausweitung des »großen Kriegs und Streites, ... Zerbrechung vieler Städte, Schlösser und mächtiger Länder« (4, 41). Er sollte recht behalten. Dabei läßt Böhme in seiner Geschichtsprophetie Vorsicht walten. Er weiß sehr wohl, daß dem »Rat Gottes« die irdische Sichtweite im Grunde unangemessen ist (4, 43). Die göttliche Geschichte mißt mit anderen Maßen.

Die im Abschnitt (4, 45) ausgedrückte Hoffnung, Carl Ender werde die Rückerstattung der durch den Magistrat eingezogenen Urschrift der *Aurora* erwirken können, blieb freilich unerfüllt. Böhme bekam sein Buch nie mehr zu Gesicht. Dennoch war durch die vorgegangene Abschrift und durch neue Kopien für die Verbreitung gesorgt.

[2] Über die Zusammenhänge des Winterkönigs Friedrich mit der gleichzeitigen Rosenkreuzer-Bewegung vgl. Francis Yates, *Aufklärung im Zeichen des Rosenkreuzes*. Edition Alpha, Stuttgart 1975.

5. und 6. Sendbrief

Wie den bisherigen Brieftexten zu entnehmen war, enthalten Böhmes Sendbriefe nicht nur alltägliche Mitteilungen. Der grundsätzliche, lehrmäßige, auf die Menschenführung hin gerichtete Charakter dominiert in der Regel, selbst wenn der Briefschreiber »in Eil« ist (5, 14). Stets gilt es, das Bewußtsein von der Herankunft der »großen Wunder Gottes« und vom Erblühen der »schönen Lilien« (5, 9) wachzuhalten. Dazu ist er befähigt, weil ihn »die edle Jungfrau Weisheit« (5, 7), die von Böhme immer wieder angerufene göttliche Sophia, inspiriert und an einer Weisheit teilnehmen läßt, die nicht auf den hohen Schulen zu erlernen ist. Diese Weisheit ist in den Augen des Briefschreibers ein zu treuhänderischem Umgang anvertrautes Gut, das in Wort und Schrift, in Gestalt seelsorgerlicher Unterredung und in der Weitergabe neuer Manuskripte den Mitmenschen zu übermitteln ist (6, 4).

7. Sendbrief

Auch Balthasar Walther, der weitgereiste paracelsische Arzt, spielt in Böhmes Leben eine wichtige Rolle. Der etwa zehn Jahre Ältere wird dem Autor der *Aurora* um das Jahr 1617 begegnet sein. Welchen starken Eindruck er von dem schlichten Schuster empfing, darf daran abgelesen werden, daß Dr. Walter es war, der Böhme den honorigen Titel »Philosophus teutonicus«, deutscher Philosoph, beilegte und jene vierzig Fragen von der menschlichen Seele unterbreitete. Von ihrer Beantwortung durch Böhme versprach sich Walther viel. In der Tat ließ er sich zu einer gleichnamigen Schrift anregen. Den ihm zugedachten Titel nahm er gleichfalls an, wie die Unterschriften der Briefe 23, 37, 38, 61 und 63 belegen. Durch Balthasar Walther mag Böhme tiefer in die Kabbala sowie in die Alchymie und die Naturphilosophie eingeführt worden sein. Die gelegentliche Mitteilung Abraham von Frankenbergs, der kundige Arzt habe »drei Monate lang viel geheime und vertraute Gespräche mit ihm gepflogen«, macht dies noch wahrscheinlicher. Mancher lateinische Terminus bei Böhme dürfte auf Walthers Vorschlag zurückgehen.

Auf die Wahrung der Arkandisziplin bedacht, hebt Böhme im 7. Sendbrief hervor, daß seine Schriften »nicht jedermanns Speise«

seien, weshalb sie – entgegen Walthers Absichten – nicht einem jeden ausgehändigt werden dürften. Der Esoteriker Böhme sieht sich als Schriftsteller und als Seelenführer an die »Kinder des Geheimnisses« (7, 4) gewiesen. Es sind jene, die in sich »viele edle Perlen« bergen. Es sind Weisheitshungrige, keine Satten!

Zu beachten ist zum anderen die bescheidene Nüchternheit, mit der Böhme jegliche Herausstellung seiner Person als eines Wundermannes von sich weist (7, 6). Böhmes Theosophie ist eine in Gott verborgene Wissenschaft. Als solche entzieht sie sich denen, »die nicht aus Gott geboren sind« (7, 7). Das hat entsprechende Konsequenzen für das Verständnis seiner Schriften. Selbst den Druck der entstehenden Manuskripte, an den Walther offensichtlich gedacht hat, lehnt der Autor zu diesem Zeitpunkt ab (7, 8). Aus dem Zusammenhang heraus, in dem diese Ablehnung geäußert wird, dürfte klarwerden, daß Böhme seine Texte als Mysterienschriften versteht, die nur an dafür Vorbereitete, an innerlich Gereifte oder nach Reife Strebende weitergegeben werden sollen.

8. Sendbrief

Der 8. Sendbrief vom 14. August und der 11. vom 19. November des Jahres 1620 heben sich dadurch von dem übrigen Briefwerk ab, daß beide Texte den Charakter von traktatartigen Episteln angenommen haben. Das mag auch der Grund gewesen sein, weshalb der Herausgeber der Böhme-Gesamtausgabe vom 1730 beide Wortlaute außerhalb der *Theosophischen Sendbriefe* publizierte.

Das Thema mit der Frage nach der Zeitbestimmung des erwarteten Weltendes war immer wieder aktuell, auch im dritten Jahr des Dreißigjährigen Krieges. Ein entsprechender Text, »zwei Büchlein«, des kaiserlichen Zolleinnehmers Paul Kaym in Liegnitz, zeigt das. Von der *Aurora* und anderen Arbeiten Böhmes angesprochen, hatte Kaym seine Ausarbeitung an Böhme in der Erwartung gesandt, der seherisch Begabte könne seine Errechnungen bestätigen.

Dank einer vermittelnden Empfehlung durch Carl Ender begrüßt Böhme den Liegnitzer als einen geistesverwandten »Bruder«. Der lange Antworttext erfährt gleich eingangs (8, 2) eine echt Böhmesche Akzentuierung. Darin kommt vor, was ihm allein wichtig ist, nämlich: die Nähe der Wiederaufrichtung des zerbrochenen (geistigen) Jerusalems, mehr noch die Wiederherstellung des in Adam verblichenen Menschenbildes und damit die Erkenntnis und die Wiedergewinnung der verlorenen Perle in der Kraft des Hl. Geistes.

Damit ist von vornherein auch klar zum Ausdruck gebracht, was – wenn überhaupt – demzufolge von nachrangiger Bedeutung ist: beispielsweise Elaborate, in denen der stets zum Scheitern verurteilte Versuch von endzeitlichen Terminrechnungen unternommen wird. Böhme läßt es an brüderlicher Zuneigung nicht fehlen. Er verkennt nicht das ernste Suchen und Fragen Kamys. Das hindert ihn nicht, unmißverständlich zu sagen, daß seine eigenen Erkenntnisse auf einem anderen Sektor liegen, als sie der Fragesteller erhofft. Daher ist in Böhmes Schriften kein Platz für Endzeitspekulationen, die letztlich der Neugierde einer ungezügelten menschlichen Phantasie entstammen. Oder, auf eine knappe Formel gebracht: Nicht das ist entscheidend zu wissen, wie es sich mit dem in der Johannes-Offenbarung erwähnten tausendjährigen Sabbat verhalte, »denn wir haben genug am Sabbat der neuen Wiedergeburt« (8, 69). Damit ist ein abstrakt-lehrhaftes Offenbarungswissen relativiert. Die Entscheidung fällt nicht in einer so oder so ausgedeuteten oder gar errechneten Zukunft, sondern ganz konkret in dem jetzt und hier zu durchlaufenden Prozeß der Wiedergeburt. Alles andere kann Böhme getrost »göttlicher Allmacht befehlen«.

Andererseits genügt es nicht, unter Berufung auf eine etwaige tiefere Schrifterkenntnis die Situation zu analysieren, die Inkarnation dessen, was »Babel« heute ist, zu entlarven, sondern es gilt mit der Tat und mit dem Leben, den Weg der Christusnachfolge in beispielhafter Weise zu gehen (8, 7 ff.). Im übrigen kommt es darauf an, in Gott zu sein, will man die Mysterien seines Wesens ergründen (8, 15). Deshalb ist es Böhme so wichtig, von der Geburt des »neuen englischen Menschen« zu künden als von einer neuen Qualität des Menschlichen überhaupt (8, 21). Die Wiederherstellung Zions ist demnach für Böhme nicht ein äußeres Phänomen, sondern ein im neuen Menschen gegründetes neues Sein (8, 25). In Christus sein, das heißt für Böhme, schon im Anbruch der Christus-Zukunft leben, im endzeitlichen Sabbat (8, 27). Für ihn hat die Zukunft schon begonnen.

9. Sendbrief

Über Christian Bernhard vgl. 4. Sendbrief. – Es ist kennzeichnend für Böhmes Briefeschreiben, daß er – ganz ähnlich wie in seinen Büchern – nicht zögert, das von ihm früher Ausgesprochene wieder und wieder darzulegen. Schließlich ist Christian Bernhard ein Mann, der seit Jahren mit dem Kopieren von Böhme-Texten beschäftigt ist. Böhme könnte demnach all das als bekannt voraussetzen, was er in dem vorliegenden Brief zur Sprache bringt; daß die rechte Lehre im Menschen selbst sei (9, 2); was sich in den Böhme-Büchern finde (9, 3); daß Leben mit Christus immer ein Passionsgeschehen sei (9, 4); daß nur das Gültigkeit habe, was der Geist Gottes aus uns spricht (9, 8). Alles das könnte der Briefschreiber bei seinem Adressaten als bekannt voraussetzen, käme es ihm auf das bloße Bescheidwissen an. Aber Böhme geht es eben nicht um äußere Sachverhalte. Dem spirituellen Exerzitienmeister liegt – ähnlich wie jedem meditativ Arbeitenden – daran, das Wißbare durch ständige Wiederholung und durch neue Verdeutlichung oder Vergegenwärtigung tiefer zu verankern. Aus solchen Beispielen mag es abzulesen sein, daß die *Theosophischen Sendbriefe* selbst als Anregungen zum meditativen Umgang aufgenommen werden sollen.

10. Sendbrief

Weil wir einer Autobiographie Jakob Böhmes entraten müssen und mancherlei autobiographische Notizen in seinen Schriften nach Vervollständigung verlangen, sind die auf Böhmes eigenen Lebens- und Erkenntnisweg bezüglichen Mitteilungen innerhalb der *Theosophischen Sendbriefe* von besonderem Wert.

Auch Abraham von Sommerfeld, ein in Wartha bei Beuthen wohnender Landedelmann, dem der vermutlich Ende April 1620 geschriebene Brief gewidmet ist, gehört zu der Schar derer, die Böhme seit dessen *Aurora* ihre besondere Aufmerksamkeit widmen.

Hier hebt Böhme mit Nachdruck hervor, daß es nicht allein die geistige Schau war, die ihn heimgesucht hat, sondern gleichzeitig jener »feurige Trieb«, der ihn an die Schriftstellerei heranführte. Während ein seelisch extravertierter, also ein nach außen gerichteter Mensch, in aller Öffentlichkeit das aussprechen und bereden muß, was er erlebt hat, suchte Böhme »allein das Herz Gottes, sich darein zu verbergen«, das heißt: er wendet sich nach innen – und er wird darüber zum Schriftsteller (10, 3).

So ist es auch nicht weiter zu verwundern, wenn Böhme als Autobiograph nicht von äußeren, sondern in erster Linie von inneren Begebenheiten zu berichten hat (10, 7ff.), so schwer es ihm fällt, passende Bilder und Vergleiche für das ihm Widerfahrene heranzuziehen: das Bild vom unerwarteten, jäh einsetzenden Platzregen, vom Sturm und Ungewitter, vom unscheinbaren Senfkorn oder von der aufblühenden Lilie. Durch diesen geistfeuernden Trieb angestoßen und nicht etwa verstandesgemäß geplant oder erdichtet, entstehen innerhalb weniger Monate etliche Bücher (10, 10ff.).

Auch Abraham vom Sommerfeld ist für Böhme einer von den »hohen Menschen«, während er sich selbst »ganz einfältig« (10, 14) dünkt. Diese Einschätzung betrifft aber nur seinen gesellschaftlichen und bildungsmäßigen Status, denn der Görlitzer Meister ist sich seiner außerordentlichen Begabung voll bewußt. Längst zweifelt er nicht mehr an der Notwendigkeit und an der Berechtigung zu schreiben, wie er schreibt (10, 16f.): »Es ist Gottes Werk...« – Weil dem so ist und weil es bei seinem Tun nicht um nichtiges Menschenwerk geht, deshalb mußte sich die anhaltende Verketzerung durch die Amtskirche als besonders günstig für die Verbreitung auswirken. In der Tat hat Böhme Anlaß, sich darüber zu wundern. Freilich betrifft dieses Verwundern nur den »äußern Menschen« (10, 27). Der innere Mensch ist es, der an dem Mysterium teilhat, ohne irgendeiner äußeren Hilfestellung, eines Studiums oder Anstoßes zu bedürfen. Der Geist allein tut's. Solange er anwest, aber auch nur solange, vermag Böhme sich und sein Werk zu »verstehen« (10, 29). Sobald dieser inspirierende Geist entweicht, ist er nur noch der unzulängliche Mensch, der ungebildete Schuster aus Görlitz. Böhme ist »verständig« genug, daraus die erforderlichen Konsequenzen zu ziehen (10, 30).

Aufschlußreich ist Böhmes Einschätzung seines ersten Buches *Morgenröte im Aufgang*. Demnach ist es nur ein erster, vorläufiger Versuch, »die großen Geheimnisse« zu erkennen (10, 36) und einsichtig zu machen. Es bedurfte anderer Schriften, das Mysterium zu erhellen. Jedoch können auch sie letztlich nicht mehr sein als Beiträge, die strenggenommen ein und demselben Thema gewidmet sind. Schon deshalb hält es der Autor für gut, »daß endlich aus allen (Büchern) nur eines gemacht würde« (10, 46). In Feststellungen wie diesen bringt Böhme zum Ausdruck, wie sehr ihm daran liegt, dem Auftrag und dem Impuls des einen Geistes gerecht zu werden, der ihn zum Werk gerufen hat, zu seinem, des Geistes, Werk, denn: »Bei mir suche niemand das Werk.« (10, 43).

Wenn es Böhme in diesem Zusammenhang ablehnt, mit den Praktiken (»Handgriffen«) der zeitgenössischen Alchymisten etwas zu tun zu haben, so spricht er doch hier und an vielen anderen Stellen vom »Werk«, dem opus der Bereitung des Lapis philosophorum (Stein der Weisen). Gemeint ist damit das Realsymbol für das letztlich unverfügbare Walten des Geistes, der den Menschen in den Dienst stellt und erneuert.

Bei Böhme sieht es so aus, daß er dem, was der Geist redet, zu gehorchen hat, auch wenn es dem Schreiber mit den »zitternden Händen« oft schwerfällt, das Geschaute und innerlich Erlauschte rasch genug mit der Feder festzuhalten (10, 45). Das ist sodann einer der Gründe, weshalb das da und dort mangelhaft Ausgedrückte und dunkel Gebliebene in einer weiteren Schrift aufs neue »ergriffen« werden sollte.

11. Sendbrief

Dieser zweite traktatartige Brief an Paul Kaym setzt noch deutlicher als der erste (vgl. 8. Sendbrief) die für Böhme allein wichtigen Akzente. Erst im Schlußteil (11, 46ff.) kommt der Briefschreiber auf Kayms eschatologische Spekulationen vom »Sabbat in dieser Welt« zu sprechen. Mit aller Klarheit spricht er nochmals aus: »Wenn wir den neuen Menschen in Christo erlangen, so sind wir ... schon im Sabbat« (11, 48), das heißt: in dem neuen Seinszustand. Damit nur ja kein Mißverständnis zurückbleibt, fügt er hinzu, daß die Johannes-Offenbarung »geistlich« und als »im Mysterio«, also im Geheimniszustand befindlich mit »hocherleuchtetem Gemüt« gedeutet werden müsse (11, 57), keinesfalls aber wie ein rational faßbarer äußerer Sachverhalt. Wer diese »Magia« erfassen will, der bedarf eines »magischen Führers« eines Führers, der in der Wesensmitte des inneren Menschen (11, 58) wohnt. Freilich, ungeprüft ist einer Führung nicht zu vertrauen (11, 64).

So ist es zu verstehen, weshalb Böhme sein Schreiben mit einer ausführlichen Erörterung zur Frage spirituellen Wahrnehmens und Erkennens beginnt, denn: »Ein jeder Geist forschet nur seine eigene Tiefe« (11, 3). Dessen Reichweite ist begrenzt, sofern er nicht »in dem Wesen« ist, das er schauend zu erkennen begehrt. Wenn nun der Mensch seit Adams Fall aus dem ursprünglichen Seinszusammenhang herausgefallen ist, ging er auch seiner ursprünglichen Erkenntnisfähigkeit verlustig (11, 4).

Auf der Basis einer solchen spirituellen Erkenntnistheorie, die sich an dem Sein in Christus (11, 2 und 5) orientiert, gründet Böhmes Theosophie. Es ist eine Theosophie, Christosophie und Anthroposophie – wörtlich: eine Weisheit von Gott, Christus und Mensch –, die im Zeichen der Wandlung und der Neugeburt steht (11, 6). Der Geist Gottes ist es, der neues Sein schafft. Und nicht nur das: Diese Geistverbundenheit ist erforderlich, damit der Mensch seinen Erdenauftrag erfüllen kann, indem er die Schöpfung vollendet – nach Böhme: indem er »das Ende in den Anfang bringe« (11, 18). Böhme versteht darunter eine Vereinigung der äußeren Natur mit der Lichtwelt (11, 35), zumal der Mensch ein Bürger dieser beiden Welten ist. Dem entsprechen im Sinne des Neuen Testaments die Arbeit im Weinberg Gottes und der Bau am Reiche Gottes (11, 36f.). Für Böhme ist dergleichen immer zuerst eine Frucht der Erkenntnis, deren Hervorbringung und Ausreifung ihm aufgetragen ist (11, 37), wiewohl sie nicht als sein Werk angesehen werden kann. Böhme anerkennt die Vielfalt der Gaben und der Begabungen. Sie entsprechen den Lebensentwürfen, mit denen Menschen ihren Erdenweg antreten. Angetrieben und geführt werden sie jedoch letztlich aus einem und demselben Geist. Böhmes Gabe und Aufgabe ist es, »zu erwecken« (11, 42), deshalb auch seine *Theosophischen Sendbriefe*.

Über dem allen vergißt er nicht, daß die »Geburt des Lebens ein steter Streit« ist »11, 45). Erst durch den Widerstand, den Arbeit, Mühe und Verfolgungen darstellen, wird die neue Qualität errungen und erfahren. Damit sagt Böhme ein unmißverständliches Ja zum »Qualhaus der Sterne und Elemente«, in dem wir uns vorfinden.

12. Sendbrief

Jakob Böhme zeigte sich immer wieder beglückt, wenn er sah, daß sich nicht nur Unbekannte bei ihm meldeten, weil seine Schriften ihr Interesse geweckt hatten, sondern vor allem, wenn er merkte, daß Suchende in die Mysterien der Gottesweisheit eingeführt werden wollten. Der Beuthener Zöllner Kaspar Lindner ist ein solcher Sucher. Böhme pflegte ernstliches Suchen mit rückhaltloser Offenheit über sich und sein Tun zu vergelten. Der 12. Sendbrief kann als Musterbeispiel dafür gelten. Von hier fällt ein bezeichnendes Licht auf Böhmes innere Erfahrungen.

Der Autor stellt sich erneut als einer vor, der »allein das Herze Jesu Christi« gesucht hat, um sich darin zu verbergen (12, 6). Und gerade deshalb widerfuhr ihm das Außerordentliche der geistigen Schau. Davon berichtet er in diesem autobiographisch bedeutsamen Brief: von seiner Version und von der Möglichkeit, das innerlich Wahrgenommene »in das Äußere zu bringen«, das heißt schildern zu können (12, 10). Berichtet wird, wie es ihm seit jenem entscheidenden Moment seines Schauens ergangen ist, innerlich wie äußerlich.

Gleichzeitig legt Böhme dar, worin der Weg besteht (12, 37), den er selbst betreten hat und auf den er andere aufmerksam macht, seinem Beispiel zu folgen (12, 42). Ebensowenig wie die nach außen gerichtete Vernunft das Wesenhafte zu erfassen vermag, auf das Böhme hindeutet, so wenig läßt sich »Zion«, die verheißene Stadt der Zukunft, auf der Erde finden, denn: »Der Himmel muß *im* Menschen offenbar werden« (12, 48). Das geschieht nicht ein für allemal. Vielmehr bedarf jede Zeit ihres »Erkenners« oder »Arztes« (12, 52); gemeint sind geistig-geistliche Führergestalten.

Unter diesem Gesichtspunkt gelangt der Briefschreiber zu positiv-kritischen Urteilen über Autoren der Vergangenheit (12, 53 ff.), unter ihnen Kaspar Schwenckfeld (1489–1561) oder Valentin Weigel (1533–1588). Auch wenn Böhme ihnen gegenüber auf eine gewisse Distanz geht, so ist doch nicht zu übersehen, daß beide Männer dem Philosphus teutonicus vorgearbeitet haben. Indem er sich mit den Christusvorstellungen dieser beiden sowie mit ungenannten »Autoribus« auseinandersetzt, bezeugt er eine gewisse Kenntnis einschlägiger Literatur. Ebendas trifft auch für eine Reihe seiner Freunde und Briefempfänger zu. Das Bildwort von der Biene, die »aus vielen Blumen« Honig saugt (12, 61), trifft auf Böhme selbst zu, ja er nimmt es für sich in Anspruch. Das vermindert natürlich nicht die Originalität seines geistigen Schauens und Erlebens.

De Regeneratione
oder
Von der neuen Wiedergeburt

Das ist: Wie sich ein Mensch, dem die Seligkeit ernst ist, durch Christi Geist aus dem verwirrten und zänkischen Babylon müsse herausführen lassen, auf daß er in Christi Geist neu geboren werden und ihme allein lebe.

Vorrede des Autors

Wiewohl ich dieses in meinen anderen gar tiefen Schriften genugsam erkläret und aus dem Grunde dargestellet habe, jeder aber solche nicht in Händen hat, auch jedermanns Begriff nicht ist zu verstehen, als habe ich den einfältigen Kindern Christi zu Dienste und auf Begehren guter Freunde eine kurze Summa von der neuen Wiedergeburt geschrieben, ob sich jemand dadurch wollte lernen erkennen.

2. Wer aber den tiefen Grund, daraus dieses fleußt, begehret zu forschen und die Gabe zum Verstand hat, der lese das Buch vom »Dreifachen Leben des Menschen«, auch die drei Bücher von der Menschwerdung und Geburt Jesu Christi, item das Buch von »Sechs Punkten«, vom »Mysterium Magnum«, von den drei Welten, wie sie ineinander stehen als eine, machen aber drei Prinzipien, das ist drei Geburten oder Anfänge etc. auch das Buch »De tribus Principiis«. Allda findet er, wonach er fragen mag, so hoch sich ein Gemüte des Menschen schwingen kann, so wohl in den »Vierzig Fragen von der Seelen«.

3. Dieses nun habe ich den hungerigen und durstigen Herzen nach Christi Brünnlein, als meinen Mitglieder im Geist Christi geschrieben. Den Spöttern aber habe ich nichts geschrieben; denn sie haben ihr Buch in sich, damit sie die Kinder Christi unters Kreuz treiben und müssen über ihren Willen der Kinder Christi Diener sein, ob sie gleich das nicht verstehen.

1. Kapitel

Christus spricht: Es sei denn, daß ihr umkehret und werdet wie die Kinder, sonst sollt ihr das Reich Gottes nicht sehen, Matth. 18, 3 und abermal saget er zu Nikodemus: Es sei denn, daß jemand neu geboren werde aus dem Wasser und Geist, sonst kann er nicht in das Reich Gottes kommen; denn was vom Fleisch geboren ist, das ist Fleisch, und was vom Geist geboren ist, das ist Geist, Joh. 3, 5, 6. Die Schrift bezeuget klar, daß der fleischliche, natürliche Mensch nichts vom Geiste Gottes vernimmt. Es ist ihm eine Torheit und kanns nicht begreifen.

2. So aber nun alle Fleisch und Blut haben, dazu sterblich sind, wie vor Augen ist und gleichwohl die Schrift saget, daß wir auch Tempel des Hl. Geistes sind, der in uns wohnet, I. Kor. 6, 19; und daß das Reich Gottes inwendig in uns sei, Luk. 17, 21, ja daß Christus in uns müsse eine Gestalt gewinnen, Gal. 4, 19, auch daß er uns wolle sein Fleisch zu einer Speise geben und sein Blut zu einem Trank, und sagt weiter: Wer nicht essen werde das Fleisch des Menschensohnes, der habe kein Leben in ihm, Joh. 6, 5, 3; so müssen wir ja mit Ernst betrachten, was für ein Mensch in uns sei, der der Gottheit ähnlich und fähig sei.

3. Denn von dem sterblichen Fleisch, das zu Erden wird und in der Eitelkeit dieser Welt lebet, auch stets wider Gott lüstert, kann nicht gesaget werden, daß es der Tempel des Hl. Geistes sei, viel weniger, daß die neue Wiedergeburt in diesem irdischen Fleisch geschehe, sintemal es stirbet und verweset, dazu ein stetes Sündenhaus ist.

4. So aber dann gleichwohl wahr bleibet, daß ein rechter Christ aus Christo geboren wird, und daß die neue Wiedergeburt ein Tempel des Hl. Geistes sei, der in uns wohnet, und daß allein der neue Mensch aus Christo geboren, das Fleisch und Blut Christi nieße[1]; so ist nicht so ein schlecht Ding, ein Christ zu sein. Und steht das Christentum nicht in der Historia, daß wirs nur wissen und das Wissen uns zueignen, daß wir nur sagen, Christus ist für uns gestorben und hat den Tod in uns zerbrochen und zum Leben gemacht. Er hat für uns die Schuld bezahlet. Wir dürfen uns dessen nur trösten und festiglich glauben, daß es geschehen sei.

[1] genieße

5. Denn wir befinden in uns, daß die Sünde im Fleische lebendig, begierig und tätig ist, daß sie wirket. So muß nun die neue Wiedergeburt aus Christo ein anders sein, das nicht in dem Sündenfleische mitwirke, das der Sünden nicht will.

6. Denn St. Paulus sagt, daß an denen, die in Christo Jesu sind, nichts Verdammliches sei, Röm. 8. 1. Und weiter: Sollten wir, die wir Christen sind, noch Sünder erfunden werden? Das sei ferne, Gal. 2, 17, so wir der Sünden abgestorben sind in Christo. Auch ist der Mensch der Sünden nicht ein Tempel des Hl. Geistes. Und ist doch kein Mensch, der nicht sündige; denn die Schrift sagt: Gott hat alles unter die Sünde beschlossen, Röm. 11, 32. Item, vor dir ist kein Lebendiger gerecht, so du willst Sünde zumessen, Ps. 143, 2. Der Gerechte fällt des Tages siebenmal, Prov. 24, 16, da doch nicht mag verstanden werden, daß der Gerechte falle und sündige, sondern der Sterbliche und Sündige.

7. Denn eines Christen Gerechtigkeit ist in Christo, der kann nicht sündigen; denn St. Paulus sagt: Unser Wandel ist im Himmel, von dannen wir warten des Heilandes Jesu Christi, Phil. 3, 20. Ist nun unser Wandel im Himmel, so muß der Himmel in uns sein. Christus wohnet im Himmel. So wir nun sein Tempel sind, so muß derselbe Himmel in uns sein.

8. So uns aber gleichwohl die Sünde in uns anficht, in welcher der Teufel einen Zutritt zu uns und in uns hat, so muß auch die Hölle in uns sein, denn der Teufel wohnet in der Höllen. Und wo er dann immer ist, so ist er in der Höllen und mag daraus nicht kommen. Und ob er gleich einen Menschen besäße, so wohnet er doch im Menschen, in der Höllen, als in Gottes Zorne.

9. Jetzt ist uns der Mensch recht zu betrachten, was und wie er sei. Und daß ein rechter Christ nicht nur ein historischer neuer Mensch sei, daß es an dem genug sei, daß wir Christum bekennen und glauben, daß er Gottes Sohn sei und habe für uns bezahlet. Denn es gilt nicht eine von außen zugerechnete Gerechtigkeit, daß wirs nur glauben, es sei geschehen, sondern eine ingeborne, eine kindliche. Gleichwie das Fleisch sterben muß, also muß auch das Leben und der Wille der Sünden sterben und muß werden als ein Kind, das nichts weiß und ächzet allein nach der Mutter, die es geboren hat. Also ganz muß eines Christen Wille wieder in die Mutter, als in

Geist Christi eingehen und in der Selbheit des Selbwollens und Vermögens ein Kind werden, da der Wille und Begierde nur in die Mutter gerichtet sei und muß aus dem Geiste Christi ein neuer Wille und Gehorsam in der Gerechtigkeit aus dem Tode aufstehen, der nicht mehr der Sünden will.

10. Denn der Wille, so die Eitelkeit in sich lässet und der begehret, ist nicht neugeboren. Und so doch gleichwohl in den Neugebornen ein Wille bleibt, der sich nach der Eitelkeit sehnet und sündigt, so ist uns des Menschen Bild recht zu betrachten, wie die neue Wiedergeburt geschehe, dieweil sie nicht im sterblichen Fleische geschieht und doch auch wahrhaftig in uns in Fleisch und Blut, in Wasser und Geist geschieht, wie die Schrift sagt.

11. So müssen wir recht betrachten, was für ein Mensch in uns sei, der Christi Gliedmaß und ein Tempel Gottes sei, der im Himmel wohne; und dann auch, was das für ein Mensch sei, der nur in der äußern Welt wohne, und was das für ein Mensch sei, den der Teufel regiere und treibe. Denn den Tempel Christi kann er nicht regieren und treiben, so ist ihm an dem sterblichen Fleisch auch nichts gelegen, und sind doch nicht drei Menschen ineinander, sondern nur ein einiger.

12. So wir nun solches wollen betrachten, so müssen wir Zeit und Ewigkeit betrachten, wie diese ineinander sind, dazu Licht und Finsternis, Gutes und Böses, sonderlich aber des Menschen Urstand und Herkommen.

13. Dieses ist nun also zu betrachten: Wir sehen an die äußere Welt mit Sternen und vier Elementen, darinnen der Mensch und alle Kreaturen leben. Die ist und heißet nicht Gott. Gott wohnet wohl darinnen, aber der äußern Welt Wesen begreift ihn nicht. Auch so sehen wir, wie das Licht in der Finsternis scheinet, und die Finsternis begreift nicht das Licht, und wohnet doch eines im andern. Auch so haben wir dessen ein Exempel an den vier Elementen, welche in ihrem Urstande nur ein Element sind, und das weder heiß noch kalt, weder trocken noch naß ist, und teilt sich doch mit der Bewegung in vier Eigenschaften, als in Feuer, Luft, Wasser und Erde.

14. Wer wollte glauben, daß das Feuer ein Wasser gebäre? und daß des Feuers Urstand könnte im Wasser sein, wenn wir das nicht im Wetterleuchten mit Augen sähen, und auch in den Lebendigen zu befinden, daß das essentialische Feuer im Corpore, im Blut wohnet, und daß das Blut seine Mutter sei und das Feuer des Bluts Vater sei.

15. Wie nun Gott in der Welt wohnet und alles erfüllet und doch nichts besitzet, und das Feuer im Wasser wohnet und das nicht besitzt, und wie das Licht in der Finsternis wohnet und die Finsternis doch nicht besitzet, der Tag in der Nacht und die Nacht im Tage, die Zeit in der Ewigkeit und die Ewigkeit in der Zeit – also auch ist der Mensch geschaffen. Er ist nach der äußern Menschheit die Zeit und in der Zeit, und die Zeit ist die äußere Welt. Das ist auch der äußere Mensch. Und der innere Mensch ist die Ewigkeit und die geistliche Zeit und Welt, welche auch steht in Licht und Finsternis, als in Gottes Liebe nach dem ewigen Licht, und in Gottes Zorn nach der ewigen Finsternis. Welches in ihm offenbar ist, darinnen wohnet sein Geist, entweder in der Finsternis oder im Lichte. Es ist beides in ihm, das Licht und die Finsternis. Ein jedes wohnet in sich selber; keines besitzet das andere.

16. Aber so eines in das andere eingehet und das andere besitzen will, so verlieret das andere sein Recht und Gewalt. Das Leidende verlieret seine Gewalt; denn so das Licht in der Finsternis offenbar wird, so verlieret die Finsternis ihre Finsterheit und wird nicht erkannt. Also auch hinwieder: So die Finsternis im Lichte aufgehet und den Gewalt bekommt, so erlischt das Licht mit seiner Gewalt.

17. Ein solches ist uns auch im Menschen zu bedenken: Die ewige Finsternis in der Seelen ist die Hölle, als eine Angst-Qual, welche Gottes Zorn heißet, und das ewige Licht in der Seelen ist das Himmelreich, da die feurische, finstere Angst in eine Freude verwandelt wird.

18. Denn gleichwie die Natur der Angst in der Finsternis eine Ursach der Traurigkeit ist, also ist sie im Lichte eine Ursache der erheblichen und beweglichen Freude. Denn die Qual im Lichte und die Qual in der Finsternis ist nur ein einige Qual, nur eine Natur, wie das Feuer und Licht nur eine Natur sind und eben aber einen gewaltigen Unterscheid in der Qual. Eines wohnet im andern und gebiert das andere und ist doch nicht das andere. Das Feuer ist

peinlich und verzehrlich, und das Licht ist gebende, freundlich, kräftig und freudenreich, eine liebliche Wonne.

19. Und also ist uns auch der Mensch zu betrachten: Er stehet und lebet in drei Welten; die eine ist die ewige finstere Welt, als das Centrum der ewigen Natur, welche das Feuer gebieret, als die Angst-Qual; und die ander ist die ewige Licht-Welt, welche die ewige Freude gebieret und das göttliche Wohnhaus ist, darinne der Geist Gottes wohnet, darinnen der Geist Christi menschlich Wesen annimmt und die Finsternis vertreibet, daß sie muß eine Ursache der Freuden im Geiste Christi im Lichte sein. Die dritte Welt ist die äußere sichtbare in den vier Elementen und dem sichtbaren Gestirne, wiewohl jedes Element ein Gestirne nach seiner Eigenschaft in sich hat, davon die Begierlichkeit und Eigenschaft entstehet gleich einem Gemüte.

20. Also versteht: Das Feuer im Lichte ist ein Liebe-Feuer, eine Begierde der Sanftmut und Freudenreich; und das Feuer in der Finsternis ist ein Angst-Feuer und ist peinlich, feindlich und in der Essenz widerwärtig. Das Feuer des Lichts ist ein guter Geschmack; und der Geschmack in der Essenz der Finsternis ist ganz widerwärtig und feindlich; denn die Gestalten zum Feuer stehen alle in der größesten Angst.

2. Kapitel

Allhier ist uns nun zu betrachten, wie der Mensch geschaffen sei. Moses sagt recht: Gott schuf den Menschen ihm zum Bilde, ja zum Bilde Gottes schuf er ihn, Gen. 1, 27. Das verstehen wir aus der ewigen und zeitlichen Geburt, aus der innern geistlichen Welt, welche er ihm in das geschaffene äußere Bild einblies und dann aus der innern geistlichen Welt Wesen, welches heilig ist.

2. Denn gleichwie in der äußern Welt eine Natur und Wesen ist, also auch ist in der innern geistlichen Welt eine Natur und Wesen, welches geistlich ist, aus welchem die äußere Welt ausgehauchet und aus Licht und Finsternis erboren und in einen Anfang und Zeit geschaffen worden ist. Und aus der innern und äußern Welt Wesen ward der Mensch geschaffen. Der Leib ist ein Limbus (Limus)[1] der

[1] das reinste Wesen der Erde, Urstoff bzw. feurig-zeugende Kraft

Erden und auch ein Limbus [Limus] des himmlischen Wesens; denn die Erde ist aus der Finster- und Licht-Welt, ausgehauchet oder gesprochen worden. Aus der ist der Mensch, im Verbo Fiat[2], als in der ewigen Begierde in ein Bild gefasset und geschaffen worden, aus Zeit und Ewigkeit.

3. Dieses Bild war im innern und geistlichen Element, daraus die vier Elementa ausgehen und erboren sind. In einigen Elementen war das Paradeis; denn die Eigenschaften der Natur, aus der Feuer- Finster- und Licht-Welt waren alle in gleicher Konkordanz, Masse und Gewichte. Keines war dem andern in Sonderheit offenbar. Also war auch keine Zerbrechlichkeit darinnen; denn eine Eigenschaft übermochte die andere nicht. Es war kein Streit noch Widerwille zwischen den Kräften und Eigenschaften.

4. In dieses geschaffene Bild blies Gott den Geist und Odem des Verstandes aus allen dreien Welten ein als in eine einige Seele, welche in der innern Finster- und Feuerwelt der ewigen geistlichen Natur ist, danach sich Gott einen starken eiferigen Gott und ein verzehrend Feuer nennet.

5. Das ist nun die ewige, kreatürliche, große Seele, ein magischer Feuer-Odem, in welcher das Feuer des Lebens Urstand ist, aus der großen Macht der Verwandlung. In dieser Eigenschaft ist Gottes Zorn, sowohl die ewige Finsternis, sofern das Feuer kein Licht gibt.

6. Die andere Eigenschaft des Odems Gottes ist der Qual-Geist des Lichtes aus der großen Liebe-Begierde, aus der großen Sanftmut, nach welchem sich Gott einen lieben, barmherzigen Gott heißet, in welchem der wahre Geist des Verstandes und Lebens in der Kraft stehet.

7. Denn gleichwie aus jedem Feuer ein Licht scheinet und im Licht die Kraft des Verstandes erkannt wird, also ist dem Feuerodem Gottes der Licht-Odem angehangen und dem Menschenbilde eingeblasen worden.

8. Die dritte Eigenschaft des Odems Gottes war die äußere Luft mit dem Luft-Gestirne, darinne des äußern Wesens und Leibes Leben und Gestirne war. Den blies er ihm in seine Nase. Und gleichwie die

[2] im Wort: Es geschehe

Zeit und Ewigkeit aneinander hangen und die Zeit aus der Ewigkeit ist erboren, also hing auch der innere Odem Gottes am äußern und ward dem Menschen diese dreifache Seele auf einmal zugleich eingeblasen. Ein jedes Wesen des Corporis nahm den Geist nach seiner Eigenschaft an. Also, das äußere Fleisch nahm die äußere Luft mit ihrem Gestirne an zu einem Vernunft- und wachsenden Leben, zur Offenbarung der Wunder Gottes; und des Lichtes Leib oder das himmlische Wesen nahm den Odem des Lichts als der göttlichen Kraft an, welcher Odem der Hl. Geist genannt wird.

9. Also durchdrang das Licht die Finsternis, als den finstern Feuer-Odem und auch den äußern Luft-Odem in seinem Gestirne, und nahm allen Eigenschaften die Gewalt, daß die Angst des Feuer-Odems in der innern seelischen Eigenschaft sowohl die Hitze und Kälte, auch alle andere Eigenschaften des äußeren Gestirnes nicht konnten noch mochten offenbar sein. Die Eigenschaften aller drei Welten in Seele und Leib stunden in gleicher Konkordanz und Gewichte. Das Innere, Heilige herrschete durch äußere, als durch die äußeren Kräfte des äußern Lebens, des äußern Gestirnes und vier Elementen.

10. Und das war das heilige Paradeis. Also stund der Mensch im Himmel und auch in der äußern Welt und war ein Herr aller Kreaturen dieser Welt. Nichts hätte ihn zerbrochen.

11. Denn also war auch die Erde bis auf den Fluch Gottes. Die heilige Eigenschaft der geistlichen Welt grünete auch durch die Erde und trug hl. paradeisische Früchte. Die konnte der Mensch essen auf solche magische paradeisische Art, und bedurfte keiner Zähne noch Därme im Leib; denn gleichwie das Licht die Finsternis und das Feuer das Wasser verschlinget und dessen doch nicht voll wird. Ein solch Centrum hatte der Mensch in seinem Munde auf Art der Ewigkeit. Und auf eine solche magische Art konnte er auch seinesgleichen aus sich gebären, ohne Zerreißung oder Eröffnung seines Leibes und Geistes. Gleichwie Gott die äußere Welt gebar und sich doch nicht zerriß, sondern in seiner Begierde, als im Verbo Fiat die Eigenschaft fassete und qualitätisch machte und aus dem Verbo Fiat offenbarte und in seine Figur, nach der ewigen geistlichen Welt Geburt einführte. Also ward der Mensch auch ein solch Bild und Gleichnis nach Zeit und Ewigkeit geschaffen. Aber in ein

ewig, unsterblich Leben, welches ohne Feindschaft und Widerwärtigkeit war.

12. Weil aber der Teufel war ein Fürst und Hierarcha im Orte dieser Welt gewesen, und um seiner Hoffart willen war in der finstern, ängstlichen, peinlichen, feindlichen Eigenschaft und Qual in Grimm Gottes gestoßen worden, so gönnete er dem Menschen die Ehre nicht, daß er an seine gehabte Stelle in die geistliche Welt geschaffen ward und führte seine Imagination in das geschaffene Bild des Menschen und machte das lüsternde, daß sich die Eigenschaften der finstern sowohl auch der äußern Welt im Menschen erhuben und aus dergleichen Konkordanz aus der Gleichheit ausgingen und eine die ander überwegete [überwog], da wurden die Eigenschaften, eine jede in sich selber offenbar und lüsterte eine jede nach ihrer Gleichheit, als die aus der finstern Welt Geburt sowohl auch aus der Lichtwelt Geburt. Eine jede wollte aus dem Limbo [Limo, d. h. Urstoff] der Erden essen nach ihrem Hunger.

13. Also ward Böse und Gut in Adam offenbar. Und indem der Hunger der Eigenschaften in die Erde einging, daraus die Eigenschaften des Leibes waren ausgezogen worden, so zog auch das Fiat ein solch Gewächs aus der Erden, davon die Eigenschaften in ihre aufgewacheten Eitelkeit konnten essen.

14. Denn das war möglich, weil in Adam der Geist der starken und großen magischen Macht von Zeit und Ewigkeit war, daraus die Erde mit ihren Eigenschaften war ausgehauchet worden. So zog das Fiat, als die starke Begierde der ewigen Natur, die Essenz der Erden.

15. Also ließ ihm Gott den Baum der Erkenntnis Gutes und Böses nach dem aufgewachten Eigenschaften Adams wachsen. Denn die große Macht der Seelen und des Leibes hatten das verursachet. So mußte der Mensch probieret werden, ob er wollte in eignen Kräften vor dem Versucher, dem Teufel, und vor dem Grimm der ewigen Natur bestehen; ob die Seele wollte in der gleichen Konkordanz der Eigenschaften bleiben stehen in wahrer Gelassenheit unter Gottes Geiste als ein zugerichtetes Werkzeug der Harmonie Gottes, ein Spiel der göttlichen Freudenreich, darauf und in dem Gottes Geist spielen wollte. Das ward versucht mit diesem Baum. Und dazu kam Gottes gestrenges Gebot und sprach: Iß nicht davon; welches Tages du davon essen wirst, sollst du des Todes sterben, Gen. 2, 17.

16. Als aber Gott erkannte, daß der Mensch nicht bestehen würde, daß er ja nach Bösem und Gutem imaginierte und lüsterte, sprach Gott: Es ist nicht gut, daß der Mensch allein sei; wir wollen ihm eine Gehilfin machen, die um ihn sei. – Denn er sahe wohl, daß Adam nicht konnte magisch gebären, weil seine Lust in die Eitelkeit einging.

17. So sagt nun Moses: Und er ließ einen tiefen Schlaf auf ihn fallen, und er entschlief, Gen. 2, 21. Das ist: Weil er nicht wollte im Gehorsam der göttlichen Harmonie bleiben, in den Eigenschaften, daß er hätte als ein Werkzeug dem Geiste Gottes stille gehalten, so ließ er ihn von der göttlichen Harmonie in eine eigene Harmonie fallen, als in die aufgewachten Eigenschaften, in Böse und Gut. Dahinein ging der seelische Geist.

18. Allda starb er in diesem Schlaf der englischen Welt (Qualität) ab und fiel dem äußeren Fiat heim, und war jetzt geschehen um das ewige Bild nach Gottes Gebärung. Allhie lag seine Engelsgestalt und Macht zu Boden und fiel in Ohnmacht. So machte Gott durchs Fiat das Weib aus Veneris Matrice, das ist, aus der Eigenschaft, darinnen Adam die Gebärerin in sich hatte, aus ihme, aus einem Leibe zween, und teilte die Eigenschaften der Tinkturen, als im Element das wässerische und feurische Gestirn, nicht ganz im Wesen, sondern im Geist, als die Eigenschaften der wässerischen und feurischen Seele, und da es letztlich doch nur eine ist. Aber die Eigenschaft der Tinktur ward getrennet. Die eigene Liebe-Begierde ward Adam genommen und in ein Weib formierte nach seinesgleichen. Und darum begehret nun der Mann so heftig des Weibes Matricem, und das Weib begehret des Mannes Limbum, als das Feuer-Element, den Urstand der wahren Seele, darinnen des Feuers Tinktur verstanden wird. Denn die zwei waren in Adam eines, und darin stund die magische Geburt.

19. Und als Eva aus Adam gemacht ward in seinem Schlaf, so ward Adam und Eva jetzt zum äußerlichen, natürlichen Leben geordnet; denn allda sind ihnen die Glieder der tierischen Fortpflanzung gegeben worden, sowohl der irdische Madensack[1], darein sie doch könnten die Eitelkeit einsacken und den Tieren gleich leben, dessen

[1] der physische Leib

sich die arme, in der Eitelkeit gefangene Seele noch heute schämet, daß sie hat eine tierische monstrosische Gestalt an ihren Leib gekrieget, wie vor Augen ist. Davon die menschliche Scham ist entstanden, daß sich der Mensch seiner Glieder schämet und auch der nacketen Gestalt, und daß er muß den irdischen Kreaturen ihr Kleid abborgen, dieweil er sein englisches verloren und in ein Tier verwandelt. Und zeiget ihm dieses Kleid genug an, daß er mit dieser aufgewachten Eitelkeit, indem Hitze und Kälte auf ihn fällt, mit der Seelen darinnen, nicht daheime ist; denn die Eitelkeit samt dem falschen Kleide muß wieder von der Seelen weg und vergehen.

20. Und als nun Adam vom Schlaf erwachte, sahe er sein Weib, und kannte sie, daß sie aus ihm war. Denn er hatte noch nicht mit dem Munde von der Eitelkeit gessen, allein mit der Imagination, der Begierde und Lust. Und war das der Eva erstes Begehren, daß sie wollte von dem Baume der Eitelkeit, von Böse und Gute essen, dessen sie der Teufel vollends in der Schlangengestalt beredete. Ihre Augen würden ihr aufgetan werden und sie würde sein als Gott selber, Gen. 3, 5.

21. Welches Lügen und Wahrheit waren. Er sagte ihr aber nicht, daß sie das göttliche Licht und Kraft würde dadurch verlieren. Er sagte nur, die Augen würden ihr offen werden, daß sie könnte Böse und Gut schmecken, probieren und wissen, wie er getan hatte. Er sagte ihr auch nicht, daß Hitze und Kälte in ihr würde aufwachsen und daß des äußeren Gestirnes Eigenschaft würde mächtig im Fleische und Gemüte herrschen.

22. Ihm war es nur um das zu tun, daß das englische Bild, als das Wesen von der innern geistlichen Welt, möchte in ihnen verbleichen. So müßten sie der groben Irdigkeit und dem Gestirne leben. So wußte er wohl, wann die äußere Welt würde vergehen, daß alsdann die Seele bei ihm in der Finsternis sein würde; denn er sahe, daß der Leib würde sterben, welches er auch aus Gottes Andeutung hatte. Also vermeinte er noch in Ewigkeit ein Herr im Loco[1] dieser Welt zu sein in seiner falschen angenommenen Gestalt. Darum betrog er den Menschen.

[1] Ort, Raum

23. Denn als Adam und Eva jetzt von der Frucht Böse und Gut in den Leib aßen, so empfing die Imagination des Leibes die Eitelkeit in der Frucht. Jetzt wachte die Eitelkeit im Fleische auf und kriegte die finstre Welt in der Eitelkeit der Irdigkeit die Gewalt und das Regiment. Zu hand verblich das schöne Himmelsbild aus der himmlischen, göttlichen Welt Wesen. Allhie starb Adam und Eva am Himmelreich und wachten auf der äußern Welt. Da war die schöne Seele in der Liebe Gottes verblichen, als in der heiligen Kraft und Eigenschaft, und wachte an dessen Stelle in ihr der grimme Zorn, als die finstere Feuerwelt auf und war aus der Seelen an einem Teil, als in der innern Natur, ein halber Teufel aus ihr und am äußern Teil der äußern Welt ein Tier. Allhie ist der Zweck des Todes und die Porte der Höllen, um welcher willen Gott Mensch ward, daß er den Tod zerbräche und die Hölle wieder in die große Liebe verwandelte und die Eitelkeit des Teufels zerstörete.

24. Laßts euch gesagt sein, ihr Menschenkinder: Es ist euch in der Posaunenstimme gesagt worden, daß ihr anjetzo sollt von der schändlichen Eitelkeit ausgehen, denn dasselbe Feuer brennet.

3. Kapitel

Als nun Adam und Eva in dieses Elend fielen, da wachte der Grimm der Natur in jeder Eigenschaft auf und impressete in seiner Begierde die Eitelkeit der Irdigkeit und des Grimmes Gottes in sich. Da war das Fleisch grob und derb als eines andern Tieres und ward die edle Seele damit in der Essenz gefangen, und sahe sich an, daß sie war an ihrem Leibe ein Tier worden, und sahe die tierischen Glieder zur Fortpflanzung und den stinkenden Madensack, darein die Begierde des Fleisches den Eitel (Ekel) einsackte. Des schämeten sie sich vor Gott und verkrochen sich unter die Bäume im Garten Eden; auch fiel Hitze und Kälte auf sie.

2. Allhier erzitterte der Himmel im Menschen vor der Grausamkeit, gleichwie die Erde im Grimm erzitterte, als dieser Zorn am Kreuz mit der süßesten Liebe Gottes zerbrochen ward; da erzitterte der Zorn vor der großen Liebe Gottes.

3. Und um dieser aufgewachten Eitelkeit willen im Menschen verfluchte Gott die Erde, auf daß das heilige Element nicht mehr durch die äußere Frucht ausdringe und Paradeisfrüchte gebäre; denn es war keine Kreatur, welche dieselbe hätte können nießen. Auch war dessen der Mensch nicht mehr wert. Gott wollte die edlen Perlen nicht vor die Tiere werfen. Als dann ein ungöttlicher Mensch anders in seinem Leibe nichts ist als ein grobes viehisches Tier, ob er wohl einer edlen Essenz ist, so ist sie doch ganz vergiftet und ein Ekel vor Gott.

4. Als nun Gott sahe, daß sein schönes Bild verdorben war, eröffnete er sich vor ihnen und erbarmete sich ihrer und verhieß sich ihnen zum ewigen Eigentum, daß er mit seiner großen Liebe in angenommener Menschheit wollte der Schlangen Eigenschaft, als der Eitelkeit im Grimm Gottes die Gewalt mit der Liebe zerbrechen. Das war das Kopfzertreten, daß er wollte den finstern Tod zerbrechen und den Zorn mit der großen Liebe überwältigen; und stellete diesen Bund seiner zukünftigen Menschwerdung ins Lebenslicht ein, auf welchen Bund die jüdischen Opfer gerichtet waren als auf ein Ziel, da sich Gott mit seiner Liebe verheißen hatte. Denn der Juden Glaube ging ins Opfer und Gottes Imagination ging in Bund. Und das Opfer war eine Figur der Wiederbringung dessen, was Adam hatte verloren.

5. Also versöhnete Gott seinen Zorn in menschlicher Eigenschaft durchs Opfer im Ziel des Bundes, in welchem Bunde sich der allerheiligste Name JHESUS aus dem heiligen Namen und großen Kraft JEHOVA hatte einverleibet, daß er sich wollte in der himmlischen Welt Wesen, welches in Adam verblich, wieder bewegen und offenbaren und das heilige, göttliche Leben darinnen wieder anzünden.

6. Dieses Bundes Ziel ward von Adam und seinen Kindern von Mensch zu Mensch fortgepflanzet und drang von einem auf alle, gleichwie auch die Sünde und aufgewachte Eitelkeit von einem auf alle drang. Und stund in der Verheißung des Bundes am Ende in der Wurzel Davids in Maria der Jungfrauen, welche war im innern Reiche der verborgenen Menschheit, als der verblichenen Wesenheit an Gottes Reich des Bundes Gottes Tochter, und am äußern nach der natürlichen Menschheit von ihrem rechten leiblichen

Vater Joachim und ihrer rechten Mutter Anna gezeuget, aus ihren Leibs- und Seelen-Essentien und Wesen allen andern Adamskindern gleich, eine wahrhaftige Tochter Evas.

7. In dieser Maria der Jungfrauen, im verheißenen Ziel des Bundes, davon alle Propheten weissagten, hat sich in der Erfüllung der Zeit das ewigsprechende Wort, das alle Ding hat erschaffen, nach seiner höchsten und tiefsten Liebe und Demut in dem Namen JESU bewegt, und hat lebendige, göttliche, himmlische Wesenheit in die in Adam verblichene Menschheit des himmlischen Teils, dessen er im Paradeis erstarb, eingeführet in den Samen Mariae, verstehet in der Liebe Tinktur, als in die Eigenschaft, darin sich Adam sollte auf magische, himmlische Art fortpflanzen, als in den wahren Weibessamen der himmlischen Wesenheit, welcher im Paradeis verblich, als das göttliche Licht in derselben himmlischen Essenz verlosch, hat Gottes Wort, als die göttliche Kraft des göttlichen Verstandes himmlische, lebendige Wesenheit eingeführet und die verblichene Wesenheit im Samen Mariae aufgeweckt und zum Leben erboren.

8. Und ist Gottes Wesen, darin Gott wohnet und wirket und des Menschen verblichenes Wesen jetzt eine Person worden; denn die heilige göttliche Wesenheit salbete die verblichene. Darum heißt die Person CHRISTUS, ein Gesalbter Gottes.

9. Und das ist die dürre Rute Aaronis, die da grünete und Mandeln trug, und der rechte Hohepriester, und ist eben die Menschheit, davon Christus sagte Joh. 3, 13. Er wäre vom Himmel kommen und wäre im Himmel, und kein Mensch könnte also in Himmel kommen als des Menschen Sohn, der vom Himmel kommen sei und der im Himmel sei. Indem er spricht, er sei vom Himmel kommen, da verstehet er himmlisch Wesen, himmlische Leiblichkeit; denn die Kraft Gottes [be]darf keines Kommens. Sie ist überall ganz, ungemessen und unzertrennet. Aber das Wesen darf Kommens, die Kraft darf sich nur bewegen und im Wesen offenbaren.

10. Das Wesen aber ist in das menschliche Wesen eingegangen und hat das Menschliche angenommen und nicht allein das Teil von himmlicher Wesenheit, solches in Adam verblich, sondern die ganze menschliche Essenz in Seele und Fleisch nach allen dreien Welten.

11. Aber die aufgewachte und impressete Eitelkeit, welche der Teufel mit seiner Imagination ins Fleisch einführete, davon das Fleisch Sünden wirkete, hat er nicht angenommen. Wohl hat er die aufgewachten Lebensgestälte, indeme sie waren von dergleichen Konkordanz ausgangen, eine jede in seine eigene Begierde angenommen.

12. Denn allhie lag unsere Krankheit und der Tod, welchen er sollte mit dem himmlischen, heilige Blute ersäufen. Allhier nahm er alle unsere Sünde und Krankheit, auch den Tod und Hölle im Grimm Gottes auf sich und zerbrach dem Teufel sein Reich in menschlicher Eigenschaft. Der Grimm Gottes war die Hölle, in welche der Geist Christi, als er jetzt hatte das himmlische Blut in unser äußeres menschliches vergossen und mit der Liebe tingieret, einfuhr und dieselbe Hölle in menschlicher Eigenschaft in Himmel verwandelte und die menschlichen Eigenschaften wieder in die gleiche Konkordanz, in die göttliche Harmonie einführete und ordnete.

4. Kapitel

Allhier verstehen wir nun unsere neue Wiedergeburt recht, wie wir können Tempel Gottes sein und bleiben; doch diese Zeit nach der äußern Menschheit auch sündliche, sterbliche Menschen. Christus hat die Pforte unserer innerlichen, himmlischen Menschheit, welche in Adam zugeschlossen ward, in menschliche Essenz zersprengt und aufgemacht. Und liegt jetzt bloß an deme, daß die Seele ihren Willen aus der Eitelkeit des verderbten Fleisches ausführe und in diese offene Pforte in Geist Christi einführe.

2. Es muß ein großer mächtiger Ernst sein, nicht nur ein Lernen und Wissen, sondern ein Hunger und großer Durst nach Christi Geist; denn das Wissen allein ist kein Glaube, sondern der Hunger und Durst nach deme, das ich begehre, daß ichs mir einbilde und mit der Einbildung eigentümlich fasse und nehme, das ist Glauben.

3. Der Wille muß aus der Eitelkeit des Fleisches ausgehen, sich freiwillig ins Leiden und Tod Christi und in allen Spott der Eitelkeit, welche ihn darum spottet, daß er aus seinem eigenen Haus, darin er geboren ist, ausgehe – ergeben und nicht mehr der Eitelkeit wollen, sondern nur bloß der Liebe Gottes in Christo Jesu begehren.

4. Und in solchem Hunger und Begehren impresset er ihm den Geist Christi mit seiner himmlischen Leiblichkeit. Das ist, sein großer Hunger und Begierde fasset den Leib Christi als die himmlische Wesenheit in sein verblichen Bilde ein, in welchem das Wort der Kraft Gottes das wirkende Leben innen ist.

5. Der Seelen Hunger führet seine Begierde durch die zerschellete Eigenschaft ihrer in Adam verblichenen Menschheit des himmlischen Teils, welche das süße Liebe-Feuer im Tode Christi, als der Tod der rechten himmlischen Menschheit zerbrochen war, zerschellete. Der Seelen Hunger fassete durch die Begierde das heilige himmlische Wesen, als die himmlische Leiblichkeit, welche den Vater an allen Enden erfüllet und allem nahe ist und durch alles ist, in ihre verblichene Leiblichkeit ein. Und dadurch stehet der verblichene himmlische Leib in der Kraft Gottes in dem süßen Namen Jesu auf.

6. Und derselbe aufgewachte himmlische, geistliche Leib ist Christi Gliedmaß und der Tempel des Hl. Geistes, eine wahre Wohnung der Hl. Dreifaltigkeit, wie Christus verhieß, da er sagte: Wir wollen zu euch kommen und Wohnung in euch machen, 2. Kor. 6, 16. Dieselbe Essenz desselben Leben isset Christi Fleisch und trinket sein Blut; denn Christi Geist, als das Wort, das sich mit der Menschheit aus und in unserer verblichenen Menschheit durch den äußern Menschen dieser Welt Wesen sichtbar machete, der isset sein heiliges Wesen in sein feuriges Wesen. Ein jeder Geist isset von seinem Leibe.

7. Und so nun die Seele von dieser süßen, heiligen, himmlischen Speise isset, so entzündet sie sich in der großen Liebe im Namen Jesu. Davon wird ihr Angst-Feuer ein großer Triumph; und gehet ihr die wahre Sonne auf, in welcher sie eines andern Willens geboren wird. Und allhie ist die Hochzeit des Lammes, welches wir herzlich wünschen, daß es doch die Titul- und Maulchristenheit einmal erfahren möchte und von der Historia ins Wesen eingehen.

8. Die Seele aber kriegt nicht das Perllein der Hl. Kraft die Zeit dieses Lebens, weil sie noch des äußern tierischen Fleisches Eigenschaft am äußern Menschen hat, zum Eigentum. Die Kraft Christi, welche in der Hochzeit des Lammes sich vermählet, ersenkt sich in das Himmelsbilde ein, als in das Wesen des himmlischen Menschen,

der Christi Tempel ist und nicht in den Feuer-Odem der Seelen, welche noch diese ganze Zeit am äußern Reiche, am Bande der Eitelkeit mit dem Luft-Odem fest angebunden stehet und in großer Gefahr ist.

9. Sie gibt wohl ihre Liebe-Strahlen gar oft in die Seele ein, davon die Seele ihr Licht empfähet. Aber dem Feuer-Odem ergibt sich der Geist Christi diese Zeit nicht, sondern nur dem Odem des Lichtes, welcher in Adam verlosch. Darin ist der Tempel Christi; denn es ist der wahre, heilige Himmel.

10. Also verstehet uns recht, was und wie die neue Wiedergeburt geschehe und sei: Der äußere, irdische, sterbliche Mensch wird in dieser Zeit nicht neugeboren, weder das äußere Fleisch noch das äußere Teil der Seelen. Sie bleiben beide in der Eitelkeit ihres in Adam aufgewachten Willens. Sie lieben ihre Mutter in dero Leibe sie leben, als das Regiment dieser äußern Welt; und darin ist die Sündengeburt offenbar.

11. Der äußere Mensch in Seele und Fleisch, verstehet das äußere Teil der Seelen, hat keinen göttlichen Willen, versteht auch nichts von Gott, wie die Schrift saget: Der natürliche Mensch vernimmt nichts vom Geiste Gottes, I. Kor. 2, 14.

12. Aber der Feuer-Odem der innern Welt, so der einmal erleuchtet wird, verstehet es, der hat sein großes Ächzen, Jammern, Hungern und Dürsten nach dem süßen Brünnlein Christi. Der erlabet sich durch Hungern und Begehren, welches der wahre Glaube ist, in dem süßen Brünnlein Christi von seinem neuen Leibe der himmlischen Wesenheit als eine hungerige Rebe am Weinstock Christo.

13. Und das ist die Ursache, daß die feurige Seele diese Zeit nicht mag zur Vollkommenheit kommen, daß sie am äußern Bande der Eitelkeit angebunden stehet, durch welches der Teufel seine giftigen Strahlen auf sie scheußt und sie sichtet, daß sie ihme manchmal anbeißt und sich vergiftet, davon groß Jammer und Angst entstehet, daß sich die edle Sophia im Brünnlein Christi in der himmlischen Menschheit verbirgt und der Eitelkeit nicht nahen mag.

14. Denn sie weiß, wie es ihr in Adam ging, da sie ihr Perllein verlor, welches der innern Menschheit aus Gnaden wieder geschenkt wird, darum sie Sophia heißt, als die Braut Christi.

15. Allhie ruft sie der feurigen Seelen als ihrem Bräutigam getreulich und ermahnet ihn zur Buße und Abladung oder Ausgehung von dem Greuel der Eitelkeit. Da gehet dann der Streit in dem ganzen Menschen an. Da lüstert der äußere, fleischliche Mensch wider den innern, geistlichen, und der geistliche wider den fleischlichen, und steht der Mensch im Streite, voller Trübsal, Kummer, Angst und Not.

16. Der innere spricht zur Feuer-Seelen: O mein Buhle, kehre doch um und gehe von der Eitelkeit aus oder du verlierest meine Liebe und das edle Perllein. So spricht die äußere Vernunft, als die tierische irdische Seele: Du bist närrisch, daß du willst der Welt Narr und Spott sein. Du bedarfst der äußern Welt zu deinem Leben. Schönheit, Macht und Herrlichkeit ist dein Bestes, darinnen kannst du Freude haben. Was willst du dich in Angst, Not und Spott einführen? Trachte nach Wollust, das dem Fleische und Gemüte wohl tut.

17. Mit solchem Unflat wird dann ein rechter Mensch ofte besudelt. Der äußere Mensch besudelt sich selber, gleichwie eine Sau im Kote, und verdunkelt sein edles Bild. Denn je eiteler der äußere Mensch wird, je dunkeler wird der innere Mensch alsolange bis er gar verbleicht. So ists alsdann geschehen um das schöne Paradeisbäumlein und wird schwer zugehen, [es] wieder zu erlangen.

18. Denn wenn das äußere Licht, als die äußere Seele, einmal erleuchtet wird, daß ihr das äußere Licht der Vernunft durch das innere Licht angezündet wird, so gibt die äußere Seele gerne einen Schein-Gleißner aus sich und achtet sich für göttlich, obgleich das Perllein weg ist.

19. Dabei bleibts bei vielen und verdirbet also ofte der Perlenbaum in Christi Gärtlein, davon die Schrift einen harten Knoten macht, daß diejenigen, so einmal haben die Süßigkeit der zukünftigen Welt geschmecket, so sie wieder davon abfallen, das Reich Gottes schwerlich schauen werden, Ebr. 6, 4.6.

20. Und wiewohl es ja ist, daß die Gnadenpforte noch offen stehet, so hält sie aber das Scheinlicht der äußern Vernunft-Seele davon ab, daß sie meinen, sie haben das Perllein, und leben doch nur der Eitelkeit dieser Welt und tanzen dem Teufel nach seiner Pfeife.

5. Kapitel

Allhier soll nun ein Christ bedenken, warum er sich einen Christen nennet, und wohl betrachten, ob er auch einer sei; denn daß ich lerne wissen und verstehen, daß ich ein Sünder bin und daß Christus meine Sünde hat am Kreuze getötet und sein Blut für mich vergossen, das macht noch lange keinen Christen aus mir. Das Erbe gebühret allein den Kindern. Eine Magd im Hause weiß wohl, was die Frau gerne hat. Das macht sie darum nicht zum Erben in der Frauen Güter. Der Teufel weiß auch, daß ein Gott ist. Das macht ihn darum nicht wieder zum Engel. So sich aber die Magd im Hause mit der Frauen Sohne verehelicht, so mag sie wohl zur Erbschaft der Frauen Güter kommen.

2. Also auch in unserm Christentum zu verstehen ist: Der Historien Kinder, sind nicht Erben der Güter Christi, sondern die ehelichen Kinder, welche aus Christi Geist neugeboren werden. Denn Gott sagte zu Abraham: Stoß der Magd Sohn aus, er solle nicht erben mit der Freien, Gal. 4, 30, denn er war ein Spötter und nur ein Historien-Sohn des Glaubens und Geistes Abrahmas. Und solange er ein solcher war, so war er nicht in der rechten Erbschaft des Glaubens Abrahms. So hieß ihn Gott ausstoßen von seinen Gütern.

3. Welches ein Fürbilde der zukünftigen Christenheit war; denn dem Abraham geschahe die Verheißung der Christenheit. Darum so war auch alsobalde das Fürbilde in den zwei Brüdern, als in Isaak und Ismael, dargestellet wie sich die Christenheit halten würde, und daß zweierlei Menschen würden darinnen sein, als wahre Christen und Maulchristen, die nur würden unter dem Titul der Christenheit Spötter sein wie Ismael und Esau, welcher auch das Bilde des äußern Adam war, und Jakob das Bilde Christi und seiner wahren Christenheit.

4. Also soll ein jeder, der sich will einen Christen nennen, der Magd Sohn, das ist: den irdischen, bösen Willen von ihme hinausstoßen, immer töten und zerbrechen und nicht in die Erbschaft einsetzen, nicht dem Tiermenschen das Perllein zum Spiel geben, daß er sich in dem äußern Licht in der Fleischeslust stets erlustige, sondern mit unserm Vater Abraham den Sohn unsers rechten Willens an Berg Moria führen und im Gehorsam wollen Gott aufopfern, immer

gerne wollen in Christi Tode der Sünden absterben, dem Tier der Eitelkeit keine Ruhe in Christi Reiche einräumen, nicht lassen geil, hoffartig, geizig, neidig und boshaftig werden. Diese Eigenschaften sind alle des Ismaelis, der Magd Sohn, welchen Adam in seiner Eitelkeit von der buhlerischen Huren der falschen Magd von Teufels Imagination aus der irdischen Eigenschaft im Fleisch gebar.

5. Dieser Spötter und Titul-Christ ist ein Hurensohn. Der muß hinausgestoßen werden, denn er soll das Erbe Christi im Reiche Gottes nicht erben, Gal. 4. 30. Er ist kein nütze und ist nur Babel, eine Verwirrung der einzigen Sprache in viel Sprachen. Er ist nur ein Schwätzer und Zänker um die Erbschaft und will sie erschwätzen und erzanken mit seiner Mundheuchelei und Scheinheiligkeit, und ist doch nur ein blutdürstiger Mörder des Habels, seines Bruders, welcher ein wahrer Erbe ist.

6. Darum sagen wirs, als wirs erkannt haben, daß sich ein Mensch, der sich will einen Christen nennen, soll prüfen, was für Eigenschaften ihn treiben und regieren, ob ihn der Geist Christi zur Wahrheit und Gerechtigkeit und zur Liebe des Nächsten treibe, daß er gerne wollte Gutes tun, wüßte er nur, wie er könnte. Und so er befindet, daß er einen Hunger nach solcher Tugend hat, so mag er gewiß denken, daß er gezogen wird. So soll er es ins Werk richten, nicht nur wollen und nicht tun. Im Wollen stehet der Zug des Vaters zu Christo, aber im Tun steht das rechte Leben.

7. Denn der rechte Geist tut recht. Ist aber der Wille zum Tun und das Tun aber nicht folget, so ist der rechte Mensch in der eiteln Lust, welche das Tun hält gefangen, und ist nur ein Heuchler, ein Ismaeliter. Anders redet er und anders tut er, und bezeuget, daß sein Mund ein Lügner ist; denn das er lehret, das tut er selber nicht und dienet nur dem tierischen Menschen in der Eitelkeit.

8. Denn daß einer sagt: Ich habe Willen und wollte gerne Gutes tun, und habe aber irdisch Fleisch, das hält mich, daß ich nicht kann; ich werde aber aus Gnaden um des Verdienstes Christi willen selig werden; denn ich tröste mich ja seines Leidens und Verdienstes, er wird mich aus Gnaden ohn all mein Verdienst annehmen und mir die Sünde vergeben, – der tut gleich einem, der eine gute Speise zu seiner Gesundheit wüßte und äße derselben nicht, äße aber an deren Statt eine giftige, davon er krank würde und stürbe.

9. Was hilft das die Seele, daß sie den Weg zu Gott weiß und den nicht gehen will, gehet aber den Irrweg und erreicht Gott nicht? Was hilft das die Seele, daß sie sich der Kindschaft Christi, seines Leidens und Todes tröstet und ihr selber heuchelt, mag auch nicht in die kindliche Geburt eingehen, daß sie ein wahres Kind aus Christi Geiste, aus seinem Leiden, Tod und Auferstehung geboren werde. Gewiß und wahrhaftig: das Kitzeln und Heucheln mit Christi Verdienst, außer der wahren ingebornenen Kindschaft, ist falsch und erlogen; es lehre, wer da wolle.

10. Dies Trösten gehöret dem bußfertigen Sünder, der im Streit wider die Sünde und Gottes Zorn ist, wenn die Anfechtungen kommen, daß der Teufel der Seelen zusetzt, da sich die Seele soll in das Leiden und Tod Christi, in sein Verdienst ganz einwickeln.

11. Christus hats wohl allein verdienet, aber nicht als ein Verdienst hat ers verdienet, dem ein Lohn aus Verdienst gegeben wird, daß er uns die Kindheit aus seinem Verdienst von außen schenkte und uns also in die Kindschaft einnähme. Nein, er ist selber das Verdienst. Er ist die offene Porte durch den Tod, durch den müssen wir eingehen. Er nimmt aber nicht Tiere in sein Verdienst ein, sondern diejenigen, welche umkehren und werden als die Kinder.

12. Dieselben Kinder, die zu ihm kommen, sind sein Lohn, er hat uns verdienet. Denn er sprach auch also: Vater, die Menschen waren dein und du hast sie mir gegeben, und ich gebe ihnen das ewige Leben, Joh. 17, 6. Nun aber wird keinem das Leben Christi gegeben, er komme denn im Geiste Christi zu ihm in seine Menschheit, Leiden und Verdienst ein und werde in seinem Verdienst ein wahres Kind des Verdienstes geboren. Aus seinem Verdienst müssen wir geboren werden und das Verdienst Christi in seinem Leiden und Tod anziehen, nicht von außen mit Mundheuchelei allein, nicht nur mit Trösten und ein fremdes Kind fremder Essenz bleiben. Nein, die fremde Essenz erbet nicht die Kindschaft, sondern die ingeborene Essenz erbet sie.

13. Dieselbe ingeborene Essenz ist nicht von dieser Welt, sondern im Himmel, davon St. Paulus sagt: Unser Wandel ist im Himmel, Phil. 3, 20. Die kindliche Essenz wandelt im Himmel und der Himmel ist im Menschen. So aber der Himmel im Menschen nicht offen ist und er nur vorm Himmel stehet heucheln und spricht: Ich

bin wohl außen, aber Christus will mich aus Gnaden annehmen; sein Verdienst ist ja mein, – ein solcher ist nach dem äußern Menschen in der Eitelkeit und Sünden und mit der Seele in der Hölle, als in Gottes Zorn.

14. Darum lernets recht verstehen, was uns Christus hat gelehret und getan. Er ist unser Himmel. Er muß in uns eine Gestalt gewinnen, sollen wir im Himmel sein. So ist alsdann der innere Seelenmensch mit dem hl. Leibe Christi, als in der neuen Geburt im Himmel, und der äußere, sterbliche ist in der Welt. Davon sagt Christus: Meine Schäflein sind in meiner Hand; niemand kann sie mir herausreißen, der Vater, der sie mir gegeben hat, ist größer denn alles, Joh. 10, 27, 29.

6. Kapitel

Lieben Brüder, wir wollen treulich mit euch reden, nicht aus heuchlerischem Munde, dem Antichrist zu gefallen, sondern aus unserm Perllein, aus christlicher Essenz und Wissenschaft, nicht aus der Hülse und Historien, sondern aus kindlichem Geiste, aus Christi Wissenschaft als eine Rebe am Weinstock Christo, aus dem Maße deren in uns eröffneten Wissenschaft in Gottes Rat.

2.Man bindet uns anjetzo an die Historien, an die steinernen Kirchen, welche zwar in ihrem Wert gut wären, so man auch den Tempel Christi darein brächte.

3. Man lehret, ihre Absolution sei eine Vergebung der Sünden; item, das Abendmahl nehme die Sünden weg; item, der Geist Gottes werde vom Predigtamt eingegossen.

4. Dieses alles hätte seinen Weg (Wert), so es recht erkläret würde und man nicht nur an den Hülsen hinge. Mancher gehet 20 oder 30 Jahr in die Kirche, höret predigen und braucht Sakrament, läßt sich absolvieren und ist einmal ein Tier des Teufels und der Eitelkeit wie das ander. Ein Tier gehet in die Kirchen und zum Abendmahl, und ein Tier gehet wieder davon. Wie will der essen, der keinen Mund hat? Wie will der hören, der kein Gehör hat? Mag auch einer eine Speise genießen, die seinem Munde verschlossen ist? Wie will der

trinken, der fern vom Wasser ist? Was hilft michs, daß ich in die Mauerkirche gehe und fülle meine Ohren mit einem leeren Odem oder gehe zum Abendmahl und speise nur den irdischen Mund, welcher sterblich und verweslich ist? Mag ich ihme doch wohl daheim ein Stücke Brot geben, daß er satt werde. Was hilft das die Seele, welche ein unsterblich Leben ist, daß der tierische Mensch die Weise des Gebrauchs Christi hält, so sie nicht mag das Kleinod des Gebrauchs erreichen? Denn St. Paulus sagt vom Abendmahl: Darum daß ihr nicht unterscheidet den Leib des Herrn, empfahet ihrs zum Gerichte, I. Kor. 11, 29.

5. Der Bund bestehet, er wird im Gebrauch gerüget. Christus beut uns mit seinem Worte seinen Geist an als in dem gepredigten Worte und in den Sakramenten seinen Leib und Blut, und in der brüderlichen Versöhnung seine Absolution.

6. Was hilfts aber, daß ein Tier allda zuhöret und kein Gehör zum innern lebendigen Worte hat? Hat auch kein Gefäß, darein es kann das Wort legen, daß es Frucht bringe. Von denen sagt Christus: Der Teufel reißt das Wort von ihren Herzen, daß sie nicht glauben und selig werden, Luk. 8, 12. Warum? Darum daß das Wort keine Stätte im Gehör findet, da es möchte haften.

7. Also auch von der Absolution: Was hilfts, daß einer zu mir sagt: Ich verkündige dir die Absolution deiner Sünden, so doch die Seele ganz in Sünden verschlossen liegt? Der solches zum verschlossenen Sünder sagt, der irret und der es annimmt ohne Gottes Stimme in ihme, der betreugt sich auch selber.

8. Niemand kann Sünde vergeben als allein Gott. Des Predigers Mund hat nicht die Vergebung in eigener Gewalt. Der Geist Christi hat sie in der Stimme des Priesters Mund, so er aber auch ein Christ ist. Was halfs aber diejenigen, die Christum auf Erden höreten lehren, da er sprach: Kommt alle zu mir, die ihr mühselig und beladen seid, ich will euch erquicken? Was halfs dieselben, die es höreten und nicht mühselig waren? Wo bliebe die Erquickung, da sie tote Ohren hatten und nur den äußern Christus höreten, nicht aber das Wort der göttlichen Kraft, wurden sie doch nicht erquikket, also viel hilft auch einem tierischen Menschen seine heuchlerische Absolution. Also helfen ihm auch die Sakramenta.

9. In Sakramenten ist nun offen, wie auch im Lehramt. Der Bund wird gerüget. Die Nießung der Seelen geschieht, aber in der Eigenschaft wie der Seelen Mund ist. Als das äußere Tier empfähet Brot und Wein, das könnte es auch daheim essen. Und die feurische Seele empfähet nun das Testament nach ihrer Eigenschaft, als im Zorne Gottes. Sie empfähet der ewigen Welt Wesen, aber nach der finstern Welt Eigenschaft. Wie der Mund ist, also ist auch die Speise, so in Mund gehört. Er empfähet es ihme zum Gerichte auf Art wie die Gottlosen werden Christum am jüngsten Gerichte als einen ernsten, strengen Richter sehen, und die Heiligen als einen lieben Immanuel.

10. Gegen den Gottlosen stehet Gottes Zorn in seinen Testamenten offen, und gegen den Heiligen stehet die himmlische Leiblichkeit, und darin die Kraft Christi im heiligen Namen Jesu offen. Was hilft aber den Gottlosen das Heilige, so er das nicht kann genießen? Was soll allhie seine Sünde wegnehmen? Die Sünde wird nur gerüget und offenbar.

11. Es ist doch in den Heiligen mit den Sakramenten kein Sündewegnehmen oder dadurch Vergeben, sondern also ists: Wenn Christus aufstehet, so stirbet Adam in der Schlangenessenz. Wenn die Sonne aufgehet, so wird die Nacht im Tage verschlungen und ist keine Nacht mehr. Also ist die Vergebung der Sünden. Der Geist Christi isset von seinem hl. Wesen. Der innere Mensch ist die Fassung des hl. Wesens. Er nimmt an, was der Geist Christi in ihn einführet, als den Tempel Gottes, Christi Fleisch und Blut. Was geht das ein Tier an oder was gehets die Teufel oder die Seele in Gottes Zorne an? Sie essen von ihrem himmlischen Leibe, in welchem Himmel sie wohnen, als im Abgrunde.

12. Also auch im Predigtamt. Der Gottlose höret, was die äußere Seele der äußern Welt predigt. Das nimmt er an als eine Historiam. Ist aber etwa Stoppeln oder Stroh in der Predigt, so saugt er daraus die Eitelkeit, und die Seele saugt daraus die falsche Gift und Morde des Teufels. Damit kitzelt sie sich, daß sie höret, wie sie kann Menschen richten. Ist aber der Prediger auch ein Toter und säet aus seinen Affekten Gift und Schmack, so lehret der Teufel und höret der Teufel. Dasselbe Lehren wird in dem gottlosen Herzen gefangen und bringt gottlose Früchte, daraus die Welt eine Mordgrube des

Teufels worden ist, daß beides im Lehrer und Zuhörer nichts als eitel Spotten, Lästern, Höhnen, Wortzanken und um die Hülse-Beißen innen ist.

13. Aber in dem heiligen Lehrer lehret der Hl. Geist, und in dem heiligen Hörer hört der Geist Christi durch die Seele und göttlich Gehäuse des göttlichen Schalles. Der Heilige hat seine Kirche in sich, da er inne höret und lehret. Aber Babel hat den Steinhaufen, da gehet sie hinein heucheln und gleißen, läßt sich mit schönen Kleidern sehen, stellt sich andächtig und fromm. Die steinerne Kirche ist ihr Gott, darein sie das Vertrauen setzt.

14. Der Heilige aber hat seine Kirche an allen Orten bei sich und in sich; denn er sehet und geht, er liegt und sitzt in seiner Kirchen. Er ist in der wahren christlichen Kirchen, im Tempel Christi. Der Hl. Geist predigt ihme aus allen Kreaturen. Alles war er ansiehet, da siehet er einen Prediger Gottes.

15. Hie wird der Spötter sagen, ich verachte die steinerne Kirche, da die Gemeine zusammenkommt. Da sage ich »nein« zu, sondern ich weise an die heuchlerische babylonische Hure, die mit der steinern Kirche nur Hurerei treibet und nennet sich einen Christen, ist aber ein Hurenbalg.

16. Ein rechter Christ bringt seine heilige Kirche mit in die Gemeine. Sein Herz ist die wahre Kirche, da man soll Gottesdienst pflegen. Wenn ich tausend Jahr in die Kirchen gehe, auch alle Wochen zum Sakrament, lasse ich mich auch gleich alle Tage absolvieren, habe ich Christus nicht in mir, so ists alles falsch und ein unnützer Tand, ein Schnitzwerk in Babel und ist keine Vergebung der Sünden.

17. Der Heilige tut heilige Werke aus der heiligen Kraft seines Gemütes. Das Werk ist nicht die Versöhnung, aber es ist das Gebäu, das der wahre Geist in seinem Wesen bauet. Es ist sein Wohnhaus, gleichwie des falschen Christen seine Fabelei sein Wohnhaus ist, da dann seine Seele heuchelnd hingehet. Das äußere Gehör gehet in das Äußere und wirket in das Äußere; und das innere Gehör gehet in das Innere und wirket in dem Innern.

18. Heuchle, heuchle, schreie, singe, predigte, lehre wie du willst. Ist nicht der innere Lehrer und Hörer offen, so ists alles Babel und

Fabel und ein Schnitzwerk, da der äußere Weltgeist ein Model oder Schnitzwerk nach dem Innern macht. Und damit gleißet er, als ob er einen heiligen Gottesdienst hätte, da doch manchmal der Teufel mitten in solchem Gottesdienst mächtig in der Imagination wirket und das Herz wohl kitzelt mit denen Dingen, so das Fleisch gerne hätte, welches zwar wohl öfters den Kindern Gottes nach dem äußern Menschen widerfähret, so sie nicht eben acht auf sich haben, so sichtet sie der Teufel.

7. Kapitel

Ein rechter Mensch, welcher in Christi Geist neugeboren ist, der ist in der Einfalt Christi, hat mit niemanden einigen Zank um die Religion. Er hat in ihm selbst Streit genug mit seinem tierischen, bösen Fleisch und Blut. Er meinet immerdar, er sei ein großer Sünder, und fürchtet sich vor Gott; denn seine Sünden stehen offenbar und sind im Gerichte, denn die Turba verschleußt sie in sich, davon ihm der Zorn Gottes unter Augen schilt als einen Schuldigen. Aber die Liebe Christi dringt hindurch und vertreibt sie, wie der Tag die Nacht verschlingt.

2. Dem Gottlosen aber ruhen seine Sünden im Schlafe des Todes und grünen im Abgrunde aus, und bringen Früchte in der Höllen.

3. Die Christenheit in Babel zankt um die Wissenschaft, wie man Gott dienen, ehren und erkennen soll, was er sei nach seinem Wesen und Willen, und lehren schlicht, wer nicht in allen Stücken mit ihnen einig sei, in der Wissenschaft und in der Meinung, der sei kein Christ, sondern ein Ketzer.

4. Nun wollte ich doch gerne sehen, wie man alle ihre Sekten sollte zusammen in eine bringen, die sich die christliche Kirche könnte nennen, weil sie allesamt nur Verächter sind, da je ein Haufe den andern lästert und für falsch ausschreiet.

5. Ein Christ aber hat keine Sekte; er kann mitten unter den Sekten wohnen, auch in ihrem Gottesdienst erscheinen, und hängt doch keiner Sekte an. Er hat nur eine einige Wissenschaft, die ist Christus in ihm. Er sucht nur einen Weg, der ist die Begierde, daß er

immerdar wollte gerne recht tun und leben, und stellt all sein Wissen und Wollen ins Leben Christi ein. Er seufzet und wünschet immerdar, daß soch Gottes Wille in ihm möchte geschehen und sein Reich in ihm offenbar werden. Er tötet täglich und stündlich die Sünde im Fleisch. Denn des Weibes Same als der innere Mensch in Christo zertritt stets dem Teufel in der Eitelkeit den Kopf, Gen. 3,15.

6. Sein Glaube ist eine Begierde zu Gott. Die hat er in die gewisse Hoffnung eingewickelt, darin wagt ers auf die Worte der Verheißung. Er lebet und stirbet darinnen. Und da er doch nach dem rechten Menschen nimmermehr stirbet. Denn Christus sagt auch also: Wer an mich glaubet, wird nimmermehr sterben, sondern ist vom Tode zum Leben hindurchgedrungen. Item: Es werden Ströme des lebendigen Wassers von ihm fließen als gute Lehre und Werke.

7. Darum sage ich ist alles Babel, was sich miteinander beißet und um die Buchstaben zanket. Die Buchstaben stehen alle in einer Wurzel, die ist der Geist Gottes. Gleichwie die mancherlei Blumen alle in der Erden stehen und wachsen alle nebeneinander; keine beißt sich mit der andern um die Farben, Geruch und Schmack. Sie lassen die Erde und Sonne, sowohl Regen und Wind, auch Hitze und Kälte mit sich machen, was sie wollen. Sie aber wachsen eine jede in ihrer Essenz und Eigenschaft. Also ists auch mit den Kindern Gottes. Sie haben mancherlei Gaben und Erkenntnis, aber alles aus seinem Geiste. Sie freuen sich nebeneinander der großen Wunder Gottes und danken dem Höchsten in seiner Weisheit. Was sollen sie lange um den zanken, in dem sie leben und sind, dessen Wesens sie selber sind?

8. Es ist die größte Torheit in Babel, daß der Teufel hat die Welt um die Religion zankend gemacht, daß sie um selbstgemachte Meinung zanken um die Buchstaben, da doch in keiner Meinung das Reich Gottes stehet, sondern in Kraft und der Liebe. Auch sagte Christus und ließ es seinen Jüngern zuletzt, sie sollten einander lieben; dabei würde jedermann erkennen, daß sie seine Jünger wären, gleichwie er sie geliebet hätte. Wenn die Menschen also sehr nach der Liebe und Gerechtigkeit trachteten als nach Meinungen, so wäre gar kein Streit auf Erden. Wir lebten als Kinder in unserm Vater und bedürften keines Gesetzes noch Ordens.

9. Denn mit keinem Gesetz wird Gott gedienet, allein mit Gehorsam. Die Gesetze sind wegen der Bösen, die nicht der Liebe und der Gerechtigkeit wollen. Die werden mit Gesetzen getrieben und gezwungen. Wir haben alle einen einigen Orden. Der ist, daß wir dem Herrn aller Wesen stille halten und unsern Willen ihm ergeben und lassen seinen Geist in uns wirken, spielen und machen, was er will. Und was er in uns wirket und offenbaret, das geben wir ihm wieder dar als seine Frucht.

10. So wir nun um die mancherlei Frucht, Gaben und Erkenntnis nicht zanketen, sondern erkenneten uns untereinander als Kinder des Geistes Gottes, was wollte uns richten? Lieget doch das Reich Gottes nicht an unserm Wissen und Wähnen, sondern in der Kraft.

11. Wenn wir nicht halb so viel wüßten und wären viel kindischer und lebten als Kinder einer Mutter als wie die Zweige an einem Baume, die alle von einer Wurzel Saft nehmen, so wären wir heiliger.

12. Das Wissen ist nur zu dem Ende, daß wirs lernen, weil wir haben die göttliche Kraft verloren in Adam und sind nun jetzt zum Bösen geneigt, daß wir es lernen erkennen, wie wir böse Eigenschaften in uns haben und daß das böse Tun Gott nicht gefällt, damit wir mit dem Wissen lernen recht tun. So wir aber die Kraft Gottes in uns haben und begehren von allen Kräften recht zu tun und recht zu leben, so ist das Wissen nur unser Spiel, darinnen wir uns erfreuen.

13. Denn das wahre Wissen ist die Offenbarung des Geistes Gottes durch die ewige Weisheit. Der weiß in seinen Kindern, was er will. Er geußt seine Weisheit und Wunder durch seine Kinder aus, gleichwie die Erde die mancherlei Blumen. So wir nun im Geiste Christi als demütige Kinder nebeneinander wohneten und erfreuete sich je einer des andern Gaben und Erkenntnis, wer wollte uns richten? Wer richtet die Vögel im Walde, die den Herrn aller Wesen mit mancherlei Stimme loben, ein jeder aus seiner Essenz? Straft sie auch der Geist Gottes, daß sie nicht ihre Stimmen in eine Harmonie führen? Gehet doch ihr aller Hall aus seiner Kraft, und vor ihm spielen sie.

14. Darum sind die Menschen, so um die Wissenschaft und um Gottes Willen zanken und einander darum verachten, törichter

denn die Vögel im Walde und die wilden Tiere, die keinen rechten Verstand haben. Sie sind vor dem heiligen Gott unnützer als die Wiesenblumen, welche doch dem Geist Gottes stillehalten und lassen ihn die göttliche Weisheit und Kraft durch sich offenbaren. Ja, sie sind ärger denn die Disteln und Dörner unter den schönen Blumen, welche doch stille stehen. Sie sind als die räuberischen Tiere und Vögel im Walde, welche die andern Vögel von deren Gesang und Lobe Gottes abschrecken.

15. In Summa: Sie sind des Teufels Gewächs im Zorne Gottes, die durch ihre Pein doch dem Herrn dienen müssen. Denn sie treiben mit ihrer Plag und Verfolgung den Saft durch die Essenz der Kinder Gottes aus, daß sie sich im Geiste Gottes bewegen mit Beten und emsigen Flehen, in welchem der Geist Gottes sich in ihnen bewegt; denn die Begierde wird dadurch geübt und auch die Kinder Gottes, daß sie grünen und Frucht bringen; denn in Trübsal werden Gottes Kinder offenbar nach der Schrift: Wenn du sie züchtigest, so rufen sie ängstlich zu dir.

8. Kapitel

Die ganze christliche Religion stehet in deme, daß wir uns lernen erkennen, was wir sind, von wannen wir kommen sind, wie wir aus der Einigung in die Uneinigkeit, Bosheit und Ungerechtigkeit eingegangen, wie wir dieselbe haben in uns erweckt. Zum andern, wo wir in der Einigung sind gewesen, da wir Kinder Gottes waren. Zum dritten, wie wir jetztund in der Uneinigkeit sind, in dem Streit und Widerwillen. Zum vierten, wo wir hinwallen aus diesem zerbrechlichen Leben (Wesen). Wo wir mit dem Unsterblichen hin wollen und dann auch mit dem Sterblichen.

2. In diesen vier Punkten stehet unsere ganze Religion, zu lernen, aus der Uneinigkeit und Eitelkeit zu kommen und wieder in einen Baum, daraus wir in Adam alle kommen sind, einzugehen, welcher ist Christus in uns. Wir dürfen um nichts streiten, haben auch keinen Streit. Lerne sich nur ein jeder üben, wie er wieder möge in die Liebe Gottes und seines Bruders eingehen.

3. Christi Testamenta sind durchaus anders nichts als eine brüderliche Verbindnis, daß sich Gott in Christo mit uns verbindet und wir mit ihme. Alles Lehren soll dahin gehen, auch alles Wollen und Tun. Was anders lehret und tut, das ist Babel und Fabel, nur ein Schnitzwerk der Hoffart, ein unnütz Gerichte und eine Irremachung der Welt, eine Gleißnerei des Teufels, damit er die Einfalt blendet.

4. Alles, was außer Gottes Geist lehret und hat nicht göttliche Erkenntnis und wirft sich doch zum Lehrer in Gottes Reich auf, und will Gott mit Lehren dienen, das ist falsch und dienet nur seinem Abgott Bauche mit seinem stolzen, hoffärtigen Sinn, daß er will geehret sein und will heilig genannt sein. Er trägt ein erwählet Amt von Menschenkindern, welche ihm auch nur heucheln und ihn um Gunst willen dazu geordnet haben. Christus sprach: Wer nicht zur Tür in den Schafstall hineingehet, das ist: durch ihn, sondern steiget anderswo hinein, der ist ein Dieb und ein Mörder, und die Schafe folgen ihm nicht; denn sie kennen seine Stimme nicht, Joh. 10, 1. 5.

6. Das aufgeschriebene Wort ist nur ein Werkzeug, damit der Geist leitet. Das Wort, das da lernen will, muß in dem buchstabischen Halle sein, sonst ist keiner ein Lehrer Gottes, sondern nur ein Lehrer der Buchstaben, ein Wisser der Historien und nicht des Geistes Gottes in Christo. Alles, damit man Gott dienen will, muß im Glauben geschehen, als im Geiste. Der macht das Werk völlig und vor Gott angenehm. Was der Mensch im Glauben anfähet und tut, das tut er im Geiste Gottes, welcher im Werke mitwirket. Das ist Gott angenehm; denn er hats selber gemacht und seine Kraft ist darinnen. Es ist heilig.

7. Was aber in der Selbheit ohne Glauben gemacht wird, das ist nur eine Figur oder Hülse eines rechten christlichen Werks.

8. Dienest du deinem Bruder und tust es nur aus Gleißnerei und giebest ihm ungerne, so dienest du nicht Gott; denn dein Glaube gehet nicht aus Liebe in die Hoffnung in deiner Gabe. Wohl dienest du deinem Bruder und er danket an seinen Teil, du aber segnest ihn nicht, denn du giebest ihm einen mürrischen Geist in deiner Gabe. Der gehet nicht in Gottes Geist in die Hoffnung des Glaubens ein. Darum ist deine Gabe nur halb gegeben und hast nur halben Lohn dafür.

9. Also auch mit dem Nehmen zu verstehen: So einer im Glauben gibt in göttlicher Hoffnung, der segnet seine Gaben in seinem Glauben. Der sie aber undankbarlich empfähet und murret im Geiste, der verflucht sie in der Nießung. Also bleibet einem jeden das Seine. Was er säet, das erntet er auch ein.

10. Also auch im Lehramt. Was einer aussäet, das erntet er auch ein. Säet einer aus Christi Geist guten Samen, so bekleibt [empfängt] er in dem guten Herzen und trägt gute Frucht. In den Gottlosen aber, die des nicht fähig sind, wird der Zorn Gottes gerüget. Säet einer Zank, Verachtung, Übeldeutung, das nehmen alle gottlosen Menschen ein. Es bekleibet auch und trägt solche Frucht, daß man einander spottet, verhöhnet, verleumdet, übeldeutet.

11. Aus welchem die große Babel geboren und ausgewachsen ist, da man aus Hoffart um die Historiam der Rechtfertigung des argen Sünders vor Gott zanket und den Einfältigen irre und lüsternd macht, daß ein Bruder den andern um die Historien und Buchstabenwechseln willen verachtet und dem Teufel gibt.

12. Solche Lästerbälge dienen nicht Gott, sondern dem großen Bau der Uneinigkeit. Weil in allen Menschen im irdischen Fleische noch eine verderbte Sucht lieget, so wecken sie auch in den einfältigen Kindern Gottes den Greuel auf und machen Gottes Volk samt den Kindern der Bosheit lästernd, und sind nur Baumeister der großen Babel und der Welt, und soviel nütze als dem Wagen das fünfte Rad, ohne daß sie das höllische Gebäu aufrichten.

13. Darum ist den Kindern Gottes hoch not, daß sie ernstlich beten und diesen falschen Bau lernen kennen, mit ihrem Gemüte davon auszugehen und nicht auch helfen aufbauen und die Kinder Gottes selber verfolgen, damit sie sich am Reiche Gottes aufhalten und verführet werden. Wie Christus zu den Pharisäern sprach: Wehe euch Pharisäer, ihr umziehet Land und Wasser, zu machen einen Judengenossen; und wenn er es worden ist, so macht ihr aus ihme ein Kind der Höllen zweifältig mehr denn ihr seid, Matth. 23, 15. Welches wahrhaftig in den jetzigen Rotten und Sekten bei den Schreiern und Zanklehrern auch dergleichen geschieht.

14. Will derwowegen alle Kinder Gottes, welche gedenken Christi Glieder zu sein, vor solchem greulichen Zanke und Blutpauken, aus

denen mir von Gott eröffneten Gaben treulich gewarnet haben, vom Bruderzanke auszugehen und nur schlecht nach der Liebe und Gerechtigkeit gegen alle Menschen zu trachten.

15. Denn ist einer ein guter Baum, so soll er auch gute Früchte tragen, ob er gleich bisweilen muß leiden, daß ihme die Säue seine Früchte auffressen, so soll er doch ein guter Baum bleiben und stets wollen mit Gott wirken, sich auch kein Böses lassen überwältigen. So steht er in Gottes Acker und trägt Früchte auf Gottes Tische, welche er ewig genießen wird. Amen.

Kommentar

Das Thema der Schrift *De Regeneratione oder Von der neuen Wiedergeburt* bezeichnet den Mittelpunkt der Böhmeschen Christosophie, die auf die spirituelle Veränderung und Neuwerdung des mit Christus verbundenen Menschen hinzielt. Es ist ohnehin ein Hauptstück der christlichen Mystik.[1] Deshalb verweist der Autor in der Vorrede auf jene seiner Schriften, in denen er sich schon zuvor ausführlicher über die Wiedergeburt ausgesprochen hat.

1. Kapitel

Die einleitenden Gedanken (I, 1–7) machen mit Böhmes Menschenkunde bekannt, der – mit dem Apostel Paulus – einen fleischlich-natürlichen und einen inneren, geistlichen Menschen unterscheidet. Danach ist der Mensch einerseits der Sünde verfallen, andererseits aber kann er als »Tempel des Heiligen Geistes« gelten. Daraus folgt, daß Himmel und Hölle im Menschen selbst liegen (I, 8 ff.) und nicht irgendwo anders gesucht werden müssen. In ihm, dem inneren Menschen, spielt sich der entscheidende Prozeß ab. So wie Himmel und Hölle im Menschen sind, sich dort gleichsam überlagern, so sind Gut und Böse, Zeit und Ewigkeit in eins verschränkt. Das heißt auch: Für Böhme ist die irdische Wirklichkeit nicht nur eine materielle Tatsache, sondern er rechnet immer

[1] Ausführlicher in: Gerhard Wehr, *Die deutsche Mystik*. O.W. Barth Verlag, München 1988.

auch mit der spirituellen Dimension (I, 12ff.). Nicht ein ferner Himmel, sondern die Welt selbst ist die Wohnstatt Gottes, der Ort seiner Gegenwart (I, 15). Die weiteren Verse des Kapitels erläutern das Wechselverhältnis der Polaritäten.

2. Kapitel

Als ein Geschöpf beider Welten, der inneren und der äußeren, hat der Mensch an dem Feuerodem des Zorns und an dem Lichtodem der Liebe Gottes teil. Zorn und Liebe sind die beiden in der Gottheit selbst urständenden Polaritäten. Daraus ergibt sich Böhmes relativ hohe Einschätzung der geschöpflichen Welt, auf der der Abglanz des Paradieses ruht, das heißt des Urstandes im Licht (II, 10). In »magischer« – wir würden sagen: in spiritueller – Weise näherte sich und vermehrte sich die paradiesische Menschheit. Böhme spricht (II, 14) vom »Geist der starken und großen magischen Macht«, die in Adam, das heißt in der Menschheit vor dem tragischen Fall einwohnte. Das Erscheinen Evas bringt Böhme hier bereits mit der Neigung Adams zur »Eitelkeit«, dem Hang zur Nichtigkeit, in Verbindung (II, 16). Und der Urmensch, der eine androgyne, männlich-weibliche Ganzheit darstellte, brach damit bereits in die Zweiheit der Geschlechter auseinander (II, 18). Jetzt erst kann vom Menschen im Sinne heutiger Verkörperung gesprochen werden. Die esoterisch spekulative Anthropologie verfügt über eine erstaunlich große Vielfalt an Belegen für diese ursprüngliche Mann-Weiblichkeit des Menschen[1]. Und nur angesichts des Verlustes der »englischen« (engelhaften) Urbildlichkeit oder Gott-Ebenbildlichkeit des Menschen ist es zu verstehen, wenn Böhme bisweilen geringschätzig von der menschlichen Sexualität spricht (II, 19; III, 1). Die »schöne Seele in der Liebe Gottes« (II, 23) war verblichen. Und eben hier liegt der eigentliche Grund für die Notwendigkeit der Erlösung. Es galt, die »Porte der Höllen« zu zerbrechen und das verlorene Menschenbild wieder herzustellen.

---

[1] Vgl. Gerhard Wehr, *Heilige Hochzeit – Symbol und Erfahrung menschlicher Reifung*. Kösel Verlag, München 1986.

3. Kapitel

Christus muß Mensch werden. Was unter dem Zorn Gottes liegt, soll durch die Kraft seiner Liebe wieder heil werden. Es geschieht diese Heilstat kraft der heiligen Gottesnamen, die Böhme bisweilen in großen Lettern schreibt (JESUS, IMMANUEL, JEHOVA). Böhme zieht die heilsgeschichtliche Linie aus, die sich von der Eva des gestürzten Menschenbildes zur neuen Eva. d. i. Maria, erstreckt (III, 7). Nun bemüht sich der Autor der Christosophie klarzumachen, daß Christus zwar ganz Mensch wurde, daß er das Kleid menschlicher Hinfälligkeit und Sünde jedoch nicht angezogen habe. Dies ist wohl mit dem dunklen Vers 10 gemeint.

4. Kapitel

Christlicher Glaube, der auf die von Christus geschaffene Neuwerdung gründet, ist kein bloßes Wissen, auch keine theologische Lehre, sondern in ihm lebt ein leibhaftiges Hungern und Dürsten nach dem neuen Sein (IV, 2 und 12). Auf diese Weise wird das verblichene Menschenbild wiedergebracht. Höhepunkt ist die »Hochzeit des Lammes« (IV, 7), die gerade auf dem Weg der Wiedergeburt zumindest vorläufig und ansatzweise Erfahrung werden soll. Dabei knüpft Böhme (IV, 13 ff.) an Gedanken an, denen wir im Zusammenhang mit der göttlichen Sophia in der ersten Schrift dieser Ausgabe bereits begegnet sind.

5. Kapitel

Böhme verknüpft eingangs die beiden bereits bekannten Motive von der geistlichen Erbschaft und von der Überwindung des äußerlichen »Historien-Glaubens«. Das biblische Bild von Gal. 4, 30 wird auf diese Weise buchstäblich zum »Vorbild« des Menschen, der den Weg zu Christus gehen will (V, 3 ff.). Entscheidend ist, daß »der rechte Geist«, den Willen zur Tat zu aktivieren vermag. Die passiv bleibende Berufung auf das Verdienst Christi – hier wird Böhme eine formalistisch verengte Rechtfertigungstheologie der lutherischen Rechtgläubigkeit im Auge haben – nützt nicht (V, 7 f.). Christus ist wohl die »offene Pforte« auf dem Weg; den Weg zu gehen aber bleibt niemandem erspart. Christus selbst will im Menschen Gestalt gewinnen (V, 14). Dieses Streben nach Heiligung und nach Durchchristung muß der lutherischen Rechtfertigungslehre nicht widersprechen, aber sie ergänzt dies notwendigerweise.

6. *Kapitel*

Böhmes Kritik an der »Mauerkirche« und an den »Mauerchristen«, die sich auf einen »Historien-Glauben« verlassen und darüber die eigene religiöse Erfahrung versäumen, findet hier eine Fortsetzung. Dem unverwandelten »Tier«-Menschen nützt ein äußerlich bleibender Umgang mit der Christusbotschaft nicht. So betrachtet ist der heutige Mensch, der den Weg zur religiösen Erfahrung beschreitet, dem lebendigen Christus viel näher als jene Zeitgenossen Jesu, »die nur den äußeren Christus höreten, nicht aber das Wort der göttlichen Kraft« (VI, 8). Das Christusereignis muß zur mystischen Tatsache jedes einzelnen werden. Mit anderen Worten: Die objektive Christustatsache soll eine subjektiv realisierbare, integrierbare Gestalt annehmen. Dazu kommt, daß der spirituelle, der geistig aufnahmebereite Mensch – Böhme sagt: »der Heilige« – seine Kirche in sich hat, weil er von keinem geographischen Ort und von keiner menschlichen Institution abhängig ist, wenn es um die Gegenwart des göttlichen Geistes geht. Der spirituelle Mensch ist geistunmittelbar. Dieser Geist ist in die Geschöpflichkeit eingegangen. Er redet aus den Kreaturen zum Menschen. Dies ist ein wichtiger Gesichtspunkt, der schon in Böhmes »Aurora« vielfältigen Ausdruck findet. Dadurch stellt sich der Görlitzer Meister als Lehrer eines universellen, den ganzen Kosmos umspannenden Christentums vor. Zu dieser Wirklichkeitsschau muß die Tat, »das heilige Werk«, hinzutreten. Es ist – wie schon Luther hervorhob – die gute Frucht, die am guten Baum wächst und reift.

7. *Kapitel*

Böhmes Kritik an der veräußerlichten Kirche setzt sich in diesem Kapitel fort. Maßstab ist für ihn »der Christ«, der sich nicht auf eine formale Zugehörigkeit zu einer Konfession stützt, sondern der »all sein Wissen und Wollen«, also sein Erkennen (Meditation) und sein Tun (Aktion) an dem selbst erfahrenen »inneren« Christus ausrichtet. Aller Streit, alle theologische Rechthaberei – Böhme nennt sie »Meinungen« – für die nicht nur das nachlutherische Zeitalter, in dem Böhme lebte, beispielhaft war, bleiben unfruchtbar und bringen das Christentum in Verruf. Dabei meint Böhme keine Uniformität, wenn er nach der Einheit im Geist ruft. Das wird deutlich, wenn er immer wieder das Bild vom Baum heranzieht, an dem zwar viele, unterschiedlich geformte Zweige wachsen, der aber doch ein einziges Ganzes verkörpert, das aus einer einzigen Wurzel emportreibt. Ein anderes Gleichnisbild erblickt Böhme in der Natur, in der Vogel- und Blumenwelt. Immer ist die Vielfalt der Schöpfung von dem einen Geist Gottes durchpulst.

8. Kapitel

In diesem letzten Kapitel zieht Böhme eine Summe, indem er fragt, worin das Wesen der »ganzen christlichen Religion« besteht. Es ist – mit einem Wort – die Wiederherstellung des verlorengegangenen Urstandes von Mensch und Kreatur. Weg und Ziel – wieder benützt Böhme die Imagination des Baumes – ist allein Christus.

Wichtig zu sehen ist, wie Böhme das Verhältnis des lebenschaffenden und des »buchstabischen« Wortgeräusches bestimmt: Das Aufgeschriebene, etwa die Bibel oder die Kirchenlehre, wird nicht einfach verworfen oder gering geachtet, wie die radikalen Spiritualisten gefordert haben, aber der Buchstabe und das ausgesprochene Menschenwort sollen eine dienende Funktion erfüllen, indem sie zum Gefäß des Geistes werden. Entsprechende Erwägungen stellt Böhme für das Verhältnis von Liebe und Glaube an.

Auf Gedankensprünge, auf ein plötzliches Verlassen eines Gedankenganges oder auf die unvermittelte Wiederaufnahme eines früheren Arguments muß man sich bei Böhme oft gefaßt machen. Das betont seelsorgerliche Anliegen und damit das spezifisch christosophische, auf Wiedergeburt und Wandlung bezogene Motiv behält Böhme jedoch fest im Auge. Deshalb sein persönlicher Zuspruch, mit dem er auch diese Schrift beschließt.

Mysterium Pansophicum oder Gründlicher Bericht von dem irdischen und himmlischen Mysterio,

Wie die ineinander stehen und wie in dem Irdischen das Himmlische offenbaret werde

1. Kapitel

Der Ungrund ist ein ewig Nichts, und machet aber einen ewigen Anfang als eine Sucht.[1] Denn das Nichts ist eine Sucht nach Etwas. Und da doch ein Nichts ist, das etwas gebe; sondern die Sucht ist selber das Geben dessen, das doch auch ein Nichts ist, als bloß eine begehrende Sucht. Und das ist der ewige Urstand der Magiae[2], welche in sich machet, da nichts ist. Sie machet aus Nichts Etwas, und das nur in sich selber. Und da doch dieselbe Sucht auch ein Nichts ist als nur bloß Wille. Er hat Nichts und ist auch nichts, das ihm etwas gebe, und hat auch keine Stätte, da er sich finde oder hinlege.

2. Kapitel

So denn nun also eine Sucht im Nichts ist, so machet sie ihr selber den Willen zu Etwas. Und derselbe Wille ist ein Geist als ein Gedanke; der gehet aus der Sucht und ist der Sucht Sucher, denn er findet seine Mutter, als die Sucht. Jetzt ist derselbe Wille ein Magus in seiner Mutter, denn er hat Etwas gefunden in dem Nichts als

[1] ein Suchen und Streben
[2] hier: Schöpferkraft

seine Mutter. Und so er denn seine Mutter (ge)funden hat, so hat er jetzt eine Stätte seiner Wohnung.

2. Und verstehet hierinnen, wie der Wille ein Geist ist und ein anderes als die begehrende Sucht. Denn der Wille ist ein unempfindlich und unerkenntlich Leben. Aber die Sucht wird vom Willen funden und ist im Willen ein Wesen. Jetzt wird erkannt, daß die Sucht eine Magia ist und der Wille ein Magus, und daß der Wille größer ist als seine Mutter, die den giebet. Denn er ist Herr in der Mutter, und wird die Mutter für stumm erkannt und der Wille für ein Leben ohne Ursprung. Und da doch die Sucht eine Ursache des Willens ist, aber ohne Erkenntnis und Verstand. Und der Wille ist der Verstand in der Sucht.

3. Also geben wir euch in kurzem zu ersinnen: die Natur und den Geist der Natur, was von Ewigkeit ohne Urstand gewesen ist, und befinden also, daß der Wille als der Geist keine Stätte seiner Ruhe habe. Aber die Sucht ist ihre eigene Stätte, und der Wille ist ein Band daran, und wird doch auch nicht ergriffen.[1]

3. Kapitel

So denn also der Wille frei ist von der Sucht, und aber die Sucht nicht frei von dem Willen, denn der Wille herrschet über die Sucht, so erkennen wir den Willen für die ewige Allmacht. Denn er hat nicht seinesgleichen. Und die Sucht ist zwar ein Bewegen vom Ziehen oder Begehren, aber ohne Verstand, und hat ein Leben, aber ohne Witz.

2. Jetzt regieret der Wille das Leben der Sucht und tut mit dem, was er will. Und ob er etwas tut, so wirds doch nicht erkannt, bis sich dasselbe Wesen mit dem Willen offenbare, daß es ein Wesen werde in des Willens Leben. So wird erkannt, was der Wille hat gemachet.

3. Und (wir) erkennen also den ewigen Willen-Geist für Gott und das regende Leben der Sucht für die Natur. Denn es ist nichts ehers, und ist beides ohne Anfang, und ist je eines eine Ursache des andern und ein ewig Band.

[1] Er ist nicht ergreifbar.

4. Und also ist der Willen-Geist ein ewig Wissen des Ungrundes und das Leben der Sucht ein ewig Wesen des Willens.

4. Kapitel

So denn also die Sucht ein Begehren ist und dasselbe Begehren ein Leben ist, so gehet dasselbe begehrende Leben in der Sucht vor sich und ist immer der Sucht schwanger.

2. Und das Begehren ist ein strenges Anziehen, und hat doch nichts als sich selber als die Ewigkeit ohne Grund, jetzt zeuchts magisch[1] als sein Begehren selber zu einer Substanz.

3. Denn der Wille nimmt jetzt, da nichts ist; er ist ein Herr und Besitzer, er ist selber kein Wesen, und herrschet doch in dem Wesen. Und das Wesen machet ihn begehrend, als nämlich des Wesens. Und so er dann in sich begehrend wird, so ist er magisch und schwängert sich selber als mit Geist ohne Wesen. Denn er ist im Urstande nur Geist. Also machet er in seiner Imagination[2] nur Geist und wird des Geistes schwanger als der ewigen Wissenheit des Ungrundes in Allmacht des Lebens, ohne Wesen.

4. Und so er dann schwanger ist, so gehet das Gebären in sich und wohnet in sich selber. Denn des andern Lebens Essenz kann diese Schwängerung nicht fassen und sein Behalter[3] sein als ein Sohn im ewigen Geiste.

5. Und weil diese Schwängerung kein Wesen hat, so ists eine Stimme oder Schall als ein Wort des Geistes, und bleibet im Urstande des Geistes, denn es hat sonst keinen Sitz als nur im Urstande des Geistes.

6. Und ist doch ein Wille in diesem Wort, der da will ausgehen in ein Wesen. Und derselbe Wille ist des urständlichen Willens Leben. Der gehet aus der Schwängerung als aus dem Munde des Willens aus in das Leben der Magiae als in die Natur und eröffnet das unverstän-

---

1 zieht es
2 Absicht, Vorstellung, Streben
3 Gefäß

dige Leben der Magiae, daß es ein Mysterium ist, da ein Verstand essentialisch[1] inne lieget, und bekommt also einen essentialischen Geist, da jede Essenz ein Arcanum[2] oder ein Mysterium ist eines ganzen Wesens. Und ist also im Begriff als ein ungründlich Wunder der Ewigkeit, da viele Leben ohne Zahl erboren werden, und ist doch zusammen alles nur ein Wesen.

7. Und der dreifache Geist ohne Wesen ist sein Meister und Besitzer, und da er doch das Natur-Wesen nicht besitzet, denn er wohnet in sich selber.

8. Das Wort ist sein Centrum oder Sitz und stehet in Mitten als ein Herz; und der Geist des Worts, welcher im ersten ewigen Willen urständet, eröffnet die Wunder des essentialischen Lebens, daß also zwei Mysteria sind: eines im Geist-Leben und eines im essentialischen Leben; und wird das Geist-Leben für Gott erkannt und auch recht also genannt. Und das essentialische Leben für Natur-Leben, welches keinen Verstand hätte, wenn nicht der Geist oder das Geist-Leben begehrend wäre. In welchem Begehren das göttliche Wesen als das ewige Wort und Herz Gottes immer und von Ewigkeit erboren wird, von dem der begehrende Wille ewig ausgehet als sein Geist in das Natur-Leben, und eröffnet allda innen das Mysterium aus den Essentien und in den Essentien, daß also zwei Leben sind und auch zwei Wesen aus und in einem einigen, ewigen, ungründlichen Urstande.

9. Und also erkennen wir, was Gott von Natur ist, wie es alles beides von Ewigkeit ohne einigen Grund und Anfang ist, denn es ist ein immer ewigwährender Anfang. Es anfänget sich immer und von Ewigkeit in Ewigkeit, da keine Zahl ist, denn es ist der Ungrund.

5. Kapitel

So denn also von Ewigkeit zwei Wesen sind gewesen, so können wir nicht sagen, daß eines neben dem andern stehe und sich fasse, daß eines das andere ergreife; und können auch nicht sagen, daß eines

[1] kreatürlich, wesenhaft

außer dem andern stehe und eine Trennung sei; nein, sondern also erkennen wirs, daß das Geist-Leben in sich hineingewandt stehet und das Natur-Leben aus sich und vor sich gewandt stehe.

2. Da wirs denn zusammen einem runden Kugelrade vergleichen, das auf alle Seiten[1] gehet, wie das Rad in Ezechiel[2] andeutet.

3. Und ist das Geist-Leben eine ganze Fülle des Natur-Lebens, und wird doch nicht ergriffen von dem Natur-Leben. Und das sind zwei Prinicpia in einem einigen Urstande, da jedes sein Mysterium hat und seine Wirkung. Denn das Natur-Leben wirket bis zum Feuer und das Geist-Leben bis zum Lichte der Gloria und Herrlichkeit; da wir dann im Feuer verstehen den Grimm der Verzehrung[3] der Wesenheit der Natur und im Lichte die Gebärung des Wassers, welches dem Feuer die Gewalt nimmt, wie vorne in den *Vierzig Fragen von den Seelen*[4] gemeldet wird.

4. Und ist uns also erkenntlich eine ewige Wesenheit der Natur gleich dem Wasser und Feuer, welche also gleichwie ineinandergemenget stehen, da es dann eine lichtblaue Farbe gibt, gleich dem Blitze des Feuers; da es dann eine Gestalt hat, als ein Rubin mit Kristallen in ein Wesen gemenget, da es als gelb, weiß, rot, blau in dunkel Wasser gemenget, da es als blau in grün ist, da jedes doch seinen Glanz hat und scheinet und das Wasser also nur ihrem Feuer wehret, daß kein Verzehren allda ist, sondern also ein ewig Wesen in zweien Mysterien ineinander, und doch der Unterschied zweier Prinzipien als zweierlei Leben.

5. Und also verstehen wir hierinnen das Wesen aller Wesen und dann, daß es ein magisch Wesen ist, da sich kann ein Wille in dem essentialischen Leben selber schöpfen und also in eine Geburt treten und in dem großen Mysterio eine Qual erwecken, sonderlich im Feuers-Urstand, die zuvor nicht offenbar war, sondern lag im Mysterio als ein Glast in der Vielheit der Farben verborgen, als wir dessen einen Spiegel an den Teufeln und an aller Bosheit haben und auch also erkennen, wovon alle Dinge böse und gut urständen, als

[1] nach allen Richtungen
[2] Hesekiel 1, 15 ff.
[3] Auflösung, Aufhebung
[4] gleichnamige Schrift J. Böhmes

nämlich von der Imagination in das große Mysterium, da ein wunderlich essentialisch Leben sich selber gebieret.

6. Als wir dieses eine genugsame Erkenntnis an den Kreaturen dieser Welt haben, als, da das göttliche Leben hat das Natur-Leben einmal erreget und erwecket, wie es hat so wunderliche Kreaturen aus dem essentialischen Mysterio erboren; da man dann verstehet, wie jede Essentia sei zu einem Mysterio worden als zu einem Leben, und auch weiter verstehet, wie also in dem großen Mysterio eine magische Sucht[1] sei, daß also die Sucht jeder Essentien wieder einen Spiegel mache, sich im Spiegel zu ersehen und zu erkennen.

7. Und da es alsdann die Sucht ergreifet, – verstehe: den Spiegel – und in seine Imagination führet, und befindet, daß es nicht seines Lebens ist. Da dann die Widerwärtigkeit[2] entstehet und der Ekel, daß die Sucht will wegwerfen den Spiegel, und kann doch auch nicht; also suchet jetzt die Sucht das Ziel des Anfangs und gehet aus dem Spiegel, so ist der Spiegel zerbrochen, und ist die Zerbrechung eine Turba[3] als ein Sterben des gefasseten Lebens.

8. Und ist uns hoch erkenntlich, wie daß die Imagination der ewigen Natur also die Turba mit in der Sucht im Mysterio hat, aber unaufwecklich, die Kreatur als der Spiegel der Ewigkeit wecke es denn selber auf, als den Grimm, der in der Ewigkeit im Mysterio verborgen lieget.

9. Uns (wir) sehen allhier, als sich die ewige Natur hat einmal mit der Schöpfung der Welt beweget und erreget, daß der Grimm ist mit erreget worden und hat sich auch in Kreaturen offenbaret, wie man denn viel böser Tiere, auch Kräuter und Bäume sowohl Würmer findet, als Kröten, Schlangen und dergleichen. Da die ewige Natur einen Ekel daran träget, und wird die Bosheit und Gift allein in seiner Essenz genähret.

10. Und deshalben suchet auch die ewige Natur das Ziel der Bosheit und will die verlassen, da sie dann in die Turba als ins Sterben fället, und ist doch kein Sterben, sondern ein Ausspeien ins Mysterium, da die Bosheit mit ihrem Leben soll besonders stehen als in einer

[1] ein geheimnisvolles Streben
[2] Gegensatz
[3] Verwirrung

Finsternis. Denn die Natur verlässet sie und überschattet sie, daß sie also in sich selber als ein bös, giftig und grimmig Mysterium stehet, und ist selber seine eigene Magia als eine Sucht der giftigen Angst.

6. Kapitel

Als wir uns also entsinnen und erkennen, jetzt finden wir die Widerwärtigkeit aller Wesen, da je eines des andern Ekel ist und das andere feindet.

2. Denn ein jeder Wille begehret eine Reinigkeit ohne Turba in dem andern Wesen, und hat doch selber die Turba in sich, und ist auch des andern Ekel. Jetzt fähret die Macht des größern über das kleinere und hält das im Zwang, es entfliehe ihm denn. Sonst herrschet das Starke über das Schwache. Als läufet das Schwache auch und suchet das Ziel des Treibers und will des Zwangs los sein, und wird also von allen Kreaturen das Ziel gesuchet, welches im Mysterio verborgen stehet.

3. Und also und daher urständet alle Gewalt dieser Welt, daß je eines über das andere herrschet, und ist nicht am Anfange vom höchsten Gut geboten oder geordnet worden, sondern ist aus der Turba gewachsen, da es hernach die Natur für ihr Wesen erkannt hat, welches aus ihr geboren ist worden, und hat dem Gesetze gegeben, sich also im gefasseten Regiment weiter zu gebären. Da dann diese Geburt also ist gestiegen bis zum königlichen Regal[1] und hat forter[2] also den Abgrund gesuchet als Eines, bis es ist Monarchia worden als Kaisertum; und da es noch im Steigen ist und will Eines sein und nicht Viel. Und obs in Viel ist, so will doch der erste Quall[3], von dem alles erboren ist, über alles herrschen und will alleine ein Herr sein über alle Regimente.

4. Und dieweil dieselbe Sucht ist im Anfange *ein* Regiment gewesen und sich aber in der Zeit nach den Essentien in viel geteilet hat, so suchet die Vielheit wieder das Eine und wird gewiß erboren in der

[1] Vorrecht
[2] des weiteren
[3] Impuls

sechsten Zahl der Kronen als im sechstausendsten Jahr in der Figur[1], nicht am Ende, sondern in der Stunde des Tages, da die Schöpfung der Wunder ist vollendet worden.

5. Das ist: Da die Wunder der Turbae am Ende stehen, wird ein Herr geboren, der die ganze Welt regieret, aber mit vielen Ämtern.

6. Und wird allda gesuchet werden, die selbst gewachsene Obrigkeit und der Treiber. Denn das Kleinere, welches unten gelegen ist mit ans Ziel gelaufen. Jetzt scheidet sich ein jedes, denn es ist am Ziel, und ist kein Aufhalten oder Widerrufen.

7. Auch so wir die Turba als den Grimm aller Kreaturen gesuchet, denn er ist auch mit dem Ekel der Kreaturen ans Ziel gelaufen; und wird jetzt offenbar als am Ziel mitten in der Kronenzahl im sechstausendsten Jahre, ein wenig darüber, nicht darunter.

8. In dem Tage und Stunde, als die Schöpfung im Mysterio ist vollbracht und ins Mysterium – als ein Spiegel der Ewigkeit – in die Wunder gesetzet worden.

9. Das ist am sechsten Tag übern Mittag. Da stehet das Mysterium mit den Wundern offen und wird gesehen und erkannt. Da dann die Reinigkeit wird die Turba austreiben eine Zeit, bis der Anfang ins Ende tritt. Alsdann ist das Mysterium ein Wunder in Figuren.

7. Kapitel

So dann im Mysterium der ewigen Natur ist ein solch Arcanum gelegen, davon alle Kreaturen böse und gut sind, erboren und geschaffen worden, so erkennen wirs für ein magisch Wesen, da je eine Magia die andere hat durch Lust erwecket und ins Wesen bracht, als da sich alles Ding hat selber erhöhet und in die höchste Gewalt geführet. Denn der Geist Gottes ist kein Macher in der Natur, sondern ein Eröffner und Sucher des Guten.

2. Also hat sich das Böse als durch magische Sucht immer selber im Mysterio mit gesuchet und gefunden, und ist mit eröffnet worden,

[1] d. h. gleichnishaft – symbolisch verstanden

ohne Gottes Vorsatz; denn der Grimm ist eine Strengigkeit und herrschet über das Albere[1].

3. Also ist alles gewachsen aus seinem eigenen Baume ohne Vorbedacht. Denn der erste Eröffner, als Gott, der hat die Bosheit nicht geordnet zum Regiment[2], sondern die Vernunft und Witze, die sollte die Wunder eröffnen und eine Führerin des Lebens sein. Und entgegnet uns allhier das große Geheimnis, so im Mysterio ist in Ewigkeit gelegen, als das Mysterium mit seinen Farben, welcher vier sind, und die fünfte ist nicht dem Mysterio der Natur eigentümlich, sondern des Mysterii der Gottheit, welche Farbe im Mysterio der Natur als ein lebend Licht leuchtet.

4. Und sind dies die Farben, da alles innelieget, als (1) blau, (2) rot, (3) grün und (4) gelb, und die fünfte als weiß gehöret Gott zu, und hat doch auch ihren Glast[3] in der Natur. Aber sie ist die fünfte Essentia, ein reines unbeflecktes Kind, als im Gold und Silber zu ersinnen ist, sowohl an einem weißen, hellen Kristallsteine, der auch im Feuer besteht.

5. Denn das Feuer ist aller Farben Proba[4], darinnen dann keine bestehet als die Weiße, dieweil sie ein Glast von Gottes Majestät ist. Die schwarze Farbe gehöret nicht ins Mysterium, sondern sie ist der Deckel als die Finsternis, da alles innen lieget.

6. Auch finden wir hierinnen den Baum[5] der Zungen als der Sprachen mit vier Alphabeten: als eines mit den Charakteren des Mysterii bezeichnet, darinnen die Natur-Sprache lieget, welche in allen Sprachen die Wurzel ist, und wird doch in der Ausgeburt der Vielheit oder der vielen Sprachen nicht erkannt, als von ihren eigenen Kindern, welchen Verstand das Mysterium selber giebet, denn es ist ein Wunder Gottes. Dieses Alphabet der Natur-Sprache lieget in der schwarzen Farbe unter allen verborgen, denn die schwarze Farbe gehöret nicht in die Zahl der Farben. Sie ist Mysterium und unverstanden als nur von dem, der die Natur-Sprache hat, dem sie eröffnet wird von Gottes Geiste.

---

[1] Geringe
[2] nicht zum Herrschen eingesetzt
[3] Abglanz
[4] Bewährung
[5] Stammbaum

7. Und das andere Alphabet ist das Hebräische, welches das Mysterium eröffnet und den Baum mit den Ästen und Zweigen nennet.

8. Das dritte ist das Griechische, welches den Baum mit der Frucht und aller Zierde nennet, welches erst recht die Witze ausspricht.

9. Das vierte ist das Lateinische, da sich viel Völker und Zungen behelfen, welches den Baum mit seiner Kraft und Tugend ausspricht.

10. Und das fünfte ist Gottes Geist, der aller Alphabete Eröffner ist. Und dasselbe Alphabet mag kein Mensch erlernen, es eröffne sich denn selber im Menschengeiste.

11. Also urständen diese Alphabete von den Farben des großen Mysterii und teilen sich fürder aus[1] in der Summa der 77 Sprachen, da wir doch nur fünf für die Hauptsprachen erkennen und 72 für die Wunder, darinnen Babel verstanden wird als ein Mund eines gewirreten Wesens, da die Vernunft ihren Führer hat verlassen und hat wollen alleine gehen und in das Mysterium steigen.

12. Wie solches bei den Kindern Nimrod am Turm zu Babel zu erkennen ist[2], da sie waren von Gottes Gehorsam gefallen in eigene Vernunft; so hatten sie ihren Führer verloren und verwirreten die Vernunft, daß sie ihre eigene Sprache nicht begriffen.

13. Also wuchsen viel Sprachen, als 72 aus der verwirreten Babel, und gingen eine jegliche in sich selber ein und suchten Witze, eine jegliche in ihrer eigenen Vernunft und Bosheit. Denn sie hatten Gott verlassen und wurden Heiden, und Gott ließ sie gehen in ihren Wundern; denn sie wollten ihm nicht anhangen, sondern wollten ein eigen Gewächse sein und ihre eigene Vernunft, welche doch mit allen Farben vermischt war, sollte sie regieren.

14. Jetzt war die Turba[3] geboren, daß sie nicht eines Sinnes waren, denn ein jeder wollte aus seiner Farbe leben, und waren doch nicht die rechten Hauptfarben, sondern nur ihre böse selbst ausgebrüteten Kinder, die sich in der Vernunft selber ausbrüteten. Und liefen

[1] von da aus
[2] Vgl. 1. Mose 11
[3] Verwirrung

ohne den rechten Führer, der alles hatte in *eine* Zunge geschaffen und nicht mehr als eine eröffnet, einen Baum mit den Ästen und Kraft samt der Frucht.

15. Denn die vier Alphabete liegen in *einem* Baum und gehen auseinander, aber die Viele der Sprachen müssen sich mit ihren Charakteren behelfen als Hausgenossen, und wollen doch auch Eigene sein, und spreußen[1] sich alle wider den Baum.

8. Kapitel

Also sehen wir jetzt den Ursprung (von) zweierlei Religionen, daraus Babel eine Abgöttin ist erboren, und das an den Heiden und Juden.

2. Denn in beiden ist Babel, und sind zwei Geschlechter in einem. Eines, welches aus seiner Vernunft, als aus dem Natur-Leben und Geiste, sich gehet und suchet sich selber zu erhöhen, das machet ihm einen Weg in seinem Wesen, denn sein Wille gehet aus seiner eigenen Sucht und suchet seine Magia als eine große Zahl zu seinem Regiment, eine Vielheit, und gehet schlechts[2] aus sich vor sich hin. Sein Wille bleibet in seiner Vielheit und ist seiner Vielheit Gott und Führer.

3. Und ob ihm der freie Wille Gottes entgegentritt und strafet ihn, so heuchelt der Abgott doch nur dem freien Willen als dem Geiste Gottes mit dem Munde, und ehret seinen eigenen Willen in der Zahl der Vielheit. Denn derselbe Wille ist aus seinem Schatz als aus seiner Magia erboren. Er begreifet nicht den freien Willen Gottes, und darum ist er aus Fleisch und Blut, aus seiner eigenen Natur geboren und ist ein Kind dieser Welt und hält seinen Schatz für seine Liebe. Also ist er jetzt ein Heuchler und eine verwirrete Babel[3]. Denn die Zahlen der Vielheit als seine eigene Magia verwirren ihn, daß er aus *einer* ausgehet in viel. Jetzt ist diese Vielheit eine verwirrete Babel, und sein heuchlischer Mund, damit er dem Geiste der Einigkeit gute

[1] widerstreben
[2] schlechterdings
[3] Vgl. Text 7, 12ff.

Worte gibt und viel gelobet, ist ein Antichrist und Lügner. Denn anders redet er und anders tut er. Sein Herz ist eine Sucht und seines Herzens Geist hat sich in die Sucht eingewendet.

4. Also ist der Magus der Vielheit jetzt ein stolzer, hoffärtiger, geiziger, boshaftiger Fresser und ein Geist aus der begehrenden Vielheit, und ist ein falscher Abgötter[1]. Er hänget nicht dem freien Willen der Natur an, der da die Macht der Wunder in seiner Gewalt hat, und hat keinen Verstand in dem göttlichen Mysterio, denn er hanget demselben Geiste nicht mit seinem Willen an. Sonst, so sein Wille in die Freiheit eingewendet wäre, so eröffnete der Geist Gottes sein magisch Mysterium und stünden seine Wunder und Werke mit seinem Willen in Gott.

5. So sie aber nun aus sich ausgehen, so suchet der Anfang das Ende, und das Mittel ist die Turba. Denn es stehet nicht im freien Willen Gottes, sondern es wächset aus sich selber und erhöhet sich als ein stolzer Baum.

6. Und so denn Gott nur einig im Willen ist und in der ewigen Begierde als in der ewigen Magia einig ist, daß sich die Sucht der ewigen Magia also nun in den ewigen Willen ergiebet und darinnen sein Leben schöpfet, so ist der Wille, der aus der Geburt urständet als ein Abtrünniger, eine meineidige Hure, denn er ist eine Gebärerin der Falschheit und hänget nicht an dem freien Willen.

7. Und verstehen wir allhier eine Trennung von Gott, als Luzifer dessen allen eine Ursache ist, der die Magia der Natur hat falschsüchtig gemachet. Und werden also in diesem zwei ewige Leben erboren, als eines in Gottes Willen und das ander ins Teufels und Grimmes Willen. Und das ist Babel mit dem Antichrist auf Erden.

8. Alles, was aus Gottes Willen ausgehet in seinen eigenen Willen, das gehöret in Babel. Das sehet ihr an den Juden und Heiden, so wohl an allen Völkern.

9. Die Heiden blieben in ihrer eigenen Magia stehen. Welche aber aus der Sucht der Verderbung ausgingen ins Licht der Natur, weil sie Gott nicht kannten und lebeten in der Reinigkeit, dieselben waren des reinen Willens Kinder, und in denen hat der Geist der

[1] Abgöttischer

Freiheit große Wunder in ihrem Mysterio eröffnet, als es an ihrer hinterlassenen Weisheit zu ersehen ist.

10. Die andern aber, so nur in ihrem eigenen magischen Willen, aus Fleisch und Blut lebeten, denen ersoff ihr Wille in der Turba. Und die Turba quoll in ihrem Willen auf und gab ihnen einen Geist nach den Essentien der Geizigkeit und Grimmigkeit. Die suchten nur die Zahl der Vielheit als Herrschaften und Königreiche.

11. Und wenn die Turba nicht vor Gestalt fort konnte, so ergrimmete sie und fing Streit und Krieg an. Und daher urständet der Krieg als aus Hoffart und Geiz der Vielheit, und gehöret mit seiner Zahl ins Mysterium des Grimmes.

12. Desgleichen waren auch die Juden: Gott offenbarete sich ihnen, aber sie hingen auch zweien Willen an, als ein Teil dem Gebot, mit ihrem Willen in Gottes Willen gerichtet als die Erzväter und alle frommen Hoffer Israelis; die andern taten mit den Händen das Werk des Gesetzes und hingen mit ihrem Willen an ihrer vergifteten Magia als am Geize, und sucheten nur ihre Zahlen der Vielheit. Ihr Mund war ein Jude und das Herz eine babelische Hure, ein Heuchler und Antichrist mit guten Worten und falschem geizigen Herzen.

13. Und also ist in der Christenheit und bei allen Völkern die babelische Hure mit dem Antichrist eingesessen, da in einem Volk zugleich zwei Reiche wohnen, und lassen sich im innern Geiste nicht mischen, daß sie eins würden, gleichwie Ton und Eisen sich nicht mischen. Sie vermischen sich wohl nach dem Leibe, aber ihre Geister sind zwei Geschlechter, wie der Prophet Daniel saget, Kap. 2, 43.

14. Darum, wer den Antichrist will kennen, der suche ihn nur also, er findet den in allen Häusern. Aber der ärgste ist die gekrönte Hure. Und ihre Paten, welche sie aus der Taufe der Hurerei heben, daß sie auch mögen in der Zahl der Vielheit leben, sind die Schreier, die aus dem einigen Willen Gottes in viel Willen führen, daß sie nur die Zahl der Vielheit erben und irdische Bäuche mästen mögen.

15. Und der andere Part des freien Willens Gottes gehet mit seinem magischen Willen aus, aus sich selber in die Freiheit als in den einigen ungreiflichen Willen Gottes; der stehet rücklings in der

magischen Figur gewandt. Ihr Leben suchet Brot und gehet vor sich, und ihr Wille ist nicht im Brot, sondern gehet aus sich aus der Sucht, in Gott. Und die leben mit dem Willen in Gott in einer Zahl[1], diese sind der rechten Magia Kinder. Denn Gottes Geist wohnet in ihrem Willen und eröffnet ihnen die ewigen Wunder Gottes und ihr Lebensgeist die Wunder dieser Welt.

16. Und die sind von Babel und dem Antichrist frei, und wenn sie ihm gleich in dem Schoß säßen. Denn das rechte Bildnis Gottes stehet in dem Willen-Geiste, der aus dem Seelen-Geiste geboren wird.

9. Kapitel

So denn also zwei Magiae ineinander sind, so sind auch zwei Magi[2], die sie führen als zwei Geister. Einer ist Gottes Geist und der andere ist der Vernunft-Geist, darein sich der Teufel flicht, und in Gottes Geist die Liebe der Einigkeit. Und kann sich der Mensch nicht besser probieren[3], als daß er mit Ernst merke, wozu ihn seine Begierde und Lust treibet, denselben hat er zu einem Führer und desselben Kind ist er auch. So hat er doch jetzt Macht, daß er denselben Willen breche und ändere, denn er ist magisch und hat die Gewalt.

2. Aber es muß Ernst sein, denn er muß den Sternen-Geist zähmen, der in ihm herrschet. Dazu gehöret ein nüchtern, stilles Leben mit stetiger Einwerfung in Gottes Willen. Denn den Sternen-Qual[4] zu bändigen, tut keine Weisheit noch Kunst, sondern Mäßigkeit des Lebens, mit steter Ausgehung aus den Einflüssen. Die Elementa schmeißen ihm immer die Sternen-Sucht in Willen. Darum ist nicht so ein leicht Ding, ein Kind Gottes zu werden. Es gehöret große Arbeit mit viel Mühe und Leiden dazu.

3. Und darf sich doch der Antichrist ein Kind Gottes nennen. Aber Christus saget: Sie werden nicht alle ins Himmelreich kommen, die

[1] in der Einheit
[2] Magier
[3] bewähren
[4] Macht der Sterne

da sagen: Herr, Herr, haben wir nicht in deinem Namen Teufel ausgetrieben und Taten getan. Aber er saget ihnen: Gehet hin von mir, ihr stinkenden Böcke, ich kenne euch nicht; Matth. 7,22. – Ihr habet es aus der falschen Magia getan und seid nie in meinem Geist und Willen erkannt worden. Ihr seid in eurer geistlichen Figur Böcke, Tyrannen, Geizhälse, Hoffärtige, Wollüstige. Ihr habt meinen Namen auf eurer Zunge geführet, aber euer Herz der Wollust, des Fleisches Sucht aufgeopfert, und seid in der Turba geboren. Ihr müsset durchs Feuer bewähret werden. So kommet einem jeden Reich seine Frucht heim.

4. Darum, du schöne Welt, besiehe dich in diesen Schriften, die dir der ewige Grund hat vorgestellet, und denke ihm also tiefer und weiter nach, oder du wirst erhaschet werden in deiner Turba. Da sollst du mit einem Wesen durchs Feuer Gottes gehen. Und was ein Werk außer Gottes Willen ist, soll im Feuer bleiben.

5. Was aber in Gottes Willen erboren ist, soll stehen zu Gottes Ehren und Wundertat, und dem Menschenbilde zur ewigen Freude.

6. Nun denke, was du tust! Denn Babel steht schon im Loder und brennet an. Es ist kein Löschen mehr, auch keine Arznei. Sie ist böse erkannt worden. Ihr Reich gehet ans Ende. Halleluja!

Kommentar

Erläuterungen zu »Mysterium pansophicum«

Diese verhältnismäßig kleine Schrift Jakob Böhmes stammt aus dem ersten Abschnitt seiner Hauptschaffenszeit. Das trifft übrigens auch für die beiden anderen in diesem Band enthaltenen Texte zu. Die Zeit des unter Drohungen angelegten Schweigens ist vorüber. War die fulminante *Aurora* ursprünglich als intimes, für den Autor selbst bestimmtes »Memorial« gedacht, so ist sich der Schreiber spätestens seit 1619 bewußt, daß er für einen Kreis von Suchenden zu künden hat. In diesem Jahr entsteht sein zweites Werk, das seine Lehre von den »drei Prinzipien« enthält. Nun entsteht in rascher Folge binnen kürzester Zeit eine Reihe von Hauptwerken: das *Vom dreifachen Leben des Menschen* (1620), im gleichen Jahr *Vierzig Fragen von der Seele, Von der Menschwerdung Jesu Christi* sowie die beiden ausführlichen Sendbriefe über die »letzten Zeiten«.

Dem Theosophischen Sendbrief 10, aus dem Frühjahr 1620, entnehmen wir, wie hoch Böhme den Landedelmann Abraham von Sommerfeld einschätzt. Ihm vertraut er in diesem Brief nicht nur wichtige autobiographische Tatsachen an; ihm widmet er auch das *Mysterium pansophicum*, gewissermaßen zur weiteren Vertiefung in das Böhmesche Schauen und Erleben.

Dieser aus neun kurzen Abschnitten bestehende Text will – gemäß der Überschrift – »gründlicher Bericht« sein. Das heißt, er will Grundlegendes über die Wirklichkeit der Schöpfung aussagen, in der Irdisches und Himmlisches in einem einzigen großen Akkord zusammenklingen. Dieser Zusammenklang ist selbst schon ein Mysterium, ein geheimnisvolles, von ungeahnten Wundern durchwobenes Ineinander. Dieses Mysterium verschließt sich nicht etwa vor dem Menschen, sondern es drängt zur Offenbarung. An diesem Offenbarungsvorgang, den Böhme selbst erlebt hat, möchte er nun auch seine Leser teilhaben lassen.

Damit ist bereits in der Titel- und Inhaltsangabe Wesentliches ausgesprochen. Es ist die Mitteilung seiner ureigenen, freilich je und je zu machenden Erfahrung. Es ist das Erleben, das den Theosophen zum Pansophen macht. Er schaut die Welt in Gott. Der Pansoph des ausgehenden 16. und des frühen 17. Jahrhunderts – Valentin

Weigel, Johannes Amos Comenius, J. V. Andreae wurden bereits genannt – erhebt nicht den sophistischen Anspruch, jemand zu sein, der »alles weiß«. Wohl sind ihm das faustische Streben und Suchen nicht fremd: »Zwar weiß ich viel, doch möcht ich alles wissen.« Aber Pansophie strebt nach einer Ganzheitsschau, die auf der Gottesweisheit (Theosophie) basiert. Das, was ist, ist ein einziges großes Mysterium, eben ein Mysterium pansophicum. In dieser Perspektive ist auch unsere kleine Schrift zu lesen.

Jakob Böhme blickt auf das, »was von Ewigkeit ohne Urstand gewesen ist«. Er blickt in die Dimension des reinen Willens, der sich jeder Lokalisation entzieht: Der Geist des Willens hat »keine Stätte seiner Ruhe« (2,3). Dieser Wille ist »die ewige Allmacht« schlechthin (3,1), insofern ist er identisch mit Gott selbst. Das pulsierende Leben, das im gesamten Schaffen Böhmes eine so wesentliche Rolle spielt, bald Qual, bald Quall genannt, wird hier mit »Sucht« bezeichnet. Man würde in jedem Fall fehlgehen, die heutige Wortbedeutung zu unterlegen. Hier geht es um den Wesensausdruck der dynamischen, kräftedurchzogenen Natur selbst (3,3). Damit sind die beiden Pole – Schöpfer und Geschöpf – genannt, an denen sich der Schauende und Sinnende zu orientieren hat.

Eine wesentliche Erkenntnishilfe ist ihm dabei die von Böhme immer wieder in Anspruch genommene »Natursprache« (7,6). Sie zu verstehen, entspricht eher einer spirituellen Begabung. Die Natursprache ist jedenfalls nicht mit philologisch-linguistischen Mitteln zu erschließen, weil sie eben keine Sprache neben den bekannten Menschheitssprachen ist. Böhme bezeichnet sie vielmehr als die »Wurzel der Sprachen«. Gemeint ist dasjenige, das dem gesprochenen Wort geistig zugrunde liegt. Letztlich gilt von der Natursprache, was Böhme im gleichen Zusammenhang vom Geist Gottes sagt, der »aller Alphabete Eröffner« ist. »Und dasselbe Alphabet mag kein Mensch erlernen, es eröffne sich denn selber im Menschengeiste« (7,10).

Pansophie, wie Böhme sie in Übereinstimmung mit der Tradition versteht, ist demnach an ein Charisma (Geistesgabe) gebunden. Deshalb sprechen die großen Pansophen seit Paracelsus vom »Licht des Geistes«, das einem Menschen leuchten muß, wenn er wahre Erkenntnisfortschritte machen will. Beliebig erlernbar ist diese Pansophie nicht. Entsprechendes gilt vom *Mysterium pansophicum.*

Nur der im Einklang mit dem Schöpfer lebende und forschende Mensch darf hoffen, pansophisch zu erkennen, das heißt Einblicke in die universelle Weisheit zu gewinnen. Der Pansoph ist eben nicht der »vorwissenschaftliche« Vorgänger der modernen Naturwissenschaften, sondern er ist der nach qualitativer Erkenntnis und nach der Erfahrung der Ganzheit fragende Mensch. Wer sich dagegen aus dem großen Zusammenhang herauslöst – Böhme sagt, »wer Gott verläßt« –, der fällt der babylonischen Sprachverwirrung anheim (7,13). Dies hat bis ins soziale Leben hinein Folgen. Denn die Ursprache der Menschheit zerbrach einst in die Vielheit der Sprachen der Völker (7,14 f.). Damit ist nicht allein die bekannte Erschwerung der zwischenmenschlichen Beziehungen eingetreten, die durch das Nichtverstehen der einzelnen Fremdsprachen bedingt ist. Böhme meint vor allem jenen inneren Entfremdungsprozeß, dem alle unterworfen sind: Heiden, Juden und nicht zuletzt die Christenheit, die so lebt, als sei Pfingsten mit seinem »Sprachenwunder« nicht geschehen. Es ist ja die Erneuerung durch den inspirierenden Geist, die die »babylonische Sprachenverwirrung« aufhebt (8,5 ff.). Durch eine nur philologische Maßnahme, eine Einheitssprache z. B., wäre keine Abhilfe geschaffen. Davon ist bei Böhme auch nirgends die Rede.

Schließlich spricht der Verfasser des *Mysterium pansophicum* von einer tragischen Kluft. Es ist der Gegensatz, der zwischen »Gottes Geist« und dem »Vernunft-Geist« besteht (9,1). Damit soll nichts gegen das Vernunftprinzip gesagt sein. Wogegen sich Böhme wendet, das ist ein selbstgenügsames Verstandesdenken, das sich selbst absolut setzt und von dem der Rationalist meint, es löse alle »Welträtsel«. Er sieht bereits das Ende dieser Epoche anbrechen; es ist der Zeitabschnitt der Gottesferne und der Selbstentfremdung des Menschen. Im Grunde ist schon die *Aurora* (1612) vor diesem Erwartungshorizont geschrieben, dort freilich im besonderen in Erwartung der *Morgenröte im Aufgang* einer geistigen Erneuerung und einer Generalreformation von Mensch und Welt.

Angesichts des Dreißigjährigen Krieges, der zwei Jahre vor der Niederschrift im Jahre 1618 begonnen hat und von dem man auch in Görlitz genug zu spüren bekommt, ist die apokalyptische Note verständlich, mit der Jakob Böhme sein pansophisches Traktat beendet. Die äußeren Ereignisse sind Ausdruck und Widerspiegelung eines tiefer liegenden Tatbestandes: Babel brennt! (9,6).

Vorzeichen des herankommenden Endes künden sich an – Grund genug, einen letzten Appell an die »Kinder der rechten Magiae« (9,15) zu richten. Böhme geht es ja stets darum, das Bewußtsein all derer zu schärfen, die die Zeichen der Zeit erkennen wollen.

Noch ein Wort zum Text von *Mysterium pansophicum*: Als »Philosophus teutonicus« ist Jakob Böhme nicht etwa an den Begriffen zu messen, die sein Werk enthält. Das gilt auch für die vorliegende Schrift. Immer wieder kann man bei Böhme vielmehr beobachten, wie der Schauende, Spekulierende, aus seinen Eingebungen Schöpfende mit der Sprache ringt. Das noch Ungesagte ist in wiederholten Anläufen sagbar zu machen. Weil er der Denkschulung entbehrt und von der großen Tradition philosophischen Forschens kaum eine Ahnung hat, stehen ihm auch nicht die terminologischen Gefäße zur Verfügung, in die er die Inhalte gießen könnte. Diese Gefäße muß er sich erst schaffen. Ein unablässiger »Kampf des Bewußtseins mit der Sprache« (Hegel) hebt an. Keine Spur von kristallinisch klaren, damit auch unbeweglichen oder gar sterilen Begriffen. Mag man noch so große Schwierigkeiten haben, Satz für Satz und Gedankengang für Gedankengang transformierend in sich aufzunehmen, dafür ist bei Böhme alles lebendig. Alles ist noch im Fluß, im Werden.

Es ist sicher kein Zufall, daß er sich mit Vorliebe der Vergleiche und Metaphern aus den kreatürlichen Bereichen bedient, um von da bis in die Tiefe der Gottheit, den »Ungrund«, vorzustoßen. So mag es angebracht sein, den geistesmächtigen Görlitzer Schuster mit einem Gärtner zu vergleichen, der mit keimkräftigen Samen aller Art hantiert und unter dessen Händen die wunderlichsten Gewächse, Blüten und Früchte gedeihen. So werden seine Texte zu einer unablässigen Einladung, diesen »Lustgarten« selbst zu betreten und das »Mysterium magnum«, den uneingrenzbaren Geheimniszusammenhang von Gott, Welt und Mensch, selbst zu erfahren. Der Intellekt allein genügt nicht, auch nicht die mehr oder weniger gute Schulung im Umgang mit der barocken Sprache, der sich Böhme bedient. Man muß schon Aug und Ohr und alle Sinne auftun, wenn man ein Kapitel des Görlitzer Meisters liest, der mit Stoffen und Qualitäten, mit Farben, Bildern, Figuren, mit Elementarkräften aller Art Umgang pflegt und das sinnlich Erfaßbare zum Übersinnlichen hin zu transzendieren vermag. Immer ist es eine

Spurensuche, immer ist es ein Weg zum Mysterium, hier zum *Mysterium pansophicum*, das sich erst jenseits des Niedergeschriebenen ausbreitet.

Im übrigen gilt, was Peter Schäublin zu dieser Schrift gesagt hat: Es ist »ein prachtvolles, von einem lebenswarmen Geist durchpulstes Stück Böhmeschen Spekulierens. Man kann sich seinem Zauber kaum entziehen[1].

[1] Peter Schäublin, *Zur Sprache Jakob Böhmes*. Winterthur 1963, S. 129.

Sex Puncta Theosophica oder Von sechs theosophischen Punkten Hohe und tiefe Gründung

Eine offene Porte aller Heimlichkeiten des Lebens, darinnen die Ursachen aller Wesen erkannt werden.

Vorrede des Autors an den Leser

Wir haben dies Werk nicht für die unvernünftigen Tiere geschrieben, welche im äußeren Menschen Gestalt haben, aber in ihrer Bildnis im Geiste böse und wilde Tiere sind, welches sich an ihren Eigenschaften eröffnet und darstellet; sondern für Menschenbildnis, denen so aus dem tierischen Bildnis ausgrünen mit einem Menschenbildnis, das in Gottes Reich gehöret und welche gerne wollten in der Menschen Bildnis in dem rechten Menschen leben und wachsen, welche oft und viel verhindert werden von dem widerwärtigen Leben und also im vermischten Leben stecken und sich ängsten zur Geburt des heiligen Lebens.

Denen haben wir diese Schriften geschrieben; und sagen ihnen, daß sie es nicht für unmöglich ansehen zu erkennen und solche(s) Geheimnis zu wissen; und geben ihnen das in einem Gleichnis zu ersinnen: Es stünde ein Leben, das wäre aus allen Leben gewachsen und wäre vermischt; es wüchse aber ein ander Leben in demselben, aus allen Leben, das wäre, ob es gleich aus allen Leben gewachsen wäre, frei von den andern Leben allen und stünde doch auch in allen Essentien der Leben.

Dasselbe neue Leben würde mit dem Lichte erleuchtet, und nur in sich, daß es die andern Leben alle schauen könnte; und sie könnten das neue Leben nicht schauen noch ergreifen.

Also ist ein jeder, der aus dem vermischten Leben, (des) Bös(en) und Gut(en) wieder in und aus Gott geboren wird. Dasselbe neue Bildnis im Leben Gottes erboren, schauet alles natürliche Leben, und ist ihr nichts fremd oder schwer, denn sie schauet nur ihre Wurzel, daraus sie gewachsen ist; als uns das zu erkennen ist, wie eine schöne Blume aus der wilden Erden wächst, welche der Erden nicht ähnlich siehet, erkläret aber mit ihrer Schönheit der Erden Vermögenheit, und wie sie mit Gutem und Bösem vermischet sei.

Also auch ist ein jeder Mensch, der aus der tierischen, wilden, irdischen Art und Eigenschaft wieder zum rechten Bildnis Gottes geboren wird. Denen, so nun ein rein Gewächse sind und zur schönen Lilien im Reiche Gottes treiben und in der Geburt stehen, haben wir dies Buch geschrieben, daß sie ihre Essentien darinnen sollen stärken, im Leben Gottes grünen und im Baume des Paradeises wachsen und Frucht tragen, sintemal alle Kinder Gottes, so in diesem Baume wachsen, Zweige am selben Baume sind. So haben wir unsern Zweigen und Mitästen in unserem Baume, darinnen wir alle stehen und daraus wir alle wachsen, unsern Saft, Ruch und Essenz mitteilen wollen, daß unser Baum des Paradeises groß würde und wir uns untereinander freueten und daß je ein Ast und Zweig den andern vor dem Sturm helfe bedecken, geben wir allen Kindern dieses Gewächses in diesem Baume freundlich zu erwägen und tun uns in ihre Liebe und Gewächs empfehlen.

1. Punkt

Vom Gewächse der drei Prinzipien, was ein jedes in sich und aus sich selber für einen Baum oder Leben gebäre; wie man den Grund der Natur erforschen und kennen soll

1. Kapitel

Von dem ersten Gewächse und Leben aus dem ersten Principio

Wir sehen und befinden, daß ein jedes Leben essentialisch ist; und befinden auch, daß es im Willen stehet, denn der Wille ist das Treiben der Essentien.

2. Und ist uns also zu ersinnen, als ob ein verborgen Feuer im Willen läge, da sich der Wille immer gegen das Feuer erhübe und wollte das erwecken und anzünden.

3. Denn wir verstehen, daß ein jeder Wille ohne die Erweckung der feuerigen Essentien eine Unvermögenheit ist, gleich als stumm, ohne Leben, da keine Fühlung, Verstand noch Wesenheit innen ist. Denn er gleichet sich nur einem Schatten ohne Wesen, denn er hat keinen Führer, sondern er ersinket und läßt sich treiben und führen gleich einem toten Wesen, als solches an einem Schatten zu ergründen ist, der ohne Essenz geführet wird.

4. Also ist ein unessentialischer Wille ein stummes Wesen, ohne Begriff und Leben, und ist doch eine Figur in dem ungründlichen ewigen Nichts, denn er hanget an den korporalischen Dingen.

5. Wie nun der Wille ohne Essenz stumm und ohne Wesen ist, also ist er in der Essenz ein Wesen und Bildnis nach den Essentien, welcher nach den Essentien gebildet wird. Denn das Willen-Leben wird aus den Essentien erboren.

6. Also ist das Leben der Essentien Sohn, und der Wille, darinnen des Lebens Figur[1] stehet, ist der Essentien Vater, denn keine Essenz mag ohne Willen entstehen; denn im Willen wird das Begehren geurständet[2], in welchem die Essentien urständen.

7. So denn der erste Wille ein Ungrund ist, zu achten als ein ewig Nichts, so erkennen wir ihn gleich einem Spiegel, darin einer sein eigen Bildnis siehet gleich einem Leben, und ist doch kein Leben, sondern eine Figur des Lebens und des Bildes am Leben.

8. Also erkennen wir den ewigen Ungrund außer der Natur, gleich einem Spiegel, denn er ist gleich einem Auge, das da siehet, und führet doch nichts im Sehen, damit es siehet; denn das Sehen ist ohne Wesen, da es doch aus Wesen erboren wird als aus dem essentialischen Leben.

9. Also ist uns erkenntlich, daß der ewige Ungrund außer der Natur ein Wille sei gleich einem Auge, da die Natur darinnen verborgen lieget, gleich einem verborgenen Feuer, das nicht brennet, das da ist und auch nicht ist. Es ist nicht ein Geist, sondern eine Gestalt des Geistes als der Schiemen[1] im Spiegel, da alle Gestalt eines Geistes im

[1] Urbild
[2] begründet
[3] die Spiegelung

Schiemen oder Spiegel ersehen wird, und ist doch nichts, daß das Auge oder Spiegel sehe, sondern sein Sehen ist in sich selber, denn es ist nichts vor ihm, das da tiefer wäre. Es ist gleich einem Spiegel, welcher ein Behalter des Anblicks der Natur ist, und begreifet doch nicht die Natur, und die Natur auch nicht den Schiemen des Bildes im Spiegel.

10. Also ist eines frei vom andern, und ist doch der Spiegel wahrhaftig der Behalter des Bildes. Er fasset das Bild, und ist doch unmächtig gegen dem Schiemen, denn er kann den Schiemen nicht erhalten. Denn so das Bild vom Spiegel tritt, so ist der Spiegel ein heller Glast[1], und sein Glast ist ein Nichts, und liegt doch alle Gestalt der Natur darinnen verborgen, gleich als ein Nichts und ist doch wahrhaftig, aber nicht essentialisch.

11. Also ist uns dies zu erkennen und zu verstehen von der verborgenen ewigen Weisheit Gottes; die gleichet sich als einem ewigen Auge ohne Wesen. Sie ist der Ungrund und siehet doch alles. Es ist alles in ihr von Ewigkeit verborgen gestanden, davon sie ihr Sehen hat. Sie ist aber nicht essentialisch, gleichwie der Glast im Spiegel nicht essentialisch ist, der doch alles fasset, was vor ihm erscheinet.

12. Und dann zum andern ist uns vom ewigen Willen, der auch ohne Wesen ist, uns imgleichen zu verstehen von dem Geiste Gottes; denn kein Sehen ist ohne Geist. So ist auch kein Geist ohne Sehen; und verstehen also, daß das Sehen aus dem Geiste erscheine, welches sein Auge und Spiegel ist, darinnen der Wille offenbar ist. Denn das Sehen machet einen Willen, in dem der Ungrund der Tiefe ohne Zahl keinen Grund noch Ziel weiß zu finden. So gehet sein Spiegel in sich und machet einen Grund in sich. Das ist sein Wille.

13. Also erscheinet der Spiegel des ewigen Auges im Willen, und erbieret ihm selber einen andern ewigen Grund in sich selber. Derselbe ist sein Zentrum oder Herz, daraus das Sehen von Ewigkeit immer urständet und dadurch der Wille rege und führend wird, nämlich dessen, was das Zentrum erbieret.

14. Denn es wird alles im Willen ergriffen und ist ein Wesen, das sich im ewigen Ungrunde in sich selber ewig urständet, in sich selber

[1] Schein

eingehet und machet das Zentrum in sich, fasset sich selber in sich, gehet aber mit dem Gefasseten aus sich, offenbaret sich in dem Glaste des Auges und erscheinet also aus dem Wesen in sich und aus sich selber. Es ist sein Eigenes, und ist doch auch gegen die Natur als ein Nichts, verstehet: gegen das greifliche Wesen also zu reden, da es doch alles ist und alles daher urständet.

15. Und verstehen wir allhier innen das ewige Wesen der Dreiheit der Gottheit mit der ungründlichen Weisheit. Denn der ewige Wille, der das Auge fasset als den Spiegel, darin das ewige Sehen stehet als seine Weisheit, ist *Vater*; und das ewige Gefassete in die Weisheit, da das Fassen einen Grund oder Zentrum in sich selber aus dem Ungrunde in den Grund fasset, ist *Sohn* oder Herze, denn es ist das Wort des Lebens oder seine Wesenheit, darin der Wille mit dem Glast erscheinet.

16. Und das In-sich-gehen zum Centro des Grundes ist *Geist*, denn es ist der Finder, der da von Ewigkeit immer findet, da nichts ist. Dieser gehet wiederum aus dem Centro des Grundes aus und suchet in dem Willen. Jetzt wird der Spiegel des Auges als des Vaters und Sohnes Weisheit offenbar. Und stehet die Weisheit also vor dem Geiste Gottes, der den Ungrund in ihr offenbaret, denn ihre Tugend, darin die Farben der Wunder erscheinen, wird aus dem Vater des ewigen Willens durch das Zentrum seines Herzens oder Grundes mit dem ausgehenden Geiste geoffenbaret.

17. Denn sie ist das Ausgesprochene, das der Vater aus dem Centro des Herzens mit dem Hl. Geist ausspricht, und stehet in den göttlichen Formungen und Bildnissen im Augenschein der Hl. Dreieinigkeit Gottes, aber als eine Jungfrau ohne Gebären. Sie gebieret nicht die Farben und Figuren, so in ihr erscheinen und offenbar stehen im Grunde und Wesen, sondern es ist alles zusammen eine ewige Magia, und wohnet mit dem Centro des Herzens in sich. Und mit dem Geiste aus dem Centro gehet es aus sich und offenbaret sich im Auge der jungfräulichen Weisheit in unendlich.

18. Denn wie das Wesen der Gottheit keinen Grund hat, daraus es urstände und herkomme, also hat auch der Willen-Geist keinen Grund, da er möchte ruhen, da eine Stätte oder Ziel wäre. Sondern er heißet ›wunderbar‹, und sein Wort oder Herze, da er von

ausgehet, heißt ›ewige Kraft‹ der Gottheit. Und der Wille, der das Herze und die Kraft in sich erbietet, heißet ›ewig Rat‹[1].

19. Also ist das Wesen der Gottheit an allen Enden und Orten in der Tiefe des Ungrundes gleich als ein Rad oder Auge, da der Anfang immer das Ende hat, und ist ihm keine Stätte erfunden, denn er ist selber die Stätte aller Wesen und die Fülle aller Dinge, und wird doch von nichts ergriffen oder gesehen. Denn es ist ein Auge in sich selber, wie Ezechiel, der Prophet, solches Kapitel 1 in einer Figur gesehen hat, in Einführung seines Willen-Geistes in Gott, da seine geistliche Figur ist in die Weisheit Gottes eingeführet worden, mit dem Geiste Gottes, allda er das Schauen erreichet hat; und anders kann das nicht sein.

Der andere Text

20. Also verstehen wir, daß das göttliche Wesen in Dreifaltigkeit im Ungrunde in sich selber wohne und gebäre ihm aber einen Grund in sich selber als das ewige Wort oder Herz, welches das Zentrum oder Ziel der Ruhe in der Gottheit ist, und da es doch nicht von Wesenheit verstanden wird, sondern von einem dreifaltigen Geist, da je einer des andern Ursache in der Geburt ist.

21. Und ist derselbe dreifaltige Geist doch nicht meßlich, abteilig oder gründlich; denn ihm ist keine Stätte erfunden, und ist zugleich der Ungrund der Ewigkeit, der sich in sich selber im Grund erbieret. Und kann kein Ort oder Stätte ersonnen oder gefunden werden, da der Geist der Dreieinigkeit nicht gegenwärtig und in allem Wesen wäre, aber dem Wesen verborgen, in sich selber wohnend als ein Wesen, das zugleich auf einmal alles erfüllet und doch nicht im Wesen wohnet, sondern selber ein Wesen in sich hat. Als uns zu sinnen ist vom Grunde und Ungrunde, wie die beiden gegeneinander verstanden werden.

22. Also verstehen wir die Ewigkeit: (1) Wie es gewesen sei vor den Zeiten der Schöpfung dieser Welt. (2) Und verstehen weiter, was das göttliche Wesen in sich selber ohne ein Principium sei. (3) Was der ewige Anfang im Ungrunde und das ewige Ende in seinem

[1] Anspielung auf die messianische Weissagung Jes. 9,5.

eigenen in sich gebornen Grunde sei, als das Zentrum zum Worte, welches Wort das Zentrum selber ist. (4) Und doch die ewige Geburt des Wortes im Willen, im Spiegel der ewigen Weisheit, als in der Jungfrauen ohne Gebärerin oder ohne Gebären von Ewigkeit zu Ewigkeit immer geschehe.

23. Und in derselben Jungfrauen der Weisheit Gottes ist das ewige Principium als ein verborgen Feuer, welches also wie in einem Spiegel erkannt wird an seinen Farben. Und ist von Ewigkeit zu Ewigkeit in der Figur erkannt worden, und wird auch in alle Ewigkeit im ewigen Urstande also in der Weisheit erkannt.

24. Und in demselben Spiegel, da das Principium aus dem ewigen Urgrunde eröffnet wird, ist das Wesen der drei Prinzipien nach dem Gleichnis der Hl. Dreiheit ersehen worden mit ihren Wundern, als in einer ungründlichen Tiefe, und solches von Ewigkeit.

25. Und ist uns jetzt also zu verstehen, daß das erste Principium im Urstande magisch sei, denn es wird im Begehren im Willen erboren; daher denn seine Sucht und Widerwille zu gebären auch magisch ist, als nämlich das andere Principium zu gebären.

26. Und so es denn im ersten und zweiten Principio nur als ein Geist ohn begreiflich Wesen verstanden wird, so ist die Sucht ferner das dritte Principium zu gebären, da der Geist der zwei Prinzipien möchte ruhen und sich offenbaren im Gleichnis.

27. Und wiewohl es ist, daß ein jedes Principium sein Zentrum hat, so stehet doch das erste Principium in der magischen Qual[1], und sein Zentrum ist Feuer, welches ohne Wesen nicht bestehen mag, darum sein Hunger und Begehren nach Wesen ist.

28. Und ist uns vom ersten Principio, so wir bloß von einem reden – wiewohl es nicht einig ist – anders zu verstehen, als daß der ungründliche Wille im Centro des Ungrundes, darinnen das ewige Wort von Ewigkeit immer erboren wird, begehrend sei; denn der Wille begehret das Zentrum als das Wort oder Herze.

29. Und zum zweiten begehret er, daß das Herze möchte offenbar sein. Denn im Ungrunde ist keine Offenbarung, sondern ein ewig

[1] Qualität und Regsamkeit

Nichts, eine Stille ohne Wesen oder Farben, auch keine Tugend. Aber in diesem Begehren werden Farben, Kraft und Tugend. Und ist doch also nur in sich verborgen, und wäre ewig nicht offenbar, denn es wäre kein Licht, Glanz oder Majestät, sondern ein dreifacher Geist in sich selber, welcher ohne Qual einiges Wesens wäre.

30. Also ist uns zu verstehen das Wesen der tiefesten Gottheit ohne und außer der Natur.

31. Ferner ist uns zu verstehen, wie der ewige Wille der Gottheit begehret aus seinem eigenen Grunde sich zu offenbaren im Lichte der Majestät, da wir dann den ersten Willen des Vaters zum Sohne und zum Lichte der Majestät begehrend erkennen, und das in zwei Wegen: der erste Weg zum Centro des Wortes, (2) zum Lichte der Offenbarung des Worts. Und befinden, daß ein jedes Begehren anziehend sei, wiewohl im Ungrunde nichts ist, das da könnte gezogen werden. So zeucht[1] sich aber das Begehren selber und schwängert den andern Willen des Vaters, welcher zum Lichte der Majestät aus dem Centro seines Worts oder Herzens imaginieret.

32. Jetzt ist das Herze des Lichtes schwanger, und der erste Wille der Natur schwanger. Und wäre doch also keines offenbar, so nicht das Principium erboren würde.

33. Denn es ist also zu sinnen, daß der Vater erbieret das erste Principium aus dem ersten Willen, als die Natur, welche im Feuer zur höchsten Vollkommenheit kommt. Und dann gebieret er das andere Principium, in und aus dem andern Willen zum Worte, indem er der Offenbarung des Worts im Lichte der Majestät begehret, da das Feuer des andern Principii im Lichte der Majestät eine Erfüllung des andern Willens ist: als Sanftmut, welche dem Feuer des ersten Principii entgegengesetzet ist und seinen Grimm löschet und in ein essentialisch Wesen als in ein ewig Leben stellet, da das Feuer im Lichte verboren ist und giebet dem Lichte seine Kraft, Stärke und Macht, da es dann zusammen ein ewig Band ist und eines ohne das andere nicht wäre.

[1] zieht

Vom ersten Principio in sich selber, was es in sich selber sei

34. Dem Begehren ist uns nachzusinnen, denn ein jedes Begehren ist anziehend dessen, was im begehrenden Willen ist.

35. So begehret doch Gott nur Licht als den Glanz aus seinem Herzen, daß er in der Weisheit erscheine und der ganze Gott also in sich und mit dem ausgehenden Geiste aus sich in der Jungfrauen seiner Weisheit offenbar sei, und daß eine ewige vollkommene Freude, Lust und Erfüllen in ihm sei.

36. Dieses mag nun anders nicht erboren werden als durchs Feuer, da der Wille in die tiefeste Schärfe der Allmacht gesetzet wird, indem er im Feuer verzehrend wird. Hergegen ist das Licht eine Sanftmut der Gebärerin der Allwesenheit.

37. So muß nun das Feuer doch auch eine Gebärerin in seinem Urstande und Leben haben. Jetzt erscheinets in zweien Leben und Qualen.[1] Und werden billig zwei Principia genannt, da es doch auch nur eines ist, aber zweierlei Qual in einem Wesen. Und wird wegen der Qual für zwei Wesen geachtet, als uns am Feuer und Lichte zu ersinnen ist.

38. So sinnen wir jetzt dem Begehren nach und befinden, daß es ein strenges Anziehen sei, gleich als ein ewig Erheben und Bewegen, denn es zeucht sich selber in sich und schwängert sich, daß also aus der dünnen Freiheit, da nichts ist, eine Finsternis wird. Denn der begehrende Wille wird vom Einziehen dicke und voll, da es doch auch nichts ist als Finsternis.

39. Jetzt will der erste Wille von der Finsternis frei sein, denn er begehret Licht, und mags doch also nicht erreichen. Denn je größer das Begehren nach Freiheit ist, je größer wird das Anziehen und der Stachel der Essentien, welche im Ziehen oder Begehren urständen.

40. Also zeucht der Wille je mehr in sich und wird seine Schwängerung je größer, und kann doch die Finsternis nicht das Zentrum des Wortes oder Herzens der Dreizahl ergreifen, denn dasselbe Zentrum ist ein Grad tiefer in sich, und ist doch ein Band.

[1] Qualitäten

41. Aber der erste Wille, darinnen die Schwängerung der Natur urständet, ist noch tiefer als das Zentrum des Worts, denn er urständet, aus dem ewigen Ungrunde oder Nichts. Und ist also des Herzens Zentrum in die Mitte geschlossen, da der erste Wille des Vaters zur Feuer-Geburt arbeitet.

42. So ist uns nun zu erkennen, daß in dem strengen Anziehen eine ganz strenge Substanz und Wesen werde, da dann die Wesenheit von Ewigkeit urständet, denn das Ziehen giebet Stachel und das Angezogene giebet Härtigkeit, Materiam aus dem Nichts, eine Substanz und Wesenheit. Jetzt wohnet der Stachel des Ziehens in derselben Wesenheit, sticht und bricht, und das alles vom begehrenden Willen, welcher zeucht [zieht].

43. Also sind uns allhier zwei Gestalten der Natur zu erkennen, als Herbe, das ist das Begehren, und dann der Stachel, der machet in dem Begehren ein Brechen und Stechen, davon die Fühlung urständet, das ist Bitter, ist die andere Gestalt der Natur, eine Ursache und Urstand der Essentien in der Natur.

44. So dann der erste Wille mit diesem nicht begnüget noch zur Ruhe gestellet, sondern hiermit in eine gar große Angst gesetzet wird; denn er begehret die Freiheit im Lichte, und ist doch auch kein Glanz in der Freiheit. Jetzt gerät er in erschreckliche Angst als ein Sterben oder Ersinken durch den Tod, ihren Willen in die Freiheit, aus dem Brechen, Stechen und gewaltiges Anziehen einführet.

45. (Wir) verstehen also den Willen allhier in zwei Wegen: einen, der in Grimmigkeit aufsteiget zur Gebärung des Grimm-Feuers; den andern, der nach des Worts Centro imaginieret und aus der Angst gleich als durch ein Sterben ersinket in das freie Leben, und bringet gleich also ein Leben aus der Angst-Qual mit sich in die Freiheit, daß der ewige Ungrund für ein Leben erkannt wird und aus dem Nichts ein ewig Leben wird.

46. So denn der erste Gang des Willens zur Feuer-Geburt aufsteiget, so erkennen wir ihr für die erste Natur als des Vaters Natur im grimmen Zorne, und den andern Eingang des Willens in die Freiheit, ins Zentrum des Herzens, erkennen wir für die göttliche Natur, für das Leben im Lichte, in der Kraft der Gottheit.

47. Also ist nun erkenntlich, was der erste Wille zum Feuer wirke und tue, als nämlich strenge, harte, bittere und große Angst, welche die dritte Gestalt der Natur ist. Denn die Angst ist gleich als das Zentrum, da das Leben und der Wille ewig urständet; denn der Wille will von der großen Angst frei sein, und mag doch nicht. Er will fliehen, und wird doch von der Herbigkeit gehalten. Und je größer der Wille zum Fliehen wird, je größer wird der bittere Stachel der Essentien und Vielheit.

48. Als er dann nicht fliehen kann, auch nicht über sich steigen, so wird er drehend als ein Rad. Allda werden die Essentien gemischet und kommt die Vielheit der Essentien in einen gemischten Willen, welcher billig das ewige Gemüte heißet, da die Vielheit mit dem unzählbaren Wesen in einem Gemüte lieget, da immer aus einer Essentia mag wieder ein Wille entstehen nach derselben Essenz Eigenschaft, daraus die ewigen Wunder urständen.

49. So dann das große und starke Gemüte der Angst-Gestalt also in sich als ein Rad gehet und immer das strenge Anziehen zerbricht und mit dem Stachel in Vielheit der Essentien bringet, und aber in der Angst wieder im Rade in eins als in ein Gemüte fasset, so ist das Angst-Leben jetzt geboren als die Natur, da ein Regen, Treiben, Fliehen und Halten ist, dazu ein Fühlen, Schmecken und Hören, und ist doch nicht ein recht Leben, sondern bloß ein Natur-Leben ohne ein Principium, denn es hat kein Wachsen, sondern ist gleich einer Unsinnigkeit oder Tollheit, da etwas in sich drehend fähret als ein Rad, da wohl ein Band des Lebens ist, aber ohne Verstand und Erkenntnis, denn es kennet sich selber nicht.

50. Also ist uns nun weiter zu forschen vom andern Willen des ewigen Vaters, der Gott genannt wird. Der begehret in seines Herzens Centro das Licht und die Offenbarung der Dreiheit in der Weisheit. Derselbe Wille ist gegen das Centro Naturae gerichtet, denn aus der Natur muß der Glanz der Majestät urständen.

51. So hat nun derselbe andere Wille im Worte des Lebens die Freiheit in sich. Und der Angst-Wille in der Schärfe der Natur begehrt der Freiheit, daß die Freiheit möchte in der Angst des grimmigen Gemüts offenbar werden.

52. Daher denn auch die Angst entstehet, daß der erste Wille will von der finstern Herbigkeit frei sein. Und die Freiheit begehret der Offenbarung, denn sie kann sich in sich selber ohne Schärfe oder Qual nicht finden. Denn der Wille der Freiheit, welcher Vater heißt, begehrt sich zu offenbaren, und das kann er ohne Eigenschaften nicht tun.

53. Also ist er begehrend der Eigenschaften, welche in der Angst der Essentien im Feuer urständen, seine Wunder, Kraft und Farben damit zu offenbaren, welches ohne die Natur nicht sein kann.

54. Also begehret der erste Wille, welcher Vater heißet und selber die Freiheit ist, der Natur. Und die Natur begehret mit großem Sehnen der Freiheit, daß sie möge der Angst-Qual erlediget werden. Und sie empfähet die Freiheit in ihrem scharfen Grimm, in der Imagination. Davon erschrickt sie als Blitz, denn es ist ein Schrack der Freuden, daß sie der Angst-Qual erlediget wird.

55. Und im Schrack entstehen zwei Wesen, als ein tödliches[1] und ein lebendiges, also zu verstehen.

56. Der Wille, der Vater heißet, der die Freiheit in sich hat, der erbieret sich also in der Natur, daß er der Natur fähig ist und daß er der Natur Allmacht ist.

57. Der Schrack seiner Natur ist ein Anzünder des Feuers. Denn wenn die finstere Angst als das gar ernstliche, strenge Wesen die Freiheit in sich bekommt, so verwandelt sie sich in dem Schracke in der Freiheit als die Sanftmut. Allda wird der Stachel des Todes zerbrochen und gehet in der Natur auf der andere Wille des Vaters, der er ihm vor der Natur im Spiegel der Weisheit hatte geschöpft als sein Liebes-Herz; das ist das Begehren der Liebe und Freudenreich.

58. Denn in des Vaters Willen wird also das Feuer erboren. Dem giebet der andere Wille die Kraft der Sanftmut und Liebe. Und das Feuer nimmt die Liebe-Qual[2] in seine Essenz. Das ist nun seine Speise, daß es brennet, und giebet aus der Verzehrlichkeit aus dem Schracke den freudenreichen Geist.

[1] vergängliches
[2] Qualität

59. Das ist: allhier wird der Hl. Geist, der im Urstande vor der Natur des Vaters Willen-Geist ist, offenbar, und empfähet allhier die Kraft der Wunder, und gehet also vom Vater als aus dem ersten Willen der Natur aus dem andern Willen in der Natur aus dem Feuer, als aus dem Schracke, der Freudenreich im Qual[1] der Liebe aus in die Wesenheit der Sanftmut.

60. Denn die Sanftmut ist nun auch begehrend worden von der Feuer-Eigenschaft. Und das Begehren zeucht die Sanftmut der Freudenreich in sich. Das ist nun das Wasser des ewigen Lebens, welches das Feuer trinket, und giebet daraus das Licht der Majestät.

61. Und in dem Lichte wohnet nun der Wille des Vaters und des Sohnes. Und der Hl. Geist ist das Leben darinnen. Der eröffnet nun die Kraft der sanften Wesenheit im Licht. Das sind Farben, Wunder und Tugenden.

62. Und dasselbe heißt die jungfräuliche Weisheit, denn sie ist keine Gebärerin, eröffnet auch selber nichts, allein der Hl. Geist ist Eröffner ihrer Wunder. Sie ist sein Kleid und schöne Zierheit, und hat in ihr die Wunder, Farben und Tugenden der göttlichen Welt, und ist das Haus der Hl. Dreifaltigkeit und die Zierheit der göttlichen und englischen Welt.

63. Und in ihren Farben und Tugenden hat der Hl. Geist die Chöre der Engel sowohl alle Wunder der geschaffenen Dinge eröffnet, welche alle von Ewigkeit sind in der Weisheit erblicket worden, wohl ohne Wesen. Aber doch in der Weisheit als im Spiegel nach ihren Figuren, welche Figuren in der Beweglichkeit des Vaters sind in die Essenz und in ein Geschöpfe gegangen, alles nach den Wundern der Weisheit.

64. Also verstehet uns auch nun vom andern Wesen, da sich im Schracke[2] die Natur in zwei Wesen teilet, wie oben gemeldet, als eines mit des Vaters Willen ins Feuer, als (1) in die Feuer-Welt, und aus des Vaters andern geschöpften oder in sich gebornen Willen (2) in die majestätische Welt.

---

[1] Dynamik
[2] Vgl. 1, 54ff.

65. Und das andere Wesen, als das Haus des Schracks in sich, in Tod, in die Finsternis der feindlichen Qual, welches also stehen muß, auf daß ein ewig Sehnen in derselben Angst sei, von der Qual los zu sein. Denn dasselbe Sehnen machet den ersten Willen zur Natur ewig begehrend, seinem Wesen zu Hilfe zu kommen. Davon denn auch ins Vaters Willen die Barmherzigkeit urständet, welche mit der Freiheit in die Angst eingehet, und aber in der Angst nicht bleiben mag, sondern gehet im Feuer aus in der Liebe Qual.

66. Das ist sein anderer Wille als sein Herz, gehet in ihm aus als ein Brunnquell der Liebe und Barmherzigkeit, davon die Barmherzigkeit ihren Urstand hat, daß ein Erbarmen über den Jammer und Elend ist, und ein Mitleiden, als darin des Vaters Wille, der doch frei ist, sich im Grimm der Natur offenbaret, daß der Grimm gesänftiget wird.

67. Aber nichts destoweniger bleibet auf einem Teil das ängstliche Rad des Grimmes für sich, denn im Schracke geschieht eine Ertötung, wohl nicht ein stiller Tod, sondern ein tödlich Leben. (Es) gleichet sich dem bösesten Wesen als ein Scheidewasser oder Gift in sich ist. Denn ein solches muß sein, soll das Centrum Naturae ewig bestehen.

68. Und auf dem andern Teil gehet das Leben aus dem Tode. Und der Tod muß also eine Ursache des Lebens sein, sonst so keine solche giftige und grimmige Qual wäre, möchte das Feuer nicht erboren werden und möchte keine Feuer-Schärfe und Essenz sein. So wäre auch kein Licht und auch kein Finden des Lebens.

69. Der erste Wille, der Vater heißet, findet sich also im Wunder. Und der andere Wille, der Sohn heißet, findet sich also in Kraft. Dazu urständet also die Freudenreich. Denn wäre keine Wehe, so wäre auch keine Freudenreich. Das ist aber die Freudenreich, daß das Leben aus der Angst erlöset wird, wie wohl das Leben nur also urständet.

70. Darum haben die Kreaturen Gift zu ihrem Leben als eine Galle. Die Galle ist die Ursache, daß eine Beweglichkeit ist, daß das Leben urstände, denn sie ursachet das Feuer im Herzen. Und das rechte Leben ist das Feuer, aber es ist nicht die Figur des Lebens.

71. Aus dem Feuer-Leben entstehet erst der rechte Geist; der gehet vom Feuer und Lichte aus. Der ist frei vom Feuer wie die Luft, welche doch aus dem Feuer urständet, frei vom Feuer ist.

72. Denn der rechte Geist oder im Menschen der Geist, welcher aus dem Seelen-Feuer erboren wird, der hat seine Eigenschaft im Lichte des Lebens, das aus dem Feuer brennet, denn er entstehet aus dem Tode. Er gehet aus dem Sterben aus. Die feindliche Qual ist von ihm im Feuer geblieben und fort unter dem Feuer in der Ursache des Feuers als im grimmigen Tode.

73. Also ist der grimmige Tod eine Wurzel des Lebens. Und allhier, ihr Menschen, bedenket euren Tod und auch Christi Tod, der uns wieder aus dem Sterben durch das Feuer Gottes erboren hat. Denn aus dem Sterben wird das freie Leben geboren. Was vom Sterben kann ausgehen, das ist vom Tode und der grimmen Qual erlöset. Das ist nun sein Freudenreich, daß keine grimmige Qual mehr in ihm ist. Sie ist von ihm im Sterben geblieben. Und also erreichet das Leben aus dem Tod die ewige Freiheit, da keine Furcht noch Schrecken mehr ist, denn im Leben ist der Schrack zerbrochen.

74. Das rechte Leben ist eine Kraft der Freuden, ein immer Wohltun, denn es ist keine Qual in ihm als nur eine Begierde. Die hat alle Eigenschaft der Qual und mag sich doch die Qual in ihm nicht erheben, daß sie könnte ihre Eigenschaft darin entzünden, denn solches verwehret das Licht und die Freiheit.

2. Kapitel

Von des Principii Eigenschaft; was das Principium sei oder was sie alle drei sind

Das ist ein Principium, da sich ein Leben und Beweglichkeit findet, da keines ist. Das Feuer ist ein Principium mit seiner Eigenschaft, und das Licht ist auch ein Principium mit seiner Eigenschaft, denn es wird aus dem Feuer erboren, und ist doch nicht des Feuers Eigenschaft. Es hat auch sein eigen Leben in sich, aber das Feuer ist Ursache daran, und die grimmige Angst ist eine Ursache der beiden.

2. Aber den Willen zur Angst, der die Angst-Natur ursachet, welcher *Vater* heißet, den kann man nicht forschen. Wir forschen

nur das, wie er sich in die höchste Vollkommenheit in das Wesen der Hl. Dreifaltigkeit einführet und wie er sich in dreien Prinzipien offenbaret und wie die Essenz jeder Qual urstände, was Essenz sei, davon das Leben mit den Sinnen urständet und das Wunder aller Wesen.

3. So erkennen wir das dritte Principium als die Qual[1] dieser Welt mit den Sternen und Elementen für ein Geschöpfe aus den Wundern der ewigen Weisheit.

4. Das dritte Principium offenbaret die ersten alle beide, obwohl jedes in sich selbst offenbar ist. So hat sich aber das ewige Wesen wollen in seinen Wundern, so in der Weisheit sind erblicket worden, auf eine solche Eigenschaft offenbaren als nach der Ewigkeit Grunde, nach der Grimmen- und Liebe-Qual. Und hat alles in ein kreatürlich und figürlich Wesen geschaffen nach dem ewigen Urstande (des) Bösen und Guten, wie vor Augen ist, daß in dieser Welt Bös und Gut ist, an welchem die Teufel doch eine große Ursache sind, welche in ihrer Schöpfung im Falle haben die grimme Matricem[2] heftiger im Grimm beweget, indem sich Gott nach des Grimmes Eigenschaft hat sehrer bewegt, sie aus dem Licht auszustoßen in den Tod der Grimmigkeit, davon auch gleich die himmlische Wesenheit mitbeweget ward, daß also gar viel in die irdische Wesenheit mit eingeschlossen ist worden, das in der Freiheit ist gestanden.

5. Als wir am Golde in seiner Tinktur erkennen, welche frei ist vom irdischen Wesen. Denn sie besteht im Feuer und in aller Qual. Es mag sie keine Qual bändigen, als allein Gottes Wille, und muß öfter etwas geschehen um der Welt Unwürdigkeit willen.

6. Wenn wir die Schöpfung dieser Welt recht betrachten und Geist des dritten Principii als den Geist der großen Welt vor uns nehmen mit Sternen und Elementen, so finden wir der ewigen Welt Eigenschaft untereinander gleich als vermenget, gleich einem großen Wunder, dadurch Gott, das höchste Gut hat wollen die ewigen Wunder, die im Verborgen(en) gestanden, offenbaren und ins Wesen führen.

---

[1] Grundlage

[2] Mutterschoß

7. Wir finden Gut und Bös und finden in allen Dingen das Centrum Naturae als die Angst-Kammer. Vornehmlich aber finden wir den Geist der großen Welt in zweien Qualen als in Hitze und Kälte. Da wir an der Kälte erkennen das Zentrum des herben, scharfen Grimmes und an der Hitze das Principium im Feuer, und hat doch nur einen Urstand auseinander.

8. Das Feuer kommt aus dem Grimm der Kälte und die Kälte aus dem Centro Naturae als aus der herben, scharfen Angst, da die Herbigkeit also streng in sich zeucht und Wesenheit machet, als uns zu erkennen ist, daß sie in Bewegung des Vaters in der Schöpfung hat Erde und Steine gemachet, da doch kein Wesen dazu war als nur sein eigen Wesen, das in beiden Prinzipien, als in der Licht-Welt und Todes-Welt, in beiden Begehren erboren.

9. Was in der Bewegung der Grimm erreichte, das ward mit zur Erdkugel geschaffen. Darum findet man vielerlei darinnen, Böses und Gutes. Und geschieht oft, daß man kann aus dem Ärgesten das Beste machen, weil das Centrum Naturae darinnen ist. So mans ins Feuer bringet, so mag das reine Kind der ewigen Wesenheit daraus gebracht werden, wenns vom Tode frei wird, wie am Golde zu sehen ist.

10. Wiewohl wir in dieser Welt nicht können das ewige Feuer erreichen, darum mögen wir auch nichts aus diesem Principio ausführen. Das ist der Mangel des ewigen Feuers, welches wir nicht erreichen als nur in der Imagination, durch welche ein Mensch Macht hat, das Leben aus dem Tode zu führen und in göttliche Wesenheit zu bringen. Das kann allein im Menschen geschehen. Was aber außer dem Menschen ist, das gehöret Gott zu und bleibet zur Renovation ins Ende dieser Zeit.

11. Also geben wir zu verstehen das Wesen und die Eigenschaft der Prinzipien: Das erste Principium stehet im Willen-Feuer und ist eine Ursache der andern beiden, auch des Lebens und Verständnis(ses) und eine Erhaltung der Natur, sowohl aller Eigenschaften des Vaters.

12. Und das andere Principium stehet im Licht als im Feuer der Begierde. Dieselbe Begierde machet Wesen aus des ersten Principii Eigenschaft.

13. Das erste und andere Principium ist Vater und Sohn in der Ewigkeit. Einer wohnet im andern und behält doch ein jeder seine Eigenschaft. Es ist kein Vermischen in der Essenz. Allein eines empfähet das andere in der Begierde, und wohnet das Licht in des Feuers Begierde, also daß des Feuers Eigenschaft seine Begierde ins Licht gibt und das Licht ins Feuer.

14. Also ist *ein* Wesen und nicht zwei, aber zwei Eigenschaften, da eine nicht die andere ist, auch ewig nicht werden kann. Gleichwie des Geistes Eigenschaft nicht kann das Feuer und Licht sein, und gehet doch vom Feuer aus dem Lichte aus und könnte einig weder vom Feuer noch vom Lichte allein bestehen. Das Feuer könnte ihn allein nicht geben, auch das Licht nicht, sondern beide geben ihn. Er ist beider Leben, und ist nur ein Wesen, aber drei Eigenschaften, da keine die andere ist, wie ihr dies am Feuer, Licht und Luft sehet.

15. Also verstehet ihr auch das dritte Principium. Das ist und hat eben diese Eigenschaften. Es hat auch Feuer, Licht und Geist, das ist Luft, und ist mit allen Umständen gleich dem ewigen Wesen. Aber es anfänget sich und gehet von dem Ewigen aus. Es ist eine Offenbarung des Ewigen, eine Erweckung, Bildnis und Gleichnis des Ewigen. Es ist nicht das Ewige, sondern es ist ein Wesen worden in der ewigen Begierde. Die Begierde hat sich geoffenbaret und in ein Wesen geführet, gleich dem Ewigen.

16. Die Vernunft saget, Gott habe diese Welt aus Nichts gemacht. Antwort: Es war wohl kein Wesen oder Materia dazu, das äußerlich, greiflich wäre, aber es war eine solche Gestaltnis in der ewigen Kraft im Willen.

17. Die Schöpfung dieser Welt ist mit einer Erweckung des Willen-Geistes geschehen. Der innere Wille, der sonst in sich hineinsteht, der hat seine eigene Natur erreget, als das Zentrum, das aus sich begehrend ist, als des Lichtes, welches aus dem Centro ausdringend ist. Also hat das Zentrum aus sich ein Wesen im Begehren gefasset; das ist: es hat ihm Wesen in seiner eigenen Imagination in der Begierde gefasset oder gemachet und hat auch des Lichts Wesen mit ergriffen.

18. Es hat das Ewige mit dem Anfang ergriffen. Darum müssen die Wesen dieser Welt mit der Figur wieder ins Ewige gehen, denn sie

sind im Ewigen mit ergriffen worden. Was aber aus dem Anfange in der Begierde gemachet oder ergriffen ward, das gehet wieder in sein Aether als ins Nichts, nur bloß wieder im Spiegel der Imagination, das ist: nicht vom Ewigen, sondern ist und gehöret der ewigen Magiae ins Begehren, gleich als ein Feuer ein Wesen verschlinget und verzehret, da nichts bleibet, sondern wird wieder das, als es war, da es noch kein Wesen war.

19. Also geben wir euch zu verstehen, was dieser Welt Wesen sei: anders nichts als ein coagulierter[1] Rauch aus den ewigen Äthern, der also eine Verbringung hat gleich dem Ewigen. Er schleußt sich in ein Zentrum eines Wesens und verzehret sich endlich wieder, und gehet wieder in die ewige Magiam und ist nur eine Zeitlang ein Wunder als eine Offenbarung des Ewigen, dadurch sich das Ewige, welches in sich offenbar ist, auch aus sich offenbare und seine Imagination ausschütte und also renoviere dasjenige, welches mit der Bewegung im Begehren gefasset oder gemachet ward, daß das Ende wieder könne in Anfang eingehen.

20. Denn nichts kann in die Freiheit des Ewigen eingehen, es sei denn dem Ewigen gleich, es bestehe denn im Willen-Feuer und sei also subtile als des Lichtes Wesenheit, das ist: als ein Wasser, das in einem Wesen wohnen kann, da das Licht kann inne wohnen und seinen Schein hindurchführen. Dasselbe wird vom Centro Naturae nicht ergriffen, und obs gleich der Natur Eigenschaft ist, so ists doch ein Ewiges.

21. Also geben wir euch zu verstehen, daß alles, was in dieser Welt je geboren ist, das Wesen hat, das nicht aus dem ewigen Wesen herrühret, erbe nicht das Ewige. Aber seine Figur[2] bleibet magisch stehen in dem ewigen Mysterio. Denn sie ist im Urstande mit der Schöpfung aus dem Ewigen gegangen. Aber sein Leib und ganzes Wesen der Qual vergehet, als ein Rauch sich verzehret, denn es ist aus dem Anfang und gehet ins Ende.

22. Was aber aus dem ewigen Wesen urständet, aus des ewigen Lichts Wesenheit, mag nicht vergehen. Es vergehet nur das daran, was aus dem Anfänglichen ist in das Ewige eingegangen als das

[1] verdichteter
[2] sein Urbild und ewige Bestimmung

äußere Fleisch, welches durch Imagination ward in dem Menschen ins Ewige eingeführet, das muß sich als ein Rauch verzehren.

23. Was aber aus der ewigen Imagination ins Ewige wird eingeführet, das bleibet ewig stehen. Und was aus dem Ewigen wird ausgeboren – verstehet: aus der ewigen Natur – ist im Menschen die Seele; das bleibet ewig, denn es ist aus dem Ewigen geurständet.

24. Aber so etwas aus dem ewigen Centro des Grimmes wird erboren, das mag in seine Renovation gehen, so es will. Gleichwie sich die ewige Natur vom Wesen der äußern Natur renovieret und das verlässet, was es im Anfange hat gemachet, und behält nur das magische Bild, das es aus dem ewigen Willen ins Äußere einführete mit dem Verbo Fiat[1] in der Schöpfung, also mag der Mensch das auch renovieren, das er machet. So er das Irdische verlässet, so mag er das, was er hat, aus dem Ewigen ausgeboren renovieren. Wirds aber nicht renovieret, so bleibts in der Qual[2].

25. Denn alles, was nicht dem Feuer, Lichte und Wasser gleich wird oder ist, mag nicht in der Freiheit bestehen, sondern bleibet in der Qual dessen, so es in sich erwecket oder gemachet hat, verstehe: aus dem Centro Naturae. Was es im Willen der Freiheit hat eingeführet, also wird ihm das eine Qual sein und ein Nagen oder Widerwille, das er ihm hat selbst aus seiner eigenen Natur erboren, damit er ihm die Freiheit hat finster gemachet, daß das Licht nicht mag durchscheinen, das wird seine Finsternis sein.

26. Denn wo der Wille finster ist, da ist auch des Willens Wesen als sein Leib finster. Und wo der Wille in Qual ist, da ist auch der Leib in Qual. Und um deswillen werden die Kinder des Lichts der Freiheit von den Kindern der Finsternis in der Angst-Qual geschieden, ein jedes in sein Principium.

27. So geben wir euch ferner zu verstehen, daß ein jedes Principium sein eigen Leben gebäre nach seiner Eigenschaft. Aber das Feuer ist das Scheideziel, das die zwei ewigen Principia vergnüget, als die Finsternis und das Licht. Der Finsternis giebets seinen Stachel und das Wehe, und dem Lichte seine Empfindlichkeit und das Leben.

[1] Schöpfungswort: Es werde!
[2] irdischen Qualität

28. Also hat auch das dritte Principium zwei Eigenschaften, als Hitze und Kälte. Die Hitze ist das Principium und giebet seinen Stachel und Wehe der Kälte. Und dem Lichte giebet sie das Leben und die Empfindlichkeit. Und das Licht gibt wieder sein Wesen dem Feuer, daß es mit ihm freundlich vereiniget wird. Und die Kälte giebet auch seine Eigenschaft und Wesen dem Feuer. Und das Feuer zerbrichts ihm und machet aus seinem Wesen den Tod und ein Sterben. Darum ist immer eine Feindschaft zwischen Hitze und Kälte, und werden nimmer eins.

29. Aber das erlangen sie in ihrer Feindschaft, daß ihnen das Leben muß durch den Tod grünen, denn aus Hitze und Kälte kommt das Gewächse des dritten Principii, darin wir äußerlich leben. Aus der Kälte kommt Frucht aus der Erden, sowohl der Leib aller Kreaturen und in den Elementen das Wesen. Von der Hitze kommt in ihrem Zanke das Leben in den Leib aller Kreaturen und Gewächse. Sowohl in der Tiefe der Elementen giebet sie den Geist der großen Welt in mancherlei Figuren. Als wo die Kälte Wesen machet, da machet die Hitze einen Geist darein.

30. Also ist das Wesen alles im Ringen, auf daß die Wunder der ewigen Welt in der Zerbrechlichkeit offenbar werden und daß sich das ewige Model in der Weisheit Gottes in Figuren führe und daß dieselben Modelle in der ewigen Magia im Mysterio ewig zu Gottes Wunder stehen und zur Freude der Engel und Menschen, wohl nicht im Wesen, aber im Mysterio, in der Magia, als ein Schatten des Wesens, auf daß ewig erkannt werde, was Gott gewirket hat und was er kann und vermag.

31. Denn nach der Zerbrechung dieser Welt bleibet nur das Ewige im Wesen als ewiger Geist mit ewiger Wesenheit ihrer Leiber, mit denen hier gemachten Wundern, welche in der Figur magisch stehen, daran werden die Geister Gottes Wundertat und Macht erkennen.

32. Also sind uns jetzt zu betrachten die Principia mit ihren Wundern. Die sind alle drei nichts als der einige Gott in seiner Wundertat. Der hat sich nach der Eigenschaft seiner Natur mit dieser Welt geoffenbaret. Und sollen wir also ein dreifach Wesen verstehen als drei Welten ineinander.

33. Die erste ist die Feuer-Welt, die urständet vom Centro Naturae, und die Natur vom begehrenden Willen, der in der ewigen Freiheit urständet im Ungrunde, dessen wir keine Wissenschaft haben oder tragen.

34. Und die andere ist die Licht-Welt. Die wohnet in der Freiheit im Ungrunde außer der Natur, kommt aber von der Feuer-Welt her. Sie empfähet ihr Leben und Empfindlichkeit vom Feuer. Sie wohnet im Feuer, und das Feuer ergreifet sie nicht. Und das ist die Mittel-Welt.

35. Das Feuer giebet im Centro Naturae vor seiner Anzündung die finstere Welt, und ist aber in seiner Anzündung in sich selber die Licht-Welt, da sichs selber ins Licht scheidet und lässet das Zentrum in Finsternis sein, denn es ist nur also eine Qual in sich selber und eine Ursache des Lebens.

36. Es hat Kreaturen, aber sie sind derselben grimmen Essenz. Sie fühlen kein Wehe. Das Licht wäre ihnen ein Wehe. Aber den gefallenen Teufeln, welche im Principio geschaffen worden in die Licht-Welt, denen ist die Finsternis eine Pein und das Feuer eine Macht oder Stärke, denn es ist ihr recht Leben, wiewohl nach vielen Eigenschaften vermöge des Centri Naturae nach derselben Essenz.

37. Die dritte Welt ist die äußere, darinnen wir nach dem äußeren Leibe wohnen mit den äußern Werken und Wesen, die aus der finstern und auch aus der Licht-Welt geschaffen worden. Darum ist sie böse und gut, grimmig und lieblich. Von dieser Eigenschaft sollte Adam nicht essen noch darein imaginieren[1]. Sondern die drei Welten sollten in ihm stehen in der Ordnung, daß keine die andere möchte ergreifen als in Gott selber. Denn Adam war aus allen drei Welten geschaffen, ein ganzes Bild und Gleichnis Gottes.

38. So er aber vom Bösen und Guten hatte gegessen und das Äußere ins Mittel eingeführet. Jetzt muß das Äußere vom Mittel abbrechen, und (es) geschiehet ein Scheiden, da das Äußere wieder in seinen Aether[2] muß gehen und das Mittlere bleibet stehen.

[1] nicht danach verlangen
[2] Ursprung

39. Also, wenn jetzt einer einen rechten Menschen siehet stehen, so mag er sagen: Hier sehe ich drei Welten stehen, aber nicht gehen. Denn die äußere Welt beweget sich mit dem äußern Leibe. Darum hat aber der äußere Leib keine Macht, die Lichtwelt zu bewegen. Er hat sich nur also in die Lichtwelt eingeführet, davon sie im Menschen ist erloschen. Aber er ist doch gleichwohl nur die finstere Welt in sich blieben, und die Lichtwelt bleibet in ihm unbeweglich stehen. Sie stehet in ihm gleich wie verborgen.

40. So er aber ein rechter Mensch aus der neuen Geburt ist, so stehet sie in ihm. Wie das Licht das Wasser durchscheinet und macht beweglich und begierig die Essenz, also daß die Essenz grünet, also auch das ewige Licht nicht als die Lichtwelt. Sie stehet stille und scheinet durch alles, wessen sie fähig ist, das da dünne ist als ein Nichts, wie denn das Feuer und Wasser also ist, da es doch alles substantialisch ist, aber gegen das Äußere als ein Nichts.

41. Also hat ein jedes Principium sein Gewächs aus sich selber, und das muß sein, sonst wäre alles ein Nichts.

42. Als des Feuers Principium ist die Wurzel. Das wächst aus seiner Wurzel. Es hat in seiner Eigenschaft, Herbe, Bitter, Grimm und Angst. Und das wächst in seiner Eigenschaft in Gift und Tod, in das ängstliche strenge Leben, das in sich Finsternis giebet wegen der Strengheit Einziehen. Seine Eigenschaften machen Sulphur, Merkurius und Sal, wiewohl des Feuers Eigenschaft nicht Sul machet im Sulphur, sondern der Wille der Freiheit machet das Sul im Phur, in dem das Principium vor sich gehet.

43. Was aber in seine Eigenschaften gehet, das ist nur Phur als Strengheit mit den andern Gestalten am Centro. Dieses ist die vornehmste Ursache zum Leben und zum Wesen aller Dinge. Obs wohl böse ist in sich selber, so ists doch dem Leben und des Lebens Offenbarung das allernützlichste. Denn es möchte kein Leben ohne diese Eigenschaft sein. Und dies Principium gründet sich in die innere und äußere Welt, in der innern wie unempfindlich, in der äußern mit seinem Grimme empfindlich.

44. Und das andere Principium hat auch sein Gewächse aus sich, denn das Feuer quillet im Lichte mit seinen Eigenschaften. Aber das Licht verwandelt die grimmen Eigenschaften in eine Begierde der

Liebe und Freudenreich. Darum ist auch des Feuers Essenz und Eigenschaft im Lichte ganz verwandelt, daß aus Angst und Wehe eine Liebe-Begierde wird, aus dem Stechen und Wüten ein freundlicher, sinnlicher Verstand.

45. Denn das Licht entzündet die Essentien mit der Liebe-Qual[1], daß sie ein Gewächs aus sich geben in Geistes Eigenschaft als einen freundlichen Willen, Sitten, Tugend, Frömmigkeit, Geduld im Leiden, Hoffnung, vom Übel erledigt zu werden, von Gottes Wundertaten in Begierde und Lust immer reden, klingen, singen und sich freuen der Werke und Wundertaten Gottes; immer gerne wollen recht tun, dem Übel und Bosheit wehren, seinen Nächsten mit der Liebe immer gerne wollen in die Lichtwelt ziehen, vom Bösen fliehen, die bösen Affekte immer mit Geduld, in der Hoffnung erlöset zu werden, zu dämpfen; sich freuen in der Hoffnung dessen, so die Augen nicht sehen und die äußere Vernunft nicht kennet; immer aus dem Übel auszudringen und die Begierde ins göttliche Wesen einzuführen; gerne wollen essen von Gottes Brot.

46. Diese Eigenschaften führet der neue Mensch, so von der Lichtwelt wieder erboren ist. Dies sind seine Früchte, welche die Lichtwelt in ihm also, ganz verborgen dem alten Adam, immer gebieret und den alten Adam von dieser Welt immer tötet und mit ihm immer im Streit lieget, welcher also dann dem neuen Menschen muß nachgehen, zwar als ein fauler Esel, der den Sack tragen muß, da ihn sein Herr immer nachpeitschet. Also tut der neue Mensch dem alten. Er zwinget ihn, daß er tun muß, was er nicht gerne will. Was die Freude dieser Welt antrifft, wäre dem alten Esel lieber, aber er muß also Knecht sein.

47. Zum andern hat das Principium sein Gewächse und giebet seine Frucht in das dritte Principium insgemein, als in (den) Geist der großen Welt, daß der äußern und innern Turbae[2] gewehret wird. Es dringet durch und giebet Fruchtbarkeit. Es wehret dem Grimm der Sternen und zerbricht die Konstellation, beides, der Geister und auch des firmamentischen Himmels. Es widerstehet dem Grimm des Teufels und den Anschlägen der boshaftigen Menschen, sofern auch Heilige gefunden werden, so es wert sind.

[1] Kraft der Liebe
[2] Gegensätzlichkeit, Verwirrung

48. Und das dritte Principium hat auch sein Gewächse. Darinnen sind aus dem innern erboren und geschaffen die Sternen und Elementen, welche in diesem Loco[1] mit der Sonnen das dritte Principium heißen. Denn die innern zwei Welten, als die Feuer- und Lichtwelt, haben sich mit dem dritten Principio geoffenbaret, und ist alles untereinander vermenget, Gutes und Böses, Liebe und Feindschaft, Leben und Tod. Es ist in allem Leben der Tod und das Feuer, auch hingegen eine Begierde der Liebe, – alles nach der innern Welt Eigenschaft; und wächst zweierlei Frucht daraus, Bös und Gut. Und hat auch eine jede Frucht beide Eigenschaften. Auch erzeigen sie sich in allem Leben dieser Welt, daß also immer der Zorn und böse Qual mit der Liebe streitet, da suchet eine jede Eigenschaft und bringet Frucht. Was das Gute machet, das zerstöret das Böse. Und was das Böse machet, das zerstöret das Gute. Es ist ein steter Krieg und Zank, denn es sind beider inneren Prinzipien Eigenschaften im Äußern rege. Ein jedes bringet und wirket Frucht in das innere Reich, ein jedes will Herr sein.

49. Die Kälte als der Ausgang aus dem innern Centro aus dem Grimm des Todes will Herr sein und immer in Tod einschließen. Sie erwecket immer den Stachel des Todes. Und die Hitze als der Ausgang aus dem rechten Feuer will auch Herr sein. Sie will alles bändigen und verzehren, und will immer rohe ohne Leib sein. Sie ist ein Geist und begehret nur ein Geist-Leben. Sie giebet der Kälte den Stachel, denn sie ertötet sie oft, daß sie ihr Recht muß sinken lassen und sich der Hitze ergeben.

50. So will die Sonne als das Licht auch Recht haben, und will Herr sein. Sie überwindet Hitze und Kälte, denn sie machet in ihrer lichten Sanftmut Wasser und führet im Licht-Geiste einen freundlichen Geist, als die Luft; wiewohl das Feuer die Stärke des Windes giebet und die Sonne den sanftmütigen Geist, der billig Luft heißet. Es ist wohl einer, hat aber zwei Eigenschaften, eine nach dem Lichte als ein sanftes Leben.

51. Also ist das äußere Principium nur ein steter Krieg und Zank, ein Bauen und Brechen. Was die Sonne, als das Licht, bauet, das zerbricht die Kälte, und das Feuer verzehret es gar.

---

[1] Ort

52. In diesem Streit gehet auf sein Wachsen in eitel Streit und Uneinigkeit. Eins zeucht[1] aus der Erden seine Fruchtbarkeit, das andere zerbricht oder verschlingt sie wieder.

53. Es machet in allen Tieren Bosheit und Streit, denn alle Tiere und alles Leben dieser Welt außer dem Menschen ist nur eine Frucht des dritten Principii, und hat nur das Leben des dritten Principii. Beides, sein Geist und Leib, ist nur dasselbige. Und alles, was sich reget und webet auf dieser Welt, und der Mensch mit seinem Geiste und sichtbaren Leibe in Fleisch und Blut ist auch nur die Frucht desselben Wesens und gar nichts anderes.

54. So er dann aber auch die zwei inneren Welten in sich hat, welche ihm den rechten Verstand, Sinn und Gemüte geben, welche auch diese Zeit des irdischen und elementarischen Leibes miteinander im Streit liegen. So mag er eben zusehen, welche Welt er zum Herrn in ihm mache, dieselbe wird ewig sein Herr in ihm sein. Diese Zeit kann er zerbrechen, und weiter nicht. Wenn das Äußere zerbricht, so stehet alles in seinem Aether[2]. Das Gemüte ist frei und ist der Angel und hat den Verstand[3]: es mag hinwägen, wohin es will, und mag beistehen einem Principio, welchem es will. In welchen Aether es eingehet, da ists ewig.

Also ist der erste Teil oder Punkt vollendet.

[1] zieht
[2] Es bleibt die Geistgestalt übrig.
[3] die Bedeutung

Kommentar

Wie schon in der vorausgegangenen Erläuterung gesagt, stammt auch das zweite, hier vorzustellende Werk aus der großen Schaffensperiode Jakob Böhmes, die im Jahre 1620 einen ersten Höhepunkt erreicht. Die »hohe und tiefe Gründung«, wie der Autor seinen »theosophischen« Beitrag selbst betitelt hat, darf den Hauptwerken zugerechnet werden. Während die drei Teile *Von der Menschwerdung Jesu Christi* (De incarnatione verbi) im Sommer 1620 entstand, fällt die Zeit der Niederschrift der »Sechs Punkte« in den Herbst desselben Jahres.

Wichtig sind bereits die ersten Sätze der Vorrede, aus denen deutlich wird, an wen sich Böhme wendet. Er meint – generell – allein solche Leser, in denen eine Wandlung vor sich gegangen ist oder die wenigstens bereit sind, sich für das neue Sein zu öffnen. Es ist das Sein, das im Zeichen der Lilie steht. Es ist dasselbe Zeichen, dieselbe Symbolblume, unter der er sich die neue, umfassende Reformation erhofft. Und was die Menschen betrifft, an die er sich allein wendet, dann sind es solche, die das alte Sein hinter sich lassen, die vielmehr »das neue Leben« ergreifen, von dem Böhme namentlich in seinen christosophisch-meditativen Schriften *(Christosophia)* als Seelenführer Zeugnis ablegt. Dabei ist er realistisch genug zu wissen, daß wir in einem »vermischten Leben« existieren. Gemeint ist das Spannungsfeld, auf dem sich die Elemente des Guten und des Bösen mischen.

Es wäre illusionär zu behaupten, wer durch eine innere Wandlung hindurchgegangen ist, für den seien bereits alle Probleme gelöst. Vielmehr bedarf gerade er der Hilfe und des spirituellen Beistandes. Und aus eben dieser Gesinnung heraus sind die einzelnen »Punkte« dieses Werks geschrieben.

Böhme kann sich auf jenes überaus kühne Wort des Apostels Paulus berufen, demzufolge der dem Menschen geoffenbarte Geist alle Dinge, auch »die Tiefen der Gottheit« (I. Kor. 2,10) zu erforschen vermag. Auf diese Weise und aufgrund eigener spiritueller Erfahrung wird der Schreiber des »Sechs Punkte« zum Theosophen. Sein Blick richtet sich auf das Schauen Gottes selbst, auf den »Ungrund«. Er ist gänzlich »außer der Natur« (1,9), vor und jenseits alles Begründbaren und Ergründbaren, und zwar als reiner

Wille, aber auch als das Grenzenlose, das Unendliche, das Eine, das zugleich Alles ist, das die absolute Totalität des Seins bedeutet, »wahrhaftig ist, aber nicht essentialisch«, also vor jeder Leibwerdung.

So steht der Theosoph vor dem Mysterium der göttlichen Trinität (1,15 ff.) als Inbegriff des Dynamischen und Schöpferischen, das nach Verwirklichung verlangt. Alles, was ist, ist Wesensbestandteil der Fülle Gottes (1,21), ohne jedoch die Gottheit als solche erfassen zu können. Damit ist einer pantheistischen Interpretation der Schöpfung eine deutliche Absage erteilt. Der Schöpfer geht niemals in seinen Kreaturen auf, auch wenn er sie erfüllt.

Zum Wesen der Schöpfung gehört es, daß in ihr eine »Magia« waltet, das heißt ein Vermögen und eine Macht des Willens. Sie gestaltet im polaren Gegenüber der ersten beiden Prinzipien (1,25), dem Prinzip des (grimmigen, zornigen) Feuers und dem des (sanftmütigen) Lichts (1,33). Ziel ist die Manifestation der Weisheit Gottes im dritten Prinzip (1,35;2,3). Doch Böhme begnügt sich nicht mit dieser Feststellung allein. Sein Denken ist von den Polaritäten und Prozessen in Anspruch genommen, die in der Natur wie in der geistigen Welt abrollen (1,58 ff.). Es ist der Widerstreit zwischen den beiden Prinzipien Feuer und Licht.

Eine überaus wichtige Erkenntnis liegt in der Mitteilung, daß das Leben dem Tod abgerungen werden muß (1,68 f.). Der Widersacher ist geradezu unerläßlich. Erst die Negation begründet die Position (1,70 ff.). Erst durch den Tod ist Leben, ist Freiheit möglich. Andererseits ist aber auch der Tod Mittel und Weg, das Verkörperte, Belebte in seinen Urzustand zurückzubringen in die »ewige Magia« (2,19). Urbild und ewige Bestimmung dessen, was vom Schöpfer ins Sein gerufen wurde, geht nicht verloren. Und was »aus dem Anfang ist, gehet ins Ende« (2,21), soweit ihm die Sterblichkeit anhaftet. Allein das Ewige bleibt auch ewig, nämlich die »aus dem Ewigen geurständete« Seele (2,23). Doch zuvor ist »alles Wesen im Ringen, auf daß die Wunder der ewigen Welt in der Zerbrechlichkeit offenbar werden« (2,30), nämlich als Ausdruck der Weisheit Gottes – Grundüberzeugung des Theosophen und Pansophen Jakob Böhme. In den nachfolgenden Abschnitten dieses Buches kommt er immer wieder auf diese Gedanken zurück: »Ob's wohl böse ist in sich selber, so ist's doch dem Leben und des Lebens Offenbarung das allernützlichste...« (2,43).

Wenngleich Böhme die innere Dialektik und die polare Spannung hervorhebt, die in der ganzen Schöpfung zur Auswirkung kommt, so stellt er doch stets auch klar, worin das Wesen des Reiches Gottes ist, an dessen Vergegenwärtigung ihm so sehr liegt. Hier herrscht nicht der Gegensatz als der »Vater aller Dinge« (Heraklit). Vielmehr dominiert im Reich Gottes das Prinzip des Lichtes und der Liebe. Die »Grimm-Essenz« ist aufgehoben; sie ist gleichsam transformiert, nämlich dem Leben dienstbar gemacht (3,1 ff.)[1]. Das Böse wird zur »Ursache des Guten« (3,4), denn alles, eben auch das Negative umspannt die Hand Gottes. Dasselbe gilt schließlich für den Widersacher aller Kreatur, den Tod (3,15). Selbst die Lichtwelt der Engel muß »des finstern Todes Essenz zu ihrem Leben« haben (3,16). Hier liegt ein großes Mysterium. Und die Aufgabe, zugleich die Würde des Menschen, besteht darin, »ein Erkenner und Wisser des Mysteriums« (3,22) zu sein, und zwar frei von widergöttlich-teuflischen Zwängen.

Nicht weniger wichtig ist die andere Aufgabe, die der Mensch zu erfüllen hat. Sie besteht im besonderen darin, daß er sein Willensleben in die Hand bekommt (4,17) – ein Mittel, den »alten bösen Adam« zu töten, das heißt – mit Christi Hilfe –, den Zustand des Abfalls von Gott und der Selbstentfremdung aufzuheben. Böhme leitet daraus eine ganz bestimmte Ethik ab. Es ist die Ethik des Kreuzes und einer konsequenten Christusnachfolge (4,24). Jedem einzelnen ist es aufgetragen, seinem Mitmenschen »ein Führer ins Reich Gottes« zu sein (4,25), durch das Beispiel und durch die zeichenhafte Tat. Auf diese Weise nimmt die Gottesliebe sichtbare Gestalt an. Die Menschwerdung dieser Liebe, die in Christus begonnen hat, schreitet fort. Jeder einzelne kann und soll daran teilnehmen.

Der Erkennende, der mit Böhme den Weg von der inneren, unsichtbaren Welt zur sichtbaren Welt antritt, der kommt zu der Einsicht, daß »das Wesen der äußeren Welt sei aus der innern herkommen« (6,1). Diese äußere Welt ist die Manifestation der Innenwelt des Schöpferischen, die alles durchwaltet. Dabei sind die »Tinkturen« des Lichten und des Finsteren notwendigerweise voneinander zu unterscheiden. Aber eben in ihrer Unterschieden-

[1] Die nachfolgenden Kapitel 3–10 sollen in der in Vorbereitung befindlichen Ausgabe der Hauptschriften J. Böhmes Aufnahme finden.

heit bedürfen sie einander. Deshalb durchdringen sie sich gegenseitig (6,7). Trotz ihrer Gegensätzlichkeit sind sie aber aufeinander bezogen (6,9ff.). Entscheidend für den Menschen ist es, daß er selbst nach seinem Ursprung im Lichte verlangt (6,16f.), nachdem Christus das in Adam verlorene Urbild des Menschlichen erneuert hat.

Was die menschliche Erkenntnisfähigkeit anlangt, so ist sich Böhme stets bewußt, welche Grenzen der natürlichen Vernunfterkenntnis gesetzt sind. Die »arme Seele« steht in der Gefahr, vom Licht Gottes abgezogen und in die Irre geleitet zu werden (7,24), denn auch die Versuchung Adams dauert bis heute fort. Das will besagen, daß der Mensch zwischen Gut und Böse hin- und hergerissen ist. Doch aus dieser Tatsache resultiert für den Autor dieser »Theosophischen Punkte« nicht etwa eine völlige Erkenntnisskepsis, denn es gibt die Wiedergeburt in Christus (7,25ff.). In ihr liegt die Möglichkeit, das »Gottes-Licht in der Seele« zu entzünden (7,33). Eröffnet wird diese Möglichkeit bereits durch das Sakrament der Taufe (8,9ff.). Und dieses Sakrament wirkt als solches, wie ein mächtiger spiritueller Impuls, der durch die menschliche Willkür nicht aufgehoben werden kann. Doch die Willensfreiheit des Menschen tastet Böhme nicht an: »Was wir aus uns machen, das sind wir. Was wir in uns erwecken, das ist in uns rege...« (8,31). In seinem Buch *Von der Gnadenwahl* hat sich Böhme ausführlich und mit großer Leidenschaft in diesem Sinne ausgesprochen.

Weil nun der Mensch dergestalt frei ist und durch keine Vorherbestimmung eingeschränkt, deshalb kann er auch den lebenslangen Kampf mit den Mächten des Widersachers aufnehmen (Kap. 9 und 10). Böhme, so scheint es, kann sich gar nicht genug tun, die »vier Elemente der finstern Welt« als Kräfte zu charakterisieren, die den Menschen gefährden. Deshalb drängt er darauf, daß sich ein jeder selbst kennenlerne. Größtes steht auf dem Spiel, nicht etwa nur der gute Leumund, sondern das Himmelreich als Ziel. Echte Theosophie darf sich daher auch nicht täuschen lassen durch den äußeren Schein angeblicher Christlichkeit (10,21), die sich – ganz im Stile der Zeit – auf die (reformatorischen) Bekenntnisformeln beruft, jedoch auf die innere Veränderung verzichtet. Deshalb Böhmes abschließende Aufforderung zum Kampf, »nicht mit Mund und Schwert, sondern mit Geist und Gemüte« (10,25).

Sex Puncta Mystica oder Kurze Erklärung sechs mystischer Punkte

Vorrede

Die teure Erkenntnis ist nicht, es sei denn, daß die Seele eines (Menschen) den Sturm gesieget und den Teufel niedergeschlagen, daß sie das Ritterkränzlein bekommt, welches ihr die holdselige Jungfrau der Zucht[1] zu einem Siegeszeichen aufsetzet, daß sie in ihrem teuren Ritter Christo hat gesieget. Da gehet auf die Wundererkenntnis, aber mit keiner Vollkommenheit.

1. Punkt

Vom Blut und Wasser der Seelen

Alles, was substantialisch und greiflich ist, das ist in dieser Welt. So dann die Seele in dieser Welt keine Substanz oder Wesen ist, so ist auch ihr Blut und Wasser keine Substanz oder Wesen in dieser Welt.

2. Wohl ist die Seele mit ihrem Blut und Wasser in dem äußern Blut und Wasser, aber ihre Substanz ist magisch. Denn die Seele ist auch ein magisch Feuer und ihre Bildnis oder Gestaltnis wird im Licht in der Kraft ihres Feuers und Lichtes aus dem magischen Feuer ausgeboren und ist doch ein wahrhaftig Bild in Fleisch und Blut, aber im Urstande desselben.

3. Gleichwie Gottes Weisheit Wesen hat; und sie, die Weisheit, ist doch kein Wesen. Also hat die Seele mit ihrer Bildnis Wesen. Und

[1] die göttliche Sophia

sie, die Seele, ist doch nur ein magisch Feuer, aber ihre Nahrung ist von ihrem Wesen.

4. Gleichwie ein Feuer muß Wesen haben, soll es brennen, also hat auch das magische Feuer der Seelen Fleisch, Blut und Wasser. Denn es wäre kein Blut, so nicht die Tinktur vom Feuer und Licht im Wasser wäre, welche der Weisheit Ens[1] oder Leben ist. Die hat in ihr alle Gestalten der Natur und ist das andere magische Feuer.

5. Denn sie giebet alle Farben, und aus ihrer Gestalt gehet in des Lichtes sanftem Wesen aus die göttliche Kraft, verstehet: nach des Lichtes Eigenschaft; und nach des Feuers Eigenschaft ist sie eine Schärfe der Verwandlung. Sie mag alle Ding in ihrem höchsten Grad führen, wiewohl sie kein lebhafter Geist, sondern das höchste Ens ist.

6. Also ist sie auch ein solches Ens im Wasser und führet des Feuers und Lichts Eigenschaft darein mit allen Kräften der Natur, da sie dann das Wasser in Blut verwandelt. Solches tut sie im äußern und innern Wasser als im äußern und innern Blute.

7. Das innere Blut der göttlichen Wesenheit ist auch magisch, denn die Magia machts zur Substanz. Es ist geistlich Blut; das das äußere Wesen nicht mag regen, als nur durch Imagination. Die innere Imagination führet den äußern Willen ins innere Blut. Davon verdirbet das Blut und Fleisch der göttlichen Wesenheit, und wird das edle Bildnis des Gleichnisses Gottes verdunkelt.

8. Der Seelen Fleisch und Blut ist in dem höchsten Mysterium, denn es ist göttliche Wesenheit. Und so das äußere Fleisch und Blut stirbet, so fället es dem äußern Mysterio heim, und das äußere Mysterium fället dem innern heim.

9. Und hat ein jedes magisches Feuer seine Klarheit und Finsternis in sich, um welches willen ein endlicher Scheidetag angestellet ist, da alles soll durch ein Feuer gehen und probieret werden, welches dessen fähig sein wird oder nicht. Alsdann gehet ein jedes Ding in seine eigene Magiam[2], und ist hernach, als es von Ewigkeit je war.

---

[1] Sein
[2] in die geistige Seinsweise

2. Punkt

Von der Gnadenwahl, vom Guten und Bösen

Gott ist von Ewigkeit alles alleine. Sein Wesen teilet sich in drei ewige Unterscheide. Einer ist die Feuerwelt, der andere die finstere Welt, und der dritte die Lichtwelt. Und ist doch nur *ein* Wesen ineinander, aber keines ist das andere.

2. Die drei Unterscheide sind gleich ewig und ungemessen und in keine Zeit noch Stätte eingeschlossen. Ein jeder Unterscheid schleußt sich in sich selber in ein Wesen. Und nach seiner Eigenschaft ist auch seine Qual[1]. Und in seiner Qual ist auch seine Begierde als das Zentrum der Natur.

3. Und die Begierde ist sein Machen, denn sie machet Wesen, da keines ist, und solches in der Begierde Essenz nach der Begierde Eigenschaft, und ist alles zusammen nur *eine* Magia oder ein Hunger nach Wesen.

4. Eine jede Gestalt machet Wesen in ihrer Begierde. Und eine jede Gestalt führet sich aus dem Spiegel ihres Glanzes aus und hat ihr Sehen in ihrem eigenen Spiegel. Ihr Sehen ist einem andern Spiegel eine Finsternis. Ihre Gestaltnis ist einem andern Auge verborgen, aber im Fühlen ist ein Unterscheid.

5. Denn eine jede Gestalt nimmt ihr Fühlen vom Urstand der ersten drei Gestalten in der Natur, als von Herbe, Bitter und Angst. Und ist in diesen dreien doch kein Wehe in sich selber, aber das Feuer machet Wehe in ihnen, und das Licht wandelt es wieder in Sanftmut.

6. Das rechte Leben stehet im Feuer. Allda ist die Angel zu Licht und Finsternis. Die Angel ist die Begierde; womit sich die füllet, dessen Feuer ist die Begierde und dessen Licht scheinet aus dem Feuer. Dasselbige Licht ist der Gestaltnis oder desselben Lebens Sehen. Und das eingeführte Wesen in die Begierde ist des Feuers Holz, daraus das Feuer brennet, es sei herbe oder sanft. Und das ist auch sein Himmel- oder Höllenreich.

[1] Qualität, Dynamik

7. Das menschliche Leben ist die Angel zwischen Feuer und Finsternis. Welchem es sich eineignet, in demselben brennet es. Giebet sichs an die Begierde der Essenz, so brennets in der Angst, im Finsternisfeuer.

8. Gibt sichs aber in ein Nichts, so ists begierdelos und fället dem Lichtfeuer heim, so kann es in keiner Qual brennen, denn es führet kein Wesen in sein Feuer, daraus ein Feuer brennen kann. So denn keine Qual in ihm ist, so mag auch das Leben keine Qual fahen[1], denn es ist keine in ihm. Jetzt ists der ersten Magiae heimgefallen. Die ist Gott in seiner Dreiheit.

9. Wenn das Leben erboren ist, so hats alle drei Welten in sich. Welcher Welt sich das Leben eineignet, von derselben wirds gehalten und in demselben Feuer entzündet.

10. Denn wenn sich das Leben anzündet, so wirds von allen drei Welten gezogen. Und die stehen im Regen in der Essenz als im ersten angezündeten Feuer; welcherlei Essenz das Leben in seine Begierde einladet und empfähet, dessen Feuer brennet.

11. Ist die erste Essenz, darin sich das Leben anzündet, gut, so ist auch das Feuer lieblich und gut. Ist sie aber bös und finster, aus grimmiger Eigenschaft, so ists auch ein grimm(iges) Feuer und hat wieder solche Begierde nach des Feuers Eigenschaft.

12. Denn eine jede Imagination begehret nur Wesen ihresgleichen, worinnen sie geurständet hat.

13. Das Leben des Menschen ist in dieser Zeit gleichwie ein Rad, da bald das unterste zu oberst ist, und entzündet sich an allem Wesen und besudelt sich mit allem Wesen. Aber sein Bad ist in der Bewegung des Herzens Gottes, ein Wasser der Sanftmut. Aus der mag es Wesen in sein Feuerleben einführen. Die Wahl Gottes stehet nicht in der ersten Essenz[2].

14. Denn die erste Essenz ist nur das Mysterium zum Leben, und gehöret eigentlich das erste Leben mit der Anzündung in sein Mysterium, daraus es ist gegangen. Es sei eine ganz grimmige oder eine vermischte oder eine Lichtessenz nach der Lichtwelt.

---

[1] empfangen

[2] also nicht im Zornfeuer

15. Aus welcher Eigenschaft das Leben urständet, aus derselben brennet auch seines Lebens Licht. Und dasselbe Leben hat keine Wahl. Es gehet kein Gericht über das, denn es stehet in seinem eigenen Urstande und führet sein Gericht in sich. Es scheidet sich selber von aller andern Qual, denn es brennet nur in seiner eigenen Qual, in seinem eigenen magischen Feuer.

16. Die Wahl gehet über das Eingeladene, ob es ins Licht oder in die Finsternis gehöre. Denn nach dem es einer Eigenschaft ist, nach dem ist auch seines Lebens Wille. Es wird erkannt, ob es der grimmigen Essenz oder der Liebe Essenz ist. Und solange es in einem Feuer brennet, ist es vom andern verlassen. Und gehet die Wahl desselben Feuers, darinnen es brennet, über dasselbe Leben; denn es wills haben, es ist seiner Eigenschaft.

17. So sich aber desselben Feuers Wille als die fliegende Angel in ein ander Feuer schwinget und darinnen entzündet, so mag er das ganze Leben in demselben Feuer entzünden, so er in demselben Feuer bleibet.

18. Jetzt wird das Leben neu geboren, entweder zur Finsterwelt oder zur Lichtwelt, worinnen sich der Wille anzündet; und darauf gehet eine andere Wahl, und das ist die Ursache, daß Gott lässet lehren und auch der Teufel. Ein jeder will, daß sich des Lebens Wille in sein Feuer schwinge und entzünde, alsdann fänget ein Mysterium das andere.

3. Punkt

Von der Sünde, was Sünde sei und wie es Sünde sei

Ein Ding, das eins ist, das hat weder Gebot noch Gesetz. So sichs aber mit einem andern mischet, so sind zwei Wesen in einem und sind auch zwei Willen, da einer wider den anderen laufet; allda urständet Feindschaft.

2. Also ist uns zu betrachten von der Feindschaft wider Gott. Gott ist einig und gut, außer aller Qual[1]. Und obgleich alle Qual in ihm

[1] Qualität und Wesenhaftigkeit

ist, so ist sie doch nicht offenbar. Denn das Gute hat das Böse oder Widerwärtige in sich verschlungen und hälts im Guten in Zwang, gleich als gefangen, da das Böse eine Ursache des Lebens und Lichts sein muß, aber nicht offenbar. Sondern das Gute erstirbet dem Bösen, daß es in dem Bösen ohne Qual oder Empfindung wohnen mag in sich selber.

3. Es ist die Liebe und Feindschaft nur *ein* Ding, aber ein jedes wohnet in sich selber. Das machet zwei Dinge. Der Tod ist zwischen ihnen das Scheideziel, und ist doch kein Tod, ohne daß das Gute dem Bösen abstirbet, wie das Licht des Feuers Qual erstorben ist und fühlet das Feuer nicht mehr.

4. So ist uns nun im menschlichen Leben die Sünde zu ergründen, denn das Leben ist einig und gut. So aber eine andere Qual als gut darin ist, so ists eine Feindschaft wider Gott, denn Gott wohnet im höchsten Leben des Menschen.

5. So kann nun kein Ungründliches in einem Gründlichen wohnen, denn sobald das rechte Leben Qual in sich erwecket, so ists dem Ungrund nicht gleich, darinnen keine Qual ist, sobald trennet sich eins vom andern.

6. Denn das Gute oder Licht ist als ein Nichts. So aber Etwas darein kommt, so ist dasselbe Etwas ein anderes als das Nichts, denn das Etwas wohnet in sich, in Qual. Denn wo Etwas ist, da muß Qual sein, die das Etwas machet und hält.

7. Also ist uns zu betrachten von Liebe und Feindschaft. Die Liebe hat nur *eine* Qual und Willen. Sie begehret nur ihresgleichen und nicht viel. Denn das Gute ist nur *eines*, aber die Qual ist viel. Und welcher menschliche Wille viel begehret, der führet in sich das Eine, darinnen Gott wohnet, die Qual der Vielheit.

8. Denn das Etwas ist finster und verfinstert des Lebens Licht. Und das Eine ist Licht, denn es liebet sich selber, und ist kein Begehren nach mehrerem.

9. Also muß des Lebens Wille in das Eine als in das Gute gerichtet sein, so bleibets in einer Qual. So es aber in eine andere Qual imaginieret, so schwängert sichs mit dem Dinge, darnach es lüstert.

10. Und so denn dasselbige Ding ohne ewigen Grund ist in einer zerbrechlichen Wurzel, so suchet es eine Wurzel zu seiner Erhaltung, daß es möge bleiben, denn alles Leben stehet im magischen Feuer. So muß ein jedes Feuer Wesen haben, darinnen es brennet.

11. Jetzt muß ihm dasselbe Ding Wesen nach seiner Begierde machen, daß sein Feuer zu zehren hat. So mag nun keine Feuerqual im freien Feuer bestehen, denn es erreichet das auch nicht, denn es ist nur ein eigenes.

12. Alles, was in Gott bestehen soll, das muß seines Willens ledig sein. Es muß kein eigen Feuer in sich brennend haben, sondern Gottes Feuer muß sein Feuer sein. Es muß sein Wille in Gott geeiniget sein, daß Gott und des Menschen Wille und Geist nur eines ist.

13. Denn was eines ist, das feindet sich nicht, denn es hat nur *einen* Willen. Wo er dann gehet oder was er tut, das ist eines mit ihm.

14. Ein Wille hat nur eine Imagination. So machet oder begehret doch die Imagination nur dasjenige, was sich mit ihr gleichet. Also ist uns auch vom Widerwillen zu verstehen.

15. Gott wohnet in allem, und nichts begreifet ihn, es sei denn mit ihm eins. So es aber aus dem Einen ausgehet, so gehet es aus Gott in sich selber und ist ein anderes als Gott, das trennet sich selber. Allda entstehet das Gesetze, daß es wieder aus sich selber soll ausgehen in das Eine oder von dem Einen getrennet sein soll.

16. Also ist erkenntlich, was Sünde sei oder wie es Sünde sei, als nämlich, wenn der menschliche Wille sich von Gott abtrennet in ein Eigenes und erwecket sein Eigenes und brennet in eigener Qual, so ist dasselbe eigene Feuer nicht des göttlichen Feuers fähig.

17. Denn alles, worein der Wille gehet und wills für eigen haben, das ist ein fremdes in dem einigen Willen Gottes, denn Gott ist alles und des Menschen eigenen Willens nichts. So er aber in Gott ist, so ist auch alles sein.

18. Also erkennen wir, daß die Begierde Sünde sei, denn sie lüstert aus Einem in viel und führet viel in Eines. Sie will besitzen und soll doch willenlos sein. Mit der Begierde wird Wesen gesuchet, und im Wesen zündet die Begierde das Feuer an.

19. So brennet nun ein jedes Feuer aus seines Wesens Eigenschaft. Jetzt ist die Trennung und Feindschaft geboren, denn Christus saget: Wer nicht mit mir ist, der ist wider mich, und wer nicht mit mir sammelt, der zerstreuet (Luk. 11,23). – Denn er sammelt außer Christo, und was nicht in ihm ist, das ist außer Gott.

20. Also sehen wir, daß der Geiz Sünde ist, denn er ist eine Begierde außer Gott, und sehen auch, daß die Hoffart Sünde ist, denn sie will ein Eigenes sein und trennet sich von Gott als von dem Einen ab.

21. Denn was in Gott sein will, das muß in ihm in seinem Willen wandeln. So wir denn in Gott nur Einer sind in vielen Gliedern, so ists ja wider Gott, so sich ein Glied vom andern entzeucht[1] und machet einen Herrn aus sich selber, als die Hoffart tut. Die will Herr sein, und Gott ist allein Herr. Jetzt sind zwei Herren und scheiden sich einer vom andern.

22. Darum ist alles Sünde und ein Widerwille, das die Begierde für eigen besitzet, es sei Speise und Trank. So der Wille darein imaginieret, so füllet er sich mit demselben und entzündet desselben Feuer, so brennet alsdann ein ander Feuer in dem ersten, so ist Widerwille und eine Irrung.

23. Darum muß ein neuer Wille aus dem Widerwillen wachsen, der sich wieder in die einige Einigung einergiebet[2], und muß der Widerwille zerbrochen und getötet werden.

24. Und allhier ist uns zu betrachten das Wort Gottes, das Mensch ward. So der Mensch seine Begierde darein setzet, gehet er aus der Qual aus seinem eigenen Feuer aus und wird im Worte neu geboren. Also wohnet der ausgehende Wille in Gott und der erste in der Begierde, in der Irdigkeit und Vielheit.

25. Also muß die Vielheit mit dem Leibe zerbrechen und dem ausgehenden Willen absterben, und wird der ausgehende Wille für eine neue Geburt erkannt. Denn er nimmt wieder in dem Einen alles an sich, aber nicht mit eigener Begierde, sondern mit eigener Liebe, welche in Gott geeiniget ist, daß Gott sei alles in allem. Und sein Wille sei aller Dinge Wille, denn in Gott bestehet ein einiger Wille.

---

1 entzieht
2 hineingibt

26. Also befinden wir, daß das Böse muß dem Guten zum Leben dienen, so nur der Wille aus dem Bösen wieder aus sich ausgehet ins Gute, denn der Grimm muß des Lebens Feuer sein.

27. Aber des Lebens Wille muß im Streit wider sich selbst gerichtet sein, denn er muß dem Grimm entfliehen und den nicht wollen. Er muß die Begierde nicht wollen, die doch sein Feuer will und auch haben muß, darum heißets: Im Willen geboren werden.

28. Ein jeder Willengeist, der in der Begierde seines Lebens Feuer als im Grimm des Holzes zum Feuer bleibet oder darein eingehet und das Irdische besitzet, der ist alsolang von Gott getrennet, als er das Fremde als das Irdische besitzet.

29. Also erkennt man, wie Überfluß der Speise und Trank Sünde wirket. Denn der reine Wille, der von des Lebens Feuer ausgehet, wird in der Begierde ertränket und gefangen, daß er im Streit zu ohnmächtig wird. Denn des Feuers als der Begierde Qual hält ihn gefangen und füllet ihn mit Sucht, daß derselbe Wille in die Begierde imaginieret.

30. Der Wille in Speis und Trank mit derselben Begierde ist irdisch und von Gott getrennet. Aber derselbe Wille, der dem irdischen Feuer entrinnet, der brennet im innern Feuer und ist göttlich.

31. Nicht entstehet derselbe Wille, der von der irdischen Begierde fleucht, aus dem irdischen Feuer. Nein, er ist der Seelen Feuerwille, welcher mit der irdischen Begierde gefangen und bedecket wird. Der will nicht in der irdischen Begierde bleiben, sondern will in sein Eins, in Gott, daraus er anfangs entsprungen ist.

32. Wird er aber in der irdischen Begierde gefangen gehalten, so ist er im Tode verschlossen und leidet Qual. Also ist die Sünde zu verstehen.

4. Punkt

Wie Christus das Reich seinem Vater überantworten werde

In der Schöpfung der Welt und alles Wesens bewegte sich der Vater nach seiner Eigenschaft als mit dem Centro der Natur, mit der Finster- und Feuerwelt. Die blieb in der Bewegung und im Regiment, bis sich der Vater in seinem Herzen und der Lichtwelt bewegte und Gott Mensch ward. Allda überwand die Liebe des Lichtes des Vaters grimme Eigenschaft und regierete der Vater in dem Sohne mit der Liebe.

2. Allda hatte der Sohn das Regiment in denen, die Gott anhingen und zog der Hl. Geist, der vom Vater und Sohn ausgehet, die Menschen in dem Lichte der Liebe, durch den Sohn, zu Gott dem Vater.

3. Aber am Ende beweget sich der Hl. Geist in des Vaters und auch in des Sohnes Eigenschaft, und werden beide Eigenschaften zugleich rege, und eröffnet sich der Geist des Vaters im Feuer und Licht, auch im Grimm der finstern Welt. Allda fället das Regiment dem Vater heim. Denn der Hl. Geist soll ewig regieren und ein ewiger Eröffner in der Licht- und auch in der Finsterwelt sein.

4. Denn die zwei Welten werden stille stehen und der Hl. Geist, der vom Vater und Sohne ausgehet, führet ewig das Regiment in den zwei Weltern nach jeder Welt Qual und Eigenschaft.

5. Er wird allein der Eröffner der Wunder sein. Und ist also dem Vater, der alles ist, das ewige Regiment, welches er mit dem Geiste führet.

5. Punkt

Von der Magia, was Magia sei,
was der magische Grund sei

Magia ist die Mutter der Ewigkeit, des Wesens aller Wesen, denn sie machet sich selber und wird in der Begierde verstanden.

2. Sie ist in sich selber nichts als nur ein Wille. Und derselbe Wille ist das große Mysterium aller Wunder und Heimlichkeit, und führet sich aber durch die Imagination des begierigen Hungers in Wesen.

3. Sie ist der Urstand der Natur. Ihre Begierde machet eine Einbildung. Die Einbildung ist nur der Wille der Begierde. Die Begierde aber machet in dem Willen ein solch Wesen, als der Wille in sich selber ist.

4. Die rechte Magia ist kein Wesen, sondern der begehrende Geist des Wesens. Sie ist eine unsubstantialische Matrix[1] und offenbaret sich aber im Wesen.

5. Magia ist Geist, und Wesen ist ihr Leib, und sind doch alle beide nur eines, gleichwie Leib und Seele nur *eine* Person ist.

6. Magia ist die größte Heimlichkeit, denn sie ist über die Natur. Sie machet die Natur nach der Gestalt ihres Willens. Sie ist das Mysterium der Dreizahl, verstehet: den Willen in der Begierde zum Herzen Gottes.

7. Sie ist die Formung in der göttlichen Weisheit als eine Begierde in der Dreizahl, in der sich das ewige Wunder der Dreizahl begehret mit der Natur zu offenbaren. So ist sie die Begierde, die sich in die finstere Natur einführet und durch die Natur zum Feuer und durchs Feuer, durch das Sterben oder Grimm ins Licht zur Majestät.

8. Sie ist nicht Majestät, sondern die Begierde in der Majestät. Sie ist die Begierde der göttlichen Kraft, nicht die Kraft selber, sondern der Hunger oder das Begehren in der Kraft. Sie ist nicht die Allmacht, sondern die Führerin in der Kraft und Macht. Das Herze Gottes ist die Kraft und der Hl. Geist ist die Eröffnung der Kraft.

9. Sie ist aber die Begierde in der Kraft und auch im führenden Geiste, denn sie hat in ihr das Fiat[2]. Was der Willengeist in ihr eröffnet, das führet sie in ein Wesen durch die Herbigkeit, welche das Fiat ist, alles nach dem Model[3] des Willens. Wie es der Wille in der Weisheit modelt, also nimmts die begehrende Magia ein, denn sie hat in ihrer Eigenschaft die Imagination als eine Lust.

10. Die Imagination ist sanft und weich und gleichet dem Wasser. Aber die Begierde ist rauh und dürre als ein Hunger. Sie machet das Weiche hart und findet sich in allen Dingen, denn sie ist das größte Wesen in der Gottheit. Sie führet den Abgrund in Grund und das Nichts in Etwas.

11. In der Magia liegen alle Gestalten des Wesens aller Wesen. Sie ist eine Mutter in allen drei Welten, und machet ein jedes Ding nach

---

[1] Mutterschoß
[2] das Schöpferische: Es werde!
[3] der Prägeform

dem Model seines Willens. Sie ist nicht der Verstand, sondern sie ist eine Macherin nach dem Verstande und lässet sich brauchen zum Guten oder Bösen.

12. Alles was der Wille in der Witz[1] modelt, so des Verstandes Wille auch darein gehet, das machet Magia in ein Wesen. Sie dienet den Gottliebenden in Gottes Wesen, denn sie machet im Verstande göttlich Wesen und nimmt das aus der Imagination als aus der Sanftmut des Lichtes.

13. Sie ists, die göttlich Fleisch machet, und der Verstand ist aus der Weisheit, denn er ist ein Erkenner der Farben, Kräften und Tugend. Der Verstand führet den rechten, wahren Geist mit einem Zügel, denn der Geist ist fliegend und der Verstand ist sein Feuer.

14. Nicht ist der Geist weichend, daß er vom Verstande abwiche, sondern er ist der Wille des Verstandes, aber die Sinnen im Verstande sind ausfliegend und abweichend.

15. Denn die Sinnen sind der Blitz aus dem Feuergeist und führen im Lichte in sich die Flammen der Majestät. Und in der Finsternis führen sie den Blick des Schrackes als einen grimmen Blitz vom Feuer.

16. Die Sinnen sind ein solch subtiler Geist, daß sie in alle Wesen eingehen und laden in allen Wesen in sich. Aber der Verstand probieret alles in seinem Feuer. Er verwirft das Böse und behält das Gute. Alsdann nimmts Magia, seine Mutter, und bringets in ein Wesen.

17. Magia ist die Mutter zur Natur, und der Verstand ist die Mutter aus der Natur. Magia führet in ein grimmig Feuer und der Verstand führet seine eigene Mutter, die Magiam aus dem grimmigen Feuer in sein eigen Feuer.

18. Denn der Verstand ist das Kraftfeuer, und Magia das brennende. Und ist doch nicht für Feuer zu verstehen, sondern die Macht oder Mutter zum Feuer. Das Feuer heißet Principium, und die Magia Begierde.

[1] in klarer Absicht

19. Durch Magiam wird alles vollbracht, Gutes und Böses. Ihre eigene Wirkung ist Nigromantia[1] und teilet sich aber aus in alle Eigenschaften. In dem Guten ist sie gut, und in dem Bösen ist sie böse. Sie dienet den Kindern zu Gottes Reich und den Zauberern zu des Teufels Reich, denn der Verstand kann aus ihr machen, was er will. Sie ist ohne Verstand und begreift doch alles, denn sie ist der Begriff aller Dinge.

20. Man kann ihre Tiefe nicht aussprechen, denn sie ist von Ewigkeit ein Grund und Halter aller Dinge. Sie ist ein Meister der Philosophiae und auch eine Mutter derselben.

21. Aber Philosophia führet die Magiam, ihre Mutter, nach ihrem Gefallen. Gleichwie die göttliche Kraft als das Wort oder Herze Gottes den strengen Vater in Sanftmut führet, also auch führt Philosophia als der Verstand ihre Mutter in eine sanfte göttliche Qual.

22. Magia ist das Buch aller Schüler. Alles was lernen will, muß erst in der Magia lernen, es sei eine hohe oder niedrige Kunst. Auch der Bauer auf dem Acker muß in die magische Schule gehen, will er seinen Acker bestellen.

23. Magia ist die beste Theologia, denn in ihr wird der wahre Glaube gegründet und gefunden. Und ist der ein Narr, der sie schilt, denn er kennet sie nicht und lästert Gott und sich selber, und ist mehr ein Gaukler, denn ein verständiger Theologus.

24. Gleich einem, der vor einem Spiegel ficht und weiß nicht, was der Streit ist, denn er ficht von außen, also siehet auch der ungerechte Theologus Magiam durch einen Spiegelglast[2] an und verstehet nichts von der Kraft. Denn sie ist göttlich und er ungöttlich, wiewohl auch teuflisch, nach jedes Principii Eigenschaft.

In Summa: Magia ist das Tun im Willengeiste.

[1] Schwarze Kunst; hier jedoch eher wertfrei verstanden, wie der Kontext zeigt.

[2] Abbild eines Spiegels

6. Punkt

Vom Mysterio, was es sei

Mysterium ist anders nichts als der magische Wille, der noch in der Begierde stecket. Der mag sich im Spiegel der Weisheit bilden, wie er will. Und wie er sich in der Tinktur bildet, also wird er in der Magia ergriffen und in ein Wesen gebracht.

2. Denn Mysterium magnum[1] ist anders nichts als die Verborgenheit der Gottheit mit dem Wesen aller Wesen; daraus gehet je ein Mysterium nach dem andern. Und ist jedes Mysterium des andern Spiegel und Vorbild, und ist das große Wunder der Ewigkeit, darein alles ist eingeschlossen und von Ewigkeit im Spiegel der Weisheit gesehen worden. Und geschieht nichts, das nicht wäre von Ewigkeit im Spiegel der Weisheit erkannt worden.

3. Ihr müssets aber nach des Spiegels Eigenschaften verstehen, nach den Gestalten der Natur als nach Licht und Finsternis, nach der Begreiflichkeit und Unbegreiflichkeit, nach Liebe und Zorn als nach Feuer und Licht, wie an andern Orten gemeldet worden.

4. Der Magus hat in demselben Mysterio Gewalt, zu handeln nach seinem Willen, und kann machen, was er will.

5. Aber er muß in demselben Wesen gewappnet sein, darinnen er machen will oder wird als ein Fremdling ausgestoßen und den Geistern desselben in ihre Gewalt gegeben, mit ihm zu fahren nach seiner Begierde, davon allhier nichts mehr zu melden ist wegen der Turba.

[1] das große Geheimnis

Kommentar

Etwa zur gleichen Zeit wie *Mysterium pansophicum* ist auch die »kurze Erklärung nachfolgender sechs mystischer Punkte« (*Sex puncta mystica*) entstanden, nämlich im Mai des Jahres 1620.

Für Jakob Böhme ist es bezeichnend, daß er in seinen Schriften zur Theosophie und Mystik das Ziel des geistlich strebenden Menschen stets im Blick behält. Er will also niemals nur belehren; stets liegt ihm daran, den suchenden Menschen auf dem Weg ein Stück weit zu geleiten. Dabei geht es darum, den Sieg über die Macht des Widersachers davonzutragen. Die göttliche Sophia selbst krönt den Sieger mit dem »Ritterkränzlein« – ein Bildwort, das der Seelenführer verwendet, um den Ertrag des Geisteskampfes zu bezeichnen (vgl. auch Jakob Böhme: *Christosophia. Ein christlicher Einweihungsweg*).

Was nun die Thematik der sechs mystischen Punkte anlangt, so schreibt und spricht auch hier Böhme als der Theosoph und als der Pansoph.

Den mystischen Ton, wie wir ihn etwa von Meister Eckhart oder von Johannes Tauler her kennen, mag der Leser eingangs vermissen. Dafür geht der Autor auf einige Gesichtspunkte zu einer theosophischen Menschenkunde ein. Bemerkenswert ist dabei die Vorstellung von der Leibhaftigkeit der Seele; eine Leibhaftigkeit, die jedoch nicht mit physischer Körperlichkeit verwechselt werden darf.

Von da aus liegt es nahe, die Beziehung des Menschen im Bereich der drei Prinzipien deutlich zu machen (2,9 ff.). Diese Prinzipien, in deren Spannungsfeld der Mensch lebt, betrachtet Böhme vor einem noch tieferen Horizont, nämlich vor dem des (geschöpflichen) »Etwas« und dem des (schöpferischen) »Nichts« (3,5 ff.). Dieses Nichts verhält sich zum Etwas wie der »Ungrund« zum »Grund«, wie das göttliche »Eine« zur Qualität der »Vielheit« (3,7), wie das Licht zur Finsternis. Von daher gewinnt Böhme klare ethische Maßstäbe: »Also muß des Lebens Wille in das Eine als in das Gute gerichtet sein...« (3,9). Damit ist auch der Punkt bezeichnet, an dem der Mystiker sein Willensleben umgestaltet: Er entledigt sich seines Eigenwillens; Gottes Feuer entflammt ihn; Gottes Wille erfüllt ihn, bis hin zur Vereinigung mit Gott (unio mystica).

Dagegen ist »Sünde«, sich von Gott trennen und nach der Vielheit des Vergänglichen verlangen (3,18 ff.). Der mystisch Strebende bedarf daher der neuen Geburt (3,25), die als die spirituelle Frucht aus dem mystischen Sterben erwächst: »Darum heißet's: im Willen geboren werden« (3,27). Einziges und höchstes Ziel ist das »Einssein in Gott« und die Heimkehr zum Ursprung (3,31).

Diese Heimkehr ist bei dem trinitarischen Mystiker Jakob Böhme stets ein Prozeß, in dem der Mensch von Vater, Sohn und Heiligem Geist erfüllt ist (4,1–5): Aus Gott geboren, in Christus sterbend, durch den Heiligen Geist wiedergeboren.

An vielen Stellen seiner pansophisch-theosophischen Schriften spricht Böhme von der »Magia«. Er versteht darunter (5,1 ff.) einen Geheimniszustand voller Dynamik. Durch sie bekundet sich der »begehrende Geist«, der schöpferische Wille, der die Leiblichkeit ergreift und so zur Gestaltwerdung der Weisheit Gottes gelangt. Auch diese Magia Böhmes ist von der Dreizahl bestimmt (5,11). Insofern gilt sie als »eine Mutter in allen drei Welten«. Wie hoch er die Magia einschätzt, zeigen die abschließenden Abschnitte (5,20 ff.), in denen er »Philosophia« (d. h. Naturerkenntnis) und »Theologia« (d. h. religiöse Erfahrung) zu ihr in Beziehung setzt. In jedem Fall hat Magia mit dem Einsatz des Willens zu tun. Es geht um das »Tun im Willengeiste«, das heißt um Verwirklichung (5,24). Der Mystiker wird zum Magus. Das ist jemand, der seinen eigenen Willen in den Willen Gottes hineingibt und aus ihm, aus der Gottesbegegnung heraus zum neuen Leben erwacht.

Literatur

Zu Jakob Böhme und zur deutschen Mystik hat Gerhard Wehr weitere Werke verfaßt:

Jakob Böhme: *Aurora oder Morgenröte im Aufgang,* 1992 (it 1411).
-: *Christosophie,* 1992 (it. 1412).
-: *Von der Menschwerdung Jesu Christi,* 1995 (it 1737).
-: *Von der Gnadenwahl,* 1995 (it 1738).
-: *Theosophische Sendbriefe,* 1996 (it 1786).
-: *Wege zum wahren Selbst,* 1996 (IB 1164 – sämtlich Insel Verlag, Frankfurt).
Jakob Böhme in Selbstzeugnissen und Bilddokumenten. Rowohlt Taschenbuch Verlag, Reinbek, 6. Auflage 1991.
Meister Eckhart in Selbstzeugnissen und Bilddokumenten. Rowohlt Taschenbuch Verlag, Reinbek. 4. Auflage 1997.
Theologia Deutsch – Eine Grundschrift deutscher Mystik. Edition Argo im Dingfelder Verlag, Andechs/Obb. 1991.
Die Bruderschaft der Rosenkreuzer – Esoterische Texte. Eugen Diederichs Verlag, München, 5. Auflage 1995 (DG 53).
Spirituelle Meister des Westens. Eugen Diederichs Verlag, München 1995 (DG 116).
Die deutsche Mystik. O. W. Barth Verlag, München 1988.
Esoterisches Christentum – Von der Antike bis zur Gegenwart. Klett-Cotta Verlag, Stuttgart 1995.
Europäische Mystik – Zur Einführung. Junius Verlag, Hamburg 1995.
Inspiration und Wirkung Jakob Böhmes in der deutschen Geistesgeschichte (in Vorbereitung).
Heilige Hochzeit – Symbol und Erfahrung menschlicher Reifung (Neuauflage in Vorbereitung).

Zum Herausgeber

Gerhard Wehr, geboren 1931, Verfasser zahlreicher Studien zur Religions- und Geistesgeschichte, Biograph verschiedener Denker und Philosophen (unter anderem Rudolf Steiner, C. G. Jung, Martin Buber, Jean Gebser, Graf Dürckheim), lebt heute in der Nähe von Nürnberg. Im Eugen Diederichs Verlag hat er außer Werken von Jakob Böhme auch Schriften der Rosenkreuzer herausgegeben (DG 53). 1995 erschien von ihm »Spirituelle Meister des Westens« (DG 116).

DIEDERICHS GELBE REIHE
Die lieferbaren Bände

DG 1 I Ging
DG 6 Das Totenbuch der Tibeter
DG 7 Heinrich Zimmer: Der Weg zum Selbst
DG 8 Helmuth von Glasenapp: Pfad zur Erleuchtung
DG 12 Hellmut Wilhelm: Sinn des I Ging
DG 13 Geshe Lhündub Söpa u. Jeffrey Hopkins: Der Tibetische Buddhismus
DG 14 Dschuang Dsi: Das wahre Buch vom südlichen Blütenland
DG 15 Upanishaden
DG 16 Mahabharata
DG 17 Über den Rand des tiefen Canyon
DG 18 Popol Vuh
DG 19 Laotse: Tao te king
DG 20 Annemarie Schimmel: Rumi
DG 21 Bhagavadgita / Aschtavakragita
DG 22 Kungfutse: Gespräche. Lun Yü
DG 23 Al Ghasali: Das Elixier der Glückseligkeit
DG 24 Basil Johnston: Und Manitu erschuf die Welt
DG 26 Le Saux/Abhishiktananda: Die Spiritualität der Upanishaden
DG 27 Idries Shah: Die Sufis
DG 28 Liä Dsi: Das wahre Buch vom quellenden Urgrund
DG 29 Tantra in Tibet
DG 30 Chang Chung-yuan: Tao, Zen und schöpferische Kraft
DG 31 Li Gi. Das Buch der Riten, Sitten und Bräuche
DG 32 Annemarie Schimmel: Und Muhammad ist Sein Prophet
DG 33 Heinrich Zimmer: Indische Mythen und Symbole
DG 34 Śāntideva: Poesie und Lehre des Mahāyāna-Buddhismus
DG 35 Der Sohar. Das heilige Buch der Kabbala
DG 36 Kungfutse: Schulgespräche
DG 37 Annemarie Schimmel: Gärten der Erkenntnis
DG 39 Emma Brunner-Traut: Die Kopten
DG 41 Lati Rinpoche/Jeffrey Hopkins: Stufen zur Unsterblichkeit
DG 42 Mong Dsi: Die Lehrgespräche des Meisters Meng K'o
DG 45 Ramayana
DG 46 Germanische Götterlehre
DG 47 Hans Findeisen u. Heino Gehrts: Die Schamanen
DG 51 Erfahrungen mit dem I Ging
DG 52 Franz Carl Endres u. Annemarie Schimmel: Das Mysterium der Zahl
DG 53 Gerhard Wehr: Die Bruderschaft der Rosenkreuzer
DG 56 Albert Y. Leung: Chinesische Heilkräuter
DG 57 Christian Rätsch: Chactun. Die Götter der Maya

DG 61 John Blofeld: Der Taoismus
DG 62 Alfred Douglas: Ursprung und Praxis des Tarot
DG 63 Janheinz Jahn: Muntu
DG 64 Richard Wilhelm und C. G. Jung: Geheimnis der Goldenen Blüte
DG 65 Wen Kuan Chu/ Wallace A. Sherrill: Astrologie des I Ging
DG 67 Heinrich Zimmer: Abenteuer und Fahrten der Seele
DG 68 Wolfram Eberhard: Lexikon chinesischer Symbole
DG 71 Christian Rätsch: Indianische Heilkräuter
DG 73 Hans Wolfgang Schumann: Der historische Buddha
DG 74 Heinrich Seuse u. Johannes Tauler: Mystische Schriften
DG 76 Mahatma Gandhi: Wegweiser zur Gesundheit
DG 78 Robert Aitken: Zen als Lebenspraxis
DG 79 Robert Aitken: Ethik des Zen
DG 82 Annemarie Schimmel: Muhammad Iqbal
DG 91 Weisheit der Völker
DG 93 L. S. Dagyab: Buddhistische Glückssymbole
DG 95 George William Russell – A. E.: Weg zur Erleuchtung
DG 96 Benjamin Walker: Gnosis
DG 98 Das Weisheitsbuch des Zen
DG 99 Hans Wolfgang Schumann: Buddhismus
DG 100 Peter Sloterdijk u. Martin Buber: Mystische Zeugnisse
DG 101 Omar Ali-Shah Sufismus für den Alltag
DG 102 Annemarie Schimmel: Von Ali bis Zahra
DG 103 Rients R. Ritskes: Zen für Manager
DG 104 Barbara C. Sproul: Schöpfungsmythen der östlichen Welt
DG 105 Barbara C. Sproul: Schöpfungsmythen der westlichen Welt
DG 106 Geshe Thubten Ngawang: Vom Wandel des Geistes
DG 107 Sri Chinmoy: Veden, Upanishaden, Bhagavadgita
DG 108 Friedrich Weinreb: Kabbala im Traumleben des Menschen
DG 109 Dominique Viseux: Das Leben nach dem Tod
DG 110 René Grousset: Die Reise nach Westen
DG 111 Dennis Genpo Merzel: Durchbruch zum Herzen des Zen
DG 112 Åke Hultkrantz: Schamanische Heilkunst und rituelles Drama
DG 113 I. P. Couliano: Jenseits dieser Welt
DG 114 Hans Wolfgang Schumann: Mahāyāna-Buddhismus

DG 115 Christian Rätsch: Heilkräuter der Antike
DG 116 Gerhard Wehr: Spirituelle Meister des Westens
DG 117 Hartmut Kraft: Über innere Grenzen
DG 118 Isabelle Robinet: Geschichte des Taoismus
DG 119 Idries Shah: Sufi-Wege zum Selbst
DG 120 H. P. Blavatsky: Theosophie und Geheimwissenschaft
DG 121 Rumi: Von Allem und vom Einen
DG 122 Dominique Hertzer: Das Mawangdui-Yijing
DG 123 Murad Hofmann: Reise nach Mekka
DG 124 Andreas Gruschke: Mythen und Legenden der Tibeter
DG 125 Malidoma Somé: Vom Geist Afrikas
DG 126 Dominique Hertzer: Das alte und das neue Yijing
DG 127 Gerd Becher/Elmar Treptow: Vom Frieden der Seele
DG 128 Hanna Moog: Leben mit dem I Ging
DG 129 Hans Wolfgang Schumann: Die großen Götter Indiens
DG 130 Helmuth von Glasenapp: Die fünf Weltreligionen
DG 131 Gerardo Reichel-Dolmatoff: Das schamanische Universum
DG 132 Thomas Cleary: Zen-Geschichten
DG 133 Vanamali Gunturu: Krishnamurti
DG 134 Kornelius Hentschel: Geister, Magier und Muslime
DG 135 Konrad Dietzfelbinger: Mysterienschulen
DG 136 Matthias Dalvit: Geburts-I Ging und Astrologie
DG 137 Andreas Gruschke: Die heiligen Stätten der Tibeter
DG 138 Elvira Friedrich: Yoga
DG 139 John Bierhorst: Die Mythologie der Indianer Nordamerikas
DG 140 Die Edda
DG 141 Marc Jongen: Das Wesen spiritueller Erkenntnis
DG 142 Jyotishman Dam: Shiva-Yoga
DG 143 Ella E. Clark: Indianische Legenden
DG 144 Jakob Böhme: Im Zeichen der Lilie – Werke
DG 145 Rudolf Haase: Johannes Keplers Weltharmonik

EUGEN DIEDERICHS VERLAG